ISLAND
E
NORD-ATLANTISCHER OZEAN
EUROPA
Madeira
Safi
Kanarische In.
Kap Jubi
K
CUBA
DOM. REP.
HAITI
Martinique
RA II
BARBADOS
PANAMA
TRINIDAD U. TOBAGO
RA I
Kapverdische In.
2662 Meilen von Safi
AFRIKA
Kokos-I.
KOLUMBIEN
Galapagos-In.
ECUADOR
Guayaquil
PERU
Lima
Callao
M
SÜD-AMERIKA
Gomez
CHILE
SÜD-ATLANTISCHER OZEAN
0 1000 2000 3000 4000 km

Thor Heyerdahl

Zwischen den Kontinenten

Archäologische Abenteuer

Eingeleitet und bearbeitet von
Prof. Dr. Karl Jettmar

C. Bertelsmann Verlag

Aus dem Englischen übersetzt von Prof. Dr. Karl Jettmar (Kapitel 2 und Kapitel 6–13) und Theodor A. und Jutta Knust (Kapitel 1 und Kapitel 3–5).
Die Kapitel 2 und 5–13 sind dem Buch »Indianer und Alt-Asiaten im Pazifik. Das Abenteuer einer Theorie« von Thor Heyerdahl, Wollzeilen Verlag, Wien 1966, entnommen. Sie werden hier in anderer Zusammenstellung und neu bearbeitet vorgelegt.
Die Kapitel 3 und 4 sind dem englischen Titel »The Quest for America«, Pall Mall Press, London 1971, entnommen. Der C. Bertelsmann Verlag dankt Pall Mall Press für die Überlassung der deutschsprachigen Rechte.
Die Einleitungen stammen von dem Wiener Ethnologen Karl Jettmar, gegenwärtig Professor am Südasien-Institut der Universität Heidelberg. Sie wollen nicht als selbständige wissenschaftliche Leistung gelten; Jettmar bemüht sich lediglich, die Position seines Freundes Heyerdahl (für den er mehrere Bücher übersetzt hat) so klar und kurz wie möglich wiederzugeben. Von Jettmar ist auch die Anordnung der Texte, er hat die notwendigen Kürzungen vogenommen.
Schließlich wurde das gesamte Buch noch einmal vom Autor durchgesehen und auf den neuesten Stand der Erkenntnisse gebracht, ohne daß diese Korrekturen im einzelnen kenntlich gemacht sind.
Karten auf den Vorsätzen sowie im Text: Adolf Böhm

Gesamtherstellung: Welsermühl, Wels
Printed in Austria
ISBN 3-570-02609-4

Inhaltsverzeichnis

Einleitung 7

Teil I
Zwischen den Kulturen des Mittelmeer-Raumes und Altamerikas 11

Kapitel 1
Der frühe Mensch und der Ozean 13

Kapitel 2
Mögliche Ozean-Routen von und nach Amerika in vorkolumbischer Zeit 29

Kapitel 3
Wer hat recht – Isolationist oder Diffusionist? 43

Kapitel 4
Die bärtigen Götter reden 79

Kapitel 5
Kolumbus und die Wikinger 117

Teil II
Zwischen den Kulturen Altamerikas und Polynesiens 135

Kapitel 6
Das Problem der Besiedlung Polynesiens 137

Kapitel 7
Die Rolle der Inka-Berichte für die spanischen Entdecker Polynesiens und Melanesiens 153

Kapitel 8
Das Balsa-Floß mit besonderer Berücksichtigung der guara-Technik in der einheimischen Seefahrt Südamerikas 169

Kapitel 9
Kulturpflanzen als Beweis für vorkolumbische Kontakte zwischen Amerika und Polynesien 195

Teil III
Zwischenstationen im Pazifik 225

Kapitel 10
Archäologie auf den Galapagos-Inseln 227

Kapitel 11
Die Kokos-Insel – Stützpunkt vorspanischer Indianerschiffahrt? 239

Kapitel 12
Die Statuen der Osterinsel – Problem und Resultat 257

Kapitel 13
Polynesisches und Nichtpolynesisches auf der Osterinsel 287

Anmerkungen 304

Literaturverzeichnis 309

Register 317

Einleitung

Wer das erst 1974 in deutscher Sprache erschienene Buch Heyerdahls über seine allererste Expedition – »Fatu Hiva« – gelesen hat, der hat die Intention kennengelernt, die seiner wissenschaftlichen Tätigkeit vorausgegangen ist: Ursprünglich wollte er in einer von der europäischen Zivilisation noch nicht zerstörten Umwelt ein naturgemäßes Leben führen, nur mit den Hilfsmitteln ausgerüstet, die vor dem Kommen der Europäer den Einheimischen jahrhundertelang eigen waren. Sein Versuch, noch am Vorabend des Zweiten Weltkriegs, ist, wie wir erfahren, unter dramatischen Umständen gescheitert – wie schon so viele Unternehmen, die die Ideale Rousseaus verwirklichen wollten. Erlebnisse und Schlußfolgerungen dieser Phase aber sind heute, da uns allen Fragen der Umweltzerstörung und des Umweltschutzes auf den Nägeln brennen, hochaktuell.

Von diesem Erlebnis Heyerdahls führt ein gerader Weg zu seinen Theorien und zu den Expeditionen, die seine Theorien untermauern sollen. Heyerdahl tritt stets dafür ein, daß man bei dem Bemühen, entscheidende Phasen der Weltgeschichte zu rekonstruieren, nicht mit den Möglichkeiten noch mit den Grenzen des modernen Menschen rechnen darf. Man muß jene intimere Kenntnis der Natur zugrunde legen, die der Frühmensch besessen und mit Hilfe einer zwar primitiv anmutenden, aber in Wirklichkeit hochspezialisierten Technik ausgenützt hat. So kam Heyerdahl auf den Marquesas-Inseln zu der Überzeugung, Polynesien könne nicht gegen Wind und Strömung unmittelbar von Westen her besiedelt worden sein. Der Frühmensch müsse mit Hilfe der Naturkräfte in Südamerika, in einer späteren Welle aber von der Nordwestküste Nordamerikas herübergekommen sein.

Es ist durchaus verständlich, daß Gelehrte, die von diesen Grunderlebnissen in ihren Studierstuben nichts mitbekommen haben, ein solches Konzept weit von sich weisen. Sie orientieren sich an dem (verzerrenden) Kartenbild und sind im übrigen der Auffassung, es habe in Südamerika vor der Ankunft der Spanier keine seetüchtigen Fahrzeuge gegeben, die solche Reisen gestattet hätten.

Mit der Fahrt der Kon-Tiki widerlegt Heyerdahl, sein Leben und das seiner Gefährten in die Waagschale werfend, diese These, steuert ein Balsa-Floß von für Südamerika traditioneller Bauart sicher nach Polynesien und dringt dabei tief in die Geheimnisse vorspanischer Navigation ein. So kann er es wagen, die Besiedelungsgeschichte Polynesiens neu zu schreiben. Sein großes Werk: »American Indians in the Pacific« (1952 in London erschienen) legt eingehend die Theorie dar, die den Hintergrund der Kon-Tiki-Expedition bildet. Seine nächsten Unternehmungen gelten dem Versuch, indianische, d.h. südamerikanische Einflüsse auf den Galapagos-Inseln und auf der Osterinsel nachzuweisen. Dabei bedient er sich all der Hilfsmittel, die ihm jene Wissenschaften anbieten, deren Vertreter sich solange mit Vorurteilen gegen ihn gewandt haben. Vor allem wird er von Archäologen unterstützt. Die wertvollen Resultate sind in den »Reports of the Norwegian Archaeological Expedition to Easter Island and the East Pacific« (2 Bände, London 1961 und 1965) enthalten.

Heyerdahl stellt sich nun weiter die Frage, ob die vom Kontinent herübergebrachten Anregungen, ohne die es seiner Meinung nach nie zur Bildung einer polynesischen Kultur gekommen wäre, wirklich indianisch genannt werden dürfen. Er ergreift die Partei von Gelehrten, die die Meinung vertreten haben, die wichtigsten Kulturschöpfungen im vorspanischen Amerika seien ohne Anregungen aus der Alten Welt nicht zu erklären. Er kommt zu der Vermutung, daß es Wanderbewegungen ähnlich denen zwischen Südamerika und Polynesien vorher bereits quer über den Atlantik gegeben habe.

Seine spezifische Leistung in diesem Zusammenhang besteht darin, daß er diese – bereits vor langer Zeit vertretene – These auf den Boden oder vielmehr auf das Wasser herabbringt: Er zeigt, welche natürlichen Voraussetzungen – Winde, Meeresströmungen – und welche technischen Hilfsmittel solche Atlantik-Überquerungen schon für den Frühmenschen möglich gemacht haben. Er stellt die These auf, daß es an den Küsten des Mittelmeers und an den Gestaden Westafrikas Binsenboote gegeben hat, die überaus effektive Wasserfahrzeuge gewesen sind. Mit deren Hilfe sei es möglich gewesen, ein »natürliches Transportband« auszunützen, nämlich eine Strömung, die von der afrikanischen Küste bis zu westindischen Inseln und zu dem dahinter liegenden Festland führt.

Wieder folgt ein Selbstversuch: die Expeditionen Ra I und Ra II. Bei diesen Unternehmungen wird Heyerdahl von einer aus vielerlei Nationen zusammengesetzten Mannschaft unterstützt; er will dem rassistischen Einwand begegnen, nur Skandinavier – echte Nachkommen der Wikinger – seien fähig gewesen, solche Leistungen zu vollbringen.

An diese kühnen Vorhaben schließt sich neuerlich eine Phase strenger wissenschaftlicher Arbeit. Heyerdahl bemüht sich klarzulegen, welche kulturellen Voraussetzungen in Alteuropa und Nordafrika für eine weitausgreifende Seefahrt bestanden haben. Er geht allen Indizien nach, die in den versunkenen Hochkulturen der Neuen Welt auf auswärtige Einflüsse hinweisen – und die man lange kategorisch abgelehnt hat. Unter den Gelehrten gibt es eine Art Monroe-Doktrin: man behauptet, nach der Erstbesiedlung des amerikanischen Doppelkontinents, die vor Jahrtausenden oder Jahrzehntausenden über die Bering-Straße, über die damals noch eine Landbrücke bestand, erfolgt ist, seien alle Kontakte abgebrochen. Die eindrucksvollen Kulturen, die die Europäer vorgefunden haben, seien also eine völlig originelle Schöpfung.

Das vorliegende Buch ist ein Versuch, das Gesamtergebnis

der Forschungen Heyerdahls an Hand der wichtigsten Artikel darzulegen, die er im Laufe der Zeit geschrieben und vorwiegend in wissenschaftlichen Zeitschriften veröffentlicht hat. Es wird gezeigt, daß Heyerdahls Lebenswerk in seiner gegenwärtigen Phase darauf ausgerichtet ist, die Möglichkeiten und Auswirkungen weltumspannender Migrationsrouten besser zu erforschen, als dies bisher getan worden ist, nämlich auf der Basis eines neuen Verständnisses der Geographie und unserer modernen Einsicht in frühzeitliche Technologien. Er meint, daß generell der Bau von Binsenschiffen und Balsa-Flößen, also mit unsinkbarem Material, der Konstruktion von Plankenbooten vorausgegangen ist.

Die Anordnung der Beiträge entspricht nicht der zeitlichen Folge ihrer Veröffentlichung, sondern dem historischen Zusammenhang und der Aufeinanderfolge der von Heyerdahl postulierten Migrationen. Er selbst hat sich ja erst allmählich nach rückwärts durchtasten müssen. Eine Darstellung, die das fertige Resultat zeigt, muß den umgekehrten Weg gehen.

Teil I

Zwischen den Kulturen des Mittelmeer-Raumes und Altamerikas

Kapitel 1

Der frühe Mensch und der Ozean

Dank einer weit zurückreichenden, an vielen Universitäten verankerten Forschungstradition ist der Schiffsbau Altägyptens eingehend studiert worden. An den Wänden der Grabkammern sind die Papyrus-Boote abgebildet, deren sich alle Bevölkerungsschichten bedient haben. Felsbilder, die man z.T. in der Sahara-Zone Algeriens und in Nubien entdeckt hat, beweisen, daß man solche Fahrzeuge in einem noch sehr viel weiteren Umkreis verwendet hat. Der Fund der Königsbarke des Cheops verrät darüber hinaus, daß Schiffe aus Holzplanken zunächst Imitationen – Übersetzungen in ein anderes Material – gewesen sind, hinter denen man das Vorbild der Binsenboote erkennt.

Heyerdahl ist es vorbehalten geblieben, aus diesen Indizien welthistorische Konsequenzen zu ziehen. Er betont, daß derartige Binsenboote auch für die Fahrt über das offene Meer Vorzüge aufweisen, wie sie die Plankenschiffe erst nach einem langen Entwicklungsgang erreicht haben, der offenbar unter dem Einfluß der Binsenboote steht. Seine These untermauert Heyerdahl durch Selbstversuch: die Fahrt der Binsenboote Ra 1 und Ra 2 (vgl. »Expedition Ra. Mit dem Sonnenboot in die Vergangenheit«, Gütersloh–Wien 1971).

Damit ist der Weg freigemacht worden, Hypothesen über Wanderungen und frühe Kulturkontakte, die man auf Grund spezifischer Übereinstimmung zwischen Kulturelementen in der Alten und der Neuen Welt aufgestellt hat, ernsthaft in Betracht zu ziehen. Im folgenden Artikel wird zu zeigen versucht, daß im 3., ja vielleicht schon im 4. Jahrtausend v. Chr. eine Periode des Weltverkehrs bestand. Später, mit technisch scheinbar vervollkommneten Fahrzeugen, haben sich diese Verbindungen nicht aufrechterhalten lassen.

Konstruktionsskizze eines ägyptischen Papyrus-Schiffes nach alten Modellen, Reliefs, Wandmalereien und Felszeichnungen. Der Bootskörper und die Takelage des ältesten bekannten ägyptischen Papyrus-Schiffes, des Prototyps der späteren hölzernen Schiffe, wurde für die Navigation auf dem offenen Meer entwickelt und nicht für ruhige Flüsse.

Wann wagte sich der Mensch zum erstenmal aufs Meer, und wie sah sein Fahrzeug aus? Wie weit konnte er sich frei auf hoher See bewegen?

Noch vor knapp zwei Jahrhunderten, als das Segel die Ozeane beherrschte, nahm man allgemein an, daß die Kulturvölker der Frühzeit zu fast unbegrenzten Wanderungsbewegungen fähig waren. Schließlich hatten die Schiffe Magellans, Kapitän Cooks und vieler anderer ein-, zweimal nur mit Hilfe des Windes die Welt umsegelt – weshalb also nicht? Doch dann erfand man den Propeller und den Düsenantrieb, und während die Welt von einer Generation zur anderen immer kleiner wurde, erhielten wir den Eindruck, sie sei in früheren Zeiten größer, in den Tagen vor Kolumbus endlos und die Ozeane seien unpassierbar gewesen.

In der ersten Hälfte dieses Jahrhunderts, als Dampfschiffe und Flugzeuge die großen und kleinen Segelschiffe auf den Meeren ersetzt hatten, bildete sich unter den modernen Anthropologen die Ansicht, daß vor Erfindung des hölzernen Schiffsrumpfes aus Spanten und Planken und deren Entwicklung zu immer größeren Ausmaßen der Mensch bei seinen Reisen auf die Binnen- und Küstengewässer beschränkt gewesen sei. Man hielt transozeanische Kontakte mit Amerika aus seefahrtstechnischen Gründen für unmöglich, ehe es die kleinen, aber hochgebauten Karavellen wie die des Kolumbus aus dem Jahr 1492 gab.

Die übliche Vorstellung in den Lehrbüchern für Schiffbau ist immer noch die, daß sich der Mensch zuerst rittlings auf einen Baumstamm setzte, wenn er kurze Wasserstrecken überqueren wollte. Um trockene Füße zu behalten, dachte er sich als nächstes aus, einen solchen Baumstamm mit Querbeil und Feuer auszuhöhlen. Und als er sich in immer höhere Wellen wagte, setzte er ständig weitere Seitenplanken auf, um das Wasser am Hereinschlagen zu hindern, bis er schließlich zum hohlen Rumpf mit wasserdichtem Deck hoch über dem Wasserspiegel gelangte, um auch dem heftigsten Wellengang trotzen zu können.

Diese Annahmen sind ganz und gar nicht realistisch, da ihnen eine falsche Vorstellung von den wirklichen Gefahrenzonen des Meeres zugrunde liegt und da sie ferner den ältesten bekannten Schiffszeichnungen, die die frühesten Seefahrer selbst hinterlassen haben, keine Aufmerksamkeit widmen. Anthropologen erklären häufig, daß primitive Seefahrer wohl von einem Gebiet zum anderen hätten fahren können, vorausgesetzt, daß es ihnen dabei möglich war, in küstennahen Gewässern zu bleiben. Was die Gefahr eines Schiffbruchs betrifft, sind das jedoch die allerschlimmsten Stellen. Auf offenem Meer kann ein kleines Fahrzeug frei zwischen den Wogen und auf jeder einzelnen Welle tanzen, während ein größeres Fahrzeug bisweilen auseinanderbricht, wenn es zwei Wellenkämme überbrückt. Küstenriffe und -klippen dagegen stellen die Hauptgefahr für primitive Fahrzeuge dar, und an den Küsten und rings um die Inseln pressen sich Wellen und Strömungen zu unvorhersehbaren Wirbeln und Rückstauungen zusammen. In Landnähe wird das Meer tatsächlich weit häufiger zur Lebensgefahr als in offener See, wo die Dünung weniger eingeengt ist und nicht so leicht zu Brechern und Sturzseen gezwungen wird. Selbst ein Sturm ist an der Küste gefährlicher. Mit anderen Worten, jedes Fahrzeug, das in der Lage ist, an ungeschützten Küsten entlangzulaufen, ist noch besser für Überseereisen außer Sichtweite des Landes geeignet. Ein Wasserfahrzeug, mit erfahrenen Fischern bemannt, das in Küstengebieten zu Wasser gelassen wird, wo Winde und Strömungen eine beständige Richtung aufweisen, wird ebenso natürlich von einem Kontinent zum anderen getragen wie von der Quelle eines Flusses bis zu seiner Mündung. Das einzige Erfordernis dabei ist, daß das Fahrzeug selbst für die ganze Dauer der Reise schwimmfähig bleibt. Daher galt das erste Interesse des Menschen bei der Entwicklung von Wasserfahrzeugen dem Problem der Schwimmfähigkeit. Auf der ganzen Welt wurde dieses Ziel mit

Hilfe zweier völlig verschiedener Prinzipien erreicht. Das eine besteht darin, ein Fahrzeug, das vom Wasser durchspült wird, aus Bestandteilen, die selbst schwimmen, so zusammenzusetzen, daß das entstehende Gebilde genügend Auftrieb besitzt, um die erforderliche Mannschaft und Ladung zu tragen. Das andere besteht im Bau eines wasserdichten Rumpfes, der die Schwimmfähigkeit nicht dem Material, sondern der Verdrängung des Wassers durch Luft verdankt.

Eine neue Überprüfung der ältesten erhaltenen Bootsabbildungen zeigt, daß sich Schiffe aus der ersten dieser beiden Kategorien entwickelten und nicht, wie allgemein angenommen wurde, aus dem Einbaum, dem ausgehöhlten Baumstamm. Als die Europäer Amerika entdeckten, war die Hochseeschiffahrt sowohl auf der atlantischen als auf der pazifischen Seite der Neuen Welt bereits hoch entwickelt und wurde in beträchtlichem Maße ausgeübt. Doch nicht einmal die fortgeschrittensten amerikanischen Eingeborenenzivilisationen waren auf den Gedanken gekommen, Schiffe aus Spanten und Planken zu bauen, obwohl Kanus allgemein gebräuchlich waren. Die Segelfahrzeuge des alten Amerika waren flache, robuste Flöße aus Balsa-Stämmen und bootsförmige Binsenflöße mit elegant hochgezogenem Bug und Heck. Beide Arten trugen, wie die Spanier berichteten, hochentwickelte Segel und Takelung. Beide beförderten viele Tonnen schwere Ladungen auf vorher geplanten Handelsreisen zwischen weit voneinander entfernten Gebieten der Neuen Welt. Offensichtlich hat sich also die Hochseeschiffahrt in der Neuen Welt entweder auf der amerikanischen Seite des Ozeans selbständig entwickelt, oder es müßten, falls es Einflüsse von der Alten Welt gegeben hat, diese von Seefahrern gekommen sein, die die Prinzipien des Schiffes aus Spanten und Planken nicht kannten.

Daß seetüchtige Binsenschiffe und Flöße aus Baumstämmen bei den Eingeborenen Amerikas ebenso alt sind wie ihre Zivilisation überhaupt, zeigt sich an den Modellen und Abbildungen aus Keramik, auf gewebten Stoffen und aus Holz, die in riesigen Mengen in den ältesten Wüstengräbern vom nördlichen Peru bis nach Chile entdeckt worden sind.

Soweit heute bekannt, war in Amerika vor dem ersten vorchristlichen Jahrtausend weder Schiffbau noch Zivilisation zu finden, d.h. also in einer Periode, als die Mittelmeerzivilisation bereits begonnen hatte, den Ozean jenseits von Gibraltar zu befahren, und zwar sowohl auf Papyrus- als auch auf Plankenschiffen.

Während sich, wie bereits erwähnt, das Schiff aus Spanten und Planken in den Eingeborenenzivilisationen Amerikas gar nicht entwickelt hat, zeigt die Kunst der Alten Welt deutlich, daß es in den Mittelmeerländern aus einer früheren Form des Papyrus-Bootes entstanden ist. Papyrus-Boote und Darstellungen von ihnen sind im ganzen Mittelmeerraum von Mesopotamien, Ägypten, den Küsten des heutigen Syrien, Libanon und Israel über Zypern, Kreta, Korfu, Malta, Italien, Sardinien, Libyen, Algerien und über Gibraltar hinaus bis zur Atlantik-Küste von Marokko gefunden worden. Solche Papyrus-Schiffe sind noch in diesem Jahrhundert von Mesopotamien bis zum atlantischen Marokko gelegentlich in Gebrauch gewesen, während Felszeichnungen und -malereien aus Ägypten und der algerischen Sahara zeigen, daß sie bereits vor fünf-, sechs- oder vielleicht gar siebentausend Jahren benutzt worden sind.

Die größte Zahl von Darstellungen solcher Schiffe findet sich im Wüstengebiet Ägyptens zwischen dem Nil-Tal und dem Roten Meer. In einer kürzlich veröffentlichten Monographie über diese nubischen Felszeichnungen von Walther Resch zeigen die zahlreichen Abbildungen, daß Papyrus-Boote – abgesehen von Menschen- und Tierfiguren – das bei weitem dominierende Motiv sind und außer Waffen übrigens das einzige von Menschen angefertigte Produkt. Man ist überrascht, daß die Mehrzahl dieser sichelförmigen Schiffe sehr große Fahrzeuge mit recht starker Besatzung sind, bisweilen mit fünfzig Köpfen oder noch mehr. Neben dem doppelten Steuerruder weisen manche vierzig oder mehr Ruderriemen im Wasser auf, während eine beträchtliche Zahl von Schiffen Mast und Takelung besitzt, einige sogar ein mächtiges geheißtes Segel. Für die gewaltigen Ausmaße sprechen nicht nur die vielen Menschen und Ruderriemen, sondern auch gehörnte Rinder und andere große Tiere, die auf dem Deck dieser riesigen Schiffe winzig wirken. Es ist nicht ungewöhnlich, daß auf Deck ein oder gar zwei Kabinen abgebildet sind, eine vor, die andere achter dem Mast. Das Papyrus-Schiff Ra, auf dem die unerfahrene, vom Verfasser geführte achtköpfige Besatzung im Jahr 1970 den Atlantik überquerte, war klein im Vergleich zu den größeren dieser abgebildeten Schiffe, die ein, zwei Jahrtausende älter sind als der Beginn der ersten Dynastie in Ägypten.

Die weite Verbreitung dieser Fahrzeuge in der gleichen frühen Zeit wurde bekannt, als Henri Lhote im Jahr 1956 von seiner Expedition ins Tassili-Gebiet der algerischen Sahara mit den erstaunlichen Entdeckungen von Felsmalereien zurückkehrte, die neben Menschen- und Tierfiguren Flußpferdjagden von Papyrus-Booten aus darstellten. Radiokarbondatierungen ergeben, daß diese Sahara-Kunst aus einer Zeit zwischen dem sechsten und zweiten Jahrtausend v. Chr. stammt. Lhote erklärte, daß die verschiedenen von ihm entdeckten Schiffszeichnungen Papyrus-Boote von dem gleichen Typ darstellten, wie sie auf dem Nil benutzt und auf den Klippen Ägyptens in der vordynastischen Periode dargestellt wurden. Aus diesen Papyrus-Bootabbildungen und anderen identifizierbaren Motiven leitete er eine Verbindung zwischen der frühen Hirtenkultur Algeriens und den frühen Kulturen Ägyptens ab.

Unter diesen ältesten bekannten Bootsabbildungen der Welt befand sich nicht ein einziger gerader, stammförmiger ausgehöhlter Einbaum. Alle Fahrzeuge waren vom Bug bis zum Heck gebogen, die meisten vollkommen sichelförmig – die übliche stilisierte Wiedergabe eines Binsenbootes. Während Übergangsformen vom Einbaum zu den ersten hölzernen Schiffen in dieser und sonstiger frühen Kunst fehlen, läßt sich die Entwicklung von den Papyrus-Booten zu den ersten Formen des hölzernen Schiffes sehr deutlich in der späteren und verfeinerten Kunst des pharaonischen Ägyptens und ebenso durch das unmittelbare Studium der ältesten bekannten Reste mit Spanten versehener Schiffe verfolgen. Tatsächlich zeigen im ganzen inneren Mittelmeerraum, dort also, wo die Hochseeschiffahrt begann, alte Siegel und Felszeichnungen, daß alle wirklich frühen Formen seegehender Schiffe entweder aus Papyrus hergestellt oder in der Form von Papyrus-Booten gebaut waren. Da die originalen Fahrzeuge überall außer in den trockenen und vollkommen verschlossenen Wüstengräbern Ägyptens zerfallen und verschwunden sind, müssen wir uns dorthin wenden, wenn wir eine Erklärung dafür finden wollen, weshalb in den frühesten hölzernen Schiffen die Form von Papyrus-Booten erhalten blieb.

Wenn der Künstler der frühen Pharaonen legendäre Fahrzeuge darstellte, die der Periode der frühen Götter und der ersten göttlichen Vorfahren der Menschen zugeschrieben wurden, wiesen diese stets die Sichelform der aus Papyrus-Stengeln zusammengebundenen Schiffe auf, deren anmutig aufwärtsgeschwungene Enden gewöhnlich in eine symbolische Papyrus-Blüte ausliefen. Der Sonnengott, vogelköpfige Gottheiten und andere Kulturheroen aller Art unter den Vorfahren wurden bei ihren Reisen unveränderlich auf Papyrus-Booten dargestellt, niemals auf hölzernen Fahrzeugen. Die alten Künstler bilden nur die späteren, historischen Pharaonen bei der Benutzung von hölzernen Schiffen – neben der von Fahrzeugen der älteren Form aus Papyrus – ab, und etwa vom zweiten vorchristlichen Jahrtausend an scheinen nahezu alle größeren Schiffe aus zusammengenähten Planken gebaut worden zu sein. Nur Jagdfahrzeuge und die Boote der Armen wurden weiter aus Papyrus-Stengeln zusammengebündelt. Die Grabmalereien, die diese Periode darstellen, zeigen Zimmerleute, die mit Querbeilen arbeiten und Plankenrümpfe zusammenfügen, während andere Bootsbauer Papyrus-Bündel sammeln und sie – wie in den Tagen der Götter – mit Tauwerksrollen zusammenbinden. Besonders auffallend ist, daß alle diese ersten Holzschiffe die Gestalt der Papyrus-Boote bis in jede Einzelheit nachahmen, sogar die hochgezogenen Bögen von Bug und Heck, die in der charakteristischen Wellenbrecherform des Papyrus-Prototyps enden. Der Zimmermann, der mit starrem Holz arbeitete, mußte sich unendlicher Mühe unterziehen, um die äußerst schwierigen Kurven zu kopieren, die sich bei den biegsamen Papyrus-Stengeln ganz natürlich ergaben.

Die hochentwickelte Form dieser pharaonischen Fahrzeuge, sowohl die der ursprünglichen aus Papyrus als auch die der hölzernen Nachahmungen, war der Navigation in Brandung und grober See angepaßt. Diese komplizierte Form beizubehalten war ganz überflüssig, da Pharaonen-Fahrzeuge hauptsächlich auf dem Nil benutzt wurden, wo sich die Wellen höchstens sanft kräuselten und wo Barken oder flache Flöße für alle Dienste ausgereicht hätten. Deshalb genügt allein schon diese Form, um zu zeigen, daß der Urtyp des Papyrus-Schiffs der alten Ägypter für den Gebrauch über die Nil-Mündung hinaus entwickelt worden war.

Diese verwirrende Tatsache wurde durch die Entdeckung der wohlerhaltenen Zedernplanken des kompletten Fahrzeugs von Cheops, das vor wenigen Jahren in einer mit Steinplatten bedeckten Kammer am Fuß seiner Pyramide gefunden wurde, auf dramatische Weise in den Mittelpunkt des Interesses gerückt. Als es Ahmed Joseph, dem Chefkonservator für Archäologie in Ägypten, gelang, alle die riesigen Planken wieder zusammenzusetzen, indem er neue Taue durch die alten Bändsellöcher zog, stand die Welt dem ältesten noch vorhandenen Boot gegenüber.

Etwa 2700 Jahre v. Chr. gebaut, besaß es eine Gesamtlänge von etwa zweiundvierzig Meter und war so vollendet stromlinienförmig und elegant, daß die Wikinger nichts Anmutigeres oder Schiffsmäßigeres erbauten, als sie einige Jahrtausende später in kleineren Fahrzeugen von ähnlichen Linien über die Hochsee fuhren. Der auffallendste Unterschied zwischen den beiden scheinbar verwandten Schiffstypen war der, daß der Rumpf des Wikingerbootes gebaut war, um den Anprall von Ozeanwellen auszuhalten, während das Schiff des Cheops für Prunk und Zeremonien auf dem ruhigen Nil berechnet war. Abnutzungserscheinungen an dem Holz dort, wo einst die Taue Furchen gescheuert haben, zeigen, daß Cheops' Schiff tatsächlich in Gebrauch gewesen ist und kein »Sonnenschiff« war, das nur für das Begräbnis des Pharao erbaut wurde. Doch die vollendet maritime Gestalt dieses Schiffes ist irreführend: es wäre bei der ersten Begegnung mit hohen Wellen auseinandergebrochen.

Dieses Paradox hat uns viel über die Geschichte der Seefahrt zu sagen. Die vollkommenen Formen des Cheops-Schiffes waren unverkennbar und in hoher Vollendung für wirkliche Ozeanreisen spezialisiert. Die quer- und längsgerichteten Krümmungen des Schiffskörpers mit dem elegant aufwärtsgeschwungenen und äußerst hohen Bug und Heck besaßen alle charakteristische Merkmale, die man nur an seegehenden Schiffen findet, bestimmt, auf Brechern und hochgehenden Wellen zu reiten. Pharao Cheops, der vor fast fünftausend Jahren an den ruhigen Ufern des Nils lebte, ließ ein Schiff nähen, gestäbt und mit Zargenverbindungen aneinandergefügt, ohne etwas von der Notwendigkeit innerer Spanten zu wissen, und erhielt so ein Schiff, das nur im Wellengekräusel des Flusses bestehen konnte, obwohl es nach architektonischen Linien gebaut war, die auch später niemals von irgendeiner seefahrenden Nation übertroffen wurden. Offensichtlich waren die Linien des Cheops-Schiffes von Schiffsbauern mit langer und gründlicher Tradition in der Ozeanfahrt geschaffen worden, und ebenso offensichtlich folgten diese Linien in jeder Einzelheit dem Plan der älteren Papyrus-Schiffe. Alle Autoritäten stimmen darin überein, daß das Cheops-Schiff streng »papyriform« ist, sogar in dem scharf einwärtsgekrümmten Heck mit der Kelchform der Papyrus-Blüte an seiner Spitze.

Um zusammenzufassen: das gesamte verfügbare Beweismaterial zeigt, daß es das Papyrus-Schiff war, das alle charakteristischen Eigenschaften des seegehenden Schiffes entwickelt hatte und später zum Modell für das hölzerne Schiff wurde – und nicht umgekehrt. Der Bauplan des Papyrus-Schiffes war bereits zu der Zeit entwikkelt, als die erste Dynastie anfing, Pyramiden entlang des Nils zu errichten.

Praktische Beweise dafür, daß das Papyrus-Boot ursprünglich für Ozeanreisen entworfen und benutzt worden ist, haben die Experimente geliefert, die der Verfasser in den Jahren 1969 und 1970 organisiert hat.

Zwei Papyrus-Schiffe wurden gebaut und auf dem offenen Atlantik erprobt. Beide wurden nach den allgemeinen Umrissen angefertigt, wie sie die alte ägyptische Kunst zeigt, und die Form des Papyrus-Rumpfes wie auch die Einzelheiten der Takelung, der Kabine und der Steuerruder folgten einer Bauzeichnung, die die führende Autorität auf dem Gebiet der ägyptischen Schiffe, Björn Landström, angefertigt hatte. Diese Zeichnung war eine Synthese aller Details, die er während seiner ausgedehnten Studien dieses Themas beobachtet hatte. Da weder er noch sonst ein Ägyptologe wußte, wie man die Papyrus-Stengel zusammenbinden müsse, damit sie die gewünschte linsenförmige Gestalt bekamen und behielten, wurde Ra 1 von Papyrus-Bootbauern aus dem Stamm Buduma vom Tschad-See in Zentralafrika, Ra 2 dagegen von Aymara-Indianern vom Titicaca-See in Südamerika gebaut. Beide Versuchsschiffe wurden in dem alten phönizischen Hafen Safi in Marokko zu Wasser gebracht. Ra 1 segelte fast fünftausend Kilometer bis sie in amerikanischen Gewässern zerbrach, während Ra 2 in 57 Tagen 5270 Kilometer zurücklegte und Barbados in der Karibischen See sicher erreichte. Das Ergebnis beider Expeditionen zeigte, daß die gängige Ansicht der Gelehrten, Papyrus gehe nach zwei Wochen unter, falsch war und daß sich Papyrus-Stengel, für längere Zeit in Ozeanwasser getaucht, nicht auflösen, sondern stärker und zäher werden. Tatsächlich bildet Papyrus, wenn die Stengel richtig zusammengebunden sind, ein ideales Material für den Bau sicherer und zuverlässiger Wasserfahrzeuge.

Die Ursache für das Versagen der Ra I war in sich selbst ein Beweis dafür, daß die frühägyptische Takelung für die Fahrt durch Brandung und hohe Wellen entworfen war. Wie bereits erwähnt, besteht für jedes Schiff von nennenswerter Größe die Gefahr, daß es quer durchbricht, wenn das Schiff entweder mittschiffs von einer hohen Welle angehoben wird, während Bug und Heck ungestützt abwärtssinken, oder wenn es zwei Wellenkämme überbrückt, ohne mittschiffs gestützt zu werden.

Um das Papyrus-Schiff in die Lage zu versetzen, die offene See zu befahren, ohne zu zerbrechen, hatten es seine hochbegabten Architekten in zwei miteinander verbundene Bestandteile zerlegt. Fast Dreiviertel des Schiffes, vom Bug bis zur Mitte des Achterdecks, wurden durch parallele Leittaue hochgehalten, die an beiden Seiten zu dem Zweibeinmast hinaufliefen. Der verbleibende Heckteil konnte sich unabhängig davon bewegen, wenn auch nur ein wenig, wobei er stets in die ursprüngliche Lage zurückkehrte dank eines sehr sinnreichen Federsystems: das hohe Heck des Papyrus-Schiffes krümmte sich wie eine anmutige Harfe einwärts, während eine starke Leine von der höchsten Spitze zum Achterdeck hinablief, gerade etwa bis dahin, wo das letzte der nach achtern laufenden Leittaue vom Mast das Deck erreichte.

Vor unseren Versuchen waren Gelehrte und Seeleute übereinstimmend der Ansicht gewesen, daß die Harfensaite achtern den Zweck habe, die Einwärtskrümmung des Hecks zu erhalten und daß die Einwärtskrümmung selbst lediglich ästhetische Gründe habe. Die Bootsbauer vom Tschad-See zeigten uns, daß der schöne Bogen auch erhalten blieb, wenn man diese Harfensaite entfernte, und da sie damit offensichtlich recht hatten, segelten wir ohne die Harfensaite, und das Heck behielt seine Biegung. Doch das Achterdeck senkte sich allmählich so tief, daß schließlich nur noch das gebogene Steertende aus dem Wasser ragte. Zu spät hatten wir entdeckt, was uns nur die alten Ägypter hätten lehren können, daß nämlich diese Harfensaite keineswegs dazu da war, um das gekrümmte Heckende nach unten zu ziehen, sondern daß das gebogene Heck als Feder diente und die Harfensaite dazu benutzte, das Achterdeck hochzuziehen. Diese sinnreiche Erfindung wäre auf dem ruhigen Nil niemals gemacht worden und hätte dort auch keinen Zweck erfüllt. Allein dieses Detail schon bewies, daß die alten Ägypter eine Spezialtakelung entwickelt hatten, die es ihren flexiblen Papyrus-Schiffen erlaubte, durch grobe See zu segeln.

Nur wer selbst schon einmal versucht hat, aus Binsen und Tauen ein Boot zu bauen, wird begreifen, wie überaus sinnreich eine Technik sein muß, die es einer so eleganten Schiffsform wie der auf ägyptischen Wänden abgebildeten erlaubt, sich auf stürmischer See zu behaupten. Unsere Bootsbauer vom Tschad lösten das Problem auf die einzige einleuchtende Weise: sie banden Bündel neben Bündel in ständig zunehmender Zahl mit Tauen aneinander fest, wobei sie die Tauschlingen von einem Bündel zum nächsten führten, so daß ein dickes flaches Floß aus Bündeln in vielen Schichten entstand. Bug und Heck dünnten sie aus und bogen sie nach oben, um so das Profil der ägyptischen Papyrus-Schiffe zu kopieren. Wie schon erwähnt, sackte dieses improvisierte Heck ab, und als die Wellen von achtern an Bord donnerten, scheuerte die aufgebundene Kabine die von einem Bündel zum anderen laufenden Tauschlingen durch. Die ägyptischen Fresken und Reliefs zeigen solche übereinandergelegten Bündel nicht, ebensowenig die von einem Bündel zum anderen laufenden Tauschlingen: sie zeigen lediglich ein einziges dickes Bündel, an jedem Ende zugespitzt und nach oben gebogen, dazu Zurrleinen, die sich ohne Unterbrechung vom Deck zum Boden abwärtsziehen. Danach hätte man annehmen müssen, daß dieses Schiff aus einem einzigen Papyrus-Zylinder mit hochgezogenen Enden gebaut war, was jedoch wiederum sinnlos gewesen wäre, da sich ein zylindrisches Fahrzeug wie ein Faß um die Längsachse wälzen würde und außerdem kein Deck hätte. Aber die ägyptischen Schiffe sind stets im Profil dargestellt, und es ist überaus bemerkenswert, daß es in der modernen Welt nur ein einziges Gebiet gibt, wo Binsenboote mit diesem charakteristischen Profil noch gebaut werden: Südamerika.

Die hochstehende Zivilisation, die plötzlich unter den primitiven

Fischern an der Küste Nordperus mit dem Bau von Pyramiden und der Sonnenverehrung begann, hat der Nachwelt Binsenbootmodelle aus Keramik hinterlassen, die deutlich zeigen, daß ein zweites Binsenbündel neben dem ersten dem eigentümlichen Wasserfahrzeug Stabilität und Decksraum verlieh. Dieses zweite Bündel ist natürlich nicht zu sehen, wenn man das Modell im Profil betrachtet. Als wir auf der ganzen Welt nach Baumeistern für die Ra 2 suchten, sollten wir erfahren, daß die einzigen überlebenden Binsenbootbauer, die noch imstande waren, ein Fahrzeug herzustellen, das dem längst verschwundenen ägyptisch-mesopotamischen System entsprach, die Aymara-, Uru- und Quechua-Indianer Südamerikas waren. Ihre Methode, einen unerschütterlich kompakten Doppelzylinderrumpf ohne Knoten oder sich kreuzende Taue zu fertigen, war folgende: Zunächst legten sie ein zehn Meter langes und einen halben Meter dickes Papyrus-Bündel in den offenen Gang zwischen zwei zweieinhalb Meter dicken Bündeln von gleicher Länge. Nun wurde eine Leine in ständigen Spiralwindungen so gewickelt, daß sie die dünne Rolle an eine der beiden dicken band. Darauf band eine weitere spiralförmige Wicklung dieselbe dünne Rolle an die zweite dicke auf der anderen Seite. Wenn diese beiden voneinander unabhängigen, spiralförmig gewickelten Leinen mit der vereinten Kraft vieler Männer angezogen wurde, schmiegten sich die beiden dicken Rollen so an die dünne in der Mitte, daß diese von den beiden dicken zusammengedrückt und schließlich ganz in sie hineingepreßt wurde und einen völlig unsichtbaren Kern bildete.

Die sich ergebende Form eines Zwillingsbündels erlaubte nicht, daß ein Mast in das dünne Gebiet der Mittelverbindung gestellt wurde. Das Fahrzeug verlangte einen Zweibeinmast, der auf den beiden dicken Bündeln aufstand. Das war übrigens genau der Zweibeinmast, der von allen südamerikanischen Indianern benutzt wurde und auch im alten Ägypten verwendet worden war. Und obwohl er auf einem hölzernen Schiff sinnlos war, wurde er dort traditionellerweise beibehalten, bis er in späteren pharaonischen Zeiten durch den modernen, einbeinigen, in der Mitte stehenden Mast ersetzt wurde. Der ursprüngliche Zweibeinmast, an dem die ersten Segel des Menschen geheißt worden waren, wurde also für ein Zwillingsbündel-Binsenboot und nicht für ein aus Planken gebautes Holzschiff entwickelt.

Wie allgemein bekannt ist, hat das früheste Segel, das im alten Ägypten dargestellt wird, Trapezform und ist oben viel breiter als unten. Da der Verfasser auf dem Nil gesegelt ist, hat er die allgemein verbreitete Theorie nie recht verstanden, nach der die Ufer des Nils diese Segelform erfordert hätten, da die Ufer an der Wasseroberfläche nur wenig Wind zuließen. Die Logik ist nicht einleuchtend, da die normale Methode gerade die sein würde, die Breite des Segels dort zu vergrößern, wo der Wind geringer ist. Überdies ist aber der Nil so breit, und die Ufer sind so niedrig – mindestens dort, wo der meiste Schiffsverkehr herrscht –, daß sie wenig oder gar keinen Windschutz bieten. Und weshalb wurde diese ursprüngliche Form des Segels schließlich nicht bis auf den heutigen Tag beibehalten, wenn sie von den Bedingungen auf dem Nil diktiert wurde? Der Ra-Besatzung auf See bot sich sofort eine andere Erklärung an: Das Papyrus-Schiff war so robust, daß es weit mehr Segelfläche ertrug als jedes Holzschiff ähnlicher Größe. Da es jedoch ein kompaktes Floßschiff war, lag das Deck der Wasseroberfläche so nahe, daß kein Segel breiter sein durfte, als das Fahrzeug, um nicht von den Wellenkronen getroffen zu werden, die seitwärts dahinjagten. Um trotzdem die große Segelfläche zu erhalten, die die erstaunliche Stabilität des Fahrzeugs erlaubte, wurde die Leinwandbreite oberhalb der Reichweite der Wellen vergrößert – die Trapezform war automatisch das unausweichliche Ergebnis.

Seit seinem frühzeitigen Verschwinden wurde der ungewöhnliche Steuermechanismus, den die altägyptische Kunst ständig zeigt, zum erstenmal auf den Expeditionen der Ra-Schiffe erprobt und angewendet. Nach den ägyptischen Vorbildern hatten wir zwei sechs Meter lange Steuerriemen mit riesigen Blättern in schräger Stellung achtern zu beiden Seiten des hochgezogenen Hecks der Ra festgemacht. Die unteren Teile der Schäfte waren an einem Querbaum in Deckshöhe festgelascht, die oberen Teile an einem höheren Querbaum, der sich vom Heck aus weiter schiffseinwärts befand. Da diese Steuerriemen je an zwei Punkten festgemacht waren, konnten sie nicht frei schwingen wie ein normaler Steuerriemen, sondern sich lediglich um die eigene Achse drehen wie eine Art langgeschäftetes Steuerruder. Jeder dieser Steuerriemen wurde mit Hilfe einer kleinen Pinne am oberen Ende gedreht. Damit beide Steuerriemen gleichzeitig von einem Mann bedient werden konnten, wurden sie durch eine dünne Stange, die durch eine Leine an den Pinnen befestigt war, miteinander verbunden.

Die Empfindlichkeit dieser langschäftigen und großblattigen Steuerriemen, die an zwei Stellen befestigt waren, wurde auf der Reise der Ra 1 offensichtlich. Die Schäfte brachen mehrmals und mußten ständig repariert werden. Da uns die starke und biegsame Libanon-Zeder, wie sie von den Ägyptern benutzt worden war, nicht zur Verfügung stand, schrieben wir diese Pannen dem von uns verwendeten ungeeigneten Holz zu und benutzten für die Ra 2 dickere und stärkere Riemenschäfte. Außerdem machten wir die Taue dicker, mit denen die Schäfte oben und weiter unten befestigt wurden, damit sie dem Anprall größerer Wellen besser standhalten konnten. Erst als eine einzelne Riesenwelle sogar einen der Steuerriemen der Ra 2 zerbrach, lehrte uns die Erfahrung, daß wir als Sicherheitsmaßnahme eine dünnere Leine hätten benutzen sollen, um den Riemen an den Querbaum in Decksebene zu laschen, und die dickere Leine nur für den Baum in der Nähe der Pinne. Dann hätte eine ungewöhnlich starke Welle die Leine zerrissen, statt den Schaft zu zerbrechen. Der Steuerriemen wäre in diesem Fall nur zur Seite geschwungen und hätte leicht wieder angelascht werden können.

Als wir nach unserer Rückkehr Björn Landström über die praktische Lösung der einzigen Steuerschwierigkeit berichteten, der wir begegnet waren, sah er sofort eine Erklärung für ein Detail, das er auf alten ägyptischen Schiffsdarstellungen beobachtet hatte. Beim Kopieren zahlreicher Zeichnungen war es ihm rätselhaft gewesen, weshalb die Ruderschäfte ganz allgemein am unteren Laschungspunkt eine dünnere Leine oder weniger Schlingen aufwiesen als am oberen. Ehe er davon erfuhr, daß wir die Notwendigkeit zweier verschiedener Dicken bei den Laschungen festgestellt hatten, wobei die untere als eine Art Abreißsicherung diente, war er nicht auf den Gedanken gekommen, daß diese besondere Einzelheit der Zeichnung von praktischer Bedeutung sein könnte. Vielleicht ist dies einer der überzeugendsten Hinweise darauf, daß die alten Ägypter über die Nil-Mündung hinaus und in wirklich grobe Seen gesegelt waren.

Die Summe des Beweismaterials, das wir aus den vordynastischen Bootszeichnungen auf den geschützten Felshängen von Ägypten bis Algerien, aus der Aufeinanderfolge der Schiffe, wie sie von den Künstlern der Pharaonen berichtet wurde, aus den ältesten vergrabenen Fahrzeugen, wie dem papyriformen Holzschiff des Cheops, und aus den Versuchen mit Papyrus-Schiffen auf dem weiten Ozean gewonnen hatten, zeigt, daß das aus Planken gebaute Schiff mit Hohlkörper dem Menschen erst nach dem Binsenboot bei der Hochseeschiffahrt gedient hat.

Die Qualität der Papyrus-Stengel, die Form des Schiffes mit dem aufgebogenen Bug und Heck und den für das Meer überaus geeigneten Linien, mit seinem federnden Heck und der entsprechenden Takelung, seinem Zweibeinmast, dem trapezförmigen Segel und dem Steuermechanismus, der darauf berechnet war, mit grober See fertig zu werden, beweisen, daß ein Papyrus-Schiff, von Fachleuten gebaut, für die Überquerung jedes Meeres geeignet ist und für Reisen fern der Küste getakelt und ausgerüstet war, ehe es durch dauerhaftere Fahrzeuge aus soliden Planken kopiert wurde. Der Einbaum hat sich niemals zum wirklichen Rumpf eines auf Spanten gebauten Segelschiffes entwickelt. In Polynesien und unter den Indianern in Amerika wurden Planken an das Spülbord angenäht, wenn keine Baumstämme von ausreichender Dicke zur Verfügung standen, aus denen man Boote der gewünschten Größe hätte herstellen können. Doch diese Entwicklung war eine Sackgasse, da die auf diese Weise gebauten Boote immer noch Kanus bleiben. Dagegen wurde das Prinzip der Wasserverdrängung durch Luft vom Kanu entliehen, als die Linien und die Takelung der ersten seetüchtigen Binsenschiffe von Schiffsbauern des Mittelmeerraumes um 3000 v. Chr. in Holz kopiert wurden. So vereinigt das moderne Segelschiff infolge seiner mediterranen Herkunft zwei Stammbäume in sich: es beginnt sowohl mit dem ausgehöhlten Baumstamm als auch mit einem Bündel schwimmender Papyrus-Stengel.

Kapitel 2

Mögliche Ozean-Routen von und nach Amerika in vorkolumbischer Zeit

Im ersten Kapitel ist ausgeführt worden, daß alle historischen Indizien den Schluß zulassen, bereits in der Phase der entstehenden Hochkulturen sei der Mensch zu Ozeanüberquerungen fähig gewesen. Dabei hat er Wasserfahrzeuge verwendet, denen heutzutage niemand eine solche Seetüchtigkeit zugetraut hätte. Allerdings sind Verbindungen von und nach Amerika nur innerhalb enger naturgegebener Grenzen möglich gewesen. Dafür gibt es in allerjüngster Zeit zahlreiche Beweise positiver wie negativer Art – geglückte und gescheiterte Unternehmungen.

Der vorliegende Bericht will einen kurzen Überblick über mögliche Ozeanrouten geben, die unter den technischen Bedingungen der voreuropäischen Zeit Eingeborene nach den amerikanischen Kontinenten gebracht oder wieder weggeführt haben können. Damit soll keineswegs behauptet werden, daß die zu besprechenden Routen wirklich alle von vorkolumbischen Seereisenden befahren worden sind, obwohl offenkundig keinerlei wirkliche Hindernisse für den frühen Menschen auf den vermuteten Routen bestanden haben. Zweck der Übersicht ist daher nicht, sich mit den Problemen prähistorischer Kulturbeziehungen herumzuschlagen, sondern einfach die praktischen Probleme zu analysieren, die sich jenen stellen, die für transozeanische Verbindungen zwischen irgendwelchen Gebieten der Alten und der Neuen Welt eintreten.

Ohne Frage hat normalerweise ein Ozean das Vordringen des frühen Menschen stärker als eine Wüste, ein Sumpf, ein Dschungel oder eine Tundra gehemmt. Nun hat aber jeder Ozean zum Unterschied von anderen geographischen Barrieren seine Routen, die sich wie Flüsse dem menschlichen Verkehr anbieten. Die oft zitierte Behauptung, daß die Chance des Menschen, auf so langen Überseereisen am Leben zu bleiben, gering sei, ist daher reichlich weit gegriffen und bedarf exakter regionaler Modifikationen. Es bestehen zwei Grundtatsachen, die von modernen Ethnologen gewöhnlich übersehen werden. Erstens ist die Distanz zwischen zwei antipodischen Punkten [die auf der Erdkugel genau gegenüberliegen, wie etwa Nordpol und Südpol] am Äquator entlang nicht kürzer als entlang eines jeden Großkreises, der über die nördliche und südliche Hemisphäre läuft. Zweitens hat ein auf der Wasseroberfläche schwimmendes Fahrzeug, das direkt von einem geographischen Punkt zu einem anderen fährt, eine Strecke zu überwinden, die nicht gleich der gemessenen Entfernung zwischen den beiden Punkten ist, ebensowenig ist die zu überwindende Strecke in beiden Richtungen gleich lang.

Der erste Fall kann durch folgendes typisches Beispiel illustriert werden: Im Jahre 1962 wird im redaktionellen Kommentar einer führenden Zeitschrift (Newsweek vom 19. Februar, Seite 49) zu der interessanten Entdeckung gewisser keramischer Parallelen zwischen Japan und Ekuador behauptet, daß der Äquatorial-Gegenstrom »direkt auf Ekuador zufließt«, wohingegen »der Japan-Strom einen Bogen durch den Nordpazifik beschreibt«. Diese geläufige und weithin übliche Redewendung ist ganz einfach falsch, in Wirklichkeit ist der scheinbar einen Bogen schlagende Japan-Strom sowohl die direktere als auch die kürzere der beiden Routen.

Das wird sofort klar, wenn wir die irreführende Mercator-Projektion [sehr häufig bei Weltkarten verwendet; die Erde wird als Zylinder aufgefaßt, was in Polnähe starke Verzerrungen zur Folge hat] außer acht lassen und einen Globus befragen, der die realen Verhältnisse wiedergibt.

Wenige Ethnologen scheinen sich klarzumachen, daß sogar eine Reise von der Malaien-Halbinsel über die Alëuten nach Ekuador eine vollkommen gerade Strecke bildet, eine so direkte Route, wie sie zwischen diesen beiden Punkten überhaupt möglich ist. Es ist völlig vergeblich, nach einer Abkürzung über den Äquator zu suchen, er macht genauso die Krümmung der Erdrinde mit wie jeder andere Großkreis quer über den Pazifik, nur daß man das auf der Karte nicht erkennt.

So sind auch China und Peru Antipoden. Die Entfernung im Vogelflug zwischen der pazifischen Küste von Südchina und der pazifischen Küste von Peru ist über den Nord- oder Südpol genau so kurz wie über den Äquator. Es gibt keine Linie zwischen diesen beiden einander gegenüberliegenden Pazifik-Küsten, die direkter oder kürzer ist als jene, die auf einer Mercator-Karte fälschlich einen Bogen durch den äußersten Nordpazifik zu machen scheint. Wenn wir auf einem Globus einen Draht von der südchinesischen

Küste dem Äquator folgend nach Peru hinüberbiegen, an den Enden festhalten und nach oben schlagen, dann läßt sich das gleiche Drahtstück mühelos auch über das Bering-Meer legen.

Wer den Äquator als kürzesten Verbindungsweg zwischen Südostasien und Südamerika bezeichnet, begeht den gleichen Irrtum wie jemand, der behaupten wollte, nur der Greenwich-Meridian sei die kürzeste Verbindung vom Nordpol zum Südpol.

Wir müssen uns einmal vor Augen halten, daß der weite Pazifik keine glatte Ebene ist, sondern eine vollständige Halbkugel mit gleicher Wölbung nach allen Richtungen, dann bekommen wir eine ganz andere Vorstellung von den Vorbedingungen für Seereisen auf einem Eingeborenenfahrzeug über einen nichtkartierten Ozean. Ein primitiver Hochseefahrer erlebt sich stets im Mittelpunkt einer horizontalen Wasserscheibe, wohin immer er sich zu bewegen versucht. Er unterliegt nicht den Täuschungen, die das Kartenbild mit sich bringt.

Der zweite Punkt, an dem entschieden mehr Sorgfalt beim Studium früher Ozeanfahrten erforderlich ist, betrifft das Zitieren irriger Reisestrecken zwischen bestimmten Punkten auf See. Die absolute Entfernung zwischen zwei Punkten kann in Meilen ausgedrückt werden, hat aber gewöhnlich wenig Beziehung zu der wirklichen Meeresstrecke, die zwischen ihnen überquert werden muß. Tatsächlich wissen wir nichts über die Reisestrecke, die ein eingeborener Seefahrer bewältigen mußte, ehe wir nicht das Verhältnis zwischen der Geschwindigkeit der lokalen Strömung und der technisch erzielbaren Eigengeschwindigkeit des in Frage stehenden Fahrzeugs kennen. Je geringer die Eigengeschwindigkeit des Fahrzeugs, desto größer ist der Unterschied zwischen der gemessenen Entfernung und der Strecke, die tatsächlich zurückgelegt werden muß. Es kann daher eine überwältigende Differenz zwischen der tatsächlichen Reisestrecke eines modernen Ozeanriesen und der eines primitiven Fahrzeugs bestehen, obgleich beide in ebenso gerader Linie über dieselbe Strecke festen Ozeanbodens ziehen. Das beachtliche Ausmaß dieses Unterschieds kann durch eine Ozeanüberquerung auf einem Eingeborenenfahrzeug illustriert werden, die der Verfasser miterlebt hat.

Die absolute Entfernung von Peru bis zu den Tuamotu-Inseln ist annähernd viertausend Meilen. Das Kon-Tiki-Floß erreichte jedoch tatsächlich von Peru aus nach der Überquerung von nur tausend Meilen Wasseroberfläche die Tuamotu-Inseln. Wenn ein anderes urtümliches Fahrzeug imstande gewesen wäre, sich mit der gleichen Geschwindigkeit und in einer ähnlich direkten Linie, aber in umgekehrter Richtung zu bewegen, würde es an die siebentausend Meilen Wasseroberfläche zu überqueren haben, um Peru von den Tuamotus aus zu erreichen. Die Ursache liegt darin, daß sich die Ozeanoberfläche selbst während der Zeit, die für die Überfahrt benötigt wurde, etwa dreitausend Meilen verschob (oder um ungefähr fünfzig Grad des Erdumfangs drehte). Das heißt, daß die Tuamotu-Inseln in einer Reise-Entfernung von nur etwa tausend Meilen von Peru entfernt liegen, wohingegen Peru siebentausend Meilen weit von den Tuamotu-Inseln liegt, wenn ein Seefahrer mit einer Fahrtgeschwindigkeit in See sticht, die der der Kon-Tiki entspricht.

Entsprechend beträgt die absolute Distanz zwischen Peru und der Marquesas-Gruppe annähernd viertausend Meilen, die durchschnittliche Geschwindigkeit der lokalen Strömung ist etwa vierzig Meilen pro Tag. Wenn ein Eingeborenenfahrzeug mit einer Eigengeschwindigkeit von sechzig Meilen pro Tag westwärts fährt, wird es also tatsächlich sechzig plus vierzig, also hundert Meilen pro Tag machen und die Reise von Peru nach den Marquesas in vierzig Tagen vollenden. Wenn es den entgegengesetzten Weg in gerader Linie und mit der gleichen Geschwindigkeit unternimmt, kommt es um sechzig minus vierzig, also zwanzig Meilen pro Tag weiter und würde zweihundert Tage brauchen, um von den Marquesas nach Peru zu gelangen.

Wenn jedoch das Fahrzeug nur vierzig Meilen am Tag erreicht, bewegt es sich mit einer Geschwindigkeit von vierzig plus vierzig, also achtzig Meilen im Tag westwärts und wird auf den Marquesas nach nur fünfzig Tagen landen. Wenn es aber in die entgegengesetzte Richtung will, wird es vierzig minus vierzig Meilen, also null Meilen am Tag machen, das heißt niemals überhaupt von den Marquesas-Inseln wegkommen.

Diese Zahlen beziehen sich nicht nur auf den vorliegenden Einzelfall, sondern in höherem oder geringerem Grade auf jede Ozeanüberquerung in einem primitiven Fahrzeug. Sie sind in Verbindung mit den Krümmungen der großen Weltmeere entscheidende

Faktoren in den anschließenden Überlegungen. Heute repräsentieren sie Grundprinzipien moderner Hochseenavigation, einst, unmittelbar nach der Entdeckung und vor der Entstehung ausreichender Seekarten, schlugen sie sich in den Logbüchern aller Pionierfahrten nach und von Amerika nieder. Sicher waren sie von gleicher Bedeutung für die Schaffung von Reiserouten durch die gleichen unkartierten Ozeane vor dem geschriebenen Bericht, wann immer der Frühmensch es wagte, durch die gleichen beweglichen, halbkugelförmigen Wasserwüsten zu steuern.

Es gibt drei ozeanische Hauptzufahrten zur Neuen Welt, zwei über den Atlantik und eine über den Pazifik. Und zwei Hauptrückfahrtswege, beide über den Pazifik. Diese Routen sind so genau definiert, daß jede von ihnen nach ihrem historischen Entdecker benannt werden kann:

Leiv-Eiriksson-Route

Die Leiv-Eiriksson-Route [benannt nach dem Wikinger, der um 1000 n. Chr. Labrador erreichte] ist durch kurze Entfernung und durch eine rasche Strömung begünstigt, die entlang der Ost- und Südküste Grönlands nach Labrador und Neufundland läuft. In der Zeit von 986 bis etwa 1500 n. Chr. gründeten die Wikinger an der Südwestküste von Grönland zweihundertachtzig Bauernhöfe, zwei Bischofssitze und siebzehn Kirchen. Diese frühen europäischen Kolonisten hielten eine regelmäßige Verbindung auf offenen Schiffen mit Island und Norwegen aufrecht und lebten vor der Ankunft des Kolumbus fünf Jahrhunderte lang nur zweihundert Meilen weit von der amerikanischen Küste entfernt. Schriftliche Berichte aus dem 11. bis 14. Jahrhundert zeigen, daß mindestens fünf Vorstöße in die Neue Welt stattgefunden haben. Listen von 1516 erwähnen Felle vom schwarzen Bären und vom Zobel unter den Handelsgegenständen und zeigen, wenn sie stimmen, Handelsbeziehungen über die Davis-Straße hinweg. Der amerikanische Archäologe E. F. Greenman (Current Anthropology, Februar 1963) vermutet, daß der Mensch des Jungpaläolithikums am Rande der Eisfront entlang, die damals jenen Teil des Ozeans in der Höhe von Irland überspannte, einen noch leichteren Zugang zum nordöstlichen Nordamerika besaß. Sicher war eine Einwanderung arktischer Jäger aus dem Nordeuropa jener frühen Periode möglich. Ob sie tatsächlich erfolgte, bleibt zu beweisen.

Kolumbus-Route

Die Kolumbus-Route ist beträchtlich länger, bietet aber milde klimatische Bedingungen, außerordentlich günstige Ozeanströmungen sowie stetigen Rückenwind. Eigentlich beginnt sie entlang der Küste Nordwestafrikas und läuft mit dem Kanarischen Strom geradewegs auf Westindien und den Golf von Mexiko zu. Sie nimmt einen starken südlichen Zubringer von Madagaskar und Südafrika auf, der ebenfalls nach Westindien zieht, aber entlang der brasilianischen Küste. Obwohl diese beiden Ozeanwege an zwei getrennten Punkten Afrikas ansetzen, können sie gut als Teile einer Meeresroute betrachtet werden, die das tropische Amerika in die Reichweite Afrikas zieht – aber nicht umgekehrt Afrika in die der Neuen Welt. Die Reiseentfernung ist beträchtlich kürzer als die mit dem Kon-Tiki-Floß bewältigte, und die Fahrtbedingungen sind ganz ähnlich. Ob der Ozean an dieser Stelle vor Kolumbus je überquert wurde, ist noch nicht bekannt. Die Route ist für Verschlagungen aus Afrika durchaus möglich, und einige Botaniker, wie E. D. Merrill, haben vermutet, daß bestimmte afrikanische Kulturpflanzen erstmalig die Agrargebiete Amerikas auf diesem Wege erreicht haben mögen. [Merrill ist amerikanischer Botaniker, der temperamentvoll die Theorie verteidigte, Amerika sei bis zur Ankunft von Kolumbus vollständig isoliert gewesen. Erst in seinen letzten Lebensjahren hat er seine Thesen modifiziert.]

An der amerikanischen Küste hingegen gibt es keine günstige Rückfahrtsroute für den Eingeborenen. Der kalte, nach Süden gerichtete Labrador-Strom beherrscht die gemäßigte Zone Nordamerikas, und der warme, nach Norden gerichtete Golfstrom beginnt bei Eingeborenen, die an tropische Verhältnisse gewöhnt sind und wenig darauf vorbereitet wären, die lange Trift nach Norden in den kalten Nordatlantik zu überleben.

Wenden wir uns der Pazifik-Küste zu, dann sind die Bedingungen umgekehrt. Obwohl europäische Forscher zuerst die asiatischen Küsten des Stillen Ozeans erreichten, wurde von dort keine Überfahrt nach Amerika unternommen, nicht einmal ein Versuch, in den Stillen Ozean vorzudringen. Erst als Kolumbus den Europäern die Neue Welt eröffnet hatte, wurde der Große Ozean befahren, von Ferdinand Magellan und seinen Nachfolgern, deren Ausgangshäfen aber alle in Amerika lagen.

Mendaña- oder Inka-Route

Die Hauptroute des Südpazifiks ließe sich als Mendaña-Route bezeichnen, nach dem ersten Europäer, der sich in der Neuen Welt zu Entdeckungsreisen nach Melanesien und anschließend Polynesien einschiffte. Doch da die erste Mendaña-Expedition ausdrücklich organisiert worden war, um die bewohnten Pazifik-Inseln zu finden, von denen Inka-Kauffahrer berichtet hatten und die angeblich von dem Inka Tupac Yupanqui selbst aufgesucht worden waren, könnte man sie mit gleichem Recht Inka-Route nennen. Die Möglichkeit dieses Seeweges für ein Eingeborenenfahrzeug wurde erstmalig mit dem Kon-Tiki-Floß demonstriert. Ihm sind seit 1947 bis 1974 eine imponierende Anzahl von Balsa- oder Holzflößen gefolgt. Eine Übersicht findet sich auf Seite 42 im Anhang zu diesem Kapitel. Diese Liste belegt besser als viele Worte die herausragende Bedeutung der Mendaña- oder Inka-Route. Während diese Flöße zum Teil sogar bis nach Australien gelangten, ist bis jetzt jeder Versuch, in der umgekehrten Richtung von Asien über Polynesien nach Südamerika zu gelangen, mißlungen. Die Meeres-Strömungen und Passat-Winde der Inka-Route vermögen eingeborene Seefahrer von fast der gesamten chilenischen Küste, ganz Peru und Südekuador zu verschiedenen Teilen Polynesiens und weiter zu tragen. Botanisches Material zeigt, daß solche Seereisen schon vor Mendañas Überfahrt gewagt worden sind. Eine Rückreise in der gleichen Zone des Ozeans erwies sich den frühen Spaniern als unmöglich. Sie waren gezwungen, den Rückweg nach Peru durch die hohen Breiten nördlich von Hawaii zu nehmen. Obwohl wir später noch auf zwei Möglichkeiten einer Rückkehr eingehen, ist hier festzuhalten, daß es keine natürliche Meeresroute gibt, die in der südlichen Hemisphäre zur Neuen Welt führt.

Saavedra-Route

Noch bevor Alvaro de Mendaña Melanesien und Polynesien von Peru aus entdeckte, war der Spanier Alvaro de Saavedra 1527 von Zacatula an der mexikanischen Pazifik-Küste aus über den riesigen leeren Pazifik zwischen dem Äquator und Hawaii gesegelt, ohne auch nur auf eine einzige Insel zu stoßen, bis er schließlich die Philippinen erreichte. Auf den Philippinen wartete er darauf, daß der Wind sich drehe, um nach Mexiko zurückzukehren. Seinen ersten Versuch mit einer Südwestbrise machte er im darauffolgenden Jahr, aber sie ließ ihn im Stich, und er mußte nach den Philippinen zurückkehren. Nach einem weiteren Jahr versuchte er es noch einmal, folgte der Küste von Neuguinea und steuerte von dort aus nach Norden, bis er in 27 Grad nördlicher Breite starb. Seine Nachfolger fuhren befehlsgemäß noch bis zum 31. Breitengrad weiter, stießen dann aber auf Gegenwind und kehrten nach Indonesien zurück. So schlug der erste Versuch, über den Pazifik zur Neuen Welt zurückzukehren, fehl.

Diese Saavedra-Route von Mexiko nach Indonesien erscheint außerordentlich lang, ihre Bewältigung wird aber in Wirklichkeit durch den raschen, mächtigen Nordäquatorial-Strom beträchtlich verkürzt. Außerdem wird sie auf dem ganzen Weg von starkem Passat im Rücken und günstigen klimatischen Bedingungen unterstützt. Die frühen Spanier benutzten durch Generationen regelmäßig die Saavedra-Route von Mexiko zu ihren Kolonien auf den Philippinen, aber erst 1565 entdeckten sie die einzige natürliche Passage von Indonesien zurück nach Mexiko in den hohen Breiten nördlich von Hawaii.

Urdaneta-Route

Diese wichtige Route nach Amerika, der einzige natürliche Zugang zur Neuen Welt auf der Pazifik-Seite, kann wohl als Urdaneta-Route bezeichnet werden nach dem Pionier, dem Spanier Andres de Urdaneta, der diesen Weg für seine Nachfolger schriftlich fixierte. Tatsächlich vollendete Arellano, sein Begleiter, der mit seinem Schiff die anderen drei Karavellen im Stich ließ, dieselbe Überfahrt drei Monate vor ihm, 1565, lieferte aber keinerlei Bericht über seinen Kurs. Urdaneta jedoch führte ein Reisetagebuch und machte wissenschaftliche Beobachtungen, auf die man sich noch lange auf den späteren Reisen von den Philippinen nach Mexiko stützte. Die Länge der Urdaneta-Route wird durch den nach Osten gerichteten Kuroschio-Strom drastisch verkürzt, der warmes Wasser und mildes Klima direkt aus der Philippinen-See nach Nordwestamerika bringt und von dort der Küste bis nach Mexiko folgt. Die Gegenwinde des Passat-Gürtels werden vermieden, und der Bogen nördlich von Hawaii wirkt sich, wie schon festgestellt, nicht aus, nicht einmal in absoluten Meilen.

Die nach Osten gerichtete Urdaneta- und die nach Westen gehende Saavedra-Route bilden ein geschlossen rotierendes System zwischen Alter und Neuer Welt nördlich des Äquators. Theorien des transpazifischen Kontakts, wie sie von dem amerikanischen Ethnologen G. F. Ekholm, seinem österreichischen Kollegen R. von Heine-Geldern und anderen entwickelt wurden, werden sinnlos, wenn man geographische und historische Bedingungen und Begleitumstände unberücksichtigt läßt, sie werden jedoch möglich, zumindest vom Standpunkt der Navigation her, wenn wir diese Faktoren in Betracht ziehen.

Es gibt keinen anderen natürlichen Fluchtweg über den Pazifik. Der Äquatorial-Gegenstrom wird auf vielen Karten deutlich so dargestellt, als liefe er zwischen den mächtigen, nach Westen gerichteten Nord- und Südäquatorial-Strömen nach Osten. Dieser sogenannte Gegenstrom ist aber nur eine unzusammenhängende Reihe von Aufwallungen und Wirbeln, er ist für Transpazifik-Reisende von geringem Nutzen. Saavedra und spätere Seefahrer bis in die jüngste Zeit waren nicht imstande, eine solche Äquatorial-Route zu entdecken oder zu nutzen. Zwei moderne Experimente mit Eingeborenenfahrzeugen illustrieren nun die Grenzen ihres Werts: Vor dem letzten Weltkrieg verbrachte der Franzose Eric de Bisschop drei Jahre auf einer chinesischen Dschunke, um nautische Beobachtungen über den Äquatorial-Gegenstrom zu machen und die Möglichkeit zu studieren, ihn für Eingeborenenwanderungen von Indonesien nach Polynesien heranzuziehen. Er hatte ständig den Passat gegen sich und mit den allgegenwärtigen Äquatorial-Strömungen zu kämpfen, die den vermuteten Gegenstrom überrannten und ihm ein Vorwärtskommen unmöglich machten. Er schloß: »Als Seemann habe ich in erster Linie danach getrachtet, die maritimen Schwierigkeiten einer solchen Wanderung klarzustellen: Sie sind ... allzu zahlreich!« Und: »... sehr wenig kann ausgesagt werden sowohl über die Geschwindigkeit als auch über die Richtung dieser Strömung, ja überhaupt über ihre Existenz.«

In den letzten Jahren machte der Peruaner – er ist gebürtiger Tscheche – Eduardo Ingris zwei Versuche, Polynesien von Südamerika aus auf einem Balsa-Floß zu erreichen. Beim zweiten Versuch gelang es ihm, aber beim ersten startete er zu weit nördlich und geriet in die Kalmen, wo sein Floß hilflos umhertrieb. Er kämpfte wochenlang, um mit dem Äquatorial-Gegenstrom wieder heimzukehren, aber vergeblich, und mußte sich schließlich von einem Schlepper nach Panama zurückziehen lassen. Zweifellos leistete der schmale Streifen, Äquatorial-Gegenstrom genannt, an bestimmten Stellen einer vorher zurechtgelegten, nach Osten gerichteten Fahrt dank örtlicher Aufwallungen und häufiger Windstillen geringeren Widerstand und bringt weniger Abtrift als die rasch fließenden Strömungen zu beiden Seiten, und eine forcierte Reise von Polynesien nach Südamerika wäre in dieser Breite zweifellos möglich. Aber eine Meeresroute, von geographischen Faktoren unterstützt oder gar erzwungen, gibt es hier nicht. Eine vorkolumbische Transpazifik-Reise zwischen antipodischen Punkten entlang dieser Linie ist sinnlos und unmöglich. Eine Reise von Ostpolynesien nach Amerika wäre hingegen möglich, wenn auch sehr schwierig.

Ein anderer möglicher Weg für Seeleute, die mit den Gewässern vertraut sind, eine vorgeplante Reise zurück nach Amerika zu erzwingen, bietet die nach Osten gerichtete Strömung im Südpazifik jenseits dessen, was der Seemann die »Roaring Forties«, die »brüllenden Vierziger«, nennt. [Sie liegen etwa zwischen dem 40. und dem 50. Breitengrad.] Die unmittelbare Nachbarschaft von Treibeis und die häufigen Stürme in dieser üblen Zone sind jedoch für ein kleines Fahrzeug gefährlich und kaum einladend für eine Eingeborenenmannschaft, die aus dem warmen Polynesien kommt. De Bisschop testete auch diese Route, aber nach fast siebenmonatigem Leidensweg löste sich das Bambus-Floß etwa tausend Meilen vor Chile auf, gerade beim Eintritt in das Gebiet, wo die Osttrift nach Norden dreht und nach Polynesien zurückführt. Über Funk rief man ein Rettungsschiff herbei und verließ das Floß. Diese Route erwies sich so als äußerst schwierig. Sie setzte entschieden das Wissen voraus, daß Südamerika vor einem liegt. Wahrscheinlich ist sie gangbar – aber das bleibt noch zu beweisen.

Nach seiner Rettung ging de Bisschop nach Callao, um seine Versuche mit einer Segelfahrt auf einem anderen Floß nach der Mendaña- oder Inka-Route von Peru nach Polynesien abzuschließen. Sein Floß war schludrig gebaut, aus Zypressen-Stämmen, und begann sich vollzusaugen. Dennoch passierte es nach fünfundsiebzig Tagen die Marquesas-Inseln und trieb noch tausend Meilen weiter nach Westen, bevor es versank. Die Mannschaft ließ sich auf einem nur noch aus leeren Wasserkanistern und Kleinholz bestehenden Floß weiter von der Strömung treiben und forcierte auch noch erfolgreich die Landung auf Manihiki in den Cook-Inseln. Einzig de Bisschop selbst verunglückte tragischerweise beim Landemanöver tödlich. Auf seinen vier Pazifik-Reisen mit urtümlichen Fahrzeugen hat dieser hervorragende Seemann klar demonstriert, wie schwierig es ist, natürliche Meeresrouten auf diesem Ozean zu finden, außer denen, die wir die Inka-, die Saavedra- und die Urdaneta-Route genannt haben, obendrein jedoch, daß Amerika von asiatischen Einflüssen über den Südpazifik wirksam abgeschnitten ist.

Zusammenfassend sei gesagt: Die Möglichkeit transozeanischen Kontakts mit Altamerika ist sehr begrenzt, aber doch vorhanden. Es gibt keine natürlichen Rückkehrrouten auf der atlantischen Seite, wohl aber einen möglichen Zugang im extremen Nordosten, der in den Eiszeiten noch wichtiger gewesen sein mag, und eine weitere mögliche Route gelegentlicher Verschlagungen von Afrika in den Bereich des Golfs von Mexiko. Von der pazifischen Seite führt eine natürliche Abfahrtsroute von Mexiko und Mittelamerika nach Indonesien und eine weitere von Peru nach Polynesien und zu den dahinter liegenden Inseln. Eine große natürliche Anfahrt führt von Indonesien und Japan nach Nordwestamerika und Mexiko. Sie wird in der Arktis von dem beinahe schon zum Festland gehörigen Brückenpfeiler der Alëuten und von der Bering-Straße flankiert. Forcierte Überfahrten außerhalb dieser natürlichen Ozeanrouten erfordern höchstes navigatorisches Geschick und – fast unerläßlich – das Wissen, daß Land voraus liegt.

Anhang

Vollständiges Verzeichnis der gelungenen Fahrten mit Balsa- oder Holzflößen zwischen 1947 und 1974 von Peru oder Ekuador nach Polynesien und Australien. Siehe auch Karte Seite 138.

KON-TIKI (Thor Heyerdahl und Begleiter) von Callao, Peru, bis Raroia, Ostpolynesien, 1947.

SEVEN SISTERS (William Willis) von Callao, Peru, bis Samoa, Westpolynesien, 1954.

TAHITI NUI II (Eric de Bisschop und Begleiter) von Callao, Peru, bis Rakahanga, Westpolynesien, 1958.

LA CANTUTA II (Eduard Ingris und Begleiter) von Callao, Peru, bis Mata Hiva, Zentralpolynesien, 1959.

AGE UNLIMITED (William Willis) von Callao, Peru, via Samoa bis Tully Beach, Australien, 1963–64.

TANGAROA (Carlos Caravedo Arca und Begleiter) von Callao, Peru, bis Fakarava, Zentralpolynesien, 1965.

CELEUSTA (Mario Valli) von Callao, Peru, bis Raroia, Ostpolynesien, 1969.

LA BALSA (Vital Alsar und Begleiter) von Guayaquil, Ekuador, bis Mooloolaba, Australien, 1970.

GUAYAQUIL, MOOLOOLABA und AZTLAN (Vital Alsar und Begleiter) mit einer Flottille von drei Balsa-Flößen von Guayaquil, Ekuador, bis Ballina, Australien, 1973.

Kapitel 3

Wer hat recht – Isolationist oder Diffusionist?

Das vorangegangene Kapitel enthält die systematische Darstellung aller »Transportbänder«, d.h. Zonen günstiger Winde und Strömungen, die es erlauben, auch mit primitiven Hilfsmitteln eine Verbindung zwischen der Alten und der Neuen Welt herzustellen.

Nun hebt Heyerdahl eine Vielzahl von Kulturelementen hervor, die in ihrem Auftreten zu beiden Seiten der Ozeane dafür sprechen, daß solche »Transportbänder« frühzeitig vom Menschen genutzt worden sind, vor allem jenes, das Kolumbus bei seiner Entdeckungsfahrt half und das daher hier nach ihm benannt wurde.

Freilich muß sich Heyerdahl nun mit den Isolationisten auseinandersetzen, jener lange Zeit übermächtigen Gruppe von Forschern, die da meinen, es habe nach der Besiedlung Amerikas über die Bering-Straße keinerlei beabsichtigte und nachhaltige Kontakte mit der Alten Welt mehr gegeben, vor allem nicht mit deren Hochkulturen – bis es schließlich zu den historisch belegten Entdeckungsfahrten der Europäer kam. Deshalb müsse man bis auf einen geringen Grundbestand alle Kulturleistungen der Neuen Welt als eigenständige Schöpfungen betrachten. Mit Ausnahme des Hundes hätten sie die von den Europäern angetroffenen Haustiere selbst domestiziert. Ebenso stünde es mit den Kulturpflanzen. Die Fülle der beobachteten Übereinstimmungen – etwa sechzig Kulturelemente – wurde als Beweis bewertet, daß menschliches Ingenium überall zu ähnlichen Resultaten kommen kann. Heyerdahl entzieht dieser Position den Boden, wobei ihm die Ethnobotanik entscheidende Argumente liefert. Gartenbohne, Flaschenkürbis und Banane sind nach der von Heyerdahl zitierten Literatur nicht in der Neuen Welt einheimisch, geeignete Wildformen fehlen. Es ist kaum anzunehmen, daß sie ohne menschliche Hilfe auf die andere Seite des Ozeans gelangen konnten. Die kultivierte Baumwolle Amerikas ist durch die Kreuzung einer kultivierten und einer wilden Spezies entstanden. Auch hier dürfte ein Übertragungsvorgang zugrunde liegen.

Unter Rückgriff auf die Ergebnisse seiner Ra-Expeditionen zeigt Heyerdahl, daß die Übertragungen möglicherweise durch Seefahrten ausgelöst wurden, die von den Häfen an der Westküste Nordafrikas ausgingen.

Die Spekulationen über Kontakte zwischen der Alten und der Neuen Welt vor den Reisen des Kolumbus finden kein Ende. Wissenschaftlich ausgedrückt, haben sie sich nach und nach zu zwei gegensätzlichen Schulen verhärtet: Isolationismus und Diffusionismus. Die Isolationisten glauben, daß die großen Ozeane, die die beiden Amerika umgeben, die Neue Welt bis zum Jahre 1492 n. Chr. völlig von Einflüssen aus der Alten Welt isoliert hätten. Diese Schule erkennt lediglich an, daß primitive Sammlerhorden von der asiatischen Tundra nach Alaska im arktischen Norden übergewechselt seien. Die Diffusionisten sind dagegen von einer einzigen gemeinsamen Wiege aller höheren Kulturen überzeugt. Sie nehmen verschiedene hypothetische Reisen in vorkolumbischen Zeiten von Asien, Europa oder Afrika in das primitive Amerika an. Extremisten beider Schulen haben ein ausgeprägtes Merkmal gemein: wenig oder gar kein Verständnis für solche ozeanographischen Faktoren wie vorherrschende Winde und Strömungen. Für sie sind die Ozeane tote, unbewegliche Gewässer. Der Unterschied zwischen beiden ist der, daß der extreme Isolationist glaubt, diese toten Wasserflächen bildeten Schranken für jede menschliche Bewegung, in welcher Richtung auch immer, während der extreme Diffusionist sie eher als offene »Rollschuhbahnen« betrachtet, auf denen primitive Reisende in jeder Richtung reisen konnten, die ihnen zusagte. Diese Mißachtung der geographischen Realität hat die Diffusionisten dazu verführt, häufig schlecht begründete Wanderungstheorien aufzustellen, die keine andere Wirkung gehabt haben, als die Einstellung der Isolationisten zu verhärten. Wiederum hat die dogmatische Art, mit der die Isolationisten ihre Sache verteidigen – indem sie einfach die Beweislast den Diffusionisten zuschieben –, ebensolchen Unwillen bei letzteren hervorgerufen. Tatsächlich haben die Isolationisten nie versucht, schlüssige Beweise für ihre Sache beizubringen, da sie meinten, ihre Stellung sei durch das Fehlen von Beweisen für die Ansicht der Diffusionisten ausreichend bestätigt: den mangelnden Beweis für einen Kontakt betrachten sie als Beweis für fehlenden Kontakt.

Alle geben zu, daß es viele – und häufig bemerkenswerte – Übereinstimmungen zwischen den Kulturen im vorkolumbischen Amerika und denen der Mittelmeerwelt gibt. Die Isolationisten glauben, daß diese Parallelen und gelegentlich vollkommenen Übereinstimmungen einer unabhängigen Entwicklung auf parallelen Linien zugeschrieben werden können. Ihre Ansicht stützt sich auf das Wissen, daß der menschliche Geist fähig ist, auf gleiche Weise erfinderisch auf die gleichen Umweltherausforderungen zu beiden Seiten einer geographischen Barriere – in diesem Fall des Atlantik und des Pazifik – zu reagieren.

Diese Übereinstimmung zwischen bestimmten Werkzeugen, Ornamenten, Bräuchen und anderen Kulturzügen oder ihr paralleles Auftreten wird deshalb als Ergebnis unabhängiger Evolution betrachtet und sei also kein gültiger Beweis für Kontakte oder überseeische Wanderungen. Die große Mehrheit der modernen Gelehrten hat die Logik dieser Begründung anerkannt, und mit ihrer Anerkennung fiel eine ganze Reihe überzeugender Argumente für globale Wanderungen weg, die von den Diffusionisten früher vorgetragen worden waren. Ideen und Erfindungen, etwa der Bau von Pyramiden, die Sonnenverehrung, die Ehe zwischen Bruder und Schwester in königlichen Familien, die Mumifizierung, das Tragen falscher Bärte unter den Priesterkönigen, das Trepanieren, die Schrift, Kalendersysteme, die Verwendung der Null, Bewässerung und Terrassenlandwirtschaft, Baumwollanbau, Spinnen und Weben, Töpferei, genau eingepaßtes megalithisches Mauerwerk, die Schleuder, Vogelmenschgottheiten, Blasinstrumente, Binsenboote, Angelhaken, Nekropolen, Wandmalereien und Reliefbildhauerei, Verwendung von Adobe-Ziegeln, hierarchischer Gesellschaftsaufbau, Papierherstellung, Keramiksiegel und Tiermodelle mit Rädern, dies alles waren Elemente, die zweimal erdacht worden sein konnten und deshalb nicht als schlüssige Beweise für transozeanische Einflüsse angesehen wurden. Deshalb war jedesmal, wenn Diffusionisten mit einem neuen Fall von Parallelen in der Kultur der Alten und der Neuen Welt auftraten, um transatlantische oder transpazifische Kontakte zu beweisen, das Argument von vornherein dazu verurteilt, als »nicht bewiesen« etikettiert zu werden.

Trotz der Rückschläge, die die diffusionistische Bewegung aufgrund der isolationistischen Doktrinen erlitt, wurden die Versuche, Beweise für kulturelle Kontakte über das Meer zu finden, nie ganz aufgegeben, und in den letzten Jahren haben sie sogar an Stoßkraft gewonnen, nicht zuletzt in Amerika, wo der Widerstand viele Jahre lang am stärksten gewesen war.

Es kann nur zwei Gründe für diesen Rückschlag des Pendels zum Diffusionismus hin geben. Entweder beginnen die Argumente der Diffusionisten immer mehr Gelehrte zu überzeugen, oder aber die Beweise der Isolationisten werden nicht mehr allgemein als schlüssig angesehen. Anscheinend ist letzteres der Fall, denn da das Beweismaterial der Diffusionisten manchmal unklar ist, läßt sich die Rehabilitierung ihrer Lehre nur dem Unvermögen der Isolationisten zuschreiben, die unbestreitbare Gültigkeit ihrer Ansichten zu demonstrieren. In einem Aufsatz über "Theoretical Issues in the Trans-Pacific Diffusion Controversy" zeigt D. Fraser deutlich, daß das vorhandene Beweismaterial nach beiden Richtungen hin interpretiert werden kann und daß das, was für den einen Gelehrten als schlüssiger Beweis für die Diffusion gilt, von einem anderen genau gegensätzlich interpretiert wird. Er zeigt, daß das asiatische Spiel »pachisi« und das ganz ähnliche mexikanische »patolli« sowohl von Diffusionisten als auch von Isolationisten benutzt wird, um ihre Ansicht zu stützen. Das eine Lager argumentiert, daß wegen der Ähnlichkeit der beiden Spiele Verbindungen existieren müssen, und macht sich auf die Suche nach solchen Verbindungen. Das andere Lager dagegen sagt, die Entfernung und andere Faktoren schlössen eine Verwandtschaft aus, und deshalb demonstriere das Vorhandenseins dieses Spiels vollendet die Gültigkeit der Lehre von der unabhängigen Erfindung. An Hand dieses Beispiels sieht man, daß die Diskrepanz der Standpunkte von beiden Seiten eine vorsichtige und völlig unvoreingenommene Einstellung erfordert und daß der

Isolationist seine Bemühungen gleichmäßig darauf verteilen sollte, den Standpunkt des Diffusionisten zu widerlegen und positive Beweise für die Stütze seiner eigenen Ansichten zu suchen. Wenn auch oft behauptet wird, es sei der Diffusionist, der die Hauptbeweislast zu tragen habe, so hat er sie doch bestimmt nicht allein zu tragen, und so lange nicht beide Seiten die Gültigkeit ihrer Ansichten bewiesen haben, wird die Kontroverse nicht aufhören.

Eine ständig wachsende Zahl von Gelehrten – vielleicht ist es jetzt sogar schon die Mehrheit – scheint indessen neuerdings einen vorsichtigen Mittelkurs eingeschlagen zu haben. Sie schließen sich keiner der beiden extremen Lehren an, sondern geben zu, daß Ozeanströmungen einzelne Fahrzeuge mit überlebenden eingeborenen Besatzungen nach oder von Amerika weg getragen haben *könnten*, ohne daß dies unbedingt eine Bevölkerungsbewegung in größerem Ausmaß gewesen sein müßte. Ich werde deshalb die Bezeichnung Diffusionist für einen Wissenschaftler benutzen, der im allgemeinen menschliche Kontakte als Erklärung bevorzugt, und zwar überall dort, wo kulturelle Parallelen auftreten, und Isolationist für einen, der dogmatisch glaubt, daß die Amerika umgebenden Ozeane vor 1492 n. Chr. unpassierbar gewesen seien.

Wir wollen uns also unparteiisch diese undurchdringliche Barriere anschauen, die die Isolationisten um das vorkolumbische Amerika errichten. Fraglos ist ein Ozean normalerweise wirksamer als eine Wüste, ein Sumpf, ein Dschungel oder eine Tundra, wenn's darum geht, das geographische Vordringen des primitiven Menschen aufzuhalten. Dennoch besitzt ein Ozean Straßen von Strömungen und Winden, förmliche Transportbänder, die seine Überquerung erleichtern. [Sie sind im vorausgehenden Kapitel systematisch für Pazifik und Atlantik dargestellt worden.]

Selbstverständlich hängt der Wert der Strömungen und Winde für die Sache der Diffusionisten von der Natur und der zeitlichen Einordnung des Beweismaterials für Kontakte ab, die man an beiden Enden eines solchen Transportbandes findet. Wenn der Diffusionist sowohl die Natur als auch die zeitliche Einordnung des Beweismaterials für Kontakte nicht angemessen berücksichtigt, kann er die zur Verfügung stehenden Daten allzu leicht falsch interpretieren – selbst dann, wenn das geographische Transportband zu seinen Gunsten spricht. Mit der Natur des Beweismaterials für

Kontakte ist die jeweilige Ausprägung eines bestimmten Phänomens gemeint, die dieses identifizierbar und spezifisch macht: eine chirurgische Methode, ein religiöser Brauch, ein Bauverfahren oder eine soziale Institution, um nur einige Beispiele zu nennen. Daß sich jedes einzelne davon – sagen wir einmal das Trepanieren – unabhängig auf beiden Seiten des Atlantiks entwickeln konnte, ist möglich. Das gleiche läßt sich für den Pyramidenbau sagen. Ein einzelnes Kulturelement, das man auf beiden Enden einer natürlichen Seeroute findet, kann durchaus das Ergebnis eines Zufalls oder der unabhängigen Entwicklung auf parallelen Linien sein. Um ein vernünftiger Indikator für Kontakte zu werden, muß sich schon ein ganzer Bereich von Übereinstimmungen oder Ähnlichkeiten außerordentlicher Natur in den beiden Gebieten konzentriert vorfinden, die durch eine Landbrücke oder ein marines Transportband miteinander verbunden sind. Allzuhäufig wird ein Diffusionist z.B. ein besonderes auf Fels gezeichnetes Symbol, ein Artefakt oder einen Bestattungsbrauch finden, die sich in beiden Gebieten wiederholen, und auf einem solchen einzelnen Fall von Parallelismus Theorien über menschliche Wanderungsbewegungen aufbauen. Diese Neigung allzu vieler Diffusionisten, aufgrund einzelner, unzusammenhängender Beweisstücke weitreichende Schlüsse zu ziehen, ist von den Isolationisten mit Recht kritisiert worden. Und die Isolationisten gewinnen lediglich durch den Fehler ihrer Gegner etwas wie Oberhand in dieser Auseinandersetzung. Der Standpunkt der Diffusionisten könnte jedoch erheblich gestärkt werden, wenn sie gar nicht einmal unbedingt neues Beweismaterial vorlegten, sondern nur das bereits vorhandene in einer statistisch überzeugenden Art und Weise auswerten würden. Man muß sich vor Augen halten, daß die kulturellen Phänomene, die hier als Merkmale für die Kulturen des Mittelmeergebiets und des vorkolumbischen Amerika erwähnt wurden, keine isolierten Einzelfaktoren sind, die außerhalb eines größeren Zusammenhangs stehen. Ganz im Gegenteil: auf beiden Seiten des Atlantik sind sie fundamental miteinander verknüpfte und integrierende Elemente komplizierter und hochentwickelter Sozialsysteme. Es wäre ebenso sinnlos, sie einzeln als zusammenhanglose Kulturphänomene zu behandeln, wie es sinnlos wäre, zusammenhanglose Wörter ohne Bezugnahme auf ihren sprachlichen Kontext zu behandeln.

Was uns also auf beiden Seiten des Atlantik gegenübertritt, sind ganze Systeme von kulturellen Parallelen. Und wenn man diese als Komplexe behandelt, sieht man sich erstaunlich signifikanten statistischen Aussagen gegenüber. Pyramiden beispielsweise haben eine sehr begrenzte Verbreitung auf beiden Seiten des Atlantik (Mesopotamien, Ägypten – Mexiko, Peru) und könnten sich, wie gesagt, durchaus unabhängig entwickelt haben. Das gleiche könnte man von der Mumifizierung sagen. Doch wenn sowohl Pyramiden als auch Mumifizierung in den gleichen beiden begrenzten Gebieten vorkommen, dann nimmt die Wahrscheinlichkeit, daß es sich um Zufall handelt, erheblich ab. Auch das Trepanieren kann sich unabhängig entwickelt haben, doch wenn diese schwierige Kunst – mit ihrer sehr begrenzten Verbreitung – zusammen mit Pyramiden und Mumifizierung auftritt, dann ist die Beweiskraft des Arguments der Diffusionisten nicht nur verdreifacht, sondern erhöht sich nach den Regeln der Statistik in einer immer steiler werdenden mathematischen Kurve. Wenn man darüber hinaus die Benutzung falscher Bärte unter Priesterkönigen, die Ehe zwischen königlichen Geschwistern, Sonnenverehrung, Binsenboote, ineinander gefügtes megalithisches Mauerwerk, Vogelmenschgottheiten und die ganze Liste der Parallelen immer in denselben zwei stark begrenzten geographischen Gebieten findet, dann wächst die Wahrscheinlichkeit der Diffusion – im Gegensatz zur unabhängigen Entwicklung – nicht mehr arithmetisch, sondern geometrisch an. So wiegt beispielsweise eine Menge von hundert Parallelen, die gemeinsam in und nur in Mesopotamien und Mexiko auftreten, nicht hundertmal soviel in der Diskussion wie eine einzelne Parallele, sondern hat nach den Wahrscheinlichkeitsgesetzen ihre Signifikanz wahrhaft astronomisch erhöht. Unter anderem bedeutet das, daß das Verfahren der Isolationisten, diese Parallelen eine nach der andern dadurch zu leugnen, daß sie sie als »Zufall« abtun, mathematisch unzulässig ist. Der Isolationist mag jeden einzelnen – oder gar mehrere – der Kulturzüge, die er zufällig zu eliminieren wünscht, auswählen, doch welche er auch wählt, der Rest bleibt in der Waagschale auf der Seite der Diffusionisten.

Wenn wir uns dem Problem der zeitlichen Übereinstimmung zuwenden, stellen wir oft fest, daß das Versäumnis der Diffusionisten, die Chronologie zu berücksichtigen, ihre Argumente häufig den Angriffen der Isolationisten ausgesetzt hat. Allzuoft konnten die Isolationisten zeigen, daß ein Kulturelement in Amerika älter ist als in dem Gebiet außerhalb des Kontinents, aus dem dieses besondere Element nach der Hypothese irgendeines Diffusionisten eingeführt worden sein sollte. Viele Jahre lang war es üblich, daß die Diffusionisten behaupteten, die Insulaner von Ostpolynesien hätten wichtige Kulturzüge in die Zivilisationen von Peru und Mexiko eingebracht, etwa den Brauch, riesige steinerne Menschenstatuen auszuhauen und aufzustellen. Solche Theorien ließen sich leicht damit zurückweisen, daß die fraglichen Elemente über weite Gebiete Amerikas verteilt gewesen waren, ehe der primitive Mensch die polynesischen Inseln überhaupt erreicht hatte.

Isolationisten wie Diffusionisten stimmen darin überein, daß Amerika zuerst von primitiven Sammlerstämmen bevölkert wurde, die von Sibirien im arktischen Norden nach Alaska herübersickerten – ohne alle Voraussetzungen zur Seefahrt und ohne höheren Kulturbesitz, nur mit den niedrigsten Formen von Steinzeitwerkzeugen ausgerüstet. Deshalb setzen die Isolationisten voraus, daß alle Elemente der amerikanischen Zivilisation an Ort und Stelle innerhalb Amerikas selbst entwickelt worden seien. Der primitive Einwanderer von der arktischen Tundra besaß weder Landwirtschaft, Architektur, Schrift noch irgendeins der anderen kulturellen Merkmale, die typisch für die Völker waren, die die spanischen Konquistadoren in einem zusammenhängenden Gürtel von Mexiko bis Peru entdeckten. Hier liegt also die Verwundbarkeit der isolationistischen Doktrin, und hier kann ausnahmsweise einmal der Diffusionist eine Kritik vorbringen: Trotz intensiver archäologischer Testgrabungen und stratifizierter Ausgrabungen in allen Hauptkulturzentren von Mexiko bis Peru – d.h. überall dort, wo im alten Amerika eine Hochkultur blühte – ist keine Spur von einer allmählichen Evolution von einer primitiven Gesellschaft zur Zivilisation irgendwo in der Neuen Welt entdeckt worden. Wo die Archäologen auch gegraben haben, sie haben festgestellt, daß die Hochkultur plötzlich in voller Blüte in Amerika auftrat, eine primitive, archaische Gesellschaft überlagernd. Die plötzliche Blüte beginnt auf einem Höhepunkt und weist im Verlauf der Jahrhunderte bis zur Ankunft der ersten Europäer eher einen Abstieg als einen Fortschritt auf. Die Inka von Peru versetzten die Spanier mit ihrer hohen Kultur in Erstaunen, doch die Archäologie hat gezeigt, daß die Inka den größten Teil ihrer Kulturelemente von der früheren Tiahuanaco- und Mochica-Kultur entliehen haben, die sich in vielfältiger Hinsicht auf einem noch verfeinerteren und eindrucksvolleren Zivilisationsstand befanden, der ohne feststellbaren Ursprung plötzlich im Hochland der Anden und an der Wüstenküste Perus erschien. Die moderne Archäologie hat erwiesen, daß Kontakte zwischen diesen Vorinka-Zivilisationen und den gleichzeitigen Zivilisationen Mexikos und Mittelamerikas bestanden haben. In Mexiko hatten auf ähnliche Weise die großen Kulturen der Azteken, Tolteken und Maya ihre Kenntnisse von der hochentwickelten Zivilisation der Olmeken bezogen, einem unbekannten Volk, das plötzlich die früheste Zivilisation Mexikos begründete – in der Schrift, Kalendersystem, Pyramidenbau usw. voll entwickelt waren –, und zwar genau an der ungünstigen Dschungel-Küste des Golfs von Mexiko, dort, wo das marine Transportband von Afrika her endet.

Warum, fragen die Diffusionisten, sind die Isolationisten nicht in der Lage, uns auch nur ein einziges geographisches Gebiet in Amerika zu zeigen, wo die autochthone Entwicklung, die sie verfechten, verifiziert werden könnte? Und warum entstand keine entsprechende Zivilisation unter den ursprünglichen Bewohnern der klimatisch viel anregenderen Gebiete, die heute die Vereinigten Staaten, Chile und Argentinien bilden und die doch alle ursprünglich von den gleichen Einwanderern bewohnt wurden, die über Alaska gekommen waren? Hier sind es die Isolationisten, denen eine befriedigende Antwort fehlt.

Um zusammenzufassen: die Position der Isolationisten stützt sich darauf, Mängel in der Beweisführung der Diffusionisten zu suchen – und auf eine seltsame Einstellung zu geographischen Faktoren. Die Isolationisten gründen ihre Lehre auf die Anerkennung der Tatsache, daß sich Menschen physisch und geistig so ähnlich sind, daß sie normalerweise die Taten und Leistungen anderer, ohne Rücksicht auf Zeit oder Geographie, wiederholen. Trotzdem weichen die Isolationisten ganz erheblich von dieser Ansicht ab, wenn sie den transatlantischen Reisenden vor und nach 1492 völlig verschiedene Fähigkeiten und Neigungen zuschreiben. Ein typisches Beispiel für diese Vorliebe, das Jahr 1492 als einen Wendepunkt in der Anthropologie zu halten, der einen ausgesprochenen Bruch mit allen früheren Regeln des menschlichen Verhaltens mit sich bringt, findet sich in einem Aufsatz über "Diffusionism and Archaeology" von J. H. Rowe ("American Antiquity", Januar 1966). Der Autor trägt eine höchst eindrucksvolle Menge von nicht weniger als sechzig bemerkenswerten Parallelen zwischen zwei begrenzten Gebieten der Alten und der Neuen Welt zusammen. Er bezeichnet diese Zusammenstellung selbst als »eine substantielle Liste spezifischer kultureller Züge von begrenzter Verbreitung, die Kulturen des frühen Anden-Gebiets und des frühen Mittelmeerraums vor dem Mittelalter gemeinsam waren«. Seine Liste reicht von Binsenbooten bis zu speziellen Sandalen oder Webstuhl-Typen, von denen er sagt: »Es lassen sich sehr spezifische Ähnlichkeiten in Entwurf und Fertigung feststellen.« Man sollte meinen, daß diese zum Denken anregende Liste aufgestellt worden sei, um die Beweisführung der Diffusionisten zu stützen. Doch das ist keineswegs der Fall, wie uns der Autor unmißverständlich wissen läßt. Er beginnt seinen Aufsatz mit der Erklärung: »Der doktrinäre Diffusionismus ist eine Bedrohung für die Entwicklung solider archäologischer Theorien ... In der Science-fiction-Welt der Diffusionisten ... gelten Zeit, Entfernung und die Schwierigkeiten der Seefahrt als irrelevant. Die Archäologie besitzt eine zu lange und ehrenhafte Tradition, als daß man sie ohne Protest Phantasien ausliefern dürfte, die von uns verlangen, daß wir mit unseren Schlußfolgerungen beginnen und sie dazu benutzen, dann das Beweismaterial entsprechend zurechtzubiegen.« Doch Dr. Rowe stützt seine ganze eigene Beweisführung genau auf diese Methode, bereits mit Schlußfolgerungen zu beginnen. Und tatsächlich legt er seine Liste von Parallelen vor, um zu argumentieren, daß Gebiete, von denen er stillschweigend voraussetzt, daß sie zu weit voneinander entfernt sind, als daß Kontakte in der Zeit vor Kolumbus stattfinden konnten – wie das Anden-Gebiet und die Mittelmeerwelt –, dennoch eine Menge sehr spezifischer Kulturzüge gemeinsam haben. Ergo, so folgert er, kann es selbst zu der eindrucksvollsten Menge von Parallelen durch unabhängige Entwicklung kommen. Mit anderen Worten, er setzt als Grundlage für seine ganze Argumentation voraus, daß Peru und der Mittelmeerraum für Kontakte zu weit voneinander entfernt liegen, und benutzt diese Annahme dazu, um kulturelle Übereinstimmungen als Beweise für Diffusion abzulehnen.

Auf welcher Basis kann man es als axiomatisch betrachten, daß Peru »zu weit« von der Mittelmeerwelt entfernt liegt, als daß vor 1492 Kontakte stattgefunden haben könnten? Zu Lebzeiten des Kolumbus reiste Francisco Pizarro mit einer Besatzung von nicht übernormal begabten Männern geradewegs von der Mittelmeerwelt über Mittelamerika nach Peru. Wie Kolumbus kurz vor ihm, brachte er die Ozeanreise völlig ohne Seekarten von den Gewässern zwischen Afrika und Amerika zustande. Danach brachte er es fertig, den von Dschungel bedeckten Isthmus von Panama bis zur pazifischen Seite zu überqueren, von wo aus er auf neuen Schiffen weitersegelte, vorüber an den undurchdringlichen Sumpfländern der Küste, bis er das günstige, offene Terrain von Peru erreichte, wo er eine Siedlung gründete. Sein Landsmann Cortés war bereits an der Dschungel-Küste des Golfs von Mexiko gelandet, marschierte hinauf auf die offene mexikanische Hochebene und errichtete dort eine Siedlung. War das vor 1492 unmöglich?

Wir Menschen europäischer Herkunft sind gewiß nicht so verblendet von unserer Geschichte, daß wir uns für ein Geschlecht von Supermännern halten, die vor vier Jahrhunderten tun konnten, was die großen Zivilisationen von Kleinasien und Nordafrika nicht früher hätten schaffen können. Man darf dabei nicht vergessen, daß diese Völker des Altertums Fähigkeiten und Fertigkeiten besaßen, die alles weit übertrafen, was während des Mittelalters in Europa imitiert wurde. Die Ägypter und ihre Nachbarn in Mesopotamien und Phönizien wußten mehr über die Astronomie, den Schlüssel zur Ozeannavigation, als irgendein Europäer zur Zeit von Kolumbus, Cortés und Pizarro. Und die Phönizier umsegelten in Zusammenarbeit mit den Ägyptern Afrika bereits zur Zeit des Pharao Necho – zwanzig Jahrhunderte, bevor Kolumbus in einen Ozean auslief, der, wie die meisten Europäer glaubten, von Drachen bewohnt war und am Horizont in einem Absturz endete.

Wir bewundern die Fähigkeiten und das Können der Alten, die sich in ihren titanischen Pyramiden und Obelisken, in der raffinierten Mathematik und den Kalendersystemen, der tiefgründigen Literatur und Philosophie und in der vollendeten Meisterschaft der Schiffsarchitektur verkörpern. Ihre Meisterschaft in der Schiffsbaukunst wird durch die funktionelle Form und die komplizierte Takelung ihrer Schiffe aus Planken und aus Papyrus um 3000 v. Chr. bewiesen, und ihre Energie und Tüchtigkeit auf dem Gebiet der Forschung und Kolonisation zeigen sich in den zahlreichen archäologischen Spuren phönizischer Siedlungen entlang der ganzen atlantischen Küste Marokkos, die dreitausend Jahre alt sind. Aber ist es realistisch, diese Leistungen ehrfürchtig zu bestaunen und den Alten dennoch die geistige und mechanische Fähigkeit abzustreiten, das zu tun, was Pizarro mit einer Handvoll von Männern in einem Zeitalter getan hat, das von Unwissen und Aberglauben bedrängt wurde?

Eine der sechzig Parallelen, die Dr. Rowe als gemeinsame Züge der alten Zivilisationen Perus und der Mittelmeerwelt nennt, war das Binsenboot. Es wurde von Mesopotamien bis Gibraltar und von Mexiko bis Peru benutzt. Daß man mit ihm die zwei Strecken zwischen dem Mittelmeer und Peru bewältigen kann, wurde vor kurzem bewiesen. Im Jahr 1969 wurde die ganze Küstenreise zwischen Peru und Panama erfolgreich von einem peruanischen Boot aus *totora*-Binsen unternommen. Die Fahrt einer Besatzung ohne seemännische Erfahrung, die von Gene Savoy geleitet wurde, dauerte zwei Monate, vom 15. April bis zum 17. Juni. Etwa um die gleiche Zeit, vom 25. Mai bis zum 18. Juli segelte mein Papyrus-Boot Ra I, nach afrikanischen Zeichnungen erbaut, von der Alten Welt bis in die Nähe von Barbados. Dieses Experiment wurde im nächsten Jahr von Ra II wiederholt, und unser von einer unerfahrenen Besatzung bemanntes Schiff segelte sicher von Afrika zum tropischen Amerika. Diese drei Binsenbootunternehmen fanden innerhalb eines Zeitraums von sechzehn Monaten statt. Weder Gene Savoy mit seinen Begleitern noch ich mit den meinen hätte größere Schwierigkeiten gehabt, zu Fuß über den Isthmus von Panama zu gehen, als sie Pizarro hatte – oder irgendwelche anderen Reisenden, die den Isthmus vor ihm erreicht haben könnten. Das sumpfige Dschungel-Land des Isthmus-Gebietes verlockte Pizarro und seine Männer nicht, dort bei ihrer Ankunft eine Kolonie zu gründen. Statt dessen zogen sie zu Land und zu Wasser weiter, bis sie das wirtlichere Küstengebiet Perus erreichten. Weshalb sollten es andere Menschen anders gemacht haben, falls sie vor Pizarro den Atlantik überquerten? Dadurch, daß der Isolationist Pizarros kleiner Gruppe mittelalterlicher Reisender Motivationen und Leistungen zuspricht – und gleichzeitig schon den Gedanken zurückweist, daß andere Seefahrer aus dem Mittelmeerraum unabhängig die gleichen Winde und Strömungen ausgenutzt und schließlich einen ähnlichen Fußmarsch unternommen haben könnten –, tut er dem eigentlich grundlegenden Gesetz des Isolationismus Gewalt an: daß Menschen in der Lage sind, die Leistungen anderer zu wiederholen, soweit sie die gleichen Umweltbedingungen vorfinden.

Allzu viele Anthropologen beider Schulen haben unrealistische Vorstellungen davon, was für Dschungel-Jäger und Küstenfischer eine geographische Schranke bildet. Die mangelnde Erfahrung mit dem Leben im Dschungel oder mit den Auswirkungen der natürlichen marinen Transportbänder kann selbst hervorragende Anthropologen dazu verleiten, scheinbar vernünftige Schlüsse zu ziehen, die nichtsdestoweniger allzu oft Fehlinterpretationen der physikalischen Geographie darstellen. Solche Schlußfolgerungen von Anthropologen sind häufig in die Literatur verwandter Wissenschaftsgebiete eingedrungen und werden dort als stützendes Beweismaterial benutzt, das angeblich anderen Ursprungs ist. Auffallende Beispiele für solche Zirkelschlüsse findet man auf dem Gebiet der Ethnobotanik, der Lehre von den Kulturpflanzen. Wie wir sahen, haben sowohl Isolationisten als auch Diffusionisten dieselben Kulturparallelen benutzt, um entgegengesetzte Gesichtspunkte zu beweisen. Botanisches Beweismaterial ist jedoch weit weniger der subjektiven Ansicht unterworfen und kaum je einmal menschlicher Manipulation zugänglich. Deshalb wird der Beweiskraft genetischer Faktoren in objektiven Wissenschaftlerkreisen weit mehr Respekt gezollt.

Die Geschichte der gemeinen Gartenbohne, Phaseolus vulgaris, veranschaulicht deutlich, wie vorgefaßte Ansichten über die Seefahrtmöglichkeiten Eingeborener die wechselseitigen Schlußfolgerungen von Botanikern und Anthropologen tendenziös beeinflußt haben. Im Jahr 1885 wies Körnicke darauf hin, daß diese wichtige Kulturpflanze früher allgemein als die Bohne betrachtet wurde, die von den Griechen und Römern unter dem Namen Dolichos, Phaselos usw. angebaut worden sei (Aristophanes und Hippokrates haben um 400 v. Chr. über sie geschrieben). Als man entdeckte, daß diese Bohne von den Eingeborenen der Neuen Welt kultiviert wurde, glaubte man, die frühen Spanier müßten sie eingeführt haben. Das wurde allgemein angenommen, bis Wittmack im Jahr 1880 entdeckte, daß die Gemeine Gartenbohne auf dem prähistorischen Friedhof von Ancon an der Zentralküste Perus als Totennahrung mit in die Gräber gegeben worden war. Diese Bestattungen sind weit älter als die Entdeckung Amerikas durch die Europäer. Später begegnete man Phaseolus vulgaris in Vorinka-Fundstätten an der ganzen peruanischen Küste, und die Botaniker sahen sich reichem Beweismaterial dafür gegenüber, daß diese Pflanze vor Ankunft der Europäer in Amerika angebaut worden war. Die Theorie, daß sie von den Spaniern eingeführt wurde, war also unhaltbar geworden. Um diese Zeit waren jedoch vorkolumbische Exemplare der Bohne nicht mehr vorhanden. Die Theorie wurde deshalb umgedreht, und man vertrat die Ansicht, daß Phaseolus vulgaris aus dem alten Amerika stamme, woher sie von den Spaniern nach Europa gebracht worden sei. Eine neuerliche Überprüfung dieser verworrenen botanischen Frage durch Hutchinson, Silow und Stephens im Jahr 1947 überzeugte diese jedoch, daß Phaseolus vulgaris nicht einheimisch in der Neuen Welt sei und daß ihre Wanderungen ein Beweisstück für Kontakte der Alten Welt mit der Neuen Welt vor Kolumbus bilden.

Der Flaschenkürbis Lagenaria vulgaris stellt ein weiteres botanisches Beweisstück für Kontakte dar. Diese wichtige Kulturpflanze wurde vor Kolumbus in Afrika weitverbreitet kultiviert. Wenn auch der Flaschenkürbis selbst nur bescheidenen Nährwert hat, wurde seine Schale doch von Mesopotamien über Ägypten bis nach Marokko, über Feuer getrocknet, als wasserdichter Behälter benutzt. Als die Botaniker in die Neue Welt kamen, um dort die Pflanzen zu studieren, fanden sie sie in sämtlichen amerikanischen Gebieten mit Hochkulturen, einschließlich Mexiko und Peru, zu dem gleichen Zweck angebaut und benutzt. Es wurde, wie bei der Gartenbohne, angenommen, die Spanier hätten den Flaschenkürbis nach drüben gebracht. Doch auch diese Theorie wurde allmählich aufgegeben, als Archäologen ihn in Fundstätten der vorkolumbischen Kultur entdeckten. Er war eins der beständigsten Kulturelemente in amerikanischen Hochkulturgebieten. Dann wurde eine zweite Theorie vorgetragen: der Flaschenkürbis könnte von Afrika aus über den Atlantik geschwommen sein, im tropischen Amerika mit lebendem Samen an Land gespült und darauf gewachsen sein. Die Indianer hätten dann bemerkt, daß die Schale, wenn man sie über einem Feuer trocknete, einen ausgezeichneten Behälter abgab, und damit war der ursprüngliche afrikanische Gebrauch des Flaschenkürbisses wiederentdeckt worden. Das ist natürlich der bewußte Versuch, sich eines unerwünschten Beweisstücks zu entledigen. Die Isolationisten schütten bei ihrem Bemühen, vorsichtig zu sein, das Kind mit dem Bade aus. Sie versuchen einen wichtigen afrikanischen Fingerabdruck in Amerika wegzuwischen: solides genetisches Beweismaterial. Wie jeder, der schon einmal über Ozeane gedriftet ist, genau weiß, fallen kleine eßbare Dinge – wie Flaschenkürbisse – sofort den Haien oder bohrenden Organismen, wie etwa dem Schiffswurm, zum Opfer. Die vier Monate, die ein afrikanischer Flaschenkürbis brauchte, um allein über den Atlantik zu treiben, würden ihn tausendmal in die Situation bringen, von einem Nahrung suchenden Hai verschlungen oder von dem überall vorhandenen Schiffswurm, Teredo, angebohrt und rasch keimunfähig gemacht zu werden. Für einen Floßfahrer klingt es paradox, wenn behauptet wird, daß von zwei afrikanischen Kulturelementen – dem terrestrischen Kürbis und dem maritimen Boot – der Kürbis mit Erfolg bis Amerika übers Meer treiben könne, das Boot aber nicht!

Die Baumwollpflanze Gossypium bietet ein noch verzwickteres Beweisstück. Wilde Baumwolle ist kurzfaserig, nicht spinnbar und läßt auf keinerlei Nutzen für den Menschen schließen. Doch als die Europäer nach Amerika kamen, fanden sie die Indianer in dem gesamten hochkultivierten Gebiet von Mexiko bis Peru mit kunstvollen Baumwollgewändern hervorragender Qualität bekleidet. Spätere archäologische Ausgrabungen der Mumiengräber Perus haben sogar Baumwollstoffe aus der frühesten Vorinka-Periode ans Licht gebracht, die eine Feinheit des Gewebes und dekorative Muster aufwiesen, die durch nichts übertroffen wurden. Offensichtlich sind also schon die Begründer der peruanischen Zivilisation irgendwie in den Besitz einer kultivierten langfaserigen Baumwollspezies wie auch des Spinnwirtels und des Webstuhls gelangt. Der Weg von nutzloser kurzfaseriger Baumwolle, wie sie wild wächst, über Spinnwirtel und Webstuhl bis zu fertig gewebtem Baumwollstoff ist lang und keineswegs selbstverständlich, solange er nicht zurückgelegt ist. Wie ein so erklärter Isolationist wie Dr. Rowe in seiner Liste von Parallelen zwischen Peru und dem Mittelmeerraum zeigt, sind Verfahren und Ergebnisse des Baumwollwebens in Peru die gleichen wie die in der Alten Welt. Er zeigt, daß der Webstuhl mit senkrechtem Rahmen und zwei Garnbäumen, wie ihn die Inka benutzten, der gleiche ist wie der im ägyptischen Neuen Reich verwendete, wo er vermutlich aus Mesopotamien eingeführt wurde. Dr. Rowe setzt hinzu, daß der zweite Webstuhltyp, der fest im Boden aufgebaute waagerechte Webstuhl, wie er im Titicaca-Bekken benutzt wird, ebenfalls der gleiche wie der des alten Ägypten sei. Viele Beobachter haben bemerkenswerte Übereinstimmungen zwischen den Mänteln und Lendentüchern festgestellt, die auf diesen Webstühlen in Amerika hergestellt wurden, und denen, die ebenso im Mittelmeerraum gefertigt worden sind. Rowe geht sogar so weit, das Wort »identisch« zu benutzen, besonders, als er »eine Art Frauenkleid« verzeichnet, »das aus einem rechteckigen Stück Stoff besteht und unter den Armen um den Körper gewickelt und auf beiden Schultern festgesteckt und in der Taille von einem Gürtel gehalten wird …«

Im Jahr 1947 veröffentlichten Hutchinson, Silow and Stephens die erste Studie über die Genetik der Baumwolle auf der ganzen Welt. Sie entdeckten, daß man die Baumwolle nach Zahl und Größe ihrer Chromosomen in drei Gruppen einteilen könne. Alle Baumwollarten der Alten Welt, sowohl die wilden als auch die kultivierten Spezies, weisen dreizehn große Chromosomen auf. In der Neuen Welt besteht jedoch ein bemerkenswerter Unterschied zwischen wilder und kultivierter Baumwolle. Alle wilden Baumwollarten Amerikas haben dreizehn kleine Chromosomen, während die kultivierten Spezies – und davon gab es drei von Mexiko bis Peru – sechsundzwanzig Chromosomen aufweisen, dreizehn kleine und dreizehn große. Da es unter den wilden amerikanischen Arten keine Baumwolle mit großen Chromosomen gibt und da die kultivierten amerikanischen Spezies deutlich Hybriden sind, muß den frühen amerikanischen Baumwollzüchtern zu Beginn der lokalen Zivilisation irgendeine unerklärt gebliebene Spezies zur Verfügung gestanden haben, die sie in die Lage versetzte, das hervorzubringen, was unstreitig eine vom Menschen gezüchtete Hybride war. Es würde, da es die dreizehn großen Chromosomen sind, die man hinzugefügt hat, sehr vernünftig erscheinen, anzunehmen, daß diese amerikanischen Züchter irgendwie die kultivierte, langfaserige Spezies von der Alten Welt erhalten haben und daß sich die Hybride mit spinnbaren Fasern mit der Hochkultur entwickelte und sich mit ihr durch Mexiko und Peru verbreitete.

Wo immer man auch einheimische Zivilisationen in der Neuen Welt findet, dort findet man auch kultivierte Baumwolle mit sechsundzwanzig Chromosomen, und sie verbreitete sich von der Pazifik-Küste nach Polynesien hinein, als sich der amerikanische Einfluß in dieses benachbarte Inselgebiet erstreckte. Von den westlichsten Grenzen Polynesiens bis nach Südostasien hinein war Baumwolle, ob wild oder kultiviert, dagegen unbekannt. Die polynesische Baumwolle, die aufgegeben wurde und verwilderte, ehe die Europäer kamen, erwies sich als ein Abkömmling der künstlich erzeugten amerikanischen Baumwollhybride. Es ist nicht zu bezweifeln, daß die polynesische Baumwolle vom Menschen aus Amerika gebracht worden ist, weil es die kultivierte und nicht die wilde Spezies ist. Die Frage ist die: Wie kam es zu spinnbarer Baumwolle in Amerika?

Die wilde Spezies mit dreizehn kleinen Chromosomen war in der Neuen Welt einheimisch, und das botanische Problem bezieht sich nur darauf, wie die Indianer Mexikos und Perus später die Spezies mit dreizehn großen Chromosomen erhielten, die typisch für die Alte Welt von Ägypten bis Pakistan ist, aber in Amerika fehlt. Es gibt nur zwei Möglichkeiten: entweder driftete die altweltliche Baumwollspezies – genau zu der Zeit, als sich die Hochkultur gerade in Amerika entwickelte – zufällig sicher über den Ozean, ohne vernichtet zu werden, oder sie wurde von Seefahrern der Antike absichtlich hinübergebracht – zugleich mit dem Flaschenkürbis. Falls die erste Alternative die richtige ist, müssen wir annehmen, daß die Indianer am Strand standen, als der Samen der altweltlichen Baumwolle an Land trieb, daß sie diesen sofort als das erkannten, was er war, und sich eilig auf die Suche nach amerikanischer Baumwolle machten, um ihn mit dieser zu kreuzen. Nachdem sie Erfolg gehabt hatten, eine Hybride mit langer Faser zu entwickeln, erfanden sie als nächstes den Spinnwirtel, mit dem sie den Faden herstellten. Als sie Hunderte von Metern Garn hatten, erfanden sie den Webstuhl und machten sich daran, Lendentücher und Mäntel vom Mittelmeertyp anzufertigen – in den wärmsten Teilen Amerikas, wo Kleidung am allerwenigsten erforderlich war. Falls die Baumwolle aus der Alten Welt jedoch mit dem Schiff ankam und von Leuten gebracht wurde, die seit langem wußten, wie man sie nutzte, wäre es nur logisch, daß ihre Ankunft mit dem Entstehen der peruanischen und mexikanischen Hochkultur zusammenfiel. Für die im Baumwollanbau erfahrenen Ankömmlinge war es nur natürlich, daß sie ihren importierten Vorrat mit einer wilden amerikanischen Spezies kreuzten und dabei die Spezies mit sechsundzwanzig Chromosomen schufen, die sie dann auf riesigen Feldern von Mexiko bis Peru anbauten. Ebenso natürlich wäre es für sie, Spinnwirtel aus Ton und Stein in der gleichen Art anzufertigen, wie sie sie in der Alten Welt benutzt hatten, und auch Webstühle vom gleichen Typ, auf dem sie Kleidung von der Art herstellten, wie sie sie in dem Teil der Welt getragen hatten, aus dem sie kamen.

Experimente mögen zeigen, daß Baumwollsamen monatelang ohne Schaden in Laboratoriumtanks schwimmt – doch wenn man versucht, diesen Samen über den Atlantischen Ozean schwimmen und in die Hände von Leuten gelangen zu lassen, die niemals auch nur ein Baumwollfeld gesehen haben, viel weniger einen Webstuhl, dann soll man erst einmal sehen, zu welchen Ergebnissen das führt. Es ist kaum zuviel gesagt, wenn man feststellt, daß einige der leichtfertigsten Theorien, die gegenwärtig über Diffusion vorgetragen werden, von Isolationisten kommen, die, in dem Bemühen vorsichtig zu sein, jeder Diffusionshypothese zustimmen, ganz gleich, wie unwahrscheinlich sie auch sei, solange daran nur kein Schiff beteiligt ist!

Einen ähnlichen Fall bildet der Pisang oder die Banane (Musa paradisiaca) in Amerika. Die Spezies hat in der Neuen Welt keine wilden Verwandten; aus diesem Grund haben es Ethnobotaniker – von Anthropologen beeinflußt – für selbstverständlich gehalten, daß ihr Vorhandensein in Amerika im sechzehnten Jahrhundert auf die Einführung nach Kolumbus zurückzuführen sein müsse. Verschiedene Chronisten des sechzehnten Jahrhunderts meinten jedoch, die Banane sei einheimisch in Amerika, und beschrieben, daß sie von Jalisco in Mexiko bis zur Südküste Brasiliens angebaut werde. Die Indianer von Mexiko bis Südamerika hatten ihre eigenen Namen für die Pflanze. Inka Garcilaso, Guaman Poma, Pater Acosta und Pater Montesinos erklären alle, daß der Pisang bereits vor der Eroberung in Peru kultiviert worden sei. Der Historiker W. H. Prescott wies schon 1847 (S. 147) darauf hin: »Es ist falsch, anzunehmen, daß diese Pflanze nicht heimisch in Amerika gewesen sei. Das Bananenblatt ist häufig in alten peruanischen Gräbern gefunden worden.« Im Jahr 1879 berichtete A. T. de Rochebrune (S. 346, 348) über die Entdeckung von Bananenblättern sowie -früchten in einem Grab des vorkolumbischen Gräberfelds Ancon an der Pazifik-Küste Perus; da die Früchte ohne Samen waren, mußten sie zur kultivierten Spezies von Musa paradisiaca gehören. Das historische und archäologische Beweismaterial veranlaßte deshalb H. Harms (1922, S. 166) dazu, Musa paradisiaca in seine Liste der in vorkolumbischen peruanischen Gräbern identifizierten Pflanzen aufzunehmen.

Da niemand zu behaupten wagte, samenlose Bananen könnten ohne menschliche Hilfe nach Amerika geschwommen sein, erwies sich der Anbau von Bananen im vorkolumbischen Amerika als ein weiteres »genetisches« Hindernis für die Ansicht der Isolationisten. Doch unentmutigt von dem entgegengesetzt lautenden Beweismaterial behauptete E. D. Merrill, der Hauptwortführer der Isolationisten unter den Botanikern (1946, S. 300), daß die Banane von den Portugiesen über die Kapverdischen Inseln vor Afrika in die Neue Welt eingeführt worden sei. Anhänger dieser Theorie haben versuchsweise Thomas de Berlanga, Bischof von Panama, die Ehre zugeschrieben, die Pflanze im Jahr 1516 bei den Eingeborenen Amerikas eingeführt zu haben, als er, wie berichtet wird, einige Pisang-Wurzeln auf der Insel Santo Domingo (Hispañola), achthundert Kilometer vom nächsten Festland entfernt, anpflanzte. Doch der berühmte Pflanzengeograph C. O. Sauer (1950, S. 527), der sich in diesem Zusammenhang äußert, weist darauf hin, daß »die Vermehrung der Bananen schwieriger ist als die einer samentragenden Pflanze. Die reifen Wurzelstöcke müssen ausgegraben, geteilt, wünschenswerterweise eine Zeitlang getrocknet und dann wieder eingepflanzt werden. Diese Spezies ist für den Wildwuchs bemerkenswert ungeeignet, und ihre Verbreitung muß fast ausschließlich durch bewußte und ziemlich sorgsame Anpflanzung vor sich gegangen sein.«

Falls die isolationistische Theorie richtig ist und die Banane in der

Neuen Welt zuerst im Jahr 1516 auf der Insel Hispañola erschienen ist, dann muß sie sich mit einer Geschwindigkeit ausgebreitet haben, die selbst für ein zählebiges Unkraut erstaunlich gewesen wäre; sie veranlaßte die Spanier nämlich zu der Annahme, daß die Pflanze einheimisch in den Indianersiedlungen von Mexiko bis Peru gewesen sei, selbst in den unzugänglichsten Teilen des Kontinents. Beispielsweise fand Orellana, als er 1540/41 die Anden von der pazifischen Seite her überquerte und als erster Europäer den Amazonas bis zur Mündung hinabsegelte, nur vierundzwanzig Jahre nach dem angeblich ersten Erscheinen auf der westlichen Halbkugel überall am Oberlauf des Flusses Bananenkulturen. Falls die Wurzelstöcke des Bischofs die Erzeuger aller amerikanischen Bananen gewesen wären, dann müssen sie eingeborene Bauern rasch wieder ausgegraben und übers Meer nach Mexiko und Panama und gleichzeitig mit Boten zur Mündung des Amazonas (übrigens eine Seereise, die genau so lang ist wie die von Afrika nach Südamerika) gebracht haben, ehe die gleichen oder andere Stämme den längsten Dschungel-Fluß der Welt mit riesigen Bananenwurzel-Vorräten hinaufpaddelten und überall am Oberlauf des Flusses die Stämme überredeten, diese unbekannte Knolle anzubauen. Von den Quellen des Amazonas oder vom Isthmus von Panama aus brachten die Bananenbeförderer es dann irgendwie fertig, die Wurzeln des Bischofs noch im gleichen Jahrzehnt auf die bewässerten Felder und in die nie geöffneten Wüstengräber der peruanischen Pazifik-Küste zu schmuggeln. Und außerdem müssen sie noch solche eingesessenen Autoritäten wie Inka Garcilaso und seine Zeitgenossen so verwirrt haben, daß diese berichteten, die Banane sei in Peru schon vor Ankunft der Europäer heimisch gewesen. In ihren Versuchen, den wichtigen genetischen Beweis, den die Banane liefert, wegzuerklären, werden die Isolationisten in Fragen der Reisemöglichkeiten in der Neuen Welt nach 1516 zu extremen Diffusionisten.

Haushunde wurden von eingeborenen Indianern von Alaska bis Südamerika gehalten. Auf den ersten Blick bietet das Vorhandensein des Hundes in der Neuen Welt kein Problem, denn der nordamerikanische Hund ist vom Typ des sibirischen Spitzes oder Huskys, der offensichtlich dem Frühmenschen bei seinen Wanderungen von Nordostasien nach Alaska folgte. Doch die domestizierten Hunde von Mexiko und Peru, wie es wohlerhaltene mumifizierte Tiere von mindestens zwei Rassen veranschaulichen, die zusammen mit mumifizierten Vögeln in frühen Vorinka-Gräbern gefunden wurden, gehören ganz und gar nicht zu dem eben genannten asiatischen Typ. Sie besitzen keinerlei Vorfahren unter der wilden Fauna Amerikas. Die beiden in Peru mumifiziert gefundenen Rassen gleichen auffallend den Hunden, die man in Gräbern des alten Ägypten findet, wo die eigentümliche Praxis, Hunde und Vögel zu mumifizieren, ebenso zum Kulturbesitz gehörte wie im alten Peru. In dem Dschungel-Klima Mexikos, wo jeder Versuch einer Mumifizierung nur kurzfristige Ergebnisse brachte, werden Bedeutung und Alter der gleichen Hunderassen durch die Kunst der Maya, Azteken und Olmeken demonstriert. Gräber der Olmeken, der ersten Begründer der mexikanischen Hochkultur, enthalten realistische Tonfigürchen von Hunden, die auf Keramikrädern fahren, die an ihren Füßen mit Hilfe von Holzachsen angebracht sind. Vielleicht eine der bemerkenswertesten Kulturparallelen, die von den Diffusionisten herangezogen wird, ist die, daß entsprechende Keramikfigürchen von Hunden auf Rädern aus Gräbern des alten Mesopotamien bekannt sind. Wie kamen die Olmeken beim Anbruch der amerikanischen Zivilisation dazu, Keramikhunde auf Rädern als Grabbeigaben herzustellen, genau wie es im östlichen Mittelmeerraum der Fall war? Und wie erhielten sie einen Haushund, der mit den Rassen aus dem gleichen Gebiet und nicht mit dem Husky aus Sibirien und Alaska verwandt ist?

Fast seit der Zeit des Kolumbus war das Fehlen von Räderfahrzeugen in der Neuen Welt ein solides Argument für isolationistisches Denken. Daß man Pferde nicht auf eine transozeanische Expedition mitnahm, lag auf der Hand, doch die Konzeption des Rades konnte man im Geist befördern, und das Rad ließ sich auch bei handgezogenen Fahrzeugen verwenden, selbst wenn der mexikanische Dschungel, der mit seinem dichten Baumbestand und dem schlammigen Boden fast undurchdringlich war, die mühsame Entwicklung eines ausgedehnten Verkehrs auf Rädern nicht begünstigte. Erst aus der Entdeckung von Figürchen auf Rädern in frühen olmekischen Gräbern, die in jüngster Zeit gemacht wurden, erfuhren wir, daß das Rad im frühen Amerika tatsächlich bekannt war. Wir hätten es nicht erfahren, wenn die kleinen Räder, die entdeckt wurden, nicht aus dauerhafter Keramik gemacht gewesen wären. Gepflasterte Straßen vorkolumbischen Ursprungs sind in den Dschungeln Mexikos gefunden worden, wo Transport auf Rädern möglich gewesen wäre. Doch da Keramik für die Fahrzeuge großen Maßstabs nicht geeignet und Eisen unbekannt war, konnten die Räder nur aus Holz bestanden haben, und ein so vergängliches Material aus der olmekischen Periode hätte sich nicht bis in unsere Zeit erhalten. Warum das Rad in Amerika nicht überlebt hat, obwohl es den Gründern der dortigen Zivilisation bekannt war, bleibt ein Rätsel. Bemerkenswert ist indessen, daß selbst heute die Indianer des peruanischen Hochlandes, wie ihre Vettern im mexikanischen Dschungel, die Existenz des Rades völlig ignorieren trotz ihrer jahrhundertelangen engen Kontakte mit Europäern.

Es ist ein langer Weg vom östlichen Mittelmeer bis zum Golf von Mexiko, doch Kolumbus wurde in Italien geboren und segelte dreimal nach Amerika. Mindestens siebenundzwanzig Jahrhunderte vor Kolumbus beschäftigten sich Phönizier, die von dem innersten Winkel des Mittelmeeres ausliefen, mit Forschungsreisen großen Umfangs und mit der Kolonisation an den offenen Atlantik-Küsten nördlich und südlich von Gibraltar. Natürlich kann man sich nicht vorstellen, daß hilflose, schiffbrüchige oder vom Kurs abgekommene Seeleute die Hochkulturen von Mexiko und Peru gegründet haben. Eine Handvoll ungebildeter Seeleute aus dem östlichen Mittelmeer, die unter kleinen, nicht organisierten Familiengruppen primitiver Menschen an den Strand geworfen wurden, wären – wenn sie auch wahrscheinlich den gleichen freundlichen Empfang genossen hätten wie Kolumbus – kaum fähig gewesen, ihr beschränktes Wissen von ihrer eigenen Zivilisation an die verstreuten Eingeborenen, die ihnen begegneten, weiterzugeben. Die Weitergabe von Konzeptionen wie Hieroglyphen-Schrift, die Null oder die Techniken der Mumifizierung und des Trepanierens erfordert vom Lehrer mehr als nur die Kenntnis ihrer Existenz oder auch mehr als das beiläufige Wissen von ihrem Funktionieren. Eine Gruppe von Ozeanreisenden, die fähig waren, eine Kultur wie die der Olmeken zu begründen, muß groß genug gewesen sein, daß sich auch Vertreter der geistigen Elite ihres Heimatlandes darunter befanden: etwas wie eine geplante und vollständig ausgerüstete Kolonisationsreise, die vom Kurs abkam. Sowohl die Archäologie als auch die geschriebene Geschichte bezeugen, daß vielköpfige organisierte Gruppen von Kolonisten das Mittelmeer verließen, um größere Siedlungen und Handelsposten an der Küste Westafrikas zu errichten. Der älteste schriftliche Bericht ist jene Stele in Karthago, die mitteilt, daß der phönizische König Hanno etwa im Jahr 450 v. Chr. mit sechzig Schiffen auslief, vollgeladen mit Männern und Frauen, um Kolonien an der ganzen Atlantik-Küste Marokkos zu gründen. Und die Archäologie zeigt, daß Hanno kein Pionier war. Als er eintraf, hatten andere organisierte Expeditionen vom inneren Mittelmeerraum längst die große megalithische Stadt Lixus weit südlich von Gibraltar gegründet, gerade dort, wo die Ozeanströmung vorbeiführt, die unmittelbar zum Golf von Mexiko geht.

Die Geschichte von Lixus verliert sich im Dämmerlicht der Geschichte. Die Römer nannten sie »die Ewige Stadt« und sagten, sie sei der Begräbnisplatz des Herakles gewesen. Die Stadt wurde von unbekannten Sonnenverehrern erbaut, die die riesigen Megalith-Mauern nach der Sonne ausrichteten. Der älteste bekannte Name lautet tatsächlich »Sonnenstadt«. Wer Lixus nun auch gegründet und erbaut haben mag, es steht fest, daß sich unter ihnen Astronomen, Maurer, Schreiber und tüchtige Töpfer befanden. Um 1000 v. Chr., kurz bevor die olmekische Kultur in Amerika plötzlich aufzublühen begann, waren organisierte Kolonisten aus dem östlichen Mittelmeerraum mit gründlichen Kenntnissen von der mesopotamischen sowie der ägyptischen Kultur bis in den Bereich des Atlantik vorgedrungen, wo beständige Winde und Strömungen ein marines Transportband zum Golf von Mexiko bilden. Schiffsladungen mit Kolonisten, die hier vielleicht vom Kurs abgekommen waren, würden gewiß nicht zu den Begründern der gewaltigen Inka-, Maya- und aztekischen Kultur geworden sein. Die überlieferte Geschichte, von der Archäologie bestätigt, zeigt deutlich, daß diese großen historischen und protohistorischen Nationen des Anden-Gebiets und Mexikos rein lokale Produkte waren – Verschmelzungen einheimischer Völker. Diese verdanken ihre entscheidenden Anregungen jedoch weniger bekannten Vorgängern. So scheint beispielsweise in Mexiko die Kultur von einer ursprünglich kleinen Gruppe ausgegangen zu sein, der man den Namen Olmeken gegeben hat und deren frühe Aktivität in einem begrenzten Gebiet rund um den Golf von Mexiko begann.

Nun bleibt nur noch das fehlende Glied zu berücksichtigen, das

Wasserfahrzeug, das den Flaschenkürbis, den Baumwollsamen, die Banane, die Kenntnis des Rades, des Webstuhls, die Bräuche des Trepanierens und Beschneidens, die Ideen von anthropomorphen Gottheiten mit hakenschnäbligen Vogelköpfen, die Adobe-Herstellung, Megalith-Bildhauerei, die Papierfabrikation für geschriebene hieroglyphische Texte, Wandmalerei, Mumifizierung, Terrassenlandwirtschaft, Metallarbeit und die zahllosen anderen Ideen und Erfindungen, die die Indianer weit nördlich der mexikanischen Grenze nie erreichten, weil sie den ursprünglichen Einwanderern aus Sibirien unbekannt waren, nach Mexiko gebracht haben könnte. Tatsächlich besaßen die Wikinger und die Phönizier ausgezeichnete Holzschiffe mit Spantengerippe und Plankenrumpf, die über jedes Meer segeln konnten, vorausgesetzt, daß sie von einer ausgebildeten Besatzung bedient und nicht von brechenden Wellen vollgeschlagen wurden. Plankenschiffe waren im vorkolumbischen Amerika jedoch nicht bekannt, und die Isolationisten haben bestimmt recht mit ihrer logischen Behauptung, daß die Seeleute, die kamen und Pyramiden erbauten, sicher kaum vergessen hätten, wie man den Typ von Wasserfahrzeugen herstellte, mit dem sie eingetroffen waren. Die einzigen vor Kolumbus in Amerika bekannten Wasserfahrzeuge waren Flöße, Kanus und Kajaks aus Birkenrinde, Tierhaut oder ausgehöhlten Baumstämmen – letztere bisweilen mit Planken als Dollbord angenäht – und ein besonderer Typ von bootsförmigem Floßschiff, aus Binsenbündeln gefertigt, die auf eine höchst raffinierte Weise zusammengebunden wurden. Dieser Typ war fraglos das am höchsten entwickelte Fahrzeug, das die Konquistadoren in der Neuen Welt fanden. Es bildete ein grundlegendes Element in der Kultur der Inka und ihrer zivilisierten Vorgänger, sowohl an der Küste als auch im Hochland. In Mexiko wurde es früher in sieben verschiedenen Staaten verwendet. In Mexiko wurden die letzten Binsenschiffe Anfang der sechziger Jahre dieses Jahrhunderts von den Seris-Indianern am Kalifornischen Golf aufgegeben, während sie auf dem Titicaca-See in Peru noch allgemein im Gebrauch sind und an der peruanischen Nordküste noch sporadisch vorkommen.

Das Segel war im vorkolumbischen Amerika bekannt und bestand manchmal aus Baumwolltuch und manchmal aus Binsenmatten. In beiden Fällen wurde es an einem eigentümlich gespreizten

Zweibeinmast geheißt. Völlig der gleiche Bootstyp aus Papyrus mit dem gleichen Mast war für das alte Ägypten charakteristisch – was wir nicht wüßten, wenn es nicht die realistischen Reliefs und Gemälde in alten ägyptischen Gräbern gäbe. Reliefs aus dem alten Ninive zeigen dagegen Seeschlachten auf der gleichen Art von Binsenbooten, die auf dem Ozean fahren, während Doppelreihen von Kriegern die Mannschaft über Bord jagen, wo Krabben und Fische auf sie warten. Andere Binsenboote wiederum, vollgepackt mit Männern und Frauen, entfliehen über das Meer. Binse ist ein vergängliches Material, und gäbe es nicht die steinernen Abbildungen aus Mesopotamien und Ägypten, dazu die noch früheren Felszeichnungen aus der Sahara, dann hätten wir nie erfahren, wie äußerst wichtig diese Wasserfahrzeuge für die alten Mittelmeerkulturen waren. Kleinere Ausführungen dieser Binsenschiffe, von armen Fischern benutzt, haben bis in unser Jahrhundert überlebt – von den mesopotamischen Flüssen und der Nil-Quelle im Osten über Mittelmeerinseln wie Korfu und Sardinien bis zur Atlantik-Küste Marokkos, wo Binsenboote von erstaunlicher Schwimmfähigkeit genau an der Fundstätte der megalithischen Stadt Lixus bis kurz vor dem Zweiten Weltkrieg gebaut wurden.

Überall, wo in der Alten und Neuen Welt Binsenboote benutzt wurden, zeigen gewaltige Megalith-Ruinen die Kraft und Tüchtigkeit der örtlichen Kulturen in der Antike, während die modernen Bewohner dieser Gebiete in bescheidenen Hütten leben. Man kann sich also durchaus vorstellen, wenn man die Binsenboote der heutigen Fischer sieht, was für große Schiffe die Herrscher in der Antike mit den ihnen zur Verfügung stehenden Arbeitskräften und dem Material machen lassen konnten. Ihre sonnenorientierten Megalith-Mauern, mit einer hochspezialisierten Steinmetztechnik ineinandergefügt, sehen wir noch heute vor uns aufragen, während die Binsenschiffe, die aus vergänglichen Pflanzenstengeln angefertigt waren, nur dank antiker Reliefs der Überlieferung ihrer Herstellungsfertigkeiten überlebten, die vom Vater an den Sohn weitergegeben wurden.

Diese spezielle Kulturerscheinung ist sehr begrenzt verbreitet, und dennoch findet man sie vom östlichen Mittelmeerraum bis Lixus an der Atlantik-Küste Marokkos und von dort in Mexiko und Peru sowie auf der Osterinsel wieder. Die bescheidenen Boote sind vor 1969 von einigen modernen Wissenschaftlern gesehen, aber nicht auf dem Ozean auf ihre wahren Fähigkeiten erprobt worden. Laboratoriumsversuche, die mit einzelnen Stücken von Papyrus-Stengeln gemacht worden waren, hatten gezeigt, daß sich das Material mit Wasser vollsaugt und in weniger als zwei Wochen alle Tragfähigkeit verliert. Experimente mit den gleichen Stengeln in Behältern mit unbewegtem Seewasser hatten ebenfalls gezeigt, daß sich der zellulare Kern der Binsen- und Papyrus-Stengel rasch zersetzt. Aus diesem Grund waren Anthropologen, Papyrus-Spezialisten und Seefahrtsfachleute übereinstimmend zu der Ansicht gelangt, daß die alten Papyrus-Floßschiffe lediglich auf Flüssen und Binnenseen benutzt worden sein könnten, wo man sie an Land ziehen und in kurzen Intervallen in der Sonne trocknen konnte. Alle Fachleute meinten einmütig, daß solche Binsenfahrzeuge unmöglich den Ozean zwischen Afrika und Amerika überqueren konnten.

Die Eigenschaften eines Papyrus-Schiffes dadurch zu erproben, daß man einen Papyrus-Stengel testet, ist jedoch ebenso sinnlos, als ob man ein Stück Eisen in einen Tank würfe und daraus schlösse, daß die *Queen Mary* nicht schwimmen könne. Natürlich sind es zwei völlig verschiedene Dinge, ob man ein Material oder ein fertiges Schiff testet. Das ständig wechselnde Wasser, das ein fahrendes Boot umspült, ruft nicht, wie das stagnierende Wasser in einem Tank, Fäulnis hervor. Meine Erprobung von Binsenbooten auf der Osterinsel, in Peru und Mexiko auf der einen Seite des Atlantik und im Tschad-See und an der Nil-Quelle auf der anderen hatte mich gewaltig beeindruckt. Kein anderes Fahrzeug entsprechender Größe brachte soviel Tragfähigkeit, Stabilität und Sicherheit auf wie das Binsenbündelboot. Und doch war es vermutlich noch mehr das Studium der alten ägyptischen Schiffszeichnungen, das mich von der vermutlichen Inkompetenz der damaligen wissenschaftlichen Ansichten über die Seegängigkeit solcher Fahrzeuge überzeugte.

Im Jahr 1954 wurden die zerlegten Stücke eines aus Libanon-Zedern erbauten Schiffes in einer Megalith-Kammer am Fuß der Cheops-Pyramide in Ägypten entdeckt. Die größten der gut erhaltenen Planken, die je fast eine Tonne wogen, waren etwa dreiundzwanzig Meter lang, etwa fünfzig Zentimeter breit und elf Zentimeter dick. Der leitende Kustos der Altertümer von Ägypten,

Ahmed Joseph, und seine Mitarbeiter waren jahrelang beschäftigt, ehe sie das pharaonische Fahrzeug wieder zusammengesetzt hatten, das, wie sich herausstellte, vierundvierzig Meter lang und fast sechs Meter breit war. Dieses Schiff, das älteste erhaltene Fahrzeug der Welt, war um 2700 v. Chr. in Ägypten erbaut worden. Das zusammengesetzte Schiff fiel sofort durch zwei wichtige Merkmale auf: es war konsequent papyriform im Entwurf, und es hatte die charakteristischen Linien eines seegängigen Schiffes, nicht die eines Flußbootes. Zu den papyriformen Eigenschaften gehören die Mondsichelgestalt in der Länge mit stark hochgezogenem Bug und Heck, die beide trompetenförmig enden und deutlich an einen Prototyp aus Papyrus erinnern. Sogar das Heck des Cheops-Schiffes war nach innen gebogen, wie es für die Papyrus-Boote typisch ist. Es gibt keinen Grund, einem hölzernen Schiff diese äußerst komplizierte Form zu geben, die für die elastischen Papyrus-Stengel natürlich, aber in starrem Holz schwer zu kopieren ist. Der einzige Grund, den der traditionsverhaftete Pharao haben konnte, die Papyrus-Form zu kopieren, war sein Wunsch, den Fahrzeugentwurf zu respektieren, den seine frühesten Urahnen, die Götter, verwendet hatten. In der gesamten ägyptischen Grabkunst werden der Sonnengott selbst und seine vogelköpfigen menschlichen Begleiter dargestellt, wie sie auf Papyrus-Booten reisen. Es war nur natürlich, daß Papyrus als Schiffbaumaterial vor dem Holz im alten Ägypten kam, wo Papyrus im Überfluß wuchs, während die vom Pharao benutzten Zedern aus den Wäldern Phöniziens im heutigen Libanon importiert werden mußten. Noch bevor das Boot von Pharao Cheops wieder zusammengesetzt worden war, wurde es allgemein als »Sonnenschiff« bezeichnet, weil man annahm, es sei für den Zweck erbaut worden, den toten Pharao zu seinem Ruheplatz bei seinem Vorfahren Ra, der Sonne, zu überführen.

Ahmed Joseph hatte bereits entdeckt, daß das Cheops-Schiff kein bloßes Bestattungsfahrzeug war, als wir die Konstruktion in den ersten Monaten des Jahres 1969 gemeinsam in seinem Laboratorium untersuchten. Das Holz zeigte deutliche Abnutzungsspuren von erheblichem Gebrauch: Rillen hatten sich in die harten Planken gegraben, weil die Taulaschings, die sie zusammenbanden, lange gescheuert hatten. Das Schiff war also ein Nutzfahrzeug gewesen und nicht nur für die Bestattung des Pharaos benutzt worden. Wie die wenigen anderen, denen es erlaubt wurde, das Schiff im letzten Stadium des Wiederzusammensetzens zu untersuchen, war ich äußerst beeindruckt von dem Fahrzeug, dessen Linien vollendet für Hochseewellen entworfen waren und dessen Ausmaße mehr als das Doppelte von denen des größten erhaltenen Wikingerschiffs waren. Ein für den Nil entworfenes Boot, wo die Wellen in Zoll zu messen sind, hätte keine solche Längsbiegung, keinen so ungemein hochgebogenen Bug oder Achtersteven – Merkmale, die von alten Hochseefahrern wie den Wikingern und Polynesiern entwickelt worden waren, deren Boote mit Brandung und Ozeanwellen fertig werden mußten. Die Querschnitte des Cheops-Schiffes waren die eines Fahrzeugs, das entworfen worden war, um in mächtigen Wellen zu rollen und zu stampfen, nicht um mit der Strömung des Nils zu fahren. Die Linien der Konstruktion hatten absolut keine funktionelle Bedeutung für ein Flußschiff.

Nachdem ich die so auffallend für Seetüchtigkeit sprechenden Linien des Schiffes genügend betrachtet hatte, war ich um so mehr überrascht, als mir gezeigt wurde, daß die schweren Holzteile des spantenlosen Fahrzeugs einfach wie die Stücke eines Puzzle-Spiels zusammengefügt waren, Stirn an Stirn, ohne Überlappung und mit Leim und Tau an den Stößen zusammengehalten wurden. Selbst wenn es der Länge nach mit einer schweren Trosse ausgerüstet gewesen wäre, mußte das schöne Fahrzeug auseinanderfallen, sobald es zum erstenmal der Ozeandünung begegnete. Ich wußte genug von Schiffen, um zu erkennen, daß die Gesamtform des Bootes und sein innerer Bau nicht zusammenpaßten.

Von der anscheinend ewigen Dauerhaftigkeit der phönizischen Zedernschiffe beeindruckt, begannen die ägyptischen Schiffbauer um 2700 v. Chr. Holz aus Phönizien einzuführen, während sie sich bemühten, die traditionelle papyriforme Konstruktion ihrer eigenen Vorfahren beizubehalten. Mehr als alles andere gab mir dies das Vertrauen zur Seetüchtigkeit des Papyrus, da die Linien des Pharao-Schiffes ursprünglich für kompakte Fahrzeuge aus Papyrus-Bündeln entwickelt worden waren. Das Papyrus-Boot war also in Ägypten älter als das hölzerne Schiff, verlieh jedoch dem hölzernen Schiff seine auffallende seetüchtige Gestalt. Wie konnte das sein, wenn sich Papyrus als Baumaterial auflösen oder sinken würde? Ich entschloß mich, ein praktisches Experiment zu unternehmen.

Im Jahr 1969 organisierte ich den Bau eines Papyrus-Schiffes in der Nähe des Cheops-Bootes in Giseh in Ägypten, wobei ich Abbildungen der lokalen Grabkunst als Vorbilder benutzte. Da der wilde Papyrus aus unbekannten Gründen in Ägypten ausgestorben ist – und das Handwerk des Papyrus-Schiffsbaus vergessen –, holte ich zwölf Tonnen sonnengetrocknete Papyrus-Stengel, drei bis vier Meter lang, vom Tana-See in Äthiopien und zwei erfahrene Bootsbauer mit Dolmetscher vom Tschad-See in Zentralafrika. Letzteres Gebiet schien mir Ägypten am nächsten zu liegen, wo noch große Papyrus-Boote von anscheinend robuster Konstruktion allgemein verwendet werden.

Daß man an der Küste Nordafrikas entlangsegeln konnte, wurde von keinem bestritten, da dabei die Möglichkeit bestand, in Abständen an Land zu gehen und das Papyrus-Fahrzeug zu trocknen. Deshalb entschlossen wir uns, unser Boot von dem alten phönizischen Safi an der atlantischen Küste Marokkos direkt in den Ozean zu lassen. Dieser Hafen liegt inmitten eines Gebiets mit reichem archäologischem Material, das die extensive Kolonisation und Besiedlung von Kleinasien aus beweist. Das Papyrus-Boot, Ra (sowohl im alten Ägypten als auch auf allen Inseln Polynesiens das Wort für Sonne), lief am 17. Mai 1969 vom Stapel und setzte acht Tage später Segel, bemannt mit einer Besatzung von sieben Leuten aus sieben Nationen*. Lebensmittel und Wasser wurden in einhundertsechzig Keramikkrügen verstaut, die nach einem alten Prototyp im Museum von Kairo kopiert worden waren, sowie in mehreren Ziegenhautschläuchen, Holzkästen und Weidenkörben. Sämtliche Lebensmittel an Bord waren entweder frisch, getrocknet, geräuchert, eingesalzen oder sonst konserviert, wie es unter den Völkern des Altertums üblich gewesen war. Die mehrere Tonnen wiegenden Aufbauten und die Ladung, darunter Zweibeinmast, Kabine aus Flechtwerk, Steuerplattform und schwere doppelte Steuerriemen, übten kaum Einfluß auf die Schwimmfähigkeit aus, und das Papyrus-Fahrzeug neigte sich nicht auf die Seite, als sich das trapezförmige Sechsundvierzig-Quadratmeter-Segel mit starken

---

* Norman Baker (USA), Navigator; Yuri Senkevitch (UdSSR), Schiffsarzt; Abdullah Djibrine (Tschad), Papyrus-Experte; Santiago Genovés (Mexiko), Anthropologe; Carlo Mauri (Italien), Expeditionsfotograf; Georges Sourial (Ägypten), Sporttaucher; Thor Heyerdahl (Norwegen), Expeditionsleiter.

seitlichen Winden füllte. Unmittelbar hinter dem Wellenbrecher von Safi wurde Ra von dem kräftigen Strom und dem Passat erfaßt, die gemeinsam das ewige Kolumbus-Transportband zum tropischen Amerika bilden.

Bereits am ersten Tag zerbrachen wir durch Unerfahrenheit unsere beiden Steuerriemen, und am zweiten Tag brach der Baum, der unser ägyptisches Segel trug. Obwohl die hölzernen Steuerriemen durch Tausplisse repariert wurden, brachen sie noch häufig bei grobem Wetter und verwandelten so das ganze Experiment in eine wissenschaftlich wertvollere Driftreise. Innerhalb von drei Wochen hatte das Papyrus-Schiff die gesamte Nordwestküste Afrikas von Safi bis zu den Kapverdischen Inseln in der Höhe von Dakar umrundet – eine Entfernung, die der von Ägypten nach Frankreich entspricht – ehe uns die Elemente zu dem eigentlichen transatlantischen Teil der Reise mitnahmen. Mittlerweile schwammen die Papyrus-Bündel der Ra bereits einen Monat lang in Seewasser und bewiesen eine auffallende Eignung, selbst bei Sturm so auf den Wellen zu reiten, daß Besatzung und Ladung trocken blieben. Dünung und Rollwellen des Ozeans faßten, dem Strom und den vorherrschenden Winden folgend, Ra von achtern, doch das extrem hochgezogene Heck hob sich nur und veranlaßte die Ra, über jeden Wellenkamm zu reiten, ohne Wasser überzunehmen. Wenn die Ozeandünung mittschiffs unter dem Boden durchlief, hätten der nach unten durchhängende Bug und das Heck das hölzerne Cheops-Schiff mitten durchgebrochen, während die Elastizität der Papyrus-Bündel der Ra erlaubte, sich ohne Beschädigung zu biegen. Unsere erste größere Entdeckung während des Experiments war die, daß die charakteristische altägyptische Takelung, die auf der Ra kopiert worden war, schlüssig bewies, daß das ursprüngliche Papyrus-Schiff nicht für den Gebrauch auf den leichten Kräuselwellen eines Flusses entworfen worden war, sondern dafür, auf der Ozeandünung zu reiten. Auf dem ruhigen Nil hätte ein Zweibeinmast von einem einzigen nach vorn laufenden und einem weiteren nach achtern laufenden Stag gehalten werden können. Da dort der Rumpf immer auf glatter Wasserfläche lag, wären keine weiteren Stags notwendig gewesen. Doch die komplizierte Originaltakelung, die von uns kopiert wurde, zeigte ein Tau, das von der Mastspitze nach vorn zum Bug ging, und sechs parallele Stags, die von jedem Mastbein zu den Schiffsseiten kurz achter Mittschiffs liefen. Aber kein Stag lief vom Mast bis ganz zum Heck. Die alten ägyptischen Abbildungen zeigten jedoch ein Tau, das von der elegant nach innen gebogenen Spitze des Achterstevens wie eine Harfensaite schräg abwärts zum Achterdeck lief – als ob es die reizvoll gebogene Skorpion-Schwanzform des Papyrus-Bootes erhalten sollte. Ich war überzeugt, daß dieser einwärts gebogene Schwanz eine, wenn auch unbekannte Funktion gehabt haben mußte, während die allgemeine Ansicht dahin ging, daß es sich lediglich um ein ästhetisches Detail gehandelt habe. Doch wie alle anderen glaubten meine Bootsbauer vom Taschad-See und ich, daß die Harfensaite, welche Funktion der gebogene Achtersteven auch haben mochte, lediglich dazu diente, die Krümmung des Achterstevens zu gewährleisten. Es kam uns überhaupt nicht in den Sinn, daß die Biegung des Achterstevens den Zweck hatte, das Tau zu spannen und nicht umgekehrt. So entfernten die Bootsbauer vom Tschad-See die »Harfensaite« und zeigten uns, daß sie das Heck so dauerhaft gebogen hatten, daß es sich niemals geradestrecken würde. Und da sich das als richtig erwies, brachten wir das Tau nicht wieder an – und dann war es zu spät. Mittlerweile war die Ra achtern erheblich abgesackt – genau an der Stelle, wo die letzten beiden parallelen Stags vom Mast das Deck erreichten. Und obwohl das Heck seine schöne Kurvenform behielt, hing das Achterdeck im Meer. Statt sich zu heben, um auf den von achtern kommenden Wellen zu reiten, wirkte das abgesackte Achterdeck als Strand, der die Brecher dazu einlud, ihre Brandung an Bord zu schlagen. Jetzt erkannten wir, daß der einwärtsgekrümmte Achtersteven als riesige Feder wirken sollte, die mit Hilfe der »Harfensaite« das sonst ungestützte Achterdeck in gleicher Ebene mit dem übrigen Schiff hielt. In der Art einer Hängebrücke war es an den Stags aufgehängt, die vorn und achtern vom Mast zum Deck liefen. Die alten Bootsbauer hatten klugerweise das biegsame Achterdeck sozusagen ans Mitteldeck gehängt, indem sie eine komplizierte Takelung anbrachten, die für die notwendige Flexibilität beim Reiten auf Hochseewellen sorgte, ohne daß die straff gespannten Stags den Mast brachen.

Eine Reparatur erwies sich als unmöglich, nachdem das Achterdeck einmal abgesackt war. Nun wirkte es als Bremse und verhinderte gleichzeitig das Steuern. Außerdem verursachten die Wellen, die unmittelbaren Zugang zur hinteren Kabinenwand hatten, ein ständiges Scheuern der aufgelaschten Flechtwerkkabine auf dem Papyrus-Deck, wodurch die Taue, die die Papyrus-Bündel zusammenhielten, auf der Windseite durchgerieben wurden. Im letzten Sturm vor Westindien verloren wir deshalb steuerbords alarmierende Mengen Papyrus. Die einzelnen Papyrus-Stengel, die hinter der Ra zurückblieben, schwammen immer noch. Sie waren keineswegs schlecht geworden, sondern elastisch wie Gummi und stark wie Tau, nicht mehr brüchig und spröde, wie sie es im trokkenen Zustand waren, ehe das Schiff zu Wasser gelassen wurde. Doch nach dem letzten Sturm hatten die Steuerbordbündel so viel Papyrus verloren, daß das Fahrzeug starke Schlagseite hatte, und das, nicht etwa ein Gesamtverlust an Schwimmfähigkeit, wäre für den Fall eines weiteren Sturms lebensgefährlich geworden. Die zwei Drittel der Ra auf der Backbordseite waren unbeschädigt und lagen so hoch auf dem Wasser, daß wir, wenn nötig, den letzten Teil der Driftreise zu den Inseln vor uns hätten vollenden können. Das wünschte übrigens die ganze Besatzung. Doch als Expeditionsleiter sah ich keinen Grund, in einem wissenschaftlichen Experiment, dessen Aufgaben in diesem Stadium nahezu sämtlich erfüllt waren, Menschenleben zu gefährden.

Es war mittlerweile klar erwiesen, daß Papyrus ein erstklassiges Schiffsbaumaterial war. Statt im Seewasser zu verfaulen, wurde es durch das Eintauchen stärker und zäher. Und statt nach zwei Wochen zu sinken, trugen die noch vorhandenen Papyrus-Bündel nach einer Woche im Hafen und acht Wochen in den gröbsten Ozeanwellen uns alle samt den Tonnen von Proviant und Aufbauten immer noch. Das Papyrus-Schiff selbst erwies sich als erstaunlich schwimmfähig, stabil und seetüchtig und war jedem Sturm gewachsen. Das hatten wir während der ersten Wochen auf dem Meer erlebt, ehe unser völliger Mangel an Erfahrung beim Bau und in der Handhabung eines solchen Fahrzeugs es aus einem Segelschiff in ein treibendes Floß aus Grasstengeln verwandelte. Schließlich lernten wir, daß die schwachen Punkte bei einem solchen Schiff keineswegs die flexiblen Papyrus-Stengel waren, sondern das starre Holz und die Reibung des Holzes auf den Tauen. Jeder Seefahrer, der seine Steuerriemen zerbrach, wie es uns bei einer Begegnung mit den schweren Rollwellen im Kanaren-Strom vor der marokkanischen

Küste erging, würde von dem Kolumbus-Transportband ergriffen werden wie wir und mit großer Geschwindigkeit in Richtung auf den Golf von Mexiko befördert werden. Anders als wir wären die alten Seefahrer jedoch gezwungen gewesen, bis zum bitteren Ende auszuhalten, während wir Gelegenheit hatten, unsere Reise nach Belieben zu beenden, sobald ihr wissenschaftlicher Zweck erreicht war. Als wir uns, unsere Tiere und unsere Fracht auf eine Jacht verluden, die herausgekommen war, um uns zu filmen, hatten wir in acht Wochen zweitausendsiebenhundert Seemeilen zurückgelegt – die gleiche Entfernung wie von Safi in Marokko nach Quebec in Kanada. Hätten wir unsere Reise statt in Safi in Senegal an der afrikanischen Westküste begonnen, wären wir bei gleicher Entfernung gerade über den Atlantik und über tausendfünfhundert Kilometer den Amazonas hinaufgefahren.

Am 17. Mai 1970, zehn Monate nach Beendigung des ersten Papyrus-Schiffexperiments, setzte das zweite Papyrus-Schiff, Ra 2, im gleichen marokkanischen Hafen Segel mit sechs Tonnen Ladung und Aufbauten und einer Besatzung von acht Mann, von denen sechs bereits auf der Ra 1 gefahren waren*. Der Papyrus wurde wieder von der Nil-Quelle gebracht, doch während Ra 1 in Ägypten von Fischern des Buduma-Stammes vom Tschad-See in Zentralafrika gebaut worden war, wurde Ra 2 von vier Aymara-Indianern und ihrem bolivianischen Dolmetscher gebaut, die vom Titicaca-See in Südamerika herübergebracht worden waren.

Obwohl die ersten Bootsbauer aus dem gleichen Kontinent kamen, in dem Ägypten liegt – während letztere aus der Neuen Welt stammten –, war es seltsamerweise doch das Binsenboot vom Titicaca-See, das den Hauptbauprinzipien folgte, die einmal typisch für das alte Ägypten gewesen waren, d.h. sowohl Bug wie Heck zugespitzt und hoch über das Wasser hinaufgezogen und mit Tauzurrings, die ohne Unterbrechung vom Deck zum Boden um das Fahrzeug aus großen Bündeln herumführten. Die Bootsbauer vom Tschad-See waren im Gegensatz zu denen im alten Ägypten gewöhnt, das Heck ihrer Boote in Wasserhöhe glatt abzuschneiden und ihre Fahrzeuge aus übereinandergelegten Schichten schmaler

* Baker, Senkevitch, Genovés, Mauri, Sourial, Heyerdahl und die neuen Teilnehmer Kei Ohara (Japan), Kameramann, und Madani Ait Ouhanni (Marokko), verantwortlich für die Untersuchung der Ozeanverschmutzung.

Papyrus-Bündel zu konstruieren, die mit empfindlichen Ketten ineinandergreifender Tauringe zusammengebunden wurden. Das System vom Tschad war dem Transport auf einem Binnensee vollendet angepaßt, während die besonders stabile und auffallend geniale Bauweise vom Titicaca-See einen soliden Block ergab, der weit heftigere Bedingungen überstehen konnte, als man je auf dem Titicaca-See erleben würde. Im wesentlichen bestand dieses Fahrzeug aus zwei riesigen, zigarrenförmigen Bündeln, die je durch ein fortlaufendes, in engen Spiralen geführtes Tau zusammengehalten wurden, das gleichzeitig ein kleineres Mittelbündel umwand, das, sobald die Taue festgezogen wurden, zwischen den beiden größeren verschwand. Als die spitz zulaufenden Enden, Bug und Heck, nach oben gebogen und zwei kleinere Bündel der Länge nach an beiden oberen Rändern festgebunden waren, um die Decksbreite zu vergrößern, entstand ein unglaublich robustes und seetüchtiges Fahrzeug, das bemerkenswert mit den Zeichnungen im alten Mesopotamien und Ägypten übereinstimmte.

Unsere südamerikanischen Bootsbauer waren so darauf versessen, noch vor Ablauf der Bauperiode von zwei Monaten nach Haus zurückzukehren, daß ein volles Drittel der zwölf Tonnen Papyrus ungebraucht dalag, als die Ra 2 bereit zum Stapellauf war. Während Ra 1 fünfzehn Meter lang gewesen war, erreichte Ra 2 nur zwölf Meter und hatte mit ihrem runderen Querschnitt weit weniger Volumen. Wir waren so beeindruckt von der phantastischen Tragfähigkeit eines Papyrus-Floßschiffs, daß wir der Versuchung nachgaben, Ra 2 mit weit mehr Frachttonnage zu beladen, als ein konventionelles Fahrzeug mit ihren bescheidenen Ausmaßen je hätte tragen können, ohne wie ein Stein auf den Meeresgrund zu sinken. Obwohl Ra 2 so belastet war, daß ihr Deck fast in Wasserhöhe lag, überstand sie mitten auf dem Atlantik einen starken Sturm, bei dem der diesmal riesige Schaft eines ihrer Steuerriemen brach und das Fahrzeug hilflos breitseits in die brechenden Seen wendete, so daß der Papyrus über der Wasserlinie gründlich durchnäßt war. Doch Ra 2 vollendete die gesamte Überfahrt von 3270 Seemeilen von Safi in Marokko bis Barbados in Westindien innerhalb von siebenundfünfzig Tagen – ein Durchschnitt von hundertfünf Kilometern am Tag. Das Papyrus-Schiff hatte den gesamten Atlantik an seiner breitesten Stelle überquert, ohne daß ein einziger Papyrus-Stengel verlorenging oder beschädigt wurde – obwohl selbst auf dieser Reise einer der dicken, starren hölzernen Steuerriemen zerbrochen war.

Die experimentellen Reisen von Ra 1 und Ra 2 hatten schlüssig bewiesen, daß das Papyrus-Schiff, eins der Kulturelemente, die der Alten und der Neuen Welt in vorkolumbischen Zeiten gemeinsam waren, zu transatlantischen Fahrten durchaus imstande ist. Es ist also nicht nötig, seine Zuflucht zu phantastischen Theorien von Flaschenkürbissen und Baumwollsamen zu nehmen, die aufs Geratewohl in die Hände von primitiven Sammlerstämmen unter den Dschungel-Bäumen des Golfs von Mexiko trieben. Die Entdekkung der wahren Fähigkeiten des Binsenschiffes ist zwar kein Beweis für vorkolumbische Kontakte, aber sie macht eine solche Theorie realistischer als jede andere Hypothese, die bisher vorgelegt wurde, um den Impuls hinter den amerikanischen Hochkulturen zu erklären.

Kapitel 4

Die bärtigen Götter reden

Der Standpunkt der Diffusionisten, der im vorausgehenden Kapitel begründet worden ist, hat im Verlauf der letzten Jahre an Bedeutung gewonnen. Sie haben schon immer an die Möglichkeit gedacht und zu beweisen versucht, daß die archaischen Hochkulturen in Mexiko, Mittelamerika sowie in den Anden auf Anregungen zurückgehen könnten, die aus einem Hochkulturzentrum der Alten Welt stammen, wo eine ähnliche, aber frühere Entwicklung zu jener Blüte führte, deren Spuren in Mesopotamien und Ägypten weithin bekannt sind.

Man stellt sich aber meistens vor, die Anregungen seien von Auswanderergruppen getragen worden, die sich nach Osten, d. h. nach Asien, wandten, wo man die Entstehung der Indus-Kultur und der chinesischen Zivilisation damit in Verbindung gebracht hat. Schließlich hätten sie sogar die Weiten des Pazifischen Ozeans überwunden.

Heyerdahl hat nun den Nachweis erbracht, daß eine Überquerung des Atlantik weit weniger problematisch war als der lange Weg durch Asien und über den Pazifik, wo sich Wind und Strömung nur auf einer nach Norden ausgreifenden Route ausnutzen lassen, die nicht dort endet, wo man wirklich Indizien für die Einwirkung einer Hochkultur beobachtet. Heyerdahl stellt zusammen, welche anthropologischen, ethnologischen und archäologischen Beobachtungen sich erklären lassen, wenn man konsequenterweise eine Atlantik-Überquerung annimmt. Er ist der Meinung, ohne diesen

Anstoß wäre es nie zur Bildung der Hochkulturen in der Neuen Welt gekommen; er betrachtet sie gewissermaßen als Aufpfropfung auf den Baum der einheimischen Kulturentwicklung. Ferner erklärt er die erstaunlichen Kulturleistungen auf einigen Inselgruppen des östlichen Pazifik als Fortsetzung einer solchen transatlantischen Migration. Die Kulturbringer seien schließlich zum Weiterziehen gezwungen worden – aber nicht ohne deutliche Spuren in Rassenbild und Kulturerbe der amerikanischen Hochkulturzone zu hinterlassen.

Die Forschung im Pazifik war es, die meine Wißbegier vor die Frage stellte, ob die Menschen vor Kolumbus über den Atlantik segeln konnten oder nicht. Dieses scheinbare Paradox ergab sich aus dem Studium der Literatur über die unklare Herkunft der Polynesier und ihrer Kultur. Ältere Schriftsteller, wie A. Fornander, S. P. Smith, W. J. Perry und E. Best, die um den Anfang dieses Jahrhunderts schrieben, betonten nachdrücklich, daß es reiches Beweismaterial gebe, nach dem Polynesien – und besonders die Osterinsel – zuerst von Auswanderern aus Ägypten, Mesopotamien oder einem anderen Zentrum innerhalb des uralten Hochkulturgebietes im östlichen Mittelmeerraum besiedelt worden sei. Diese frühen Polynesien-Wissenschaftler wiesen auf die verblüffenden Übereinstimmungen in diesen beiden Antipodengebieten hin, etwa das kunstvoll gefügte megalithische Mauerwerk, die abgestuften Tempelpyramiden, monolithischen Statuen, auf die Mumifizierung, Trepanation, auf die Priesterkönige, die königliche Geschwisterehe, ein Kalendersystem, Genealogien, Götter, die von der Sonne abstammen, und Hieroglyphentafeln. Unveränderlich wurde erklärt, daß die hypothetische Wanderung vom östlichen Mittelmeerraum ausgehend Indien oder den Indischen Ozean, den indonesischen Archipel, entweder Australien mit Melanesien oder Mikronesien und schließlich ganz Polynesien durchquerte und auf der Osterinsel endgültig ihr Ziel fand. Erst auf dieser letzten kleinen Insel vor der Küste Südamerikas sind Schrift und all die übrigen Kulturelemente, die dem östlichen Mittelmeerraum entsprechen, gefunden worden. Da sich keinerlei Spuren in den riesigen kontinentalen und ozeanischen Gebieten feststellen lassen, die angeblich von den Wanderern durchquert worden waren, hatten es vorsichtigere spätere Gelehrte leicht, solche diffusionistischen Theorien als geographisch und chronologisch unhaltbar zurückzuweisen.

Doch einige frühe Entdeckungen der Diffusionisten – etwa, daß manche wichtigen Götter- und Ortsnamen aus dem alten Ägypten und Mesopotamien in Polynesien erhalten sind – übten einen nachhaltigen Eindruck auf die polynesien-wissenschaftliche Literatur aus. Beispielsweise wurden im alten Ägypten Sonne und Sonnengott als Ra verehrt, und Ra war der Name der Sonne auf all den Hunderten von Inseln Polynesiens. Ein weiteres Beispiel ist, daß die polynesischen Überlieferungen ständig von Uru als einem bedeutenden Stammes- und Ortsnamen im ursprünglichen Heimatland außerhalb Polynesiens sprechen. Das wurde als Bezugnahme auf das alte mesopotamische Kulturzentrum Ur interpretiert. Obwohl die frühen Theorien direkter Wanderungen von Ur und Ägypten von den meisten Wissenschaftlern zurückgewiesen wurden, hat die Vorstellung, daß die alten Kulturen des östlichen Mittelmeerraumes oder der arabischen Welt irgendeine unklare Rolle bei der unbekannten Herkunft der Polynesier spielen, ihren Einfluß auf das Unterbewußtsein der Polynesien-Wissenschaftler nie ganz verloren.

Ein Blick auf den Globus zeigt, daß der Weg zur Osterinsel von Mesopotamien aus kürzer ist, wenn er über den Atlantik führt statt über den Indischen und den Pazifischen Ozean. Die einzige unvermeidbare Zwischenstation auf der Atlantik-Route ist das tropische Amerika – und hier, in dem Gebiet hoher Kulturen von Mexiko bis Peru, finden sich all die erwähnten mittelmeerisch-polynesischen Kulturelemente, von denen es auf der um den halben Erdball führenden indopazifischen Route keinerlei Spuren gibt. Und tatsächlich ist der legendäre polynesische Name Uru auch der Name des uralten und bedeutenden Indianerstammes, der jetzt in Peru am Titicaca-See lebt und früher das gesamte Gebiet von den Megalith-Ruinen Tiahuanacos bis hinunter zur Pazifik-Küste bewohnt haben soll. Zur Zeit der spanischen Eroberung lag die Herstellung von Binsenbooten hauptsächlich in den Händen dieser Uru, sie lebten sogar auf schwimmenden Inseln aus totora-Binsen. Die völlig gleiche Binse, eine charakteristische südamerikanische Spezies, war vom Menschen auf die Osterinsel gebracht und dort in den Süßwasserseen angepflanzt worden mit dem Zweck, daraus die gleichen Boote wie die der Uru-Indianer zu bauen. Und nach der Überlieferung auf der Osterinsel wurde der Gott, der diese exotische Süßwasserbinse auf die Insel brachte, Uru genannt.

Zwei der großen Transportwege der Meere, die wir früher die Kolumbus-Route im Atlantik und die Mendaña- oder Inka-Route im Pazifik genannt haben, führen geradewegs von der Mittelmeerwelt nach Polynesien – wobei die Landenge von Panama kaum ein nennenswertes Hindernis für die Benutzer der Meerestransportwege mit Rückenwind bildete. Mendaña, der erste Europäer, der den Fuß auf polynesischen Boden setzte, war tatsächlich von der Mittelmeerwelt abgesegelt, hatte die Landenge von Panama zu Fuß überquert und von Peru aus Polynesien erreicht. Wie in dem Kapitel über Isolationismus und Diffusionismus gezeigt wurde, besteht kein vernünftiger Grund für die Annahme, daß ein Reiseweg, den ein mittelalterlicher Europäer zurücklegen konnte, für die Träger der großen Zivilisationen des Altertums unmöglich gewesen wäre.

Wenn ich auch erst Jahre später durch Experimente herausfand, wie leicht es war, mit Eingeborenenfahrzeugen von Afrika nach Amerika und von Amerika bis tief nach Polynesien hinein zu reisen, gelangte ich bei meinen Forschungen doch schon früh zu der Vermutung, daß die ersten Kulturträger die Osterinsel und die benachbarten polynesischen Inselgruppen von Südamerika aus erreicht hatten – ganz gleich, ob das tropische Amerika irgendwelche Einflüsse aus der antiken Mittelmeerwelt erhalten hatte oder nicht. Wie die große Mehrzahl der Erforscher der Ursprünge polynesischer Kultur erkannte ich, daß die polynesische Kultur ein Gemisch war: mehr als eine Gruppe von Einwanderern war auf den Inseln des äußersten Ostpazifik gelandet. Mit einer Ausbildung, zu der auch das Studium der Geographie gehörte, und mit der praktischen Erfahrung eines Aufenthalts in Polynesien unter Eingeborenen war ich zu dem Schluß gelangt, daß die südostasiatischen Elemente auf diesen Inseln mit dem Japan-Strom aus der Philippinen-See und über Nordwestamerika gekommen waren und Inseln erreicht hatten, von denen viele lange vorher, wie wir mit Sicherheit wissen, von Vorinka-Seefahrern aus Südamerika gefunden worden waren*.

Die rassische Zusammensetzung der Polynesier blieb jedoch ein Rätsel, ganz gleich, welchen Pazifik-Küsten man ihren Ursprung zuschrieb. Obwohl die Polynesier rassisch deutlich gemischt sind, gehören sie doch zu den größten Menschen der Welt, sind häufig langschädlig und haben eine Hautfarbe, die oft ebenso hell ist wie die der Südeuropäer. In ganz Polynesien findet sich tatsächlich ein Einschlag von europidem oder richtiger arabisch-semitischem Typ mit deutlicher Adlernase, schmalen Lippen, starkem Bartwuchs und häufig rotbraunem Haar. Solche Züge, die sich oft bei ganzen Familien finden, wurden von den ersten Europäern überall von der Osterinsel bis nach Neuseeland angetroffen. Der Typ, den die Polynesier selbst als Uru-keu bezeichnen, soll nach ihren Angaben von einer früheren Rasse blondhaariger, weißhäutiger Götter abstammen, die die Inseln ursprünglich bewohnt haben. Diese physischen Eigentümlichkeiten der Polynesier standen in allen eben genannten Merkmalen wie auch im Bluttyp im Gegensatz zu den Papua-Melanesiern, Negritos, Malaien und Indonesiern, die das Gebiet bewohnen, woher die Polynesier nach den Hypothesen der meisten modernen Gelehrten gekommen waren. Das physiologische Rätsel trug dazu bei, wilde Theorien über die arabisch-semitische Komponente am Leben zu halten. Die physischen Merkmale der Indianer Südamerikas stimmten im allgemeinen mit denen der Malaien und Indonesier überein, mit denen sie ja schließlich auch verwandt waren, und, wenn man einmal von der Übereinstimmung mit polynesischen Bluttypen und Nasenformen absieht, unterschieden sich die körperlichen Merkmale der südamerikanischen Eingeborenen ebensosehr von denen der Polynesier wie die der Südostasiaten.

Große, blonde oder rothaarige Menschen mit Bärten waren in Mexiko ebensowenig vorhanden wie in Indonesien und im übrigen

* Nach jahrelangen Auseinandersetzungen wurde die Tatsache, daß Südamerika ein Herkunftsgebiet für die Menschen und Kulturen des Pazifiks sei, schließlich einstimmig in einer Resolution der dreitausend Wissenschaftler angenommen, die im Jahr 1961 am Zehnten Kongreß der Pazifik-Wissenschaft in Honolulu teilnahmen. Das Beweismaterial wird für den Laien ausführlich in meinem Buch *American Indians in the Pacific*, London 1952, behandelt.

Südostasien. Die kleinen, schmalen gelbbraunen Menschen auf beiden Seiten des Pazifik waren anatomisch einfach bartlos. Wie erwarben die Bewohner der polynesischen Inseln dann ihre abweichenden physischen Merkmale, die sie einer frühen legendären Rasse zuschrieben?

Auf der Osterinsel, dem polynesischen Außenposten, der am weitesten von Asien entfernt und der Neuen Welt am nächsten liegt, behaupten ins einzelne gehende Überlieferungen, daß die ersten Vorfahren der Insulaner aus einem weiten Wüstenland im Osten kamen – d. h. aus der Richtung Südamerika – und die Insel erreichten, nachdem sie sechzig Tage in Richtung der untergehenden Sonne gesegelt waren. Die deutlich gemischten Osterinsulaner behaupten fest, daß einige ihrer frühesten Vorfahren weiße Haut und rotes Haar hatten, während andere dunkelhäutig und schwarzhaarig waren. Das wurde von den ersten Europäern bestätigt, die die Insel erreichten. Als die Holländer unter Roggeveen die Insel im Jahr 1722 entdeckten, berichteten sie, daß sich unter den ersten Eingeborenen, die an Bord kamen, »ein völlig weißer Mann befand«, und über die Osterinsulaner im allgemeinen schrieben sie: »Man findet unter ihnen manche von dunklerem Braun, wie die Spanier, andere völlig weiß und auch einige von rötlicher Hautfarbe, als ob sie von der Sonne verbrannt wären.«

Alle frühen Besucher bemerkten außerdem, daß einige Osterinsulaner nicht nur sehr hell und groß seien, sondern auch weiches rötliches Haar hätten. Konnten solche Menschen wirklich aus dem Osten, aus Südamerika, gekommen sein, wo die Quechua-, Aymara- und Uru-Indianer die gleichen physischen Merkmale aufweisen wie die schwarzhaarigen, gelbbraunen, sehr kleinen Menschen Südostasiens? Konnte es sein, daß die Menschen der Vorinka-Kultur Perus körperliche Charakteristika hatten, die sich von denen der kleinen rundschädligen, schwarzhaarigen Indianer unterschieden, die in historischen Zeiten lebten?

Es ist bemerkenswert, daß die Osterinsulaner in den frühesten Überlieferungen, die von Thomson (1889, S. 526–32) auf der Osterinsel gesammelt wurden, behaupteten, daß das Land, sechzig Tage ostwärts, aus dem ihre Vorfahren kamen, »Begräbnisplatz« genannt wurde. Sie erklärten deutlich: »In diesem Land war das Klima so übermäßig heiß, daß die Menschen manchmal an den Auswirkungen der Hitze starben, und in gewissen Jahreszeiten wurden Pflanzen und andere Gewächse von der brennenden Sonne versengt und schrumpften zusammen.«

Westlich der Osterinsel gibt es auf dem ganzen Weg bis nach Südostasien nichts, was dieser Beschreibung entspricht, da alle Küsten von Vegetation, wenn nicht überhaupt von dichtem Dschungel, bedeckt sind. Doch im Osten, in der Richtung und Entfernung, deren sich die Osterinsulaner erinnern, liegt die Küstenwüste Perus, und nirgendwo im Pazifik gibt es ein Gebiet, das der Beschreibung der Osterinsulaner besser entspricht – sowohl im Hinblick auf das Klima als auch auf den Namen. Überall entlang dieser südamerikanischen Wüstenküste liegen große, fast ineinander übergehende Nekropolen, von denen viele riesige Gebiete bedekken infolge der Ansammlung menschlicher Überreste und Grabbeigaben, die in dem regenlosen Klima über fast unendliche Zeiten erhalten blieben. Dieses Klima und die Begräbnisstätten liefern uns tatsächlich die Möglichkeit, menschliche Überreste aus frühen Perioden zu studieren, während organische Reste in benachbarten Gebieten mit feuchterem Klima – wie Mittelamerika, Mexiko und die pazifische Inselwelt – rasch verwest sind.

Das bedeutet, daß die modernen Archäologen unmittelbare Beweise für die bemerkenswerte Tatsache besitzen, daß von den allerfrühesten Begründern der Vorinka-Zivilisation in Peru echte Mumifizierung ausgeübt wurde. Und tatsächlich war die echte Mumifizierung – mit Entfernung der Eingeweide durch den Anus – sowohl in Peru als auch im benachbarten Polynesien häufig, während sie in Indonesien völlig unbekannt war. Doch während aus dem Wüstengebiet Perus noch Hunderte von Mumien zur Verfügung stehen, bezeugen überwiegend nur schriftliche Berichte früher Reisender die weite Verbreitung der Mumifizierung königlicher Persönlichkeiten überall auf den verstreuten Inseln Polynesiens – von der Osterinsel im Osten bis nach Hawaii im Norden und Neuseeland im Südwesten. Die sehr ausgedehnte Verbreitung dieser schwierigen Praxis in einem tropischen Inselgebiet, dessen feuchtes Klima dauernden Erfolg verhindert, zeigt, daß sie von einer gemeinsamen Kulturquelle ausgegangen sein muß, die außerhalb des Inselgebietes liegt. Da die Mumifizierung nicht aus Südostasien auf die Inseln gelangt sein kann, ist es um so bemerkenswerter, daß zwei besonders kunstvolle königliche Mumienbündel, die kürzlich aus einer Höhle auf Hawaii ins Bishop-Museum in Honolulu gebracht worden sind, in auffallenden Einzelheiten mit den kompliziert behandelten Mumienbündeln der Vorinka-Kultur von Tiahuanaco übereinstimmen.

In den tropischen Regenwäldern von Mittelamerika und Mexiko haben keine menschlichen Überreste vergleichbaren Alters dem feuchten Klima standgehalten. Doch die Mumienmaske aus Jade und zerfallene Stücke von der roten Stoffumhüllung an den verwesenden Knochen, die man in dem riesigen, mit einem Steindeckel geschlossenen Sarkophag im Innern der alten mexikanischen Begräbnispyramide in Palenque gefunden hat, bezeugen, daß es lediglich an dem ungünstigen Klima von Mexiko und Mittelamerika liegt, wenn der uns zugängliche Bestand vorkolumbischer Leichen auf die Wüstengebiete Perus beschränkt ist.

Weisen die Mumien des alten Peru die gleichen homogenen Merkmale – kleiner Wuchs, Rundschädligkeit und straffes schwarzes Haar – auf wie die Indianer, die dieses Gebiet heute bewohnen? Oder gab es in vorspanischen Zeiten eine heterogene Bevölkerung in Peru, zu der auch große, blonde Menschen entsprechend dem rätselhaften Uru-keu-Typ im benachbarten Polynesien gehörten?

Als umfangreiche Ausgrabungen peruanischer Nekropolen Mitte des neunzehnten Jahrhunderts die Wissenschaft mit zahlreichen Mumienköpfen zum Studium belieferten, waren europäische Anthropologen überrascht, als sie feststellten, daß manche Köpfe – sowohl in Schädelform als auch in Haarfarbe und -textur – physische Merkmale aufwiesen, die man bisher bei den eingeborenen Bewohnern der beiden Amerika nicht beobachtet hatte. Wilson (1862, Bd. 2) hatte festgestellt, daß Haar aus Indianergräbern, die er anderswo untersucht hatte, »seine schwarze Farbe und grobe Textur durch Zeit und Beerdigung unverändert beibehält«. Dagegen beschrieb Wilson einige Mumien aus den alten peruanischen Friedhöfen mit braunem, weichem, welligem Haar und erklärte, daß diese »bedeutende Abweichungen in einem der beständigsten und universalsten Merkmale der modernen amerikanischen Rassen aufweisen«. Er spricht sogar von »wesentlicher Ungleichheit des Schädelbaus«.

Besonders überrascht war Wilson (ebenda, S. 228) über den Inhalt eines Grabes in Chacota Bay an der Pazifik-Küste unterhalb von Tiahuanaco. Hier lagen die Mumien eines Mannes, einer Frau und eines Kindes – offensichtlich Personen von hohem Rang. Zu ihren Grabbeigaben gehörten einige vollkommen erhaltene bunt gefärbte Taschen, die Locken menschlichen Haars enthielten, vermutlich von Mitgliedern derselben Familie. Über die männliche Mumie sagt Wilson: »Das Haar hat wenig oder keine Veränderung durchgemacht und unterscheidet sich wesentlich von diesem besonders charakteristischen Merkmal des Indianers des nördlichen Kontinents. Es ist braun von Farbe und ebenso fein in der Textur wie das Haar des zartesten Angelsachsen.« Wilson fährt fort: »Die Leiche der Frau aus demselben Grab weist im allgemeinen die gleichen Merkmale auf. Das Haar ist kürzer und etwas gröber, doch fein, wenn man es mit dem der nördlichen Indianer vergleicht. Es ist von hellbrauner Farbe, glatt und ordentlich geflochten ...« Die Kopfhaut des Kleinkindes ist, wie er schreibt, »dicht mit sehr feinem dunkelbraunem Haar bedeckt«. Überaus bemerkenswert ist Wilsons Beschreibung der verschiedenen Haarproben, die sich in den bunten Taschen fanden: »Das Haar ist insgesamt von feiner Textur, in verschiedenen Farbtönungen von feinem Hellbraun bis Schwarz, und hat allem Anschein nach keine Veränderung durchgemacht.« Bei der Beschreibung des Haars einer Mumie, die aus einem anderen Grab in der Nähe stammt, erklärt Wilson: »Es ist nicht nur fein, sondern bemerkenswert fein, legt sich in kurzen Wellen und weist eine Tendenz, sich zu locken, auf.«

Wilson hat aufgrund dieser und ähnlicher Beobachtungen als einer der ersten Gelehrten vermutet, daß Peru in vorspanischen Zeiten eine heterogene Bevölkerung besaß: »Die Farbe und Textur des Haares sind Fakten von großer Bedeutung für den Ethnologen, da sie auf wesentliche Unterschiede gegenüber den modernen Indianern in einem wichtigen Punkt hinweisen und damit die Wahrscheinlichkeit ebenso wichtiger ethnischer Unterschiede bekräftigen, auf die anderes Beweismaterial hindeutet.« Abschließend betont Wilson nachdrücklich, daß die Funde von Mumien mit feinem, seidigem braunem Haar an der Küste von Peru viel dazu beitrugen, »die Annahme eines einheitlichen physischen Typs überall auf der westlichen Hemisphäre zu widerlegen. Kein Merkmal des modernen Indianers ist universaler oder weicht selbst massiven Kreuzungseinflüssen langsamer als das lange, grobe, schwarze Haar ...«

Im Jahr 1925 entdeckten die berühmten Archäologen Tello und Lothrop zwei große Nekropolen auf der Paracas-Halbinsel im Süden der Zentralküste Perus, wo Hunderte von sorgfältig eingehüllten Mumien bedeutender Persönlichkeiten in Bestattungshöhlen und gemauerten Gräbern aufbewahrt waren, die mit Hilfe des Radiocarbonverfahrens in die Jahrhunderte um 300 v. Chr. datiert worden sind.

Es ist interessant, daß in der Nähe dieser menschlichen Überreste und aus der gleichen Periode stammend ständig große Mengen von Hartholz-guaras gefunden werden, die als eine Art Steckschwerter bei der Navigation segeltragender Flöße benutzt worden sind. Sie bezeugen die ausgedehnte maritime Betätigung in Vorinka-Zeiten in dieser Gegend.

Als man die bunten und erlesen gezeichneten und gewebten Grabgewänder aus Baumwolle von den über zweitausend Jahre alten Mumien in Paracas entfernte, entdeckte man, daß sich die physischen Merkmale der Leichen deutlich von denen aller bekannten südamerikanischen Indianer unterschieden. Der Anthropologe T. D. Stewart (1943) fand, als er die Skelette dieser Mumien der Vorinka-Zeit untersuchte, erhebliche Unterschiede in der Körpergröße zwischen den Paracas-Mumien und den Skeletten von bekannten peruanischen Indianern – die Paracas-Individuen sind merklich größer. Da man es früher für selbstverständlich gehalten hatte, daß die Vorinka-Menschen vom gleichen ethnischen Typ waren wie die historisch bekannten Indianer Perus, kam Stewarts Entdeckung völlig überraschend. Und da Stewart keine anatomische Erklärung fand, meinte er: »Dies könnte eine ausgewählte Gruppe großer Männer sein und damit nicht typisch für die Gesamtbevölkerung.« Abgesehen davon, daß Mumifizierung nach der physischen Statur in Amerika und überall sonst unbekannt ist, setzt diese Theorie voraus, daß Hunderte von großen Individuen als Kandidaten zur Verfügung standen. Aber mehr noch, die sorgfältige Bestattung und die gründliche Vorbereitung dieser Leichen beweist, daß die Mumien keine einfachen Fischer oder Bauern, sondern Personen von hohem Rang waren.

Stewart stellte außerdem fest, daß sich die Schädelform der

Paracas-Mumien von der der bekannten Indianer darin unterschied, daß der Gesichtsschädel ausgesprochen schmal war. Da er auch für diesen Unterschied keine anatomische Erklärung fand, äußerte er die Ansicht, daß der Gesichtsschädel als sekundäres Ergebnis der in Paracas geübten Praxis, den oberen Schädelteil künstlich zu deformieren, verändert worden sein könnte. Diese Erklärung leuchtet nicht recht ein, da die gleiche Deformation des Hirnschädels, die bei Kleinkindern sowohl in beiden Amerikas als auch in der Alten Welt häufig praktiziert wurde, nicht zu einer Verschmälerung des Gesichtsschädels geführt hat.

Um keine falschen Schlüsse von der Deformation des Hirnschädels abzuleiten, verzichtete Stewart darauf, Hypothesen über den natürlichen Schädelindex der Paracas-Mumien aufzustellen, der, ebenso wie die Gesichtsform, von der Norm des rundköpfigen Indianers abwich. Doch ein Jahr nach Stewarts Untersuchungen in Paracas erklärte A. L. Kroeber (1944), der über Vorinka-Schädel aus einem Gebiet weiter nördlich an der gleichen Küste berichtete, daß die Mehrzahl der nichtdeformierten Schädel der frühen Chimú-Kultur lang seien. Diese frühesten Pyramiden-Erbauer Perus waren also nicht mit ihren historischen Nachfolgern identisch, die sämtlich rundköpfig sind wie die Menschen Indonesiens. Überdies zeigen Ausgrabungen in der wichtigsten Vorinka-Fundstätte Tiahuanaco (A. Chervin, 1908, Bd. 3), daß es in diesem Keimzentrum der alten südamerikanischen Zivilisation eine ausgesprochene Mischung von Schädeltypen gab: die Schädelindizes von Tiahuanaco reichen von 71:97 bis 93:79 – d. h. also von extremer Langschädligkeit bis zu ausgeprägtester Rundköpfigkeit. Es lebten also vor der Inka-Zeit in den Hauptkulturzentren der pazifischen Gebirgshänge Südamerikas Menschen mit völlig verschiedenen Schädelformen nebeneinander.

Während Stewart die Knochen der Paracas-Mumien untersuchte, nahm M. Trotter (1943) gleichzeitig Haaranalysen an Kopfhautstücken von zehn dieser Mumien vor. Sie berichtete, daß die Farbe im allgemeinen »rotbraun« sei, daß die Proben in den meisten Fällen jedoch »mit sehr hellen, goldblonden Haaren durchsetzt« seien. Ferner bemerkte sie, daß das Haar zweier Mumien »ganz entschieden wellig war«, während das der anderen glatt zu sein schien. Der Grad der Elliptizität des Querschnitts scheint bei menschlichem

Haar in engem Zusammenhang mit dem Ausmaß der Wellen- oder Lockenbildung des jeweiligen Haares zu stehen; so ist das mongolide Haar des üblichen Indianers kreisrund im Querschnitt, während das des Europäers gewöhnlich elliptisch ist. Nach ihrer Analyse der Querschnitte des Haares der Paracas-Mumien, um es nach dem Standardsystem zu klassifizieren, erklärt Trotter (ebenda, S. 72): »Die Querschnittsform (des Haares) der verschiedenen Mumien weist so große Unterschiede auf, daß alle Gruppen von Haarformen vertreten sind.«

Außer der Farbe, dem Grad von Wellenbildung und der Elliptizität ist die Größe des Querschnitts ein weiterer Faktor, der für die Klassifizierung von Haartypen benutzt wird – das mongolide Haar der Indianer ist sehr groß im Querschnitt, verglichen mit dem Haar der meisten Europäer. Trotter stellte fest, daß das Haar der Paracas-Mumien auch in der Querschnittsgröße eine breite Vielfalt zeigte. Und trotzdem fand sie, daß der Querschnitt all ihrer Proben annähernd dreißig Prozent kleiner war als die mittlere Querschnittsgröße von vier anderen, vorher untersuchten Indianerstämmen. Sie schloß deshalb: »Die Haardicke war weit geringer, als sie für andere Indianer festgestellt worden war, jedoch nicht so dünn, wie sie für mindestens eine weiße Rassengruppe [die Holländer] berichtet wird.«

Dr. Trotter, eine Haarexpertin, die sich durch die gängige anthropologische Lehre in die Irre führen ließ, daß nur mongolide Rassen in Südamerika heimisch seien, versuchte diese bemerkenswerten nichtmongoliden Haarmerkmale dadurch zu erklären, daß sie äußerte, Form und Größe des Querschnitts könnten sich durch Dehydrierung nach dem Tod und die Farbe durch »Verbleichen« verändert haben – das rotblonde Haar sei von Schwarz blasser und das blonde Haar von Weiß dunkler geworden.

In Beantwortung meiner Anfragen im Jahr 1951 überprüfte Dr. Trotter ihr gesamtes Beweismaterial zusammen mit ihrem Mitarbeiter O. H. Duggins, früher an der Haar- und Faserabteilung des Federal Bureau of Investigation, und schrieb (22. Juni 1951) folgendes: »Das Haar der Paracas-Mumien, das ich im Jahr 1943 untersucht habe, mag sich in Farbe und Textur leicht verändert haben. Doch das Ausmaß der Veränderung sowohl in der Farbe als auch in der Textur würde nach allem Material, das wir besitzen, nicht dagegen sprechen, daß die ursprüngliche Farbe rötlichbraun und die ursprüngliche Textur fein waren.«

Ich konsultierte außerdem eine führende englische Autorität, W. R. Dawson (1928, S. 127), der eine große Zahl von Mumien aus Ägypten sowie aus Südamerika untersucht und selbst über die Entdeckung einer mumifizierten Vorinka-Frau mit »üppigem hellbraunem Haar« berichtet hatte. Er schrieb (21. Mai 1951) folgendes: »Meiner Ansicht nach macht Haar nach dem Tod keine nennenswerte Veränderung durch. Das Haar eines Individuums mit welligem oder lockigem Haar bleibt lockig oder wellig, und das einer glatthaarigen Person bleibt glatt. Bei Mumien und ausgetrockneten Leichen hat das Haar die Tendenz, mürbe und brüchig zu werden, doch das ist die natürliche Folge des Austrocknens der Talgdrüsen ... Ich halte es für sehr unwahrscheinlich, daß irgendeine Veränderung der Farbe bei einer Leiche stattfinden würde, die niemals dem Licht ausgesetzt gewesen ist ... Um zusammenzufassen, so deutet sämtliches Beweismaterial, das ich habe, darauf hin, daß sich die Natur des Haares nach dem Tode nicht ändert, außer daß es trocken und brüchig wird.« Doch wie man sie auch erklären mag, die Paracas-Mumien allein sprechen gewiß nicht dafür, daß die Begründer der peruanischen Kultur aussahen wie die heutigen Indianer.

Wie wir sahen, ist behauptet worden, alle physischen Hauptmerkmale der analysierten Mumien stellten auf irgendeine Weise den ethnischen Typ falsch dar, zu dem diese mumifizierten Menschen gehörten: es sei das Ergebnis selektiver Bestattungen, von Schädeldeformation in der Kindheit und von Veränderungen nach dem Tod. Falls dem so wäre, dann hat man nichts aus der Entdekkung der Paracas-Mumien als solchen gelernt, da alles, was mit ihrem physischen Aussehen zusammenhängt, irreführend sein kann. Und diejenigen, die gern wissen möchten, wie diese frühen Menschen aussahen, können nichts dadurch gewinnen, daß sie sie anschauen.

Wenn wir dagegen annehmen, daß diese Mumien das sind, was sie zu sein scheinen – die Überreste von Individuen mit physischen Merkmalen, die der historischen Eingeborenenbevölkerung Perus fremd sind und gewöhnlich mit dem kaukasischen Typ der Alten Welt in Zusammenhang gebracht werden –, dann haben wir im Peru der Vorinka-Zeit das gefunden, was wir suchen: eine natürliche Herkunftsquelle des Uru-keu-Typs auf den benachbarten Inseln Polynesiens und eine Erklärung für die blonden Vorfahren der Osterinsulaner, von denen sie sagen, sie seien aus einem Wüstenland im Osten gekommen, das sie den »Begräbnisplatz« nannten.

Wir brauchen nicht auf die entgegengesetzte Seite der Welt zu gehen, um nach einer Herkunftsquelle des kaukasischen Elements in Polynesien zu suchen. Es gibt reiches archäologisches Beweismaterial dafür, daß ein solcher physischer Typ Jahrhunderte, bevor die ersten Menschen nach Polynesien kamen, an der dieser Inselwelt am nächsten gelegenen Küste im Osten vorhanden war. Konnte ein solches Volk den Weg durch das tropische Amerika gefunden und dabei Kulturelemente aus dem östlichen Mittelmeerraum auf seiner Spur hinterlassen haben?

Man braucht sich nicht allzusehr in die Literatur über Peru zu vertiefen, ehe man entdeckt, daß die lokalen Berichte voll sind von Erzählungen über weiße bärtige Einwanderer, die zunächst aus einem nicht spezifizierten Gebiet erschienen und, lange bevor die Spanier eintrafen, in den Pazifik abreisten. Als Pizarro Peru entdeckte, zeichnete sein Vetter, der Chronist Pedro Pizarro, der ihn begleitete, für die Nachwelt auf, daß einige Mitglieder der einheimischen Herrenschicht »weißer als Spanier« waren und daß er unter den Indianern einige Leute gesehen habe, die weißhäutig und blond seien. Pizarro setzte hinzu, daß letztere von den Inka als Nachkommen ihrer Götter, der Viracocha, betrachtet würden. Und tatsächlich hatten Inka-Boten, die in Stafetten liefen, kaum daß die Spanier an der Küste gelandet waren, dem Inka-Herrscher die Nachricht überbracht, daß die Viracocha – oder Seeschaum-Menschen – zurückgekehrt seien, wie sie es nach der geheiligten Inka-Tradition versprochen hatten. Die Menschen von Peru hatten keine Bärte, aber sie besaßen ein Wort für Bart (sonkhasapa) und ebenso ein Wort für weißen Ausländer (viracocha), das sie noch heute oft auf Europäer anwenden. Wegen ihrer weißen Haut und ihrer Bärte durften Pizarro und eine Handvoll Männer unbelästigt durch die befestigten Gebirgstäler Perus marschieren und das größte Reich der Welt jener Zeit erobern, dessen riesiges Heer untätig blieb in ehrfürchtiger Verehrung vor diesen zurückkehrenden Viracocha, deren Vorfahren eine so bedeutende Rolle in der überlieferten Geschichte der Inka gespielt hatten.

Die falschen Viracochas unter Pizarro nutzten den Irrtum der Inka hinsichtlich ihrer Identität bis zum letzten aus. Sie erwürgten den Inka-Herrscher ungestraft vor seinem eigenen Heer und drangen in den Tempel von Cuzco ein, wo sie realistische Statuen in Gold und Marmor fanden, die den Herrscher der echten Viracochas, Con-Tici Viracocha, darstellten, den die Inka als Gott verehrten. Die Spanier schmolzen das goldene Bildwerk ein, zerschmetterten die marmorne Statue und hinterließen lediglich einen Bericht, in dem sie die Statue beschrieben als »in Haar, Hautfarbe und Gesichtszügen, aber auch dem Gewand und den Sandalen nach genau so, wie die Maler den Apostel Sankt Bartholomäus darstellen«. Die Konquistadoren setzten ihren Weg nach Süden entlang des Hochplateaus der Anden fort, plünderten und raubten von Cuzco bis zu dem riesigen Inka-Tempel in Cacha, der der Verehrung Viracochas geweiht war. Im Innern dieses architektonischen Meisterwerks fanden sie eine riesige steinerne Statue des göttlichen Priesterkönigs Con-Tici Viracocha selbst, dargestellt als Mann von fürstlicher Haltung mit langem Bart und langem Gewand. Ein Zeitgenosse, Inka Garcilaso, der über die Begegnung berichtete, schrieb: »Als die Spanier diesen Tempel und die Statue in der beschriebenen Form gesehen hatten, wollten sie daraus entnehmen, daß der heilige Bartholomäus bis nach Peru gereist sei, um den Heiden zu predigen, und daß die Indianer diese Statue zur Erinnerung an das Ereignis geschaffen hätten.« Die Spanier waren übrigens von der Statue und den Inka-Berichten über diesen wandernden Ausländer, der Peru irgendwann in ferner Vergangenheit mit seinem weißen, bärtigen Gefolge besucht hatte, so beeindruckt, daß die Statue und der Tempel viele Jahre der Zerstörung entgingen. Und die spanisch-indianischen Mestizen von Cuzco bildeten eine Bruderschaft und wählten diese Statue des »heiligen Bartholomäus« als ihren Beschützer. Schließlich erkannten die Spanier jedoch ihren Irrtum, und der riesige Tempel wurde zerstört; der Statue wurde zunächst das Gesicht zerschlagen, später wurde sie dann weggetragen und zerbrochen.

Als die Spanier durch das weite Inka-Reich vorrückten, stießen sie auf riesige megalithische Stätten aus Vorinka-Zeiten, die Jahrhunderte vor Kolumbus aufgegeben worden waren und nun in Trümmern lagen. Eines der großartigsten Beispiele megalithischer Architektur in der Neuen Welt fanden sie in Vinaque, zwischen Cuzco und dem Ozean. Der 1553 schreibende spanische Chronist Cieza de León berichtete: »Als ich die Indianer der Gegend danach befragte, wer dieses uralte Denkmal geschaffen habe, antworteten sie, daß es ein anderes Volk getan habe, das bärtig und weiß wie wir selber gewesen sei. Diese Menschen kamen, wie sie sagen, lange Zeit vor der Herrschaft der Inka in dieses Gebiet und siedelten sich hier an.« Wie fest diese überlieferten Erinnerungen verwurzelt waren, wird am besten durch die Tatsache veranschaulicht, daß der peruanische Archäologe Dr. L. Valcárcel, der vierhundert Jahre nach Cieza de León eintraf, um die Ruinen von Vinaque zu studieren, die gleiche Information erhielt: diese Bauten seien von einem fremden Volk, »weiß wie Europäer«, errichtet worden.

Als die Spanier nach Süden zum Titicaca-See weiterzogen, gelangten sie in den Mittelpunkt der früheren Tätigkeit Viracochas. Die überlieferte Geschichte im ganzen Inka-Reich stimmt darin überein, das Zentrum der Viracocha-Besiedlung auf die Insel Titicaca in dem See gleichen Namens und in die benachbarte Stadt Tiahuanaco mit ihrer riesigen Pyramide aus behauenen Steinen, den megalithischen Mauern und monolithischen Statuen zu verlegen. Cieza de León schreibt: »Sie erzählen auch ... daß es auf der Insel Titicaca in vergangenen Jahrhunderten ein bärtiges Volk, weiß wie wir, gegeben hat und daß ein Häuptling namens Cari ... mit seinen Männern zur Insel übersetzte und einen solchen Krieg gegen die Menschen führte, von denen ich spreche, daß er sie alle tötete.«

In einem besonderen Kapitel über die uralten Gebäude von Tiahuanaco, wie er sie nennt, hat Cieza de León folgendes zu sagen: »Ich fragte die Eingeborenen ... ob diese Gebäude zur Zeit der Inka errichtet worden seien. Sie lachten über diese Frage und bestätigten, was bereits festgestellt worden war, daß sie lange vor deren Herrschaft geschaffen worden seien ... Aus diesem Grund und auch, weil sie sagen, sie hätten bärtige Männer auf der Insel Titicaca gesehen, und das Gebäude von Vinaque sei von ähnlichen Männern errichtet worden, sage ich, es hätten vielleicht, bevor die Inka regierten, Menschen von Intelligenz in diesen Gebieten gelebt, die aus unbekannten Ländern gekommen seien und solche Dinge getan hätten, und da sie gering an Zahl und die Eingeborenen viele waren, seien sie vielleicht in Kriegen getötet worden.«

Als Bandelier dreihundertfünfzig Jahre später eintraf, um bei den Ruinen der Insel Titicaca Ausgrabungen vorzunehmen, war diese Fassung der lokalen Geschichte immer noch lebendig. Ihm erzählte man, daß die Insel in uralten Zeiten von Herren unbekannter Herkunft, den Europäern ähnlich, bewohnt war; sie lebten mit eingeborenen Frauen der Gegend zusammen, und ihre Kinder wurden die Inka, die »die Herren vertrieben und die Insel danach behielten«.

Alle Chronisten, die die Konquistadoren begleiteten und Peru unmittelbar nach der Eroberung besuchten, erwähnten in ihren Berichten die Viracocha aus der Vorinka-Zeit. Die Berichte unterscheiden sich zwar in kleineren Einzelheiten, weil sie von Informanten aus weit voneinander entfernten Gebieten des riesigen Inka-Reichs gesammelt wurden, stimmen jedoch in allen wesentlichen Punkten miteinander überein. Unter den Informanten der Spanier befanden sich auch hochgebildete Inka-Historiker, die ihre geschichtlichen Überlieferungen von Generation zu Generation weitergaben, wobei sie sich manchmal eines Systems geknoteter Schnüre – quipu – oder bemalter Bretter bedienten. Allen Berichten darüber, wie die Kultur Peru erreichte, ist das Eingeständnis gemeinsam, daß die Vorfahren der Inka mehr oder weniger als Wilde lebten, bis ein hellhäutiger, bärtiger Fremder mit seinem Gefolge in ihr Land kam, sie die zivilisierte Lebensweise lehrte und wieder ging. Inka Garcilaso bringt folgenden überraschenden Bericht, in dem er seinen königlichen Inka-Onkel über die früheste Geschichte Perus befragte:

»Neffe, ich will dir deine Frage mit großem Vergnügen beantworten, und du sollst, was ich dir sage, in deinem Herzen bewahren. ... Wisse denn, daß in uralten Zeiten diese ganze Region, die du siehst, von Wald und Dickicht bedeckt war und daß die Menschen lebten wie wilde Tiere ohne Religion oder Regierung, ohne Stadt oder Häuser, ohne das Land zu bestellen oder ihre Leiber zu bekleiden, denn sie verstanden weder Baumwolle noch Wolle zu weben, um Kleider zu machen. Sie lebten zu zweit oder dritt in Höhlen oder Felsspalten oder in Grotten unter der Erde. Sie aßen die Kräuter des Feldes und Wurzeln oder Früchte wie wilde Tiere und auch Menschenfleisch. Sie bedeckten ihre Leiber mit Blättern und der Rinde von Bäumen oder mit den Häuten von Tieren. Kurz, sie lebten wie Wild oder anderes Getier, und sogar in ihrem Verkehr mit Weibern waren sie wie Vieh; denn sie verstanden nicht, jeder mit einer Frau zu leben.«

Cieza de León, der über die Periode »vor der Herrschaft der Inka in diesen Gebieten und noch ehe sie bekannt waren« schrieb, sagt, daß die Periode des Barbarentums mit dem Erscheinen der Personifizierung der Sonne auf der Insel Titicaca endete: »Und unmittelbar nach diesem Ereignis kam, wie sie erzählen, und blieb ein weißer Mann von hohem Wuchs, der in Aussehen und Persönlichkeit große Autorität und Würde zeigte ... Man erzählt, daß er an vielen Orten den Menschen Regeln gab, wie sie leben sollten, und daß er liebevoll und mit großer Güte zu ihnen sprach und sie ermahnte, sie sollten gut zueinander sein und keinen Schaden und kein Unrecht tun, sondern statt dessen sollten sie einander lieben und Nachsicht bezeigen. In den meisten Orten nennen sie ihn im allgemeinen Ticciviracocha ... In vielen Gegenden wurden ihm Tempel errichtet, in die man steinerne Statuen als sein Ebenbild stellte ...«

Der Chronist Betanzos, der an der Entdeckung Perus teilnahm, berichtete: »Als ich die Indianer fragte, welche Gestalt dieser Viracocha hatte, als ihre Vorfahren ihn gesehen hatten, sagten sie, daß er nach allem, was sie erfahren hätten, ein großer Mann in einem weißen Gewand gewesen sei, das ihm bis auf die Füße reichte, und daß dies Gewand einen Gürtel hatte und daß er das Haar kurz mit einer Tonsur auf dem Kopf getragen habe, in der Art eines Priesters, und daß er feierlich gegangen sei und daß er in der Hand einen gewissen Gegenstand getragen habe, der sie heute an ein Brevier zu erinnern scheint, das die Priester in den Händen tragen. Und das ist der Bericht über dieses Thema nach dem, was mir die Indianer erzählt haben ...«

Doch darüber, woher Con-Tici Viracocha kam, herrscht keine klare Übereinstimmung. Der Chronist Andagoya, der ebenfalls an der Eroberung teilnahm, schrieb: »Es gibt keinen Bericht darüber, woher er kam, außer daß Viracocha in der Sprache des Volkes *Schaum des Meeres* bedeutet. Er war ein weißer, bärtiger Mann wie ein Spanier. Die Eingeborenen von Cuzco hielten seine große

Furchtlosigkeit, als sie sie erkannten, für etwas Göttliches und nahmen ihn als ihren Häuptling auf.«

Der Chronist Zárate nennt den Titicaca-See als möglichen Ausgangspunkt für Viracocha und schreibt: »Manche meinen, er sei Inga Viracocha genannt worden, was *Schaum oder Fett des Meeres* heißt, weil sie, da sie nicht wußten, wo das Land lag, aus dem er kam, glaubten, er sei aus dieser Lagune gebildet worden.«

Gómara berichtete jedoch: »Manche alten Indianer sagen auch, er sei Viracocha genannt worden, was *Fett des Meeres* bedeutet, und er habe seine Leute über das Meer hergebracht.«

Der Name Con-Tici Viracocha ist eine Zusammensetzung aus drei Namen für die gleiche weiße und bärtige Gottheit. In Vorinka-Zeiten war er an der Küste Perus als Con und im Hochland als Tici oder Ticci bekannt, doch als sich mit der Inka-Herrschaft die Inka-Sprache (Quechua) auf das ganze Gebiet ausdehnte, erkannten die Inka, daß sich die Namen Con und Ticci auf die gleiche Gottheit bezogen, die sie selbst Viracocha nannten. Sie faßten deshalb die drei Namen zur Befriedigung aller Völker ihres Reiches zusammen. Legenden der Chimú-Indianer von der Nordküste Perus berichten die interessante Geschichte, daß diese Gottheit über das Meer an der Küste entlang von weiter nördlich gekommen sei. Während ihn die meisten Hochlandlegenden plötzlich als Personifizierung der Sonne am Titicaca-See erscheinen lassen, sprechen weniger ehrfürchtige Legenden an der Küste unmittelbar unterhalb des Titicaca-Sees von einem weißhäutigen blonden Viracocha, der aus dem Norden gesegelt kam und kurze Zeit unter den Küstenindianern blieb, ehe er zum Titicaca-See hinaufstieg, wo er eine Herrschaft durch Betrug errichtete: indem er seine blondhaarigen Kinder bei den Indianern als übernatürliche Nachkommen der Sonne vorstellte.

Der menschliche Aspekt Viracochas zeigt sich auch in einer Hochlandlegende, in der berichtet wird, daß Viracocha »sehr schlau und klug war und sagte, er sei ein Kind der Sonne«. Alle Überlieferungen im Hochland stimmen darin überein, daß sein erster Wohnort auf der Insel Titicaca gewesen sei, ehe er sich mit einer Flotte von Binsenbooten zu einem Ort am Südufer des Sees aufmachte, wo er die megalithische Stadt Tiahuanaco errichtete. Er und seine weißen und bärtigen Begleiter wurden ausdrücklich als mitime bezeichnet, mit dem Inka-Wort für Kolonisten oder Siedler. Sie führten kultivierte Feldfrüchte ein und lehrten die Indianer, wie sie sie auf bewässerten Terrassen anbauen sollten; sie zeigten den Indianern, wie man steinerne Häuser errichtete und in organisierten Gemeinden mit Gesetz und Ordnung lebte; sie führten Baumwollkleidung, Sonnenverehrung und Megalith-Bildhauerei ein; sie erbauten Stufenpyramiden und errichteten monolithische Statuen, die die Vorfahren eines jeden einzelnen Stammes darstellen sollten, über den sie die Herrschaft beanspruchten.

Von Tiahuanaco aus sandte Viracocha der Legende nach seine weißen, bärtigen Boten in alle Teile Perus, damit sie die Menschen lehrten, daß er ihr Gott und Schöpfer sei. Doch am Ende war Viracocha, der Sonnenkönig von Tiahuanaco, das zum religiösen und kulturellen Zentrum des Vorinka-Reiches geworden war, unzufrieden mit dem schlechten Verhalten und der Feindseligkeit der Indianer dieses Gebietes und entschloß sich wegzugehen. In dem ganzen riesigen Inka-Reich erinnerten sich die Indianer bis zur Ankunft der Spanier der Wege, die Viracocha und seine beiden obersten Jünger beim Abzug benutzten. Auf Viracochas Anweisung folgte der eine Jünger dem Gebirgsrücken im Innern vom Titicaca-See aus nach Norden und predigte auf seinem Weg, während der andere in gleicher Weise der flachen Küste folgte. Con-Tici Viracocha selbst nahm die mittlere Straße nach Norden über Cacha (wo ihm zu Ehren die dem heiligen Bartholomäus ähnliche Statue errichtet wurde) und Cuzco (dessen Megalith-Mauern er erbaut haben soll). Nachdem er die Indianer von Cuzco unterwiesen hatte, wie sie sich nach seiner Abreise verhalten sollten, stieg er zur pazifischen Küste hinab und traf mit seinen Anhängern in der Nähe des Hafens Manta in Ecuador zusammen, von wo aus die Sonnenanbeter westwärts in den Pazifik hinaussegelten. Sie liefen fast genau an dem Punkt aus, wo der Äquator den südamerikanischen Kontinent schneidet.

Wie wir sahen, berichten die Indianer der peruanischen Nordküste, daß der gesamtperuanische Kulturbringer nach Westen zu, d.h. nach Polynesien, verschwand, während er ursprünglich vom Norden gekommen war. Im Norden des Inka-Reiches auf der Hochebene Kolumbiens hatten sich die Chibcha, ein weiteres erstaunlich fortgeschrittenes Volk, zur Zeit der Entdeckung durch die Europäer durch ein hohes Maß an Zivilisation ausgezeichnet. Die überlieferte Geschichte der Chibcha schrieb ihre kulturellen Leistungen ebenso den Lehren eines fremden Wanderers zu, der von ihnen im allgemeinen als Bochica oder Xue bezeichnet wurde. Auch er lebte in der Erinnerung als weißer Mann fort, in lange wallende Gewänder gekleidet und mit einem bis zur Taille fallenden Bart. Er lehrte die wilden Chibcha, zu bauen, zu säen und in Dorfgemeinschaften mit organisierter Verwaltung und mit Gesetzen zu leben. Er herrschte viele Jahre, dann zog er davon, nachdem er einen Nachfolger ernannt hatte, den er mahnte, gerecht zu regieren. Bochica war auch als Sua bekannt – Sua war das lokale Wort für Sonne –, und als die Spanier eintrafen, hielt man sie für seine Gesandten und nannte sie Sua oder Gagua, was ebenfalls Sonne bedeutet.

Nach der Überlieferung war Bochica oder Sua aus dem Osten gekommen. Ostwärts des Chibcha-Gebiets, in Venezuela und den benachbarten Territorien, begegnen wir abermals Erinnerungen an den wandernden Kulturheros. Er wird mit verschiedenen Namen genannt, etwa Tsuma oder Zume, und stets wird ihm zugeschrieben, daß er die Menschen in die Landwirtschaft und andere Segnungen seines Wissens eingeführt habe. Nach einer Legende pflegte er die Menschen um einen hohen Fels zu versammeln, auf dessen Spitze er über ihnen stand und seine Anweisungen und Gesetze gab. Er lebte eine gewisse Zeitspanne mit den Menschen und verließ sie dann. In einigen Gebieten berichten die Legenden, er sei aus eigenem Antrieb davongezogen, in anderen, er sei von seinen verstockten und widerspenstigen Zuhörern, die seiner Ratschläge überdrüssig waren, vertrieben worden.

Unmittelbar nördlich von Kolumbien und Venezuela hatten die Cùna-Indianer (eigentlich: Cueva) von Panama, die auf Holztafeln schrieben, eine Überlieferung, daß nach einer verheerenden Überschwemmung »eine große Persönlichkeit erschien, die ... die Menschen lehrte, wie sie sich verhalten, wie sie die Dinge nennen und benutzen sollten. Dem Manne folgte eine Zahl von Jüngern, die seine Lehre verbreiteten ...« (D. B. Stout, *Handbook of South American Indians*, Bd. 4, S. 267.)

Nördlich von Panama, in Mexiko, blühte zur Zeit der Ankunft der spanischen Eroberer eine weitere hochentwickelte Zivilisation, die der Azteken. Das riesige Militärreich der Azteken war – wie das der Inka – weit größer als Spanien oder irgendeine andere europäische Nation jener Zeit. Doch als Hernán Cortés im Jahr 1519 in Mexiko landete, marschierte seine kleine Truppe unbelästigt durch den Dschungel und zur Hauptstadt der Azteken im fernen Hochland hinauf, wo sie den mächtigen Herrscher und seine Nation mit der gleichen überraschenden Leichtigkeit unterwarfen wie Pizarro, als er wenige Jahre später das Inka-Reich erreichte. Diese Ereignisse waren weder spanischer militärischer Überlegenheit noch indianischer Untüchtigkeit zuzuschreiben, sondern dem religiösen Irrtum der Indianer im Hinblick auf die Art dieser »zurückkehrenden« weißen und bärtigen Fremden. Überall von Anahuac in Texas bis zu den Grenzen von Yukatan sprachen die Azteken von einem weißen und bärtigen Quetzalcóatl, so wie die Inka von Viracocha sprachen. Und vom Augenblick ihrer Ankunft an der Küste Mexikos an wurden die weißen und bärtigen Spanier von den Azteken als die zurückkehrenden Leute Quetzalcóatls betrachtet.

In seiner »Carta segunda« (1520) hat Cortés persönlich die Ansprache festgehalten, die der Azteken-Herrscher Montezuma an ihn richtete, nachdem die Azteken die Spanier mit Blut von einem Menschenopfer gesalbt hatten:

»Wir wissen seit langem aus den Schriften, die von unseren Vorfahren auf uns gekommen sind, daß weder ich noch irgend jemand, der dieses Land bewohnt, hier eingeboren ist, sondern wir sind Ausländer, die aus fernen Ländern hierherkamen. Wir wissen auch, daß wir von einem Herrscher hierhergeführt wurden, dessen Untertanen wir alle waren, der in sein Land zurückkehrte und nach langer Zeit abermals hierherkam und seine Leute mit sich nehmen wollte. Doch sie hatten Frauen geheiratet und Häuser erbaut, und sie wollten weder mit ihm gehen noch ihn als ihren König anerkennen; deshalb kehrte er zurück. Wir haben stets erwartet, daß diejenigen, die von ihm abstammten, eines Tages kommen und dieses Land als das seine und uns als seine Vasallen beanspruchen würden. Nach der Richtung, aus der du kommst, die diejenige ist, wo die Sonne aufgeht, und nach dem, was du mir von diesem großen Herren erzählst, der dich gesandt hat, glauben wir fest und meinen, daß er unser angestammter Herrscher ist, besonders da du sagst, er wisse seit langer Zeit von uns. Deshalb darfst du überzeugt sein, daß wir dir gehorchen und dich als Statthalter dieses großen Herrn achten werden, und in dem ganzen Land, das ich beherrsche, kannst du alle Befehle geben, die du zu geben wünschst, und sie werden erfüllt werden, und alles, was wir besitzen, wird dir zu Diensten stehen. Und da du nun in deinem eigenen Erbe und Haus bist, mache es dir bequem und ruhe dich aus von der Mühsal der Reise und der Kriege, die du auf dem Weg geführt hast.«

In seiner Studie über amerikanische Eingeborenenreligionen (1882, S. 140) erläutert Brinton: »So lautete die ungewöhnliche Ansprache, mit der der Spanier mit seiner Handvoll Männer von dem mächtigsten Kriegsherrn des amerikanischen Kontinents empfangen wurde. Sie erklärte völlige Unterwerfung ohne jeden Kampf. Doch sie war der Ausdruck eines allgemeinen Gefühls. Als die spanischen Schiffe zum erstenmal an der mexikanischen Küste erschienen, küßten die Eingeborenen die Schiffsrümpfe und jubelten den weißen und bärtigen Fremden aus dem Osten als Göttern, Söhnen und Brüdern Quetzalcóatls zu, die aus ihrer himmlischen Heimat zurückgekehrt waren, um ihre Erde wieder in Besitz zu nehmen und die Tage des Paradieses zurückzubringen, eine Hoffnung, die die armen Indianer, wie Frater Mendieta trocken bemerkte, bald aufgaben, als sie die Taten ihrer Besucher zu spüren bekamen.«

Ursprünglich scheint Quetzalcóatl – ebenso wie Viracocha – der erbliche Name oder vielmehr Titel einer hierarchischen Folge von Priesterkönigen gewesen zu sein, die einen höchsten Sonnengott des gleichen Namens verehrten und von ihm abzustammen behaupteten. Erst im Lauf der Zeit wurden alle Quetzalcóatls, wie auch alle Viracochas, zu einer einzigen historischen Gottheit verschmolzen – sowohl Gott und Schöpfer als auch menschlicher Kulturheros und sterblicher Wohltäter.

Der Name Quetzalcóatls ist eine Zusammensetzung und wird häufig frei als Gefiederte Schlange übersetzt: quetzal (Trogon splendens) ist der Lieblingsvogel der Azteken und cóatl die Schlange und das heilige Symbol für Licht und Göttlichkeit, sowohl in Mexiko als auch in Peru. Quetzalcóatl war der höchste Gott der Azteken, wie Viracocha der der Inka war. Doch, wie Brinton schreibt: »Es war nicht Quetzalcóatl, der Gott, der geheimnisvolle Schöpfer der sichtbaren Welt, bei dem die Gedanken der aztekischen Rasse zu weilen liebten, sondern Quetzalcóatl, der Hohe Priester in der ruhmreichen Stadt Tollan (Tula), der Lehrer der Künste, der weise Gesetzgeber, der ehrenhafte Fürst, der Baumeister und barmherzige Richter.«

Er verbot das Opfer von Menschen und Tieren und lehrte, daß Brot, Blumen und Weihrauch alles sei, was die Götter forderten. Und er verbot Kriege, Schlägereien, Raub und andere Formen der Gewalt so dringlich, daß er nicht nur die herzliche Verehrung seines eigenen Volkes gewann, sondern auch die ferner Völker, die Wallfahrten zu seiner Hauptstadt machten. Die Tatsache, daß sich die Azteken, die sich durch Menschenopfer in ihren Pyramiden und Tempeln auszeichneten, noch eines wohlwollenden, friedliebenden Kulturbringers erinnerten, dessen Lehren den biblischen Geboten so sehr glichen, machte auf die spanischen Mönche einen so großen Eindruck, daß sie Quetzalcóatl mit dem Apostel Thomas gleichsetzten – eine genaue Analogie zu der Verschmelzung Viracochas mit dem heiligen Bartholomäus in Peru. Brinton fährt fort:

»Die Herkunft des irdischen Quetzalcóatl wird auf verschiedene Weise angegeben; ein Legendenzyklus berichtet über seine Geburt in Tollan auf außergewöhnliche Weise; ein zweiter Zyklus behauptet, er sei in keinem den Azteken bekannten Land geboren, sondern als Fremder zu ihnen gekommen ... Las Casas erzählt, er sei aus dem Osten, aus einem Teil von Yukatan, gekommen, wie er meint, mit einigen Anhängern. Diese Überlieferung wird entschieden auch von dem eingeborenen Historiker Alva Ixtlilxóchitl vertreten, doch dieser läßt die Örtlichkeit im Ungewissen.«

Das Wesentliche der Quetzalcóatl-Überlieferungen ist, daß er ein weißer Mann von großer Statur mit wallendem Bart war – der Bart war nach einigen Chronisten von rötlicher Farbe. Er trug ein fremdartiges Gewand, anders als die Kleidung der Indianer, die ihn aufnahmen. Der Historiker Veytia berichtete, daß er »in ein langes weißes Gewand gekleidet war, mit roten Kreuzen bestreut, und einen Stab in der Hand trug«. Er wurde bei seinen Reisen von Baumeistern, Malern, Astronomen und Handwerkern begleitet. Er baute Straßen, zivilisierte die Menschen und wanderte so von Ort zu Ort, bis er am Ende verschwand. Nach manchen Überlieferungen starb er an der Küste des Golfs von Mexiko und wurde dort am Gestade von seinen Begleitern begraben, nachdem sie seine Leiche und all seine Schätze verbrannt hatten. Andere Überlieferungen behaupteten jedoch, daß sich Quetzalcóatl und seine Begleitung auf einem magischen Floß von Schlangen einschifften und davonsegelten, nachdem sie feierlich versprochen hatten, zurückzukehren und das Land wieder in Besitz zu nehmen.

Die Nachbarn der Azteken waren die Maya in den tropischen Niederungen der Halbinsel Yukatan, die in den Golf von Mexiko hinausragt. Juan de Grijalva, der ein Jahr, bevor Cortés am Golf von Mexiko landete, von Kuba zur Halbinsel Yukatan reiste, erlebte die gleiche erstaunlich respektvolle Aufnahme bei den sonst kriegerischen Indianern, wie sie Cortés und Pizarro berichten. Die große Maya-Zivilisation war bereits vor Ankunft der Spanier zusammengebrochen, doch die verstreuten Überreste des Volkes besaßen noch bis ins einzelne gehende Überlieferungen über die Ursprünge der Kultur, die unter ihren Vorfahren geblüht hatte. Sie sprachen von zwei verschiedenen Kulturheroen, Itzamná und Kukulcan – beide bärtig, obwohl sie zu verschiedenen Zeiten und aus verschiedenen Richtungen kamen und die Vorfahren der Maya nach Yukatan führten. Brinton sagt von den Nachkommen der Maya:

»Sie behaupteten nicht, autochthon zu sein, erklärten vielmehr, daß ihre Vorfahren in zwei Gruppen aus fernen Regionen kamen. Die größte und älteste Einwanderungswelle kam vom Osten, über oder, richtiger, durch den Ozean – denn die Götter hatten zwölf Pfade durch das Meer geöffnet –, und diese Welle wurde von dem mythischen Kulturheros Itzamná geführt. Die zweite Gruppe, geringer an Zahl und zeitlich später, kam aus dem Westen, und bei ihr befand sich Kukulcan. Die erste wurde die Große Ankunft, die spätere die Kleinere Ankunft genannt ... Diesen uralten Führer, Itzamná, bezeichnete die Nation als ihren Führer, Lehrer und Kulturbringer. Er war es, der allen Flüssen und Teilen des Landes Namen gab; er war ihr erster Priester und lehrte sie die angemessenen Riten, mit denen sie den Göttern gefallen und ihren Groll besänftigen konnten; er war der Oberste der Heiler und Wahrsager und hatte ihnen die geheimnisvollen Kräfte der Pflanzen enthüllt ... Itzamná war es, der die Zeichen erfand, mit denen die Maya ihre zahlreichen Bücher schrieben und die sie so überreich in den Stein und das Holz ihrer Gebäude eingruben. Er ersann auch ihren Kalender, der sogar noch vollkommener war als der der Mexikaner, wenn er diesem auch in gewissem Sinn ähnelte. So wurde Itzamná, der als Herrscher, Priester und Lehrer betrachtet wurde, dennoch offenbar als historische Persönlichkeit bezeichnet und wird von verschiedenen Historikern bis in die jüngste Zeit als solche dargestellt.

Nach der Großen Ankunft kam die Kleinere: der zweite bedeutende Heldenmythos der Maya war der von Kukulcan. Dieser steht in keinerlei Zusammenhang mit dem von Itzamná, liegt vermutlich später und ist seinem Charakter nach weniger national ... Die Eingeborenen behaupteten, wie Las Casas sagt, daß in alten Zeiten zwanzig Männer in dieses Land kamen, deren Häuptling Cocolcan genannt wurde ... Sie trugen wallende Gewänder und Sandalen an den Füßen, sie hatten lange Bärte und den Kopf unbedeckt, sie befahlen, daß die Menschen beichten und fasten sollten.«

Kukulcan wurde als großer Architekt und Pyramidenbauer erinnert, der die Stadt Mayapán gründete und veranlaßte, daß in Chichen Itzá mehrere bedeutende Gebäude errichtet wurden. Er lehrte die Menschen, auf den Gebrauch von Waffen zu verzichten – selbst bei der Jagd –, und unter seiner gütigen Herrschaft genoß das Volk Frieden, Gedeihen und reiche Ernten.

Allein schon der Gedanke, daß die grausamen, kriegerischen Maya eine solche friedliebende Lehre wie die Kukulcans, des eingewanderten Priesterkönigs, erfunden haben könnten, ist ebenso überraschend wie der Nachdruck, den die bartlosen Eingeborenen auf die wallenden Bärte, die helle Hautfarbe und die langen Gewänder dieses gebildeten Wanderers und seiner Begleiter legen. Dennoch stimmen seine humanitären Lehren und kulturellen Tätigkeiten völlig mit denen Quetzalcóatls überein. Überdies läßt die Maya-Überlieferung Kukulcan aus dem Westen, also aus Richtung Mexiko, kommen – und die aztekische Tradition läßt Quetzalcóatl nach Osten, in Richtung Yukatan, verschwinden. Brinton weist darauf hin, daß eine der Maya-Chroniken mit einer deutlichen Bezugnahme auf Tula und Nonoal beginnt – Namen, die untrennbar mit der Quetzalcóatl-Überlieferung verbunden sind –, und er schließt daraus: »Vermutlich war Kukulcan ursprünglich eine Maya-Gottheit, einer ihrer Heldengötter, dessen Mythos so viele Übereinstimmungen mit dem Quetzalcóatls aufwies, daß die Priester der beiden Nationen schließlich den einen für denselben wie den anderen hielten.« Und tatsächlich ist das Wort kukulcan einfach eine Übersetzung von quetzalcóatl. Kukul ist das Maya-Wort für den Quetzal-Vogel, und can ist eine Schlange.

Schließlich verließ, wie in Mexiko und Peru, der weiße, bärtige Priesterkönig das Land. Brinton berichtet: »Er versammelte die Häuptlinge und legte ihnen seine Gesetze aus. Unter ihnen erwählte er als seinen Nachfolger ein Mitglied der alten, reichen Familie der Cocom. Als er seine Anordnungen getroffen hatte, soll er, wie einige sagen, nach Westen gewandert sein, nach Mexiko oder an einen anderen Ort nach Sonnenuntergang.«

Ein Wanderer, der von Yukatan nach Westen reist, mußte notwendigerweise das Wohngebiet der Tzeltal in den Dschungeln von Tabasco und Chiapas betreten. Die Tzeltal-Legende, die um deren Kulturheros Wotan kreist, der aus der Richtung Yukatan kam, war zuerst in der Tzeltal-Sprache aufgezeichnet worden, wie sie ein eingeborener Tzeltal diktiert hatte. Über dieses Manuskript sagt Brinton:

»Nur wenige unserer Heldenmythen haben Anlaß für wildere Spekulationen gegeben als der Mythos von Wotan ... In irgendeiner unbestimmt fernen Epoche kam Wotan aus dem fernen Osten. Er war von den Göttern gesandt worden, um die Erde aufzuteilen und sie den verschiedenen Menschenrassen zuzuweisen, die darauf wohnen, und jeder ihre eigene Sprache zu geben. Das Land, woher er kam, wurde unbestimmt Valum Votan genannt, das Land Wotans. Seine Botschaft galt besonders den Tzeltal. Vor seiner Ankunft waren sie unwissend, barbarisch und ohne feste Wohnstätten. Er sammelte sie in Dörfern, lehrte sie, Mais und Baumwolle anzubauen, und erfand die hieroglyphischen Zeichen, die sie an die Wände ihrer Tempel einzumeißeln lernten. Es wird sogar gesagt, daß er darin seine eigene Geschichte schrieb. Er gab ihnen die weltlichen Gesetze, nach denen sie regiert wurden, und lehrte sie die angemessenen Zeremonien für den Gottesdienst ... Besonders erinnerten sie sich seiner als des Erfinders ihres Kalenders.«

Man gedachte seiner auch als eines Städtebauers, und es hieß, er sei der Gründer von Palenque mit seinen großen steinernen Pyramiden, von denen zwei Grabkammern enthielten wie die des alten Ägypten. Der Tzeltal-Text fährt fort:

»Wotan brachte nach der einen Erklärung aus seinem Geburtsland einige Begleiter oder Untergebene mit – nach einer anderen Lesart folgten sie ihm. In dem Mythos werden sie nach den langen wallenden Gewändern, die sie trugen, tzequil, berockt, genannt. Diese halfen ihm bei der Zivilisationsarbeit ... Als schließlich die Zeit für seine endgültige Abreise kam, ging er nicht, wie es alle Sterblichen müssen, durch das Tal des Todes, sondern drang durch eine Höhle in die Unterwelt ein und fand seinen Weg bis zur *Wurzel des Himmels*.«

Mit diesem geheimnisvollen Ausdruck beendet der Eingeborenenmythos seinen Bericht über ihn.

Wir brauchen von der Hochebene Chiapas' nicht bis unter die Erde zu gehen, sondern nur an die Flachlandküste der Zoque, bis Wotan wiedererscheint, diesmal unter dem Namen Condoy. Brinton sagt:

»Die Zoque, über deren Mythologie wir leider wenig oder nichts wissen, waren Nachbarn der Tzeltal und standen in dauerndem Verkehr mit ihnen. Wir kennen nur schwache Spuren von der frühen Mythologie dieser Stämme; aber sie haben einige Legenden bewahrt, die zeigen, daß auch sie den unter ihren Nachbarn so verbreiteten Glauben von einem wohlwollenden Kulturgott teilten. Dieser Mythos bezieht sich auf ihren ersten Vater, der auch ihr höchster Gott war und aus einer Höhle in einem hohen Berg ihres Landes kam, um sie zu regieren und anzuleiten ... Sie glauben nicht, daß er gestorben sei, sondern daß er nach einer gewissen Zeit mit seinen Dienern und Gefangenen, alle mit hellem leuchtendem Gold beladen, in die Höhle zurückkehrte und ihre Öffnung verschloß, nicht, um dort zu bleiben, sondern um in einem anderen Teil der Welt wieder aufzutauchen und anderen Völkern ähnliche Gunst zu erweisen.«

Südlich der Maya, Tzeltal und Zoque lebten die Quiché von Guatemala, deren Kultur eine fundamentale Verwandtschaft mit der der Maya zeigt. Ihre Überlieferungen sind der Nachwelt durch eine Bearbeitung ihres ursprünglichen Nationalepos, »Popol Vuh«, erhalten. Aus dieser Eingeborenenquelle erfahren wir, daß die Einwohner von Yukatan – dem Tor vom südlichen Mexiko nach Mittelamerika – wohlbekannt mit dem »Wanderer« waren, der mehr als einmal durch ihr Gebiet gekommen zu sein scheint. In

Guatemala unter verschiedenen Namen bekannt, von denen einer Gucumatz lautete, erzog und zivilisierte er die Wilden und lehrte sie, eine eigene Kultur zu entwickeln. Brinton schließt:

»Doch wie Viracocha, Quetzalcóatl und andere dieser großen Männer wurde auch er, wie es heißt, mit wenig Höflichkeit behandelt, und voller Zorn über ihre Undankbarkeit verließ er sie für immer, um sich ein edleres Volk zu suchen.«

Obwohl die Spanier den gleichen Überlieferungen von weißen und bärtigen Kulturbringern in beiden Amerikas überall begegneten, vom mexikanischen Hochland durch die zentralamerikanischen Dschungel bis südwärts zu den Hochebenen von Peru und Bolivien – also genau dort, wo sie gewaltige Ruinen vorkolumbischen Ursprungs fanden –, wird es vielen modernen Kommentatoren, die an Eisenbahn-, Auto- und Flugzeugreisen gewöhnt sind, schwer, sich vorzustellen, daß irgendein »Wanderer« in vorkolumbischen Zeiten solch riesige Gebiete durchquert haben kann. Sie vergessen, daß die mittelalterlichen Spanier ebenfalls keine Eisenbahnen, Autos und Flugzeuge hatten. Doch innerhalb bloßer zwei Jahrzehnte nach der Landung in Mexiko hatten die verhältnismäßig wenigen Spanier nahezu das gesamte Gebiet der Neuen Welt vom Atlantik zum Pazifik, von Kansas bis Argentinien erforscht. Während der gleichen wenigen Jahre wurden Cabeza de Vaca und drei Gefährten in der Brandung vor der Küste Floridas schiffbrüchig und wanderten (1528–36) – unbewaffnet, barfuß und fast nackt – durch Sümpfe, Wüsten und Gebirge, die noch auf keiner Landkarte zu finden waren, von einem Indianerstamm zum nächsten, quer über den Kontinent bis zum Golf von Kalifornien, wo sie schließlich die neu gegründeten spanischen Siedlungen erreichten.

Ehe diese beiden Jahrzehnte vorüber waren, hatte Orellana, der von Spanien herübergesegelt war, den Isthmus von Panama überquert und die Anden von der pazifischen Seite aus erklommen. Von dort stieg er hinab zu den Quellen des Amazonas und folgte dem Fluß quer durch den Kontinent bis zu seiner Mündung, bevor er nach Spanien zurückkehrte. Anzunehmen, daß ein paar Spanier in zwei Jahrzehnten über Gebirge und Dschungel wandern konnten, und zu glauben, daß die Begründer der vorkolumbischen Reiche sie in zwei Jahrhunderten oder auch zwei Jahrtausenden nicht hätten überwinden können, heißt ihre Fähigkeiten weit unterschätzen.

Seit ungefähr hundert Jahren sind verzweifelte Versuche unternommen worden, eine Erklärung für die paradoxe Anwesenheit weißhäutiger, bärtiger Männer mit langen Gewändern in den Überlieferungen und Legenden der braunhäutigen, bartlosen Indianer des tropischen Amerika mit ihrem Lendentuch zu finden. Manche stellten die Theorie auf, daß die wallenden Bärte und Gewänder, von denen in den indianischen Überlieferungen gesprochen wird, allegorische Bezugnahmen auf die Strahlen der Sonne unter Sonnenanbetern seien. Andere versuchten, diese Überlieferungen einfach wegzuerklären: sie behaupteten, sie seien gar nicht alt, sondern verlegten nur die Ankunft der ersten Spanier in die Vergangenheit zurück und seien überhaupt erst von dieser Ankunft inspiriert worden.

Bei den Fortschritten der Archäologie sind diese Spekulationen des neunzehnten und frühen zwanzigsten Jahrhunderts einfach nicht mehr zu halten, da man überaus realistische Skulpturen und Malereien von bärtigen Männern in Gräbern und Ruinen gefunden hat – und diese stammen nicht nur aus der Zeit vor der Ankunft der Spanier, sondern in sehr vielen Fällen sogar aus Zeiten vor den Kulturen der Azteken, Maya und Inka. Die Geschichten, von denen die frühen Spanier berichteten, wurden nicht nur mündlich erzählt, als sie ankamen, sondern sie waren bereits in den geschriebenen Texten der Neuen Welt aufgezeichnet, wie es der Azteken-Herrscher Montezuma selbst in der Ansprache betonte, mit der er Cortés begrüßte, und sie waren abgebildet in der Kunst eben der Menschen, die die Zivilisationen von Mexiko bis Peru begründeten.

Wie wir sahen, fanden die Spanier, als sie in die Haupttempel der Inka in Peru eindrangen, goldene und steinerne Statuen des traditionellen Kulturbringers Viracocha, der mit seinem Bart, dem Gewand und den Sandalen im Stil des östlichen Mittelmeers eine verwirrende Ähnlichkeit mit einem ihrer eigenen Apostel aufwies.

Die meisten der zahllosen Statuen, die die Spanier unter den Ruinen von Tiahuanaco fanden und die, wie es hieß, die Ahnherren der verschiedenen Stämme im Bereich des Con-Tici Viracocha darstellten, wurden von den katholischen Konquistadoren als heidnische Überbleibsel zerstört. Doch einige wurden von den Indianern versteckt und entgingen so der Vernichtung. Als der amerikanische Archäologe W. C. Bennett im Jahr 1932 Ausgrabungen in Tiahuanaco vornahm, stieß er auf eine vollständige rote Steinstatue, die Con-Tici Viracocha mit Bart und langem, gegürtetem Gewand darstellte. Das wallende Gewand war mit einer gehörnten Schlange und zwei Pumas dekoriert, Symbolen der höchsten Gottheit sowohl in Mexiko als auch in Peru. Bennett zeigt, daß diese Statue nahezu identisch mit einer anderen bärtigen Statue ist, die am Ufer des Titicaca-Sees gefunden wurde, gerade auf der Halbinsel, die der Insel Titicaca am nächsten liegt und auf der Viracocha gelandet sein muß, als er seine Zufluchtsstätte auf der Insel verließ und sich auf den Weg nach Tiahuanaco machte. Andere bärtige Statuen, ebenfalls aus der Vorinka-Zeit stammend, sind an verschiedenen archäologischen Fundplätzen rund um den Titicaca-See entdeckt worden. Steine, die für Bildhauerarbeiten geeignet waren, fehlten an der pazifischen Wüstenküste Perus fast völlig, dafür gab es dort in der Chimú- und der Nazca-Kultur Abbildungen des frühen Kulturheros in Keramik geformt oder auf Keramik gemalt, wobei er stets mit Schnurr- und Kinnbart dargestellt wurde. Diese Darstellungen Viracochas, der dort ursprünglich als Con bekannt war, sind an der Nordküste Perus besonders häufig, wo die Legende berichtet, daß der von Norden kommende bärtige Gott in das Gebiet einzog, das später von den Inka beherrscht wurde. Diese Keramikgefäße stammen von den frühen Chimú oder Mochica, den frühesten Begründern der dortigen Zivilisation und den Erbauern der schönsten Pyramiden Perus. Sie bilden einen Menschen ab, der einen Turban und ein fußlanges Gewand trägt, dazu einen überaus realistischen Schnurrbart und einen langen spitzen Kinnbart, der bis auf die Brust reicht.

Keramik-Köpfe und -Figurinen, die die gleiche bärtige Persönlichkeit darstellen, sind an der peruanischen Küste und nördlich davon in Ecuador und Kolumbien häufig, und sie erscheinen sporadisch noch weiter im Norden auf dem ganzen Isthmus von Panama bis hinauf nach Mexiko. Höchst realistische Abbildungen des bärtigen und oft fast arabisch-semitischen Rassentyps treten tatsächlich sehr oft auf quer durch ganz Mexiko von Guerrero bis hinein nach Yukatan, von der mexikanischen Hochebene und den nördlichen Dschungeln von Vera Cruz bis Chiapas und von dort bis nach Guatemala und El Salvador hinein. Der Heros ist auf freistehenden Statuen abgebildet, in Reliefs auf flachen steinernen Stelen ausgemeißelt, in Ton geformt, in Gold gebildet, auf keramischen

Gefäßen und verputzten Wänden gemalt und in den Bilderschriften der vorkolumbischen Faltbücher aus Bast dargestellt. Sein Bart kann lang oder kurz, gestutzt oder natürlich, spitz, rund, sogar zweigeteilt oder gelockt sein, wie man es gewöhnlich in der Kunst des alten Mesopotamien sieht. In einigen Fällen trugen die Maya-Priester und andere bedeutende Persönlichkeiten, denen selbst kein Bart wuchs, falsche Bärte, um sich den göttlichen Gründern ihrer Religion anzugleichen.

Die moderne Archäologie ist zu dem Schluß gekommen, daß die älteste Zivilisation in Mexiko, diejenige, die die folgenden Zivilisationen der Tolteken, Maya und Azteken anregte und entstehen ließ, von den tropischen Dschungel-Tiefebenen an der Golfküste Mexikos ausgegangen sei. Dies ist, wie wir bereits gezeigt haben, genau die Gegend, wo die starken Strömungen von der anderen Atlantik-Seite einlaufen und wo übrigens auch die Spanier unter Cortés selber landeten. Hier an der Küste, in einem überaus ungünstigen Klima, hat die Archäologie enthüllt, daß die amerikanische Zivilisation jäh mit dem plötzlichen Auftreten hieroglyphischer Schrift, eines hochentwickelten Kalendersystems, megalithischer Kunst, der Herstellung von Adobe-Ziegeln, Töpferei, Pyramidenbau und höchst verfeinerter Skulptur begann. Da die Schöpfer dieser kulturellen Revolution völlig unbekannt sind, hat die moderne Wissenschaft ihnen lediglich einen Namen zugewiesen: Olmeken.

Da es den Olmeken an geeignetem Stein in ihrem Wohngebiet fehlte, holten sie Steine, die bis zu fünfundzwanzig Tonnen wogen, und schleppten sie über achtzig Kilometer durch Sümpfe und Dschungel zu ihren Tempelstätten. Mit unübertroffener Fertigkeit meißelten sie menschliche Köpfe und ganze Figuren aus – als Rundplastik oder als Relief –, und sie taten es so realistisch, daß wir heute einen sehr guten Hinweis darauf haben, wie die Olmeken aussahen.

Nach ihrer Kunst zu urteilen, gehörten den Olmeken zwei verschiedene Rassentypen an: der eine war bemerkenswert negrid mit dicken Lippen, flacher breiter Nase und einem runden Gesicht, das einen naiven, unverfeinerten und ziemlich mürrischen Ausdruck zeigt. Dieser Typ ist unter Archäologen häufig als »Baby-face« bezeichnet worden. Der andere Olmekentyp ist völlig anders und stellt bisweilen einen fast semitischen Typ dar mit schmalem Gesicht, scharfem Profil, starker Hakennase, dünnen Lippen und einem Bart, der vom kleinen Spitz- bis zum Vollbart reicht und manchmal eine Form annimmt, daß dieser Typ von den Archäologen im Scherz bisweilen »Uncle Sam« genannt wird. Da keiner der beiden gegensätzlichen Olmeken-Typen – der negride und der semitische – auch nur die geringste Ähnlichkeit mit irgendeiner ethnischen Gruppe aufweist, die man innerhalb der eingeborenen Bevölkerung Amerikas kennt, beide dagegen physische Typen repräsentieren, die für die frühen Hochkulturen der Alten Welt charakteristisch sind, hat ihr plötzliches Erscheinen als Kulturbringer in der Neuen Welt gerade in dem Gebiet, wo das natürliche Transportband über den Ozean von Afrika her eintrifft, zu einem Wirbel von Spekulationen geführt. Wie schon die frühen spanischen Mönche sind auch in unserer modernen Zeit religiöse Sekten zu dem übereilten Schluß gekommen, daß Gestalten aus der Bibel oder dem Buch Mormon – gar nicht zu reden von dem ganzen Verlorenen Stamm Israels – die Begründer der Olmeken-Kultur gewesen wären. Solche mysteriösen Behauptungen von Laien haben die Sache der Diffusionisten gewiß nicht gefördert, viele ernsthafte Gelehrte zogen erschreckt vor, in dem offenbar weniger unbedachten Lager der Isolationisten zu bleiben. Aber ist es denn wirklich weniger unbedacht, das vorhandene botanische, archäologische und historische Beweismaterial zu ignorieren – und sogar wegerklären zu wollen –, als sich der Tatsache zu stellen, daß Reisende aus Kleinasien zu organisierten Kolonisierungsexpeditionen über Gibraltar hinausgesegelt sind mit Astronomen, Steinmetzen und anderen Fachleuten an Bord – genau in den Jahrhunderten, als die olmekische Kultur am Golf von Mexiko begann? Die Phönizier und ihre unbekannten Vorgänger, die an der atlantischen Küste Afrikas solche megalithischen Städte wie Lixus gründeten, segelten über tausend Jahre vor Christus buchstäblich in demselben Wasser wie die Maya von Yukatan, weil genau, wie die marokkanische Sonne in einigen Stunden die mexikanische wird, auch das marokkanische Wasser im Verlauf einiger Wochen das mexikanische ist.

In einer der bedeutendsten Maya-Pyramiden, in Chichen Itzá auf der Halbinsel Yukatan, wurde ein Eingang gefunden, der zu inneren Kammern mit Wänden und rechteckigen Säulen führte, die verputzt und mit farbigen Fresken bemalt waren und auffallend an königliche Gräber des östlichen Mittelmeerraumes erinnerten.

Diese bunten Gemälde, die von den Archäologen E.H. Morris, J. Charlot und A.A. Morris (1931) in allen Einzelheiten kopiert wurden, sind später von der Feuchtigkeit und von Touristen zerstört worden. Unter den wichtigsten Motiven dieser Fresken befand sich eine Schlacht an der Küste, an der zwei verschiedene rassische Typen beteiligt waren. Einer dieser Typen, als weißhäutig mit langem, flatternden, goldblonden Haar dargestellt, wird gezeigt, wie er im Schiff auf dem Ozean, der durch blaue Wellen und Krabben, Rochen und andere Meeresgeschöpfe symbolisiert wird, entweder ankommt oder abfährt. Die weißen Seeleute sind entweder nackt und beschnitten oder in Tuniken gekleidet. Einer von ihnen trägt deutlich einen Bart. Morris, Charlot und Morris erklären vorsichtig, daß das ungewöhnliche Aussehen der goldblonden Seeleute »Anlaß zu vielen interessanten Überlegungen über ihre Identität gibt«. Der andere ethnische Typ ist dagegen als dunkelhäutig mit Federkopfschmuck und Lendentuch dargestellt. Diese dunkelhäutigen Menschen werden gezeigt, wie sie gegen die hellhäutigen kämpfen, von denen mehrere gebunden als Gefangene abgeführt werden. In einem anderen Bildteil wird einer dieser weißen Gefangenen, dem das lange goldblonde Haar bis zu den Hüften reicht, von zwei schwarzen Männern geopfert, während sich ein anderer, dessen Fahrzeug umgeschlagen ist, durch Schwimmen zu retten sucht, von einem Raubfisch verfolgt; sein äußerst langes goldenes Haar schwimmt auf den Wellen. In einem anderen Teil dieser Wandgemälde wandert ein weißer Seemann friedlich davon, ein gerolltes Bündel und andere Habe auf dem Rücken, während sein leeres Boot am Strand gezeigt wird, gelb von Farbe und mit stark hochgezogenem Bug und Heck, was lebhaft an ein Binsenboot vom Titicaca-See erinnert.

Von Binsenbooten in nachkolumbischen Zeiten wird in acht verschiedenen mexikanischen Staaten berichtet, nicht jedoch in Yukatan. Das in der Maya-Pyramide abgebildete Fahrzeug erinnert auch an die Binsenboote, die bis in moderne Zeiten in Lixus an der atlantischen Küste von Marokko verwendet wurden. Ähnliche Wandgemälde in alten ägyptischen Grabkammern zeigen mondsichelförmige Papyrus-Boote, die bisweilen in Kämpfe auf dem Nil verwickelt sind. Ein Relief im alten Ninive zeigt wiederum Binsenboote in einer Seeschlacht; bärtige Männer mit langem Haar schwimmen um ihr Leben in einem Meer, das – wie auf dem Fresko in Chichen Itzá – durch große Krabben und Seegeschöpfe symbolisiert ist. Auf dem Relief von Ninive werden jedoch einige der Binsenboote gezeigt, überfüllt von Männern und Frauen, die über die See entfliehen, die Arme im Gebet zur Sonne erhoben.

Kampf und Flucht haben möglicherweise ebenso viele Seefahrer in die Gewalt unbekannter Meere und Strömungen gebracht wie Nebel oder Stürme vor der Küste. Was den fliehenden Sonnenanbetern auf dem Relief von Ninive geschah, das geschah zahllosen anderen Seefahrern in Kleinasien und Afrika vom ersten Anbruch der Zivilisation an. Grundlegende Ähnlichkeiten der menschlichen Natur führen dazu, daß sich die Geschichte wiederholt. Wir werden also nie erfahren, ob es Krieg, zufälliges Abtreiben oder geplante Forschungsexpeditionen waren, was große, blonde, bärtige Männer über das offene Meer von Afrika bis zu den Kanaren brachte, lange bevor Europäer dort erschienen. Wir wissen aus schriftlichen Berichten über die Entdeckung der Kanarischen Inseln wenige Generationen vor Kolumbus, daß diese fernen Atlantik-Inseln von einer rassisch gemischten, Guanchen genannten Bevölkerung bewohnt wurde; einige dieser ursprünglichen Kanarer waren klein, dunkelhäutig und negrid, während andere groß, weißhäutig und blond waren. Ein frühes Aquarell von Torriani (1590), das sechs eingeborene Guanchen zeigt, stellt sie mit äußerst weißer Haut und goldblondem Haar und Bart dar. Die Bärte sind entweder außerordentlich lang und ungeschnitten oder gestutzt und spitz, während ihnen das lange goldene Haar weit über den Rücken herabfällt – genau wie das Haar der blonden Seeleute auf den Fresken der Maya-Pyramide in Yukatan.

Linguistische Spuren und Kulturzeugnisse – darunter die Kunst des Trepanierens – verbinden die Guanchen deutlich mit den uralten Zivilisationen, die sich von Mesopotamien zur Atlantik-Küste Marokkos erstreckten. So gehörten zu den Berbern Marokkos, ebenfalls ein Volk von gemischtem rassischem Ursprung, sowohl Stämme kleiner Negriden als auch große, blonde und blauäugige Rassenelemente, die in unregelmäßiger Verteilung vom Atlas-Gebirge bis zur Atlantik-Küste erschienen, ehe die Araber kamen. Irrigerweise werden blonde, hellhäutige Menschen ausschließlich mit Nordeuropa in Verbindung gebracht, obwohl diese rassischen

Typen in historischen Zeiten sporadisch überall von Kleinasien bis zum Atlas-Gebirge überlebt haben. Einzelne mit braunem und sogar blondem Haar werden häufig sowohl unter den Göttern als auch unter nackten Papyrus-Bootfahrern auf den Wandgemälden alter ägyptischer Gräber dargestellt. Und die Schwiegertochter des Pharao Cheops war, als man ihr Grab am Fuß der Pyramide ihres Gatten, des Pharao Chephren, öffnete, mit goldblondem Haar und blauen Augen abgebildet.

Das Trepanieren, das aus dem alten Mexiko bekannt und im alten Peru äußerst wichtig ist, fehlt in Europa bis zum neunzehnten Jahrhundert nach Christus fast völlig und war in Asien unbekannt – außer in Mesopotamien. In der Alten Welt fiel seine Verbreitung also mit den frühen Hochkulturen zusammen: von Mesopotamien und Ägypten bis zur Atlantik-Küste Marokkos – und es erscheint überraschenderweise wieder auf den Kanaren.

Wer brachte die Kunst des Trepanierens zu diesen atlantischen Inseln, wo alle Spuren der Kunst des Schiffsbaus verlorengegangen waren, als die Europäer eintrafen? Sowohl die Geschichte als auch die Archäologie zeigen, daß die Phönizier mit ihren Heimathäfen in Kleinasien und Nordafrika Jahrhunderte vor Christi Geburt bereits feste Kolonien auf den Kanarischen Inseln gegründet hatten. Sie benutzten diese fernen Inseln als Zwischenstation bei den schwierigen Fahrten zu ihren Kolonien, wo der rote Farbstoff hergestellt wurde. Von diesen haben sich Spuren weit über Marokko hinaus bis zur Küste des heutigen Senegal gefunden.

Es ist häufig – ob mit Recht oder nicht – behauptet worden, daß die Phönizier hellhäutig und blond waren. Falls das zutrifft, dann bietet es kein Problem, die Anwesenheit hellhäutiger blonder Guanchen auf den Kanarischen Inseln zu erklären. Trifft es nicht zu, dann müssen irgendwelche andere frühe Seefahrer – hellhäutig, blond und bärtig – die Kanaren erreicht haben, indem sie mit dem mächtigen Kanaren-Strom segelten.

Wie wir sahen, findet sich jeder, der in diesem Strom fährt – wie wir es zweimal taten –, auf einem beständigen Transportband, das ihn, wenn es ihm nicht gelingt, sich dagegen zu wehren, an den Küsten des tropischen Amerika absetzt. Wie wir ferner sahen, sind weißhäutige Seeleute mit langem goldblondem Haar, die den Kanaren ähneln, von den Maya auf Fresken genau auf der Halbinsel abgebildet, wo dieser Kanaren-Strom einläuft. Und tatsächlich berichten sowohl bei den Maya als auch bei ihren Nachbarn, den Azteken, beharrliche Überlieferungen, daß weiße bärtige Männer übers Meer von jenseits des Atlantik gekommen seien und ihre primitiven Vorfahren, die noch Sammlerstämme waren, in den verfeinerten Künsten der Zivilisation unterwiesen hätten, ehe sie abreisten und eines Tages wiederzukommen versprachen. Deshalb riefen die eintreffenden Spanier keine Überraschung hervor und wurden als die erwartete Erfüllung alter Versprechungen empfangen. Der heutige Isolationist, dem es nicht gelungen ist, irgendein einleuchtendes Zentrum der kulturellen Evolution in der Neuen Welt zu finden, und dem sich das allmählich anwachsende objektive Beweismaterial aus Botanik, biologischer Anthropologie, Archäologie und Schiffahrtskunde entgegenstellt, sieht sich jeder konkreten Stütze für seine Stellung beraubt. Obwohl bis jetzt weder der Isolationist noch der Diffusionist absolut schlüssige Beweise für seine Ansicht beibringen kann, ist die Beweislast nun deutlich jenen zugefallen, die jede Möglichkeit vorkolumbischer transatlantischer Einflüsse leugnen.

Kapitel 5

Kolumbus und die Wikinger

Als überraschende Konsequenz aus den eben dargestellten Forschungen ergibt sich, daß Amerika eigentlich bereits tief in vorchristlichen Zeiten entdeckt worden ist – durch jene frühen Seefahrer aus dem östlichen Mittelmeer, die in den Erzählungen von den »bärtigen Göttern« weiterleben. Ihre letzten Nachkommen glaubt Heyerdahl in einzelnen Bewohnern der Osterinsel, die zu den »Langohren« gerechnet werden, zu erkennen. Erst Jahrtausende später haben die Skandinavier die Küste Nordamerikas erreicht.

Heyerdahl zeigt in diesem Beitrag, der nur scheinbar einen Exkurs darstellt, daß Kolumbus Erfolg hatte, weil er sich auf der gleichen Route auf den Ozean hinauswagte wie die »bärtigen Götter« vor ihm; außerdem aber profitierte er von dem geographischen Wissen, das die Skandinavier gesammelt und an das übrige Europa weitergegeben hatten. So bildet letzten Endes die Überquerung des Atlantik eine zusammenhängende Tradition.

Hat Kolumbus wirklich die Neue Welt entdeckt, wie es die Schulbücher sagen?

Das hat er gewiß getan, wenn wir bereit sind zuzugeben, daß auf der anderen Seite an den Küsten ebenfalls Menschen lebten, für die es ebenfalls eine Entdeckung bedeutete, als Kolumbus landete. Die Begegnung zweier großer Welten war tatsächlich das Verdienst des Kolumbus – und seines allein. Er veränderte die Geschichte, sowohl in der Alten als auch in der Neuen Welt, ihr weiterer Verlauf wird für immer davon künden.

Aber waren die Wikinger nicht Jahrhunderte vor den Spaniern in der Neuen Welt an Land gegangen? Ja, das haben sie getan, und die schriftlich aufgezeichneten Sagas werden jetzt auch von modernen Archäologen mit Hilfe von Ausgrabungen an Ort und Stelle und Radiokarbondatierungen in Neufundland schlüssig bestätigt.

Wir müssen freilich nun weiterfragen: Waren die Wikingerboote und die spanischen Karavellen die allerersten Schiffe, die amerikanische Küsten erforschten? Nein, das waren sie bestimmt nicht. Die Nordmänner berichteten, sie hätten mit Menschen, die sie Skrälinge nannten und die die Davis-Straße zwischen Amerika und Grönland in ihren Booten aus Tierhäuten überquerten, Handel getrieben und Kämpfe ausgefochten. Die Spanier berichteten, sie hätten mit Menschen, die sie Indios nannten und die zu beiden Seiten der Panama-Landenge Seeschiffahrt trieben, manche in Kanus, andere in großen Binsenschiffen, wieder andere auf Balsa-Flößen mit bis zu zwanzig Tonnen kostbarer Ladung, Handel getrieben und Kämpfe ausgefochten. Auch diese amerikanischen Seefahrer hatten einen legitimen Anspruch darauf, zu erklären, wer ihr Land entdeckt habe. Sie behaupteten nun, daß einige von ihren Vorfahren wie die Spanier über den Atlantik gekommen seien unter Führung eines Priesterkönigs, den man in Mexiko Quetzalcóatl nannte. Er unterschied sich von den bartlosen Rothäuten, die ihn empfingen, darin, daß er weiße Haut und einen Bart hatte und ein gegürtetes Gewand, Sandalen und einen Stab trug. Nach dieser Beschreibung hielten einige der Spanier den verehrten Erstentdecker irrtümlicherweise für einen wandernden Apostel aus dem Heiligen Land. Die mexikanischen Schreiber hatten seine Ankunft mit Hieroglyphen in richtigen Büchern festgehalten, und die örtlichen Künstler hatten ihn seit jener Zeit, in der er gelandet sein sollte, auf Papier und Keramik gemalt oder in dauerhaften Fels gemeißelt. Quetzalcóatl und seine bärtige Mannschaft sollen den barbarischen Sammlerstämmen, die sie empfingen, die höhere Kultur gebracht haben: es hieß, sie hätten alles mit über den Atlantik gebracht, von der Kunst des Schreibens und der Medizin bis zum Pyramidenbau und dem Baumwollanbau.

Wer war dieser semitisch aussehende Kulturheros, dessen man sich unter den bartlosen Indianern erinnerte und den man darstellte? Und wer hatte vor seiner angeblichen Ankunft Amerika bereits entdeckt und bevölkert, denn die primitiven, des Schreibens unkundigen Dschungel-Bewohner waren, wie die Mexikaner selbst sagten, bereits da, um Quetzalcóatl zu empfangen?

Niemand weiß es. Name, Geburtsort und Ankunftsjahr des ersten noch schriftlosen Steinzeitentdeckers von Amerika wird niemals festgestellt werden. Wer es auch gewesen sein mag, dieser herumstreifende Familienvater wird kaum erkannt haben, daß er in einem bestimmten Augenblick den Fuß auf einen neuen Kontinent gesetzt hatte, wo es vorher lediglich Tiere gegeben hatte. Doch das gesamte Beweismaterial deutet darauf hin, daß diese ersten wandernden Vorfahren der Skrälinge die amerikanische Seite der vereisten Bering-Straße mindestens fünfzehn bis zwanzig Jahrtausende, bevor das erste Wikingschiff in die Nordsee gelassen wurde, von Asien aus betreten haben. Künftige archäologische Entdeckungen könnten diese Entdeckung Amerikas durch den Menschen in noch fernere Zeiten zurückschieben.

Der Stammbaum des später eintreffenden Quetzalcóatl bleibt

ebenfalls ungeklärt. Künftige archäologische Entdeckungen könnten vielleicht feststellen, daß seine Reisemannschaft eine von zahllosen Gruppen sonnenanbetender Forscher, Händler und Kolonisten war, die in primitiven Fahrzeugen zwischen Inseln und Küsten der Mittelmeerwelt hin- und herfuhren, seit dort die Hochkultur entstand. Wenn unseres Wissens die Hauptwellen der organisierten phönizischen Kolonisation die ungeschützten Atlantik-Küsten Afrikas und Spaniens außerhalb von Gibraltar erst um etwa 1200 v. Chr. zu besetzen begannen, hatten sich doch schon seit etwa 3000 v. Chr. zahlreiche Fahrten mit erheblichen Auswirkungen westwärts über den ganzen Mittelmeerraum ausgedehnt. Nach mehreren hunderttausend Jahren dunkler Vorgeschichte entstand die Hochkultur etwa gleichzeitig in Mesopotamien, an der Küste Syriens und Palästinas, in Ägypten, auf Zypern und Kreta – überall um 3000 v. Chr. Ist es bloßer Zufall, daß auch die Maya-Indianer auf der anderen Seite des Atlantik ihren genauen Kalender ebenfalls um diese Zeit begannen? Der Maya-Kalender fängt mit einem Datum an, das, auf unseren Kalender umgerechnet, dem 12. August 3113 v. Chr. entspricht. Weshalb wurde dieses Jahr als Nullpunkt gewählt? Erreichte Quetzalcóatl Amerika an diesem Tag oder geschah damals etwas von überragender Bedeutung in der früheren überseeischen Heimat jener Menschen, die den Maya-Kalender konzipierten? Künftige Forschungen könnten dieses Geheimnis vielleicht enthüllen.

Wer entdeckte nun wirklich Amerika?

Ein auf immer vergessener asiatischer Jäger – für die Skrälinge. Der immer noch nicht identifizierte Quetzalcóatl – für die Olmeken, Tolteken und Azteken. Der christliche Grönlandsiedler Leiv Eiriksson – für die Nordmänner. Aber Kolumbus für die Welt.

Die italienische Küste, an der Kolumbus zu Hause war, Ligurien, ist zur Wahlheimat des Verfassers geworden, der in Norwegen mit den nordischen Sagas im Urtext aufgewachsen ist. Doch er entschloß sich, den Atlantik auf Papyrus-Booten vom ägyptisch-mesopotamischen Typ zu überqueren, Fahrzeugen, die auf beiden Seiten des Ozeans in den Tagen Quetzalcóatls und der Skrälinge zur Verfügung standen. Der Verfasser besitzt also praktische Erfahrung mit einigen der hier beteiligten seefahrttechnischen Problemen, während er sich völlig unbeteiligt im Hinblick auf das patriotische

Prestige fühlt, das bisweilen die faire Einstellung zu Studien über die frühesten europäischen Reisen nach Amerika trübt. Überseeische Entdeckungen kann man in zwei verschiedene Kategorien einteilen: in jene, die sich aus einer zufälligen Drift infolge eines Unglücks oder fehlerhafter Navigation ergeben, und in die, die vorher überlegt worden sind und sich aus geistiger Arbeit und genauer Planung ergeben.

Es liegt auf der Hand, daß die Entdeckung des Kolumbus nicht das Ergebnis einer zufälligen Drift gewesen ist. Jeder, der sein Tagebuch gelesen hat, ist überzeugt von seiner entschlossenen Suche nach einem Land, das er durch bewußte Berechnungen und Planungen zu finden hoffte. Es gibt Autoren, die aus Furcht, diesem großen Pionier etwas von der vollen Ehre für seine Entdeckung zu nehmen, nun in den Fehler verfallen, lediglich einen kühnen Seemann aus ihm zu machen, der zufällig auf Amerika stieß, nur weil ihm Amerika den Weg versperrte. Das ist ein ungerechtes Bild von einem Mann, der nicht nur kühn und wagemutig war, sondern auch visionäre Phantasie, Klugheit und eine vollkommen klare und wissenschaftliche Einstellung zu dem Problem besaß, das zu lösen er sich entschlossen hatte. Jene, die Kolumbus zu einer bloßen abenteuernden Teerjacke machen möchten, erweisen ihm nur einen schlechten Dienst. Wenn sich seine vorausschauenden Berechnungen, wie sie andeuten, auf die Annahme beschränkt hätten, daß die Erde rund sei, müßte er ihren Umfang völlig fehlerhaft eingeschätzt haben und durch reinen Zufall genau an dem Tag über Amerika gestolpert sein, den er für die Erreichung Asiens errechnet hatte. Kolumbus war nicht einmal ein Viertel der Entfernung nach Asien und nur ein Fünftel der Entfernung nach Indien, seinem angeblichen Ziel gesegelt, als er genau dort Land erreichte, wo er es vorhergesagt hatte. Zur Verwunderung aller Menschen, einschließlich seiner selbst, war es nicht Indien, sondern eine neue Welt. Als Magellan später diesen unerforschten Kontinent umsegelte, mußte er einen weiteren Ozean überqueren, der allein genau den halben Erdumfang bedeckte, ehe er die ersehnten Gewürzinseln vor Asien erreichte.

Kolumbus' meisterlich geplante Expedition verdient jede Anerkennung und ist mehr als eine Folge von Glück und Abenteuerlust. Er erreichte die Küste, die er nach seinem vorausbedachten Plan erreichen wollte, genau wie er es erwartet und vorhergesagt hatte.

Beim Lesen der mittelalterlichen Karten erweist sich Kolumbus als ein peinlich genauer und kluger Organisator, der klar und richtig rechnet, und nicht als waghalsiger Draufgänger, der nur deshalb der Katastrophe entging, weil Amerika zufällig da war, als seine Mannschaft die Grenze der Erschöpfung bereits erreicht hatte, obwohl sie theoretisch noch viermal soweit hätte segeln müssen.

Gewiß, Kolumbus war überzeugt, daß die Erde rund sei, und daher stammen seine kontroversen Segelanweisungen, nicht jedoch die vorher errechnete Segelentfernung. Die sphärische Form der Erde war bereits den frühen griechischen Astronomen bekannt, die auch einen erstaunlich genauen Umfang von – umgerechnet – etwa vierzigtausend Kilometer ermittelt hatten. Obgleich im 15. Jahrhundert religiös fundierte Lehrmeinungen die Vorstellung von der Erde als einer flachen Scheibe zu bewahren trachteten, waren die klassischen griechischen Ergebnisse den Gelehrten zur Zeit des Kolumbus durchaus bekannt. Der Schlüssel zum Verständnis von Kolumbus' Weltbild liegt darin, daß er zwar die Ansicht des Ptolemäus akzeptierte, daß die Erde rund sei, seine astronomischen Berechnungen über ihren Umfang jedoch ablehnte. Aus unbekannten Gründen glaubte Kolumbus, als er seine Reise vorbereitete, daß die Erde weit kleiner sei, als es die griechischen Astronomen errechnet hatten und daß die Entfernung nach Indien in westlicher Richtung deshalb nur ein Bruchteil der von Ptolemäus gegebenen Entfernung sei. Doch Kolumbus hatte keine Möglichkeit, den Umfang der Erde astronomisch zu errechnen, und seine Argumentation verlief wahrscheinlich umgekehrt: aus irgendeinem Grund war er überzeugt, die Entfernung bis zum Land auf der anderen Seite des Atlantik zu kennen, das er für Indien hielt. Aufgrund dieser Entfernung gelangte er zu dem Schluß, daß die Erde weit kleiner sein müsse, als die Griechen angenommen hatten. Kolumbus starb übrigens mit der Überzeugung, daß er Indien erreicht habe und daß es Europa genauso nahe liege, wie er es vorausgesagt hatte. Da er wußte, daß die Entfernung nach Indien für diejenigen größer war, die in umgekehrter Richtung gesegelt waren, und vielleicht auch, weil er über die erheblichen Unterschiede zwischen seinen und den Berechnungen der Griechen nachgrübelte, kam er zu einem sehr bemerkenswerten Schluß, nachdem er die dritte Reise nach Amerika beendet hatte: »Ich finde, daß sie nicht so rund ist, wie sie beschrieben wird, sondern wie eine Birne geformt, die überall rund ist außer in der Nähe des Stieles, wo sie stark vorspringt; oder sie ist wie ein ganz runder Ball mit etwas wie der Brustwarze einer Frau an einer Stelle, und dieser vorspringende Teil ist der höchste und dem Himmel nächste.«

Kolumbus ist wegen dieser scheinbar absurden Verzerrung der sphärischen ptolemäischen Erde verspottet worden, doch abermals ohne rechten Grund. Tatsächlich war seine Schlußfolgerung recht bedeutsam, sogar logisch, wenn wir uns vor Augen halten, daß man zu seiner Zeit annahm, seine transatlantischen Reisen hätten ihn bis zum fernen Asien geführt, da damals noch niemand die Panama-Landenge überquert oder das Feuerland umsegelt und den Irrtum entdeckt hatte. So durfte Kolumbus annehmen, daß er die ganze Strecke zu den fernen Gewürzinseln östlich von Indien zurückgelegt habe, indem er eine kürzere Route über die »obere«, nördliche Halbkugel benutzte, als jene brauchten, die diese fernen Inseln über die »untere«, südliche Halbkugel besucht hatten. Daher konnte, wie Kolumbus folgerte, die Erde nicht so rund sein, wie er vorher angenommen hatte, sondern birnenförmig, das spitze Ende aufwärtsgerichtet. Seine Argumentation war keineswegs unlogisch.

Kolumbus hatte seine eigenen Schlüsse aus dem geographischen Wissen gezogen, das jedem interessierten Geist in dem Europa seiner Zeit zur Verfügung stand: das Vorhandensein von Land auf der anderen Seite des Nordatlantik. Grönland war seit über vier Jahrhunderten eine christliche Kolonie, und viele zeitgenössische Geographen vermuteten, daß es die nördlichste Halbinsel von Ostasien sein könnte. Ostasien war bereits von Kolumbus' Landsmann Marco Polo erforscht worden. Die norwegischen Siedler auf Grönland mußten während ihrer wiederholten fehlgeschlagenen Versuche, in Vinland unter kriegerischen und zahlenmäßig überlegenen Skrälingen zu siedeln, genug von der weiter südlich gelegenen Küstenlinie wahrgenommen haben, um zu dem falschen Eindruck zu gelangen, daß sich Vinland südlich nach Afrika hinein erstrecke, eine Ansicht, die in mehreren ihrer mittelalterlichen Texte wiederholt wurde. Seit frühen Wiking-Zeiten waren die seefahrenden Norweger durchaus vertraut mit der nördlichen Küste Afrikas gewesen und hatten zwischen dem arabischen Gebiet an der Mittelmeerküste (Store Serkland oder Groß-Kittelland) und dem Negergebiet im Süden davon (Store Blåland oder Groß-Blauland) unterschieden. Ihre Reisen ins Mittelmeer, sowohl durch die russischen Flüsse und das Schwarze Meer als auch durch den Ärmelkanal und den Atlantik, waren so häufig, daß im zwölften Jahrhundert der katholische norwegische König Sigurd, als er mit »sechzig Wiking-Booten, prächtig nach dem Willen Gottes erbaut«, auf eine Pilgerfahrt zum Heiligen Land segelte, in der Straße von Gibraltar einer anderen großen Wiking-Flotte begegnete, mit der er kämpfen mußte, um seine heilige Mission fortsetzen zu können. Doch die Normannen wußten offensichtlich nichts davon, daß die Westküste Afrikas in der Nähe des Äquators scharf nach Osten zurücksprang und dann weiter nach Süden verlief. Kolumbus dagegen war als junger Mann an der afrikanischen Küste südwärts bis nach Guinea gereist und wußte deshalb, daß die Nordmänner mit ihrer Ansicht, daß die Vinland-Küste nach Afrika laufe, unrecht haben mußten, da sich Afrika südlich von Guinea genau in die entgegengesetzte Richtung erstreckte. Da Afrika also nicht in Frage kam und das tropische Amerika noch ein unbekannter Begriff war, konnte Kolumbus vor seiner ersten Reise logischerweise nur den Schluß ziehen, daß Asien mit Indien und seinen vielen vorgelagerten Inseln jenes warme Land darstellte, das sich von den subarktischen Norweger-Siedlungen in der äußersten Nordwestecke des Weltozeans, des einzigen damals bekannten Ozeans, nach Süden erstreckte.

Wieviel konnte der an den Mittelmeerküsten geborene und aufgewachsene Kolumbus über die Länder in arktischen und subarktischen Gebieten, die von skandinavischen Expeditionen besucht worden waren, gehört haben? Vorhandensein und Lage dieser nördlichen Länder war den Zeitgenossen des Kolumbus in der christlichen Welt kein Geheimnis. Daß Vinland im Westen von Grönland gefunden worden war, berichtete Adam von Bremen in der Geographie der nördlichen Länder bereits im Jahr 1070, also über vier Jahrhunderte vor der ersten Reise des Kolumbus. Außerdem stand unter der christlichen Bevölkerung Islands schon Generationen vor Kolumbus ein eingehender schriftlicher Bericht mit genauen Segelanweisungen und geographischer Spezifizierung der Lage Vinlands südwestlich von Grönland zur Verfügung. Selbst wenn Kolumbus im Jahr 1477 Island nicht besucht hätte, wie viele annehmen, hätte er die notwendigen Informationen von jedem anderen Seemann erhalten können, der dort gewesen war, da die meisten Isländer die schriftlich aufgezeichneten Sagas auswendig konnten. Christliche norwegische Gefangene aus Grönland, durchaus vertraut mit Vinland, entweder durch Überlieferung oder durch eigene Erfahrung, waren überdies von den aktiven britischen Sklavenjägern in großer Zahl nach England gebracht worden, und es ist wohlbekannt, daß Kolumbus England persönlich besucht hat. Außerdem korrespondierte er während seiner Vorbereitungen mit gelehrten Engländern, die mit diesen öffentlich kritisierten transatlantischen Sklavenjagden durchaus vertraut waren. Die englischen Überfälle auf die ungeschützten Norweger-Siedlungen an der grönländischen Westküste waren übrigens so bekannt, daß im Jahr 1432 ein Vertrag darüber zwischen dem norwegischen und dem englischen König abgeschlossen wurde, und danach erklärte Papst Nikolaus V. schriftlich, daß der größere Teil dieser christlichen Sklaven aus der Gefangenschaft nach Grönland zurückgekehrt sei »und dort die Ruinen ihrer Wohnhäuser wieder aufbaute«. Dabei dürfen wir nicht vergessen, daß die Piraten aus Bristol selbst völlig vertraut mit den Ländern an der Davis-Straße gewesen sein müssen, da sie in der Lage waren, die weit voneinander entfernten norwegischen Siedlungen zu überfallen, die an einer zerklüfteten Küste lagen, unmittelbar Amerika gegenüber, das auf der anderen Seite der Straße nur wenige hundert Meilen entfernt war. Jene Autoren, die das Leben des Kolumbus erforscht haben, stimmen darin überein, daß er keine Gelegenheit versäumte, auf seinen Reisen entlang der arabischen Küste Afrikas, zu den britischen Inseln und den portugiesischen und spanischen Inseln im Atlantik zu lernen. Er konnte von Seeleuten und Händlern Geschichten, Überlieferungen und allerlei Tatsachen und Beobachtungen über die vorherrschenden Passat-Winde und Meeresströmungen und über das verschiedene Strandgut, Schiffe und Leichen, die an die Strände der Kanarischen Inseln und der Azoren getrieben wurden, sammeln, Informationen, die jene Theorie bestätigten, die zur ersten Reise in den unbekannten Atlantik führte.

Wir wollen für einen Augenblick außer acht lassen, daß Kolumbus mit offenen Augen und Ohren viele Jahre lang zur See gefahren ist, ehe er von der Lage jenes Landes überzeugt war, das er auf der anderen Seite des Ozeans zu finden erwartete. Er brauchte wirklich keine Begegnung mit irgendwelchen Nordmännern mehr, um über Vinland zu hören, ebensowenig mußte er nach Griechenland oder Alexandria fahren, um die Lehre zu vernehmen, daß die Erde rund sei. Alle entscheidend wichtigen Kenntnisse, die Kolumbus brauchte, um zu dem grundlegenden Schluß für seine Reise zu gelangen, standen ihm auf seiner eigenen Mittelmeerhalbinsel zur Verfügung. Was irgendeine Nation in der christlichen Welt erfuhr, wurde, soweit es von wissenschaftlichem oder wirtschaftlichem Wert war, rasch in Rom bekannt. Die Norweger machten niemals ein Geheimnis aus ihren Siedlungen auf Grönland und ihren Vorstößen nach Vinland, sondern gaben unverzüglich alle wichtigen Informationen an die Kirche in Rom weiter. Die unmittelbaren Verbindungen zwischen dem fernen Norwegen und der italienischen Halbinsel zu Lande und zur See waren lebhafter, als allgemein angenommen wird. Wie viele Menschen haben schon einmal darüber nachgedacht, daß kein geringerer als Leiv Eiriksson, der Entdecker Vinlands, als er im Jahr 999 von Norwegen zurück zur heidnischen Kolonie seines Vaters, Eiriks des Roten, auf Grönland segelte, einen katholischen Priester und christliche Lehrer mitbrachte. Leiv Eiriksson nahm diesen Priester auf ausdrückliche Anordnung von König Olav, dessen Beziehungen zu Rom ausgezeichnet waren, mit nach Grönland. Nach ihm leistete ein anderer norwegischer Wikinger-Monarch, der heilige Olav, der mittelalterlichen Kirche dadurch große Dienste, daß er die Herrschaft dieser Kirche vom eigentlichen Norwegen aus in all die weitverstreuten norwegischen Siedlungen nach Westen über die Nordsee und sogar über den Nordatlantik verbreitete.

Den katholischen Priestern, die seit 999 in den norwegischen Siedlungen auf Grönland lebten, folgte im Jahr 1112 der erste Bischof. Zu der Zeit wußte die Kirche so gut über das Vorhandensein des neuen Landes Bescheid, das westlich von Grönland entdeckt worden war, daß die isländischen Annalen berichten, Bischof Eirik Gnupsson sei nach seinem Besuch bei der grönländischen Gemeinde von dort ausdrücklich weitergesegelt, um Vinland zu besuchen. Weitere Einzelheiten über seine Tätigkeit auf der anderen Seite des Atlantik sind nicht erhalten, doch kurz darauf schickte die inzwischen katholische norwegische Siedlung auf Grönland

Schiffsladungen von Walroßzähnen, Pelzen und einen lebendigen Eisbären an König Sigurd von Norwegen und erbat einen ständigen Bischof auf Grönland. Dieser König, der persönlich eine norwegische Expedition nach Jerusalem geführt hatte und deshalb als Sigurd Jordsalfarer (Sigurd, Pilger ins Heilige Land) bekannt wurde, erfüllte die Bitte unverzüglich, und von 1126 an hatte die grönländische Siedlung einen eigenen residierenden Bischof. Nicht lange danach hatte sie zwei, da sich die norwegischen Bauernhöfe und Kirchen auf Westgrönland über weite Strecken verbreiteten.

Man muß sich hier vor Augen halten, daß es in den Jahrhunderten von Leiv Eiriksson bis Christoph Kolumbus keine Isolierung zwischen dem mächtigen Königreich Norwegen und der Mittelmeerwelt gab. Mindestens vier norwegische Könige segelten persönlich mit ihrer Flotte ins Mittelmeer, um ein Bad im heiligen Jordan-Fluß zu nehmen. Man mag ihre sittlichen Verdienste bezweifeln, doch ihre Treue gegenüber der römischen Kirche ist gut dokumentiert. Der König von Norwegen zwang sogar die ferne grönländische Siedlung, der Kirche regelmäßig Kreuzzugsabgaben zu zahlen, die für die gemeinsamen Bemühungen des christlichen Europa, das Heilige Land von den Sarazenen zurückzuerobern, verwendet wurden. Vom 12. bis zum 14. Jahrhundert wuchs die Kirche auf Grönland und wurde zu einer wirklichen Macht. In dieser vorkolumbischen Zeit wurden siebzehn Kirchen an der Westküste errichtet, der Amerika jenseits der Davis-Straße gegenüberlag, und neben den bischöflichen Residenzen, einer Kathedrale und zweihundertachtzig Bauernhöfen gab es zwei Klöster, eines für Nonnen, dem heiligen Benedikt geweiht, und eines für Mönche, dem heiligen Olav und dem heiligen Augustin geweiht. Das ist nicht nur aus schriftlichen Berichten bekannt, sondern auch aus den Ruinen, die noch vorhanden und von dänischen Archäologen studiert worden sind. Die norwegischen Aktivitäten in Vinland, auf der gegenüberliegenden Seite der Davis-Straße, sind jetzt sowohl durch die aufgezeichneten isländischen Sagas als auch durch die jüngsten Ausgrabungen der Ingstad-Archäologen-Gruppe bestätigt worden. Diese Wissenschaftler fanden typisch nordmännische Hausfundamente mit einer Raseneisenerzschmiede und einem Spinnwirtel in Lanse aux Meadows, Neufundland, und datierten sie nach der Radiokarbonmethode auf das elfte Jahrhundert. Da wir gewöhnt sind, alle frühen Norweger auf Grönland Wikinger zu nennen, vergessen wir ganz, daß dies eine mißbräuchliche Benutzung des Wortes ist, denn diese Leute waren christliche Siedler, während Wiking der altnordische Ausdruck für einen seefahrenden Freibeuter ist und sich ebensowenig auf die Gesamtbevölkerung bezieht wie »Pirat« auf alle Zeitgenossen aus England.

Die Isolierung der norwegischen Siedlungen auf Grönland von der übrigen katholischen Welt auf der europäischen Seite des Atlantik führte zu gewissen Problemen bei der Bemühung, die damaligen christlichen Regeln einzuhalten. Die Siedlung war klein und Ehen zwischen Verwandten kaum zu vermeiden, besonders seitdem ein päpstlicher Erlaß Ehen zwischen Partnern verbot, die durch weniger als sieben Generationen voneinander entfernt waren. Die grönländische Siedlung hatte im zwölften Jahrhundert kaum so viele Generationen aufzuweisen, und von Norwegen wurden Gesandte nach Rom geschickt, um Papst Alexander III. um Dispens zu bitten, da die Siedler auf der fernen arktischen Insel eine zwölftägige Seereise unternehmen mußten, um anderswo christliche Frauen zu suchen. Der Papst erlaubte dem norwegischen Erzbischof, in Sonderfällen auch Ehen zu erlauben, bei denen die Partner nur fünf Generationen voneinander entfernt waren. Die Sakramente verursachten übrigens in einem arktischen Gebiet, wo weder Wein noch Getreide wuchs, weitere Probleme. Die grönländische Gemeinde bat deshalb später in Rom um die Erlaubnis, Wein durch Bier oder vergorenen Krähenbeerensaft zu ersetzen und statt Brot Fleisch oder andere verfügbare Lebensmittel zu benutzen. Papst Gregor griff im Jahr 1237 persönlich mit einem Brief an den norwegischen Erzbischof ein, in dem er forderte, daß seine grönländische Gemeinde bei den Sakramenten mindestens den Gebrauch von Brot beibehalte. Im Jahr 1276 schrieb Papst Johannes XXI. an den norwegischen Erzbischof, der von der ihm kürzlich auferlegten Pflicht entbunden werden wollte, die Kreuzzugsabgaben persönlich bei den Bischöfen auf Grönland einzutreiben, wobei er auf die riesige Entfernung und die Wut des großen Ozeans hingewiesen hatte. Doch erst im Jahr 1279 erlaubte Papst Nikolaus III. dem Erzbischof, an seiner Stelle einen Bevollmächtigten auf die lange gefährliche Reise zu schicken. Drei Jahre später kehrte der Bevollmächtigte zurück, und der Erzbischof schrieb dem Papst, die grönländische Gemeinde sei arm bis auf Pelze und Walroßzähne, die kaum Wert als Kreuzzugsabgabe hätten. Doch der Papst verzichtete nicht auf die Grönland auferlegten Abgaben und forderte in einem Brief im Jahr 1282, daß diese ferne christliche Siedlung die Kreuzzugsabgaben weiterzahlen müsse, daß sie es jedoch in Naturalien tun dürfe, die die Kirche in Norwegen verkaufen solle.

Die Kirche scheint vor der Abnahme der Bevölkerung, die gegen 1500 zum völligen Verschwinden der Siedlungen führte, der größte Grundbesitzer auf Grönland gewesen zu sein. Rom verfolgte jedoch die Aktivitäten auf Grönland, solange die christliche Siedlung am Leben blieb, und die Warensendungen von Grönland wurden, wenn die Schiffe in Bergen (Norwegen) eintrafen, geprüft, verkauft und versteuert. Die Listen, die Erzbischof Erik Valkendorf und der Historiker Absalon Pederson Beyer in Bergen im sechzehnten Jahrhundert unabhängig voneinander anlegten, stimmen mit den frühen Sagas darin überein, denn sie weisen darauf hin, daß die grönländische Kolonie viel von ihrem Bauholz und Pelzwerk durch Handel über die Davis-Straße erhielt. Die Saga des Torfinn Karlsevne berichtet wieder, daß Torfinn während seines Aufenthalts in Vinland mit den Skrälingen Handel trieb, um »Eichhörnchen-, Zobelfelle und alle Arten von Pelzen« zu erwerben. Beyers Liste der Dinge, die der norwegischen Siedlung auf der anderen Seite des Atlantik zur Verfügung standen, verzeichnet unter anderem Zobel, Marder, Hirsche und riesige Wälder; unter den Handelswaren auf der Grönland-Liste des Erzbischofs finden sich Schwarzbär, Biber, Otter, Hermelin, Zobel, Vielfraß und Luchs, die sämtlich nordamerikanische Tiere und auf Grönland nicht zu finden sind. Die Grönländer – und niemand sonst – konnten den reinweißen Gerfalken liefern, der für die Jagd so außerordentlich geschätzt wurde und in Europa nicht vorkam.

Roms Sorge um den drohenden Verlust der grönländischen Gemeinde spiegelt sich in einem Brief des Papstes Nikolaus V. aus dem Jahr 1448 an zwei dortige Bischöfe wider, nämlich die Deutschen Marcellus und Matthäus, die den Papst durch Betrug dazu gebracht hatten, sie zu Bischöfen von Grönland zu weihen. Der Papst erklärte, daß eine Flotte von Barbaren kürzlich die norwegischen Siedlungen auf Grönland überfallen und alle geweihten Gebäude zerstört hatten, außer neun Ortskirchen, die infolge ihrer geschützten Lage auf steilen Klippen verschont geblieben waren. Der größte Teil der Gemeindemitglieder sei jedoch in ihre verheerten Siedlungen zurückgekehrt, »voller Verlangen, den Gottesdienst wiederaufzunehmen und auszudehnen«.

Noch im Jahr 1492, im gleichen Jahr also, als Kolumbus nach Amerika aufbrach, erwähnt ein päpstlicher Brief die allmählich verschwindende Gemeinde auf Grönland und berichtet, daß sie sich überwiegend von Dörrfisch und Milch ernährt habe.

Wenn sich über Kolumbus etwas mit Sicherheit sagen läßt, dann, daß er ein eifriger Katholik war, der römischen Kirche eng verbunden, und zweifellos sowohl ihre missionarischen Bestrebungen als auch ihre geographischen Kenntnisse teilte. Sein Glaube und sein Wissen verliehen ihm den Mut und die Überzeugung, mit denen er sich aufmachte, um sein historisches Unternehmen zu verwirklichen. Dies allein erklärt, weshalb sich Kolumbus jahrelang unermüdlich bemühte, den Rat von Genua und die Königshäuser von Portugal, Frankreich, England und Spanien von seiner kühnen Behauptung zu überzeugen, es gebe auf der anderen Seite des Atlantik Land, in einer ausdrücklich angegebenen Entfernung, die lediglich ein Viertel von dem betrug, was alle Gelehrten bisher berechnet hatten. Aufgrund seines Glaubens und seines Wissens konnte Kolumbus seiner Sache so sicher sein, daß er sich bereit erklärte, mit seinem Leben dafür einzustehen. Um sich durchzusetzen und um das Startkapital für sein umstrittenes Unternehmen zusammenzubringen, bediente er sich einer Kombination aus Bruchstücken von geographischen Fakten und logischen Argumenten. Er mußte mehr vorweisen als Charme und leere Hände, um von den in Kriege verstrickten Herrschern Spaniens zu erhalten, was sie einem ausländischen Seemann aus Genua niemals gegeben hätten, wenn er nicht mehr zu bieten gehabt hätte als die Idee, daß die Erde rund sei. Die Kugelform unseres Planeten war eine wohlbekannte Theorie, die die katholischen Majestäten in Spanien mit ihren eigenen Beratern schon längst akzeptiert oder auch zurückgewiesen hatten, und keineswegs den hohen Preis wert, den sie Kolumbus zur Verfügung stellten: drei ausgerüstete Schiffe für seine Expedition, einhundertzwanzig Mann, darunter Adlige, Beamte und Soldaten, einen Betrag von zwei Millionen Kupfermünzen, den Status eines spanischen Edelmannes, den Rang des

Großadmirals der Meere, die Macht als Vizekönig und unabsetzbarer Gouverneur aller Inseln und festen Länder, die er selbst oder sonst jemand in Zukunft im Ozean entdecken und erobern würde, und die Zusicherung, daß all diese Ehren auf den jeweils erstgeborenen Sohn von Generation zu Generation vererbt werden sollten. Dieser ungeheure Preis wird in der Rede des Kolumbus, »In nomine Domini nostri Jhesu Christi«, die er für den Vortrag vor König Ferdinand und Königin Isabella von Spanien vorbereitet hatte, aufgezählt und zeigt am besten, daß der Ausländer aus Genua mehr zu verkaufen hatte als bloße Beredsamkeit. Kolumbus' späterer Reisegefährte, der Chronist Las Casas, weist darauf hin, daß sich Kolumbus vor der Abreise der Lage der Länder, zu denen er segelte, so sicher war, als hätte er sie »in seinem Zimmer«. Auch einige Seeleute von der ersten Fahrt bezeugen, Kolumbus habe ihnen vorher versichert, sie könnten sicher sein, nach einer Reise von nur achthundert spanischen Meilen Land zu finden – was auch geschah. Kolumbus folgte beharrlich dem 28. nördlichen Breitengrad, auf dem Florida liegt. Dieser Kurs hätte ihn weit nördlich von jeder Landkennung in Indien oder Indonesien vorbeigeführt. Doch er war sich dieses Kurses so sicher, daß er sich energisch weigerte, nach Südsüdwest abzudrehen, wie es in Verzweiflung geratene Offiziere und Mannschaften forderten, weil sie Anzeichen von Land in dieser Richtung entdeckt zu haben behaupteten. Wie das Tagebuch des Kolumbus zeigt, blieb er trotz der sich zusammenbrauenden Gefahr einer Meuterei und mit Hilfe eines doppelten Logbuches, das er führte, um seine Reisegefährten zu täuschen (sie sollten annehmen, noch nicht so weit von Spanien entfernt zu sein), bei seiner Ansicht, daß kein anderer Kurs als der, den er steuern ließ, sie rascher zu festem Land bringen würde. Eine kurze Kursabweichung, um die von seinem Vertreter geführte offene Revolte zu vermeiden, zeigte, daß Kolumbus recht hatte. Und am 11. Oktober 1492, als seine erschöpfte Mannschaft schon alle Hoffnung aufgab und die Küste Asiens noch mehr als den halben Erdumfang entfernt war, erklärte Kolumbus, daß sie am folgenden Tag Land sichten würden. Land wurde am nächsten Tag gesichtet, eine Insel, ostsüdostwärts von Florida, wobei die zahllosen Inseln und das Festland der Skrälinge unmittelbar dahinter eine weitere Passage versperrte.

Kolumbus fand die Skrälinge und brachte ihnen das Christentum. Niemand kann leugnen, daß er der historische Vater des europäischen Amerika wurde, ebensowenig, daß er für alle Zeiten die einzige historische Gestalt bleiben wird, deren Entdeckungen allen folgenden Generationen des Menschen den stärksten Anstoß gegeben haben. Außerdem ist anzuerkennen, daß dieser große Expeditionsorganisator Land erreichte und seine Mannschaft nicht durch Glück und Zufall, sondern durch kluge Sichtung aller Indizien, logische Ableitung und peinlich genaue Planung rettete. So sehen wir in ihm heute keinen starrsinnigen und fanatischen Seebären, der seine Mannschaft ungerechtfertigten Gefahren aussetzt, sondern einen Mann von erheblicher Weisheit und Vernunft, ein methodischer Navigator, der keinen Hinweis außer acht ließ, der von den Gelehrten seiner Zeit und der Kirche gesammelt worden war, um sein Ziel dem vorgefaßten Plan entsprechend zu erreichen. Um eine klare Perspektive dieses größten bekannten Seeabenteuers in der Geschichte zu erhalten, muß man sich eine Linie vorstellen, die über die mittelalterliche Terra incognita von Marco Polos Asien bis zum Amerika der Norweger abgesteckt war.

Teil II

Zwischen den Kulturen Altamerikas und Polynesiens

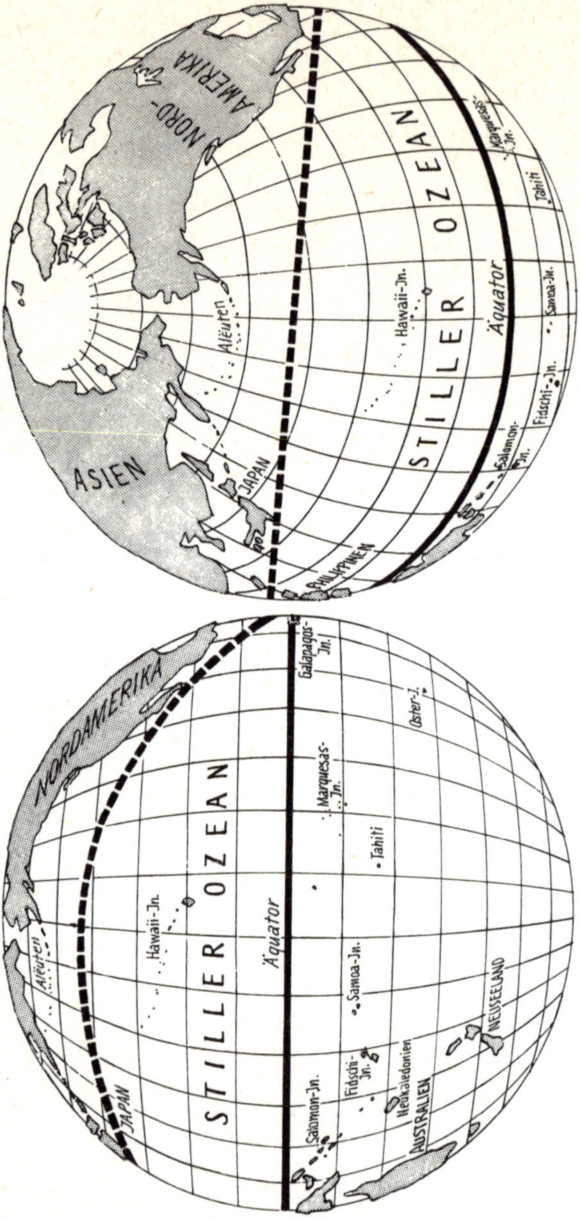

Die meisten Weltkarten sind stark verzerrt. In Wirklichkeit ist eine Reise von Singapur über die Alëuten nach Ekuador nicht weiter als dieselbe Reise längs des Äquators.

Kapitel 6

Das Problem der Besiedlung Polynesiens

Wir kommen nun zu den Kapiteln, die sich mit dem Problem beschäftigen, das für Heyerdahl in der ersten Phase seiner wissenschaftlichen Tätigkeit im Zentrum stand, nämlich Seefahrten im Pazifik und die Besiedlungsgeschichte Polynesiens.

Wir haben bereits von seiner These gehört, es habe eine Besiedlungswelle gegeben, die von der Küste Südamerikas zur Inselwelt Ozeaniens gelangte und dort ein reiches Erbe mit ausgeprägten Hochkulturzügen hinterließ. Diese These hat durch Heyerdahls Beweisantrag, die Kon-Tiki-Expedition, weltweite Beachtung gefunden. Weniger bekannt ist, daß Heyerdahl von Anfang an die Auffassung vertreten hat, die Floßfahrer Südamerikas seien nur die ersten, nicht aber die sprachlich bestimmenden Besiedler Polynesiens gewesen: sie wurden später von einer zweiten Wanderungswelle überlagert, die aus Asiaten bestand. Jedoch kamen sie nicht über Melanesien und Mikronesien, sondern ursprünglich durch den Nordpazifik und erreichten zunächst die Nordwestküste Nordamerikas. Von dort sei es viel leichter gewesen, unterstützt von Wind und Strömung zu den weitverstreuten Inseln Ozeaniens zu gelangen.

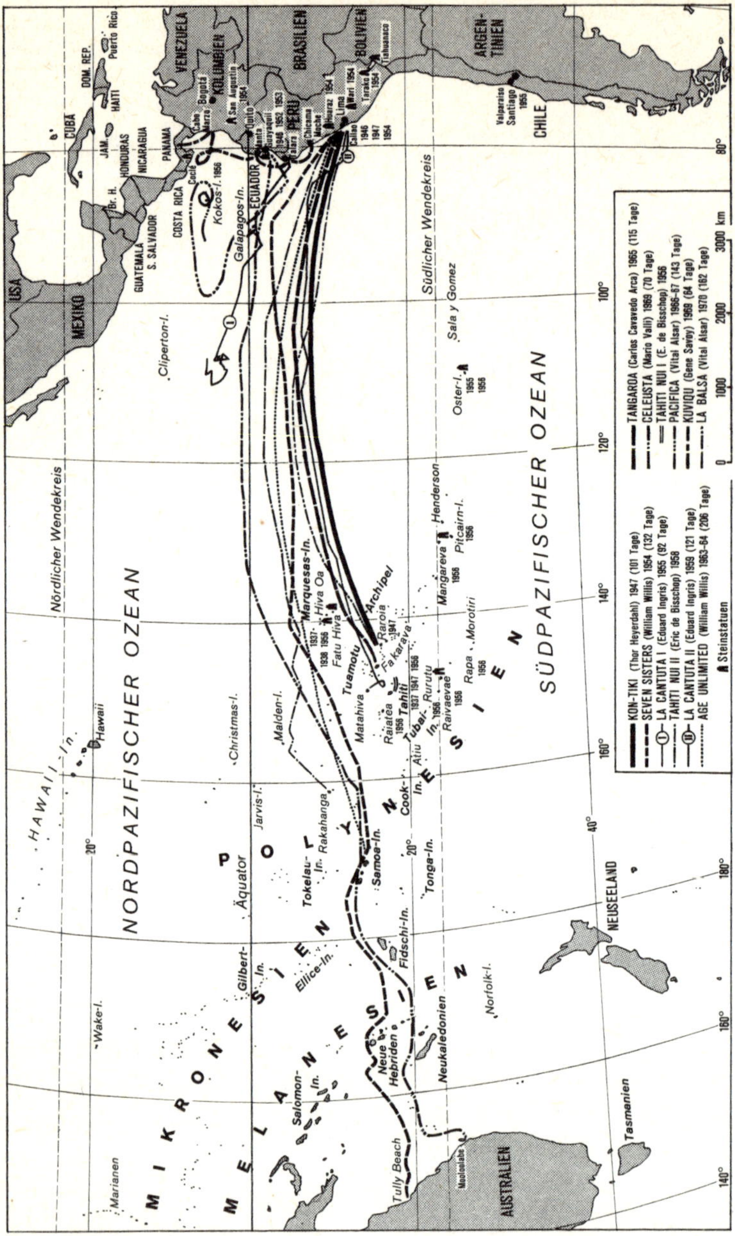

Das »primitive« Balsa-Floß kann auf der Mendana- oder Inka-Route mit Hilfe der Strömungen und Winde bis nach Polynesien oder gar Australien gelangen. Wer jedoch nördlich davon in die Kalmen gerät, scheitert.

Vor zweihundert Jahren bestand allgemein die Auffassung, daß die polynesischen Stämme auf den isolierten Inseln im Ostpazifik Indianer seien, herübergetragen – wie auch alle frühen Europäer – von den vorherrschenden, von Osten kommenden Winden und Strömungen. (Man muß sich erinnern, daß im Pazifischen Ozean Osten die amerikanische und Westen die asiatische Seite ist.) Seit den Tagen Magellans bis zur Zeit Kapitän Cooks in der zweiten Hälfte des achtzehnten Jahrhunderts war es noch keinem europäischen Schiff geglückt, von den europäischen Kolonien in Indonesien irgendeinen Teil Polynesiens zu erreichen. Alle Südseereisen folgten ausnahmslos dem Humboldt-Strom und den Passaten von Südamerika westwärts nach Polynesien. Um von dort nach Amerika zurückzukehren, war es notwendig, westwärts weiterzusegeln, geradewegs in die Gewässer Indonesiens, und dann einen großen Bogen nach Norden entlang der Küste Asiens zu beschreiben, um in den äußersten nördlichen Breiten jenseits von Hawaii Amerika wieder zu erreichen.

Zur Zeit Kapitän Cooks jedoch entdeckte man, daß die Südseebewohner und die malaiischen Stämme gewisse Wörter und Sprachwurzeln gemeinsam hatten, und von dem Augenblick an wurde allgemein angenommen, den polynesischen Stämmen der Steinzeit sei gelungen, was kein europäisches Segelschiff vermocht hatte: eine Fahrt nach Osten, vom malaiischen Bereich nach Polynesien. Dieses starke linguistische Argument wurde noch durch die Feststellung gestützt, daß die polynesische Inselbevölkerung Schweine, Hühner, den Brotfruchtbaum, die Banane, das Zuckerrohr, Yam und Taro besaß sowie Ausleger an ihren Kanus verwendete, alles fraglos asiatische Kulturelemente, die in ganz Amerika fehlten und unbekannt waren.

Ethnographisch gesehen, schien sich so die Herkunftsfrage der Polynesier zuerst ganz einfach zu lösen. Als jedoch Vertreter der physischen Anthropologie, Archäologen und Ethnologen im neunzehnten und zwanzigsten Jahrhundert tiefer in das polynesische Problem einzudringen begannen, stießen sie auf unüberwindliche Schwierigkeiten und Widersprüche. Anthropologen wie A. R. Wallace (1870), J. Deniker (1900) und L. R. Sullivan (1923) stellten fundamentale Unterschiede zwischen polynesischen und malaiischen Stämmen in Größe, Körperbau, Schädelform, Nasenform, Bartwuchs und Körperbehaarung, selbst in Haartextur, Augenfarbe und Pigmentation fest. Kürzlich gemachte moderne Blutuntersuchungen in den Commonwealth-Laboratorien von Melbourne haben derart grundsätzliche Verschiedenheiten im erblichen Blutbild ergeben, daß die Möglichkeit schwindet, in den Polynesiern direkte Nachkommen malaiischer oder südostasiatischer Stämme zu sehen. R. T. Simmons, J. J. Graydon, N. M. Semple und E. I. Fry, führende britische Serologen, veröffentlichten im »American Journal of Physical Anthropologie« im Dezember 1955 einen gemeinschaftlichen Bericht über ihre Untersuchungen, wobei sie zu dem Resultat kamen, »daß von der Blutuntersuchung her eine nahe genetische Verwandtschaft zwischen amerikanischen Indianern und Polynesiern besteht, daß jedoch keine ähnliche Verwandtschaft nachzuweisen ist, wenn man Polynesier mit Melanesiern, Mikronesiern und Indonesiern vergleicht, ausgenommen in den unmittelbaren Grenzzonen direkten Kontakts«.

Trotz intensiver Suche innerhalb des gesamten malaiischen Gebietes nach physischen und kulturellen Spuren der Protopolynesier gelang es weder Archäologen noch Ethnologen, irgendwelche Reste zu finden. Sie entdeckten vielmehr unabhängig voneinander grundlegende kulturelle Beweise gegen eine Verbreitung polynesischer Kultur aus dem malaiischen Gebiet. Die relative Gleichartigkeit des spezifisch polynesischen Kulturmusters – von Hawaii im Norden bis Neuseeland im Süden, von Samoa bis zur Osterinsel – ist nur zu erklären, wenn es bereits vor seiner Ausbreitung nach dem Ostpazifik voll entwickelt war. Die Situation deutet obendrein auf verhältnismäßig späten Aufbruch und junge Ausbreitung der weitgefächerten Stämme. Polynesienexperten haben vermutet, daß die letzte große Bewegung nach Polynesien überhaupt erst im zwölften Jahrhundert n. Chr. stattgefunden habe. Und doch erscheint nicht eine der charakteristischen polynesischen Gerätformen in Indonesien oder auf den mikronesisch-melanesischen Inseln, die sich zwischen die beiden Gebiete schieben. Die einzige Ausnahme sind möglicherweise gewisse Typen von Steinbeilen, die als Dechsel verwendet wurden (das heißt, quer zum Stiel geschäftet, wie eine Hacke), auf den nördlichen Philippinen. Man hatte sie aber dort längst aufgegeben und durch andere Werkzeuge ersetzt – mehr als zwei Jahrtausende vor der letzten polynesischen Einwanderung. Das Eisen hat sich von der malaiischen Halbinsel über Borneo und Java um 200 v. Chr. verbreitet, dennoch kannte ganz Polynesien keine Metalle.

Ein ähnliches Problem bildete die Tatsache, daß sowohl Töpferei als auch Weberei bei sämtlichen polynesischen Stämmen unbekannt waren, zwei höchst wichtige Zeugen der Kulturdiffusion (Kulturverbreitung), die wir irgendwie für den einen oder anderen Weg in Rechnung zu stellen haben. Keramische Kunst wie Webstuhl sind nämlich zwei weitverbreitete Kulturelemente, fast im ganzen Umkreis des Pazifik, in Indonesien seit früher, vorchristlicher Zeit, zu Hause. Ebenso war das Rad, von hohem Alter und großer Bedeutung in der Alten Welt, in Polynesien unbekannt – obwohl es gepflasterte Straßen gab. Das Betelkauen (der Brauch, Betelnüsse zusammen mit gebranntem Kalk zu kauen), eine tief eingewurzelte Sitte von Indonesien ostwärts bis einschließlich Melanesien, verschwindet plötzlich an den Grenzen Polynesiens, wo das zeremonielle Kawa-Trinken beginnt, ein Brauch, den es wiederum in Indonesien nicht gibt. (Kawa ist vergorener und mit Wasser versetzter Saft der zerkauten Wurzeln des Rausch- oder Kawapfeffers, *Piper methysticum.*) Palmwein, uralt und weitverbreitet in Indonesien, war in Polynesien völlig unbekannt, wie überhaupt jede Art von Alkohol vor der Einführung durch den Europäer. Saiteninstrumente, die das Weltzentrum ihrer Entwicklung und die größte Variationsbreite in Asien und Indonesien haben, waren unter all den musikliebenden Polynesiern unbekannt. Pfeil und Bogen als Kriegswaffen hören abrupt an der Grenzlinie zwischen Melanesien und Polynesien auf. Der schwedische Ethnologe B. Anell hat sich in einer Untersuchung im Jahre 1955 bemüht, einen Ausstrahlungspunkt der Polynesier im Malaiischen Archipel an Hand einer Erforschung der Fischfanggeräte zu lokalisieren, förderte aber nicht einen einzigen gemeinsamen Zug in den beiden Gebieten zutage. Anell schließt daraus, daß die polynesische Fischfangkultur ihren Ursprung nicht im malaiischen Bereich gehabt haben kann, sondern sich an eine nördlich bestimmte Fischerkultur anschließt, die im Umkreis des Pazifik auf Nordostasien einschließlich Japan, auf Nord- und Südamerika sowie Polynesien und Mikronesien in der ozeanischen Inselwelt eingewirkt haben muß.

Es ist daher durchaus verständlich, daß der führende amerikanische Polynesien-Forscher Sullivan, als er 1923 die bisherigen Theorien über die Herkunft der Polynesier einer neuerlichen Prüfung unterzog, wie nach ihm der englische Ethnologe R. W. Williamson im Jahre 1939, zu dem Schluß kam, daß keine zwei Theorien übereinstimmten und daß der Forscher keinerlei Aufklärung über Ursprungszentrum und Wanderweg des polynesischen Volkes zu erwarten habe. Als ich dann 1952 diese Übersicht auf den laufenden Stand brachte, hatten mehr als dreißig Wissenschaftler mehr als dreißig divergierende und einander widersprechende Theorien veröffentlicht in dem Bemühen, die jungen polynesischen Stämme aus der Alten Welt abzuleiten. Die meisten traten dafür ein, daß zwei – einige sagten drei – verschiedene Völker mit verschiedenen Kulturen Polynesien unabhängig voneinander und zu verschiedenen Zeiten erreicht hätten. Den einzigen Wegweiser, dem alle folgten, bot die Linguistik mit dem Nachweis malaiisch-polynesischer Beziehungen. Da eine physische Verwandtschaft zwischen Polynesiern und Malaien sich als unwahrscheinlich, ja unmöglich erwies und selbst die linguistische Übereinstimmung diffus und sporadisch war – eine Wurzel hier, eine dort, bei weit voneinander getrennten malaiischen Stämmen –, blieb der Spekulation unbegrenzter Raum. Die meisten jüngeren Forscher hatten sich deshalb dem asiatischen Festland zugewandt. Es war aufgrund linguistischer Überlegungen offensichtlich, daß irgendwann ein Kontakt zwischen den Vorfahren der Polynesier und jener der Malaien bestanden haben mußte, aber es wurde zunehmend zweifelhaft, ob die Ahnen der Polynesier je innerhalb des malaiischen Raumes gewohnt hatten. Nun sind die

Malaien in ihrem gegenwärtigen insularen Wohngebiet auch nicht ureingesessen, so wenig wie die Polynesier. Sicher haben die Malaien den Archipel, den sie jetzt bewohnen, auf Wanderungen erreicht, die von der nahen Festlandküste ausgingen. Die Verwandtschaft zwischen den beiden Gruppen mag älter sein als diese geographische Verschiebung.

Aufgrund des bemerkenswert vagen und widerspruchsvollen Charakters der malaiisch-polynesischen Theorie fand ich es notwendig, den Wert der wichtigsten Argumente neu zu überprüfen, die für polynesische Seefahrten von Indonesien aus ins Treffen geführt werden, nämlich das Auftreten des Auslegers (der Ausleger wurde von Vorrichtungen abgeleitet, die zur Stabilisierung der Boote in den reißenden Flüssen Südostasiens dienten) und der vielzitierten Haustiere und Nutzpflanzen. Das Ergebnis war zumindest überraschend. Der bekannte Polynesienfachmann und Verteidiger der malaio-polynesischen Theorie, Sir Peter Buck, hatte bereits 1938 klargestellt, daß die frühen Besiedler Polynesiens ihren heutigen Wohnsitz im Ostpazifik erreicht hatten, ohne irgendeine der in Frage stehenden indonesischen Pflanzen zu kennen. Er zeigte, daß so wichtige Nahrungspflanzen der Alten Welt wie Brotfrucht, Banane, Yam und Taro (bessere Sorte) keineswegs von Polynesiern aus Indonesien ostwärts gebracht worden waren, sondern im Zuge der verschiedenen melanesischen Wanderungsschübe von Indonesien und Neuguinea bis zu deren letztem Außenposten im Osten, den Fidschi-Inseln, mehr oder weniger direkt mitgeschleppt wurden. Auf den Fidschi-Inseln wurden diese ursprünglich indonesischen Pflanzen dann von polynesischen Besuchern aus dem Osten aufgegriffen, deren Weg nach Bucks These über die Atolle Mikronesiens geführt hatte, wo alle diese Pflanzen unbekannt waren. Genau dasselbe geschah mit dem Schwein und dem Huhn, Tieren der Alten Welt, die den ursprünglichen Siedlern Polynesiens zugegebenermaßen völlig unbekannt waren, bis sie – nach Buck – von Besuchern der Fidschi-Inseln übernommen wurden, zu einer Zeit, die schon im Bereich der mündlichen Überlieferung lag. Das erkläre auch das merkwürdige Fehlen dieser wichtigen Tiere bei all den zahlreichen Maori-Stämmen, die in mehreren Schüben vom polynesischen Kerngebiet aus Neuseeland besiedelt hatten, die aber bereits im vierzehnten Jahrhundert die Verbindung mit den übrigen

Inseln verloren, bevor Schwein und Huhn dort noch bekannt wurden. Die Tatsache, daß alle Maori-Stämme genauso wie die Maori auf Chatham Island sich von ihren Stammverwandten in Kern-Polynesien in früher Zeit trennten, während der Rest der polynesischen Stämme Handel und Wandel von Insel zu Insel bis in die Zeit der europäischen Entdeckung fortsetzten, bewahrte Maori und Moriori als die einzigen Beispiele der reinen polynesischen Kultur des vierzehnten Jahrhunderts. Bezeichnenderweise war auch die Erfindung des Auslegers allen Maori- und Moriori-Stämmen bei der Ankunft der Europäer unbekannt.

Das übrige Polynesien jedoch entlehnte, als es Schwein, Huhn und melanesische Kulturpflanzen von den benachbaren Fidschi-Inseln übernahm, auch das geniale Prinzip der Anbringung von Auslegern, um die Planken-Kanus zu stabilisieren. Dabei ist zu beachten, daß der melanesische Typ des einfachen Auslegers übernommen wurde. Der beidseitige oder Doppelausleger, wie er in ganz Indonesien verwendet wird, hat Polynesien nie erreicht.

So erweisen sich bei kritischer Prüfung die wenigen Argumente aus dem Bereich der materiellen Kultur, die bisher zur Stützung der linguistischen Indizien für eine polynesische Heimat in Indonesien dienen mußten, als nicht begründet und trügerisch. Man kann vielmehr den Spieß umdrehen und sie dem übrigen negativen Beweismaterial hinzufügen, wenn wir uns fragen: Wie konnten die ersten Einwanderer von Indonesien aus Polynesien erreichen oder auch nur das melanesische Puffergebiet durchqueren, ohne Bekanntschaft mit dem einfachen und doppelten Ausleger, mit dem Schwein und mit dem Huhn zu machen?

Linguisten und Archäologen haben jetzt mit Entschiedenheit festgestellt, daß alle polynesischen Siedlungsreste innerhalb von Melanesien und Mikronesien von späten polynesischen Ankömmlingen aus Polynesien selbst zeugen, keinesfalls von einer Ostwanderung aus Indonesien. Man kann nicht umhin zu fragen: Wie konnten offene Boote der Steinzeitmenschen Indonesiens europäischen Schiffen noch des 18. Jahrhunderts so überlegen sein, daß sie sich den Weg gegen konstant widrige Winde und Strömungen erkämpften, sechstausend Kilometer weit, eine Passage an den feindbesetzten Küsten Mikronesiens oder Australo-Melanesiens vorbei, noch dazu ohne irgendwelche Spuren unterwegs zu hinterlassen? Der vor kurzem verstorbene, bekannte französische Seemann E. de Bisschop versuchte drei Jahre lang vergeblich, eine asiatische Dschunke auf östlichen Kurs zu zwingen, um eine altindonesische Wanderung nach Polynesien im Modell zu wiederholen. Ständig wurde er kurz vor Mikronesien abgetrieben, und schließlich gab er auf, wobei er im Jahre 1939 mit Recht erklärte, eine derartige Einwanderung sei auszuschließen.

Was passiert einem primitiven Fahrzeug wirklich, wenn es sich ohne Seekarten in die Weiten der Philippinen-See begibt, um unbekanntes Land zu entdecken? Es wird sofort vom Japan-Strom ergriffen und auf einer Route nördlich von Hawaii auf Nordwestamerika zu getrieben. Von der kanadisch-alaskischen Küste trägt es dann die Trift geradewegs auf Hawaii zu. Das wissen wir genau durch die vielen Verschlagenen in neuerer Zeit, die der Japan-Strom nach Nordwestamerika brachte. Außerdem stellten die Eingeborenen von Hawaii zur Zeit der Entdeckungen einige ihrer größten Kanus aus Treibholz von der Nordwestküste Amerikas her.

Eine urzeitliche Entdeckungsreise von Indonesien nach Polynesien ist nur möglich, wenn man dem naturgegebenen Bogen folgt, den die Elemente bis in den äußersten Nordpazifik und dann auf Hawaii zu beschreiben. Wenn wir diese unabdingbare, schlichte Tatsache einmal akzeptiert haben, beginnen unsere Probleme augenblicklich zu schwinden: Die Widersprüche von seiten der Navigation sind beseitigt. Die sechstausend Kilometer tiefe, feindselige Zone Mikronesiens und Melanesiens ist umschifft und wird erst sekundär, später und von einer anderen Seite her betreten. Fungierten die Inseln vor der Nordwestküste Amerikas (zum Beispiel Vancouver-Insel, Königin-Charlotte-Inseln, Alexander-Archipel) als Stützpunkte, dann erscheint das Fehlen von Keramik unter den polynesischen Stämmen plötzlich folgerichtig. Die ganze »Nordwestküste« (fester Begriff in der amerikanischen Ethnologie) kannte bis zur Ankunft der Europäer keine Töpferei – im Gegensatz zu fast allen anderen zirkumpazifischen Gebieten. Die Küstenstämme in diesem abgelegenen nordpazifischen Inselgebiet (zum Beispiel die Kwakiutl auf der Vancouver-Insel, die Haida auf den Charlotte-Inseln) verwendeten keine Tongefäße, sondern zum Backen den mit Steinen ausgelegten Erdofen, genau in der Form, die bei allen polynesischen Stämmen wieder auftritt. Auch das Fehlen des Webstuhls in Polynesien wird leicht verständlich, denn das gleiche Nordwestküsten-Inselgebiet war einer der wenigen Punkte im Umkreis des Pazifik, in denen der Webstuhl bis in historische Zeit unbekannt war. Da sie keinen Webstuhl hatten, schnitzten die alten Küstenbewohner gerillte Rindenklopfer aus Holz und Walknochen, die jenen, die in ganz Polynesien gebraucht werden, völlig gleichen, und gewannen hier wie dort damit das Material für ihre Gewänder, indem sie die eingeweichte innere Rinde bestimmter Bäume klopften. Die Mäntel der Maori auf Neuseeland – die ja nie die tropischen, Tapa liefernden Bäume besaßen – sind den Rindenmänteln der Nordwestküsten-Indianer so ähnlich, daß selbst geübte Fachleute sie auf den ersten Blick nicht unterscheiden können. (Tapa ist ein polynesischer Stoff, aus dem Bast des Papiermaulbeerbaumes, *Broussonetia papyrifera*, hergestellt.) Die breite chronologische Lücke zwischen dem Ende der Steinzeit in Indonesien und der Einwanderung in Polynesien läßt sich mit Hilfe eines Stützpunktes an der Nordwestküste ebenfalls mühelos überbrükken. Hier blieb die Kultur bis in europäische Zeit neolithisch; hier war das Hauptinstrument wie in ganz Polynesien das Querbeil, ganz analog mit einem Kniestiel geschäftet. Ein Typus der höchst spezialisierten Querbeilklingen Polynesiens begegnet uns unter den archäologischen Funden der amerikanischen Nordwestküste wieder. Hier finden wir auch die anderen differenzierten polynesischen Geräteformen, die in Südostasien völlig fehlen; hier finden sich auch die archäologisch faßbaren Vorstufen der sehr wichtigen und spezialisierten poi-Mörserkolben, die es in poliertem Stein in D-, T- und noch öfter in Glockenform gab; hier finden wir schließlich die Prototypen der ebenso spezialisierten Stein- und Walfischknochenkeulen vom patu- und mere-Typ mit all ihren charakteristischen Details. (Typen in der von vielen Forschern, darunter Buck, entwickelten Klassifikation polynesischer Kriegskeulen. Mere zum Beispiel ist eine spatelförmige Kurzkeule mit verdicktem Griffende.) Bogen und Pfeil wurden als Kampfwaffen verschmäht wie in Polynesien. In beiden Gebieten ersetzten Trommeln, Rasseln und Blasinstrumente die auffallend fehlenden Saiteninstrumente. Einige der geschnitzten anthropomorphen Kurzflöten bei den Maori sind jenen der Nordwestküsten-Stämme so ähnlich, daß sie als Nachahmungen gelten könnten. Die großen Holz-Kanus, auf denen die rein maritime Kultur der Nordwestküsten-Stämme basierte, konnten mehr als hundert Mann tragen, und frühe Seefahrer machten Bemerkungen über ihre erstaunliche Ähnlichkeit mit den Kriegs-Kanus der Maori. Wie in Polynesien wurde das Nordwestküsten-Kanu gelegentlich in ein Doppelboot verwandelt. Man band zwei zusammen und legte ein Plankendeck darüber, wenn eine Fahrt auf hoher See geplant war. Die Übereinstimmung in diesen Fahrzeugen geht noch über die Details der Konstruktion hinaus – Form und Ausmaße, Vernähen der Seitenplanken, eigene getrennte Bug- und Heckstücke mit Köpfen auf langem Schwanenhals –, sie schließt die Haltung der Benützer ein bis in solche Einzelheiten wie den unter einigen Maori- und Nordwestküsten-Stämmen belegten Brauch, ihre Kriegs-Kanus kurz vor dem Landen herumzureißen, da es als göttliches Vorrecht galt, mit dem Bug voran zu landen.

All diese, den Forscher überraschenden, aber doch zwingenden Parallelen und Übereinstimmungen zwischen dem Küstenarchipel von Nordwestamerika und dem fernen Polynesien sind von Zeit zu Zeit von frühen Seefahrern und modernen Anthropologen hervorgehoben worden neben vielen anderen verblüffenden Analogien, vom einzigen Typus der zusammengesetzten hölzernen Fischhaken angefangen bis zu den großen geschnitzten Pfosten und Bretterhäusern mit Giebeldach, deren Eingang zwischen den gespreizten Beinen eines Totempfahls liegt. R. B. Dixon, der kürzlich verstorbene Anthropologe, stellte 1933 fest, daß Cook, Vancouver und andere Seefahrer der Entdeckungszeit, die mit beiden Gebieten Bekanntschaft machten, von den kulturellen Ähnlichkeiten zwischen diesen zwei Pazifik-Regionen überrascht waren. Es ist höchst bemerkenswert, daß die gleichen Reisenden, die die sprachliche Verwandtschaft zwischen Polynesien und Indonesien aufdeckten, auch feststellten, alle Entsprechungen zu der materiellen Kultur Polynesiens konzentrierten sich an der amerikanischen Nordwestküste. Die Übereinstimmungen in Sozialsystemen, Glauben und Brauch sind zumindest genauso verblüffend und in der Literatur wiederholt aufgezeigt worden.

Wenn ich nun die Aufmerksamkeit auf diesen nordpazifischen Archipel, jenseits von Hawaii, als völlig logische Zwischenstation auf dem Weg von Ostasien nach Polynesien lenke, will ich nicht eine neue Urheimat der zuletzt eingetroffenen polynesischen Einwanderer postulieren, sondern nur eine neue Route. Die linguistisch erschlossene Herkunft bleibt dabei unangetastet. Irgendwelches linguistisches Beweismaterial, um die polynesische Wanderung auf die melanesische oder auch auf die mikronesische Route festzulegen, ist nie beigebracht worden. Von der Linguistik her ist die eine Zwischenstation genauso möglich wie die andere. Es scheint freilich im ganzen Nordwestküsten-Archipel keinen direkten Hinweis für eine Passage protomalaiischer Sprachen zu geben. Aber das mag daran liegen, daß (im Gegensatz zu den isolierten polynesischen Stämmen in Ozeanien) alle jene Stämme, die auf den kontinentnahen nordwestamerikanischen Inseln seßhaft wurden, ihre Sprache stark, über den Zustand in der Landnahmeperiode von Asien her hinweg, weiterentwickelt haben. Das läßt sich durch die Tatsache beweisen, daß die lokalen Stämme, die Kwakiutl, Haida, Selisch, Tsimschian, Tlingit und Nutka trotz enger Zusammengehörigkeit in Rasse und Kultur voneinander stark abweichende Sprachen sprechen. Vermutlich wurde wegen dieser irreführenden Diskrepanz von modernen Forschern nie ein ernsthafter Versuch gemacht, nach einer Urverwandtschaft zwischen den Nordwestküsten-Sprachen einerseits und den malaio-polynesischen andererseits zu fahnden. In den späten neunziger Jahren des vorigen Jahrhunderts allerdings gab es schon einen Ansatz. Der englische Sprachforscher J. Campbell vertrat (1897 bis 1898) die Meinung, die Haida-Sprache von den Königin-Charlotte-Inseln gehöre in die Ozeanische Familie, so gut wie das Polynesische. Er postulierte, die Haida-Sprache gehe auf frühe Einwanderer aus der Südsee zurück. Um die Jahrhundertwende präsentierte der kanadische Professor C. Hill-Tout eine linguistische Studie: »Ozeanischer Ursprung der Kwakiutl-, Nutka- und Selisch-Stämme von Britisch-Columbia ...«. Er argumentierte, die heute differenzierten Sprachen dieser Nordwestküsten-Stämme seien anscheinend Überreste einer alten Grundsprache, die mit dem modernen Polynesisch direkt verwandt ist. Seine Untersuchung verdient Aufmerksamkeit, und das ganze Problem sollte noch einmal ernsthaft aufgerollt werden.

Die nächste und vielleicht wichtigste Frage ist, ob sich auch der physische Anthropologe die Nordwestküsten-Stämme als fehlendes Bindeglied zwischen den physisch divergierenden indonesischen und polynesischen Völkerschaften vorstellen kann. Auch sie kann wiederum bejahend beantwortet werden. In Größe, Körperbau, Kopfform, Nasenform, Haartextur, Bartwuchs und Körperbehaarung sowie Pigmentation – worin die Polynesier von der indonesischen Bevölkerung drastisch abweichen – stimmen sie erstaunlich mit den charakteristischen Zügen der Haida und Kwakiutl des südzentralen Archipels der Nordwestküste überein. In den letzten Jahren lieferten die Untersuchungen der Blutfaktoren das massivste Argument für eine genetische Verwandtschaft zwischen den Bewohnern Polynesiens und Nordwestamerikas. Beide Gebiete stimmen – im Gegensatz zu Indonesien – in einem fast vollständigen Fehlen der dominanten, in Indonesien vorherrschenden Blutgruppe B, in einem hohen Anteil der Blutgruppe 0 und einem erstaunlich starken Anteil der Blutgruppe A überein. Das Fehlen der Blutgruppe B könnte anzeigen, daß das Strahlungszentrum für Malaien einerseits, Nordwestküsten-Indianer und Polynesier andererseits irgendwo im Norden der ostasiatischen Küste lag und daß die Malaien das dominante B-Gen erst erbten, nachdem sie ihr heutiges Gebiet erreicht hatten. In seinem Artikel über »Blutgruppen und die Polynesier« (1952) unterwirft der bekannte australische Fachmann Dr. J. J. Graydon die polynesisch-nordwestküsten-indianische Verwandtschaft, die ich erwog, einem weiteren Test durch Einschluß anderer Blutmerkmale in die Untersuchung. Er konfrontiert uns mit der Entdeckung, auch in anderer Hinsicht seien die Blutbilder dieser beiden benachbarten Völker einander »verblüffend ähnlich«. Beide seien ferner »bemerkenswert verschieden« von dem Blutbild Indonesiens und Mikronesiens. Er schließt: »Das in diesem Artikel vorgeführte serologische Material stützt eine polynesisch-amerikanische Verwandtschaft und macht es wahrscheinlich, daß die Inseln Polynesiens weitgehend durch Wanderungen, die vom kontinentalen Amerika ausgingen, besiedelt worden sind.« Später (1954) nahm der bekannte britische Serologe A. E. Mourant in einer Monographie über »die Verteilung menschlicher Blutgruppen« das Problem neu auf und zog den Schluß: »Beobachtungen über die AB-, MNS- und Rh-Blutgruppensysteme sind daher alle mit der Theorie Heyerdahls vereinbar.« Ich möchte als Kuriosum hinzufügen, daß ich, als ich nach einem in Südostpolynesien verbrachten Jahr mehrere Monate unter Bella-Coola-Selisch- (ein ebenfalls wichtiger Stamm der Nordwestküste) und Kwakiutl-Indianern lebte, von der physischen Ähnlichkeit überwältigt war. Im Gebiet des Bella-Coola-Tales, an der Zentralküste Britisch-Kolumbiens, fühlte ich mich ständig an einzelne Personen erinnert, die ich auf den Südsee-Inseln kennengelernt hatte.

Zusammenfassend möchte ich die Vermutung aussprechen, daß das ostasiatische Element in der polynesischen Rasse und Kultur Polynesien über Hawaii erreichte und daß das Nordwestküsten-Gebiet als eine logische, mögliche und notwendige Zwischenstation zu betrachten ist.

Es genügt jedoch weder Indonesien noch Nordwestamerika, allein oder kombiniert, um das Bild der polynesischen Inselkultur vollständig zu erklären. Die meisten Anthropologen sind sich einig, daß die polynesische Rasse und Kultur aus zwei – einige behaupten aus drei – Elementen zusammengesetzt ist. Es gibt zahlreiche Indizien für eine rassische und kulturelle Unterschicht in fast ganz Polynesien; am deutlichsten zu fassen ist sie auf der Osterinsel, dem isolierten Außenposten, der Peru am nächsten liegt. Meine zweite These lautet, daß die Ahnen der heutigen polynesischen Bevölkerung bei ihrer Ankunft in Polynesien am Anfang des zweiten Jahrtausends n. Chr. nicht die eigentlichen Entdecker dieser Inseln waren, sondern daß ihnen Leute zuvorgekommen waren, die aus den Anden stammten. Diese früheren Bewohner sind für die zyklopische Baukunst mit ineinandergefugten megalithischen Blökken und für die anthropomorphen Steinstatuen verantwortlich, die auf den Amerika benachbarten Randinseln errichtet wurden, ferner für die erste Einführung des maori-polynesischen Hundes. Auch die Verbreitung der 26chromosomigen, kultivierten amerikanischen Baumwolle, der Süßkartoffel, des Flaschenkürbisses und der verschiedenen anderen amerikanischen Elemente in der polynesischen Flora, einschließlich der wichtigen Süßwasserbinse (totora) der Osterinsulaner und des Chili-Pfeffers, den die ankommenden Europäer an Ort und Stelle fanden, geht auf ihre Rechnung. Zahlreiche Elemente in der polynesischen Kultur sind von der Unterschicht südamerikanischer Herkunft entliehen, die sogar die Randzone Melanesiens beeinflußte. Brauch und Technik des Trepanierens (Eingriff, bei dem die Schädeldecke geöffnet wird), das in ganz Süd- und Ostasien unbekannt war, sind ein handfestes Beispiel. Einen weiteren Beleg bietet der zeremonielle Genuß von Kawa, einem Getränk, das mit Speichel fermentiert wird und eine kontinuierliche Verbreitung von Zentral- und Südamerika über ganz Polynesien aufweist, bis ins Randgebiet zum Westen hin, wo die Sitte des Betelkauens von Asien her eingedrungen ist. Die Schleuder als Kriegswaffe ist in Indonesien unbekannt. Dafür sind die drei spezialisierten Südseetypen, Band-, Taschen- und Schlitzschleuder (je nach der Auflage des Geschosses), direkte Wiederholungen der drei peruanischen Vorbilder. Mumifizierung war in Indonesien unbekannt, aber trotz ungünstiger Klimabedingungen wurde sie in Polynesien geübt, und zwar mit einer Methode, die der in Peru angewendeten entspricht. Federmäntel und -umhänge für Würdenträger, charakteristisch für die Weiten Polynesiens, waren in der ganzen Alten Welt unbekannt, aber typisch für Kulturen der Neuen Welt, einschließlich Altperus. Die eigentümlichen einfachen und zusammengesetzten Fischhaken Polynesiens, von denen keiner in Indonesien bekannt ist, treten sporadisch in prähistorischen Abfallhaufen von Ekuador hinunter bis nach Nordchile, einem alten Hauptzentrum, auf. Das komplizierte polynesische kipona, die ausgeklügelte Gedächtnishilfe in Form eines Systems geknoteter Schnüre, kann nicht mit den einzelnen Knotenschnüren verglichen werden, die man gelegentlich in der ganzen Welt findet, um eine Zahl festzuhalten, sondern ist eine direkte Nachbildung des komplizierten peruanischen quipu.

Noch viele weitere Beispiele aus der materiellen und sozialen Kultur sowie aus der Mythologie beider Gebiete könnten einbezogen werden. Aber es soll hier der Hinweis genügen: obwohl die letzten Einwanderer nach Polynesien aus einem Gebiet kamen, wo Erdofen und Rindenklopfer den Platz von Töpferei und Webstuhl einnahmen, können ihren Vorgängern auf den Inseln diese Fertigkeiten nicht fremd gewesen sein.

Heute weiß man, daß tatsächlich einmal eine keramikführende Kultur in Polynesien existierte. Sowohl am östlichen wie am westlichen Rand Polynesiens stießen Archäologen auf kleine Scherben verschiedener roter Waren, wobei die des ältesten Datums vorläufig auf den Marquesas vorliegen. Auf derselben Gruppe und auch anderswo in Polynesien, weit westlich auf den Fidschi-Inseln, wächst die 26chromosomige, in Amerika kultivierte Baumwolle wild, un-

genutzt; sie ist für die heutigen polynesischen Inselbewohner völlig überflüssig, wurde aber sicherlich einmal von den ersten Einwanderern zu einem bestimmten Zweck auf die Inseln gebracht.
Zum Schluß dieses Kapitels kann heute angefügt werden, daß die These von einer Wanderung über See von Ostasien aus nach Nordwestamerika ein ganzes Stück weiter in greifbare Nähe gerückt zu sein scheint. 1974 wurde der Versuch unternommen, mit einer primitiven Dschunke von Taiwan aus ostwärts in einem nördlichen Bogen nach Amerika zu segeln. Der wissenschaftliche Leiter dieser Expedition, Kuno Knöbl, ein Schüler von R. Heine-Geldern, wollte die Theorie seines Lehrers überprüfen, der eine Wanderung in der entgegengesetzten Richtung zur »Kon-Tiki«-Fahrt annimmt. Es beteiligten sich an der wissenschaftlichen Vorbereitung die Smithsonian Institution in Washington und das American Museum of Natural History in New York. Die Dschunke wurde nach einem alten Grabfund bei Kanton rekonstruiert. Die Fahrt dauerte vier Monate, und es wurden etwa 8000 Kilometer zurückgelegt, bevor sie vor der Küste Nordwestamerikas scheiterte. Hier ist die einzige Station für Reisende auf primitiven Fahrzeugen, die von Südostasien nach Polynesien wollen. Denn von der Küste British Columbias führt ein weiteres Transportband direkt nach Hawaii, wie schon die ersten europäischen Kapitäne, Cook und Vancouver, beobachteten.

Kapitel 7

Die Rolle der Inka-Berichte für die spanischen Entdecker Polynesiens und Melanesiens

Nach Heyerdahl setzt sich die Bevölkerung Polynesiens aus zwei Elementen zusammen: den Nachkommen von Asiaten, die auf dem – nur scheinbar – langen und schwierigen Weg über die Nordwestküste Nordamerikas einwanderten, und den Nachkommen einer früheren Besiedlungswelle, die direkt von den Küstengebieten Südamerikas ausging. Daß eine solche Migration möglich war, daß es also westlich von Südamerika in den Weiten des Ozeans Inselgruppen gab, wurde von den Bewohnern Südamerikas nicht vergessen und hat weitere Fahrten ausgelöst. Noch die Inka wußten dieselbe Trift zu nutzen, und Berichte von ihren Reisen haben wiederum die Spanier zu eigenen Vorstößen in den Pazifik angeregt. Dabei zeigte sich die erstaunliche Exaktheit der alten Angaben – ein Beweis, daß hier keineswegs nebulose Vorstellungen oder märchenhafte Übertreibungen vorlagen.

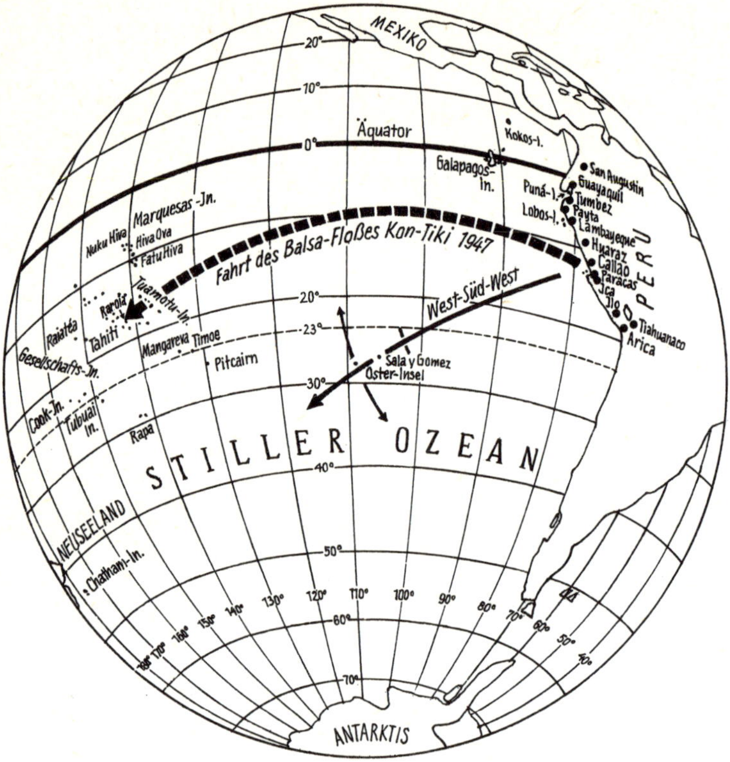

Die alten Inka-Berichte erwiesen sich als zuverlässig. Auf der von ihnen angegebenen geographischen Breite liegt das Zentrum der polynesischen Inseln und in der von ihnen genannten Entfernung und Richtung die östlichste Insel Polynesiens, die Osterinsel.

Am 19. November 1567 verließ eine spanische Expedition – zwei Karavellen mit hundertfünfzig Mann – den Hafen von Callao in Peru. Sie hatte von König Philipp II. von Spanien gemessenen Befehl, bestimmte Inseln im Pazifischen Ozean aufzusuchen und ihre Bewohner zum Christentum zu bekehren, obwohl diese den Europäern noch gar nicht bekannt waren. Der Neffe des Vizekönigs, Alvaro de Mendaña, war zum Kommandanten der beiden Schiffe ernannt worden; ihm beigegeben war der berühmte Seefahrer und Inka-Chronist Sarmiento de Gamboa, auf dessen unmittelbare Initiative hin man das Unternehmen organisiert hatte. Nach zwei in Mexiko und Guatemala verbrachten Jahren war Sarmiento de Gamboa 1559 nach Peru gekommen. Hier widmete er die nächsten sieben Jahre dem Studium der Indianerkultur, was schließlich zu seiner wichtigen Denkschrift für Philipp II. über die Geschichte der Inka führte. Obwohl es gerade Sarmiento war, der buchstäblich der Geschichte der Inka ein Ende setzte, als er den Inka Tupac Amaru verfolgte und mit eigener Hand ergriff, war er doch so an deren mündlich überlieferter Tradition interessiert, daß der Vizekönig von Peru ihn den »fähigsten Mann auf diesem Gebiet, den ich im Lande fand«, nannte[1]). Sarmiento machte auch als erster auf die immer wiederkehrenden Behauptungen der Inka aufmerksam, es gäbe bewohnte Inseln weit draußen im Stillen Ozean, und er war so überzeugt von der Wahrheit dieser peruanischen Berichte, daß er schließlich den Gouverneur überredete, eine Expedition auszuschicken, die den alten Kursanweisungen der Indianer folgen sollte.

Die Erfolge der beiden Mendaña-Expeditionen sind bekannt, aber wenig Beachtung schenkte man später noch den Inka-Anregungen, die hinter dem spanischen Unternehmen standen. Schließlich lagen die Salomon-Inseln, auf die die Spanier stießen, nicht genau in dem Gebiet, auf das die Inka-Informanten hingewiesen hatten. Obendrein haben moderne Beobachter angenommen, daß die alten Inka-Fahrzeuge zu Ozeanreisen überhaupt nicht tauglich waren. Nichtsdestoweniger stolperte gewissermaßen 1722, anderthalb Jahrhunderte nach Sarmientos Versuch, den Inka-Anweisungen zu folgen, der holländische Admiral Roggeveen zufällig über ein bewohntes Eiland genau an der Stelle, wo die Spanier es hätten suchen sollen. Als Roggeveen jedoch die Osterinsel entdeckte, hatten seine Zeitgenossen längst die Inka-Instruktionen vergessen, die lediglich in den Manuskripten Sarmientos und seiner Begleiter der Nachwelt erhalten geblieben sind. Diese Tatsache, zusammen mit dem heutigen Wissen, daß Balsa-Flöße, nach Inka-Weise mit guaras ausgerüstet, imstande sind, Hin- und Rückreisen nach jedem beliebigen Abschnitt des Pazifik zu machen, wirft ein neues Licht auf die Hintergründe der Mendaña-Expeditionen, das heißt, sie erfordert eine Überprüfung der ursprünglichen Inka-Berichte und eine Analyse der Motive Sarmientos für sein Vertrauen zu peruanischen Berichten von ausgedehnten Reisen auf dem offenen Pazifik.

Die Spanier lebten mit den peruanischen Eingeborenen bereits vierzig Jahre zusammen, als Sarmiento seine Regierung davon überzeugte, hinter den Behauptungen der Inka stünde eine Realität. In diesen frühen Jahrzehnten vor dem großen Niedergang der einheimischen Kultur waren die Konquistadoren ausnahmslos von dem Umfang der altperuanischen Hochseeschiffahrt beeindruckt. Natürlich richtete sich die Aufmerksamkeit aller Chronisten in erster Linie auf die wichtigen Zentren im Hochland, wo der unermeßliche Reichtum der herrschenden Klassen angehäuft lag. Es reichen jedoch die historischen Berichte aus, um das Bild der Archäologie zu bestätigen – das Bild einer zahlreichen und furchtlosen Fischer- und Händlerbevölkerung, die in großen Siedlungen entlang der ganzen offenen Küste lebte und deren Wirtschaft fast ausschließlich auf den Schätzen des Meeres beruhte.

Sarmiento und seine Zeitgenossen wußten genau, daß ihre

Landsleute schon fast ein Jahr vor dem Erreichen der peruanischen Küste auf weitreisende Wasserfahrzeuge mit Inka-Besatzung gestoßen waren. Als die vordringenden Spanier sich auf der Höhe von Nordekuador befanden, stieß die voraussegelnde Karavelle von 40 Tonnen auf ein nach Norden fahrendes Balsa-Floß. Das schwerbeladene und leicht zu steuernde Inka-Fahrzeug kam mit 30 Tonnen Last aus dem Hafen von Tumbez, 300 Meilen weiter südlich, und war möglicherweise nach Panama unterwegs, wo die Eingeborenen 1512 den Spaniern bereits von einem Reich im Süden berichtet hatten, dessen vielköpfige Bevölkerung große Flöße verwendete, die sie mit Segeln und Paddeln navigierte[2]).

Als Sarmiento 1559 selbst hinkam, wurden Balsa-Flöße noch immer zu Handel und Transport bis nach Zentral- und Südperu hinunter gebraucht, nahezu 2000 Meilen von allen Balsa-Wäldern entfernt. Sein Zeitgenosse Lizarraga[3]) schrieb über die Eingeborenen des Chicama-Tals: »Diese Indianer sind kühne Seefahrer; sie haben große Flöße aus leichtem Holz, mit denen sie den Ozean meistern ...« Er stellt fest, daß sie mit Guayaquil, 500 Meilen nördlich, in Verbindung stehen, die Balsas seien schwer beladen mit Proviant und anderem.

Sarmientos Generation bestaunte die nautischen Kenntnisse der Altperuaner und die Seefähigkeit ihrer eigenartigen Flöße. Sie rühmen die eleganten Maste und Rahen und loben die peruanischen Segel, die sie den eigenen ebenbürtig fanden[4]). Das baumwollene Segeltuch wird als »ausgezeichnet« gepriesen und das Tauwerk als »stärker als jenes Spaniens«[5]). Bis zur Zeit Sarmientos machten die Spanier selbst fleißig Gebrauch von den Inka-Seeleuten und ihren Balsa-Flößen, da sie Brandungswellen und Untiefen überwanden, die kein europäisches Schiff bestanden hätte. Oviedo[6]) beschreibt, wie Francisco Pizarro mit allen seinen Leuten und Pferden von den Indianern auf Segelflößen über das Meer nach der Insel Puna gebracht wurde. Nach Inka Garcilaso de la Vega (ein wichtiger Chronist, der seine Nachrichten direkt von der Inka-Familie erhielt, aus der seine Mutter stammte) hatten die Küstenindianer mehrmals Leute aus dem Hochland auf ähnliche Seereisen mitgenommen. Die Küstenbewohner waren täglich auf ihren Flößen und verbrachten oft Wochen auf See, mit ihrer ganzen Familie und all ihrer Habe. Sie und die noch zahlreicheren Besitzer kleiner Binsenboote heimsten in der tückischen Strömung zwanzig bis fünfzig Meilen vor der Küste einen solchen Überfluß an Fischen ein, daß sogar die Inka im Hochland einen Anteil erhielten, der binnen zwei Tagen von organisierten caski (das sind Boten, die Nachrichten wie bei einem Stafettenlauf weitergeben) dorthin gebracht wurde[7]).

Hochseefischerei, weitreichender Handel und Transport zur See bildeten einen festen Bestandteil im Wirtschaftssystem der Inka, als Peru von den Spaniern erobert wurde[8]). Das wird auch von allen zeitgenössischen Chronisten mindestens en passant erwähnt, obwohl sich ihre Berichte sonst ausnahmslos mit Reichtum und Macht der Herrscher im Hochland beschäftigten. Nach dem Urteil Sarmientos und seiner Zeitgenossen waren die Seefahrer auf ihren Balsa-Flößen fähig, sich ebenso weit ins Unbekannte vorzuwagen wie jedes europäische Schiff, und das erklärt, warum man so bereitwillig an die Erzählungen der Inka glaubte.

Gerüchte, Überlieferungen und historische Berichte, wie sie durch das ganze 16. Jahrhundert in Peru im Umlauf waren, reichten wohl aus, die Einbildungskraft eines Seemanns wie Sarmiento anzuregen und ihn zum Handeln zu treiben. Als führendem Geschichtsschreiber der Zeit gaben ihm die mündlichen Überlieferungen des Landes zu denken. Sie enthalten mehrere Berichte über Seewanderungen großen Stils auf Balsa-Flößen: bald fuhren sie ab, bald trafen sie ein. Manche schilderten auch lange Reisen auf vielen Flößen mit glücklicher Heimkehr.

Das Gebiet um den Hafen Manta im äußersten Norden des Inka-Reichs, dem heutigen Ekuador, spielt eine bedeutende Rolle in den Seefahrergeschichten der Inka. Von hier aus soll der Kulturheros Viracocha in den Stillen Ozean aufgebrochen sein. Von hier segelte später der Inka Tupac Yupanqui (oder Tupac Inka) mit seiner Flotte ab, um die Inseln im Pazifik zu suchen. Es ist daher zu beachten, daß Sarmiento und seine Begleiter nicht dieses nördliche Gebiet für ihr eigenes Unternehmen wählten, sondern von der mittelperuanischen Küste ausliefen und noch weiter südlicheren Breiten zustrebten.

Tupac Inka war der Großvater des königlichen Brüderpaares, das die Spanier trafen, und Sarmiento rief zweiundvierzig führende Inka-Historiker zusammen, um eine korrekte Version seiner Geschichte zu erhalten. Daher wußte Sarmiento genau von Tupac Inkas nördlichem Startplatz. Er schrieb[9]) über Tupacs Eroberung der Nordküste, daß er »zu Lande kämpfte und zur See auf Balsas, von Tumbez bis Huanapi, Huamo, Manta, Turuca und Quisin. Während er vorrückte und an der Küste Manta, ferner die Inseln Puna und Tumbez eroberte, trafen in Tumbez ein paar Kaufleute ein, die von Westen über See gekommen waren auf segelführenden Balsas«. Sarmiento erzählt uns die bekannte Geschichte, wie diese Kaufleute von bewohnten Inseln berichteten, die sie besucht hatten – was nun den Hochland-Inka verlockte, sein Glück auch einmal auf See zu versuchen. »Doch glaubte er den fahrenden Kaufleuten nicht leichthin, denn solche Männer sind große Schwätzer und sollten nicht allzu bereitwillig Gehör finden.« Tupacs eigener Geisterbeschwörer gab ihm hellseherisch einige zusätzliche Informationen, darauf beschloß der Inka endgültig, die fernen Inseln aufzusuchen. »Er ließ eine ungeheure Zahl Balsas bauen, mehr als zwanzigtausend ausgesuchte Leute schifften sich ein. Als Kapitäne nahm er mit: Huaman Achachi, Cunti Yupanqui, Quihual Tupac (alle Hanan-cuzcos), Yancan Mayta, Quisu Mayta, Cachimapaca Macus Yupanqui, Llimpita Usca Mayta (Hurin-cuzcos); sein Bruder Tilca Yupanqui wurde General der ganzen Flotte. Apu Yupanqui bekam das Kommando über die Armee, die an Land zurückblieb. Tupac Inka segelte so lange, bis er die Inseln Avachumbi und Ninachumbi entdeckte ...«

Die Dauer seiner Meerfahrt wurde mit neun Monaten angegeben, andere Informanten Sarmientos berichten von einem Jahr. Als Tupac zurückkam, hatte er »schwarze Leute« bei sich und andere Beute, die in der Festung von Cuzco aufgehoben wurde, bis die Spanier kamen. Sarmiento befragte sogar den Wächter, der diese besonderen Schätze bewacht hatte.

Der nördliche Startplatz des Inka wird auch von Pater Miguel Cabello de Balboa genannt, der ein Jahr, ehe Sarmiento sich auf der Suche nach den Inka-Inseln einschiffte, nach Peru gekommen war. Balboa[10]) schreibt über Tupac Inka, den er König Topa nennt: »... und nachdem er seine Ansichten und Pläne mit den Offizieren besprochen hatte, brach er auf mit seinen jetzt fast unübersehbaren Scharen und quartierte sich in Manta, Charapoco und Piquara ein, denn es wäre unmöglich gewesen, eine solche Menge von Gefolgsleuten auf engerem Raum unterzubringen und zu verpflegen. An dieser Stelle sah König Topa Inka das Meer zum ersten Male. Nach dieser Entdeckung ließ er es gehörig anbeten und nannte es Mamacocha, was soviel heißt wie ›Mutter der Seen‹. Er ließ eine gewaltige Zahl der großen Fahrzeuge, die die Eingeborenen benutzen, vorbereiten, die aus Hunderten von Stämmen eines auffallend leichten Holzes bestehen. Sie banden sie Stück für Stück zusammen, obendrauf legten sie einige hundert Matten aus geflochtenen Binsenstengeln als Deck. So entstanden sichere und brauchbare Schiffe jener Art, die wir Balsas genannt haben. Alsbald ließ er Vorräte anlegen für die Zahl der Truppen, die ihn begleiten sollten. Er wählte die erfahrensten Piloten aus, die unter den Eingeborenen an diesen Küsten zu finden waren. Schließlich fuhr er auf das Meer hinaus mit dem gleichen Mut und Schwung, der ihn, solange er lebte, von Erfolg zu Erfolg geführt hatte. Von der Fahrt will ich nicht mehr sagen, als man ohne weiteres glauben kann, nur so viel, daß jene, die die Heldentaten dieses tapferen Inka berichten, versichern, er sei auf dieser Reise für die Dauer eines Jahres auf See geblieben, andere meinen sogar noch länger. Er soll gewisse Inseln entdeckt haben, die Hagua Chumbi und Nina Chumbi genannt würden, und zwar sollen sie in der Südsee liegen, an ihrer Küste schiffte sich der Inka wieder ein.« Auch Balboa[11]) berichtet, daß »eine große Zahl Gefangener, deren Haut schwarz war«, an Bord der Inka-Flöße nach Südamerika mitgenommen wurde.

Ehe Sarmiento nach Peru kam, hatte Betanzos[12]), der die Entdecker begleitete, die viel ältere Legende über den Aufbruch der Viracocha-Leute von der gleichen Manta-Küste aufgezeichnet, eine Überlieferung, die die Phantasie der Bevölkerung im ganzen Inka-Reich weit mehr beschäftigte als die kürzlich erfolgte Rückkehr Tupac Inkas. Der legendäre Kulturheros Viracocha war, wie man fest glaubte, mit all seinen Prä-Inka-Leuten nordwärts von Tiahuanaco durch Cuzco gezogen, bis er die Küste von Ekuador erreichte. Hier sammelte man sich bei Puerto Viejo in der Nähe von Manta und fuhr auf den Stillen Ozean hinaus. Sarmiento[13]) verband diese allbekannten Inka-Berichte mit der gut überlieferten, allen Konquistadoren bekannten und von ihm noch besonders hervorgehobenen Tatsache, daß die ankommenden Spanier irrtümlich als weiße bärtige Viracocha-Leute betrachtet wurden, die vom Pazifik zurückkehrten. Dieser Irrtum ermöglichte es Pizarro und seinem kleinen Haufen von Seefahrern, das ganze weite Inka-Reich mit seinen mächtigen Armeen und Festungen ohne eine einzige Schlacht zu erobern.

Inka Tupac wählte sicher nicht zufällig einen der nördlichen Häfen, der auch von seinem legendären Vorgänger ausgesucht worden war, zum Ausgangspunkt. Manta liegt fast genau dort, wo die Äquatorlinie in den Pazifik führt, und Inka Tupac verehrte die Sonne wie Viracocha vor ihm, als seinen eigenen Ahnherrn und Beschützer. Außerdem war Ekuador die einzige Quelle des Balsa-Holzes, das für den Floßbau an der Küste des Inka-Reiches verwendet wurde. Nur dadurch, daß er seine Leute in die Dschungel führte, war es dem Inka möglich, sich die große Menge an Balsa-Stämmen und Bambus zu sichern, die er für den Bau einer ganzen Flotte von seetüchtigen Flößen brauchte. Aus den Inka-Überlieferungen, die noch gestreift werden müssen, geht jedoch hervor, daß die Flotte in den südlichen Teil des Ozeans steuerte, was Sarmiento dazu brachte, von Callao aus in Richtung Westsüdwest zu suchen.

An der Wüstenküste von Nordperu, siebenhundert Meilen südlich von Manta, stießen die Spanier auf ebenso lebhafte Erzählungen über alte Mochica-Wanderungen auf Balsaflößen. Pater Miguel Cabello de Balboa[14]) schreibt: »Die Leute von Lambayeque sagen – und alles Volk, das bei ihnen wohnt –, daß vor undenklich langen Zeiten der Ahnherr einer mächtigen Sippe mit einer großen Flotte von Balsas aus dem Norden dieses Piru kam, ein Mann von großer Tapferkeit und Tugend namens Naymlap; er brachte viele Konkubinen mit, aber die Hauptfrau soll Ceterni gewesen sein. In seinem Gefolge befanden sich viele Leute, die in ihm ihren Kapitän und Führer sahen.« Die Ankunft dieser Balsafloß-Reisenden führte nach den Berichten der Eingeborenen zur Gründung der nordperuanischen Chimu-Dynastie und -Kultur.

Entsprechende Geschichten in bezug auf die Inka-Dynastie lebten noch unter den Indianern an der mittleren Küste Perus bis ins letzte Jahrhundert[15]). Nach den Überlieferungen der Stämme um Lima kamen die ersten königlichen Inka durch Betrug an die Macht. Sie täuschten dem Bergvolk vor, von der Sonne abzustammen. Diese Anklage wurde das erste Mal von dem Jesuiten Anello Oliva[16]) erhoben, einem der Ansiedler des 16. Jahrhunderts, die sich unter der Tieflandbevölkerung niederließen. Man erzählte ihm, die ersten königlichen Inka seien in Wirklichkeit Nachfahren gewöhnlicher Seeleute, die von Ekuador angesegelt waren: »Viele machten Fahrten entlang der Küste und einige gingen dabei zugrunde. Zuletzt nahm ein Zweig seinen Wohnsitz auf einer Insel, Guayau genannt, nahe der Küste von Ekuador. Auf dieser Insel wurde Manco Capac geboren. Nach dem Tod seines Vaters Atau beschloß er, seine Heimat zu verlassen und einen günstigeren Himmelsstrich zu suchen. Daher brach er in einem seiner Fahrzeuge mit zweihundert Leuten auf und teilte sie in drei Gruppen. Von zweien hörte man nie wieder, aber er und seine Gefolgsleute landeten bei Ica an der peruanischen Küste und kämpften sich von dort ins Gebirge durch, bis sie zuletzt die Küste des Titicaca-Sees erreichten.«

Natürlich muß an der Nachricht von einer Landung des ersten Inka bei Ica kein Wort wahr sein, aber die Gerüchte gingen dort um. Ica konnte eben seit frühen Vorinka-Tagen mit dem Waldgebiet im Norden als Zentrum der Floßsegelei wetteifern. Pater Joseph de Acosta[17]) berichtete, daß die Indianer von Ica, aber auch die von Arica, siebenhundertfünfzig Meilen weiter südlich, den Spaniern erzählten, daß sie in alten Zeiten in die Südsee zu segeln pflegten, wo sie ganz weit im Westen einige Inseln besuchten. Acosta nahm an, daß diese vorspanischen Expeditionen auf Flößen von aufgeblasenen Robbenhäuten stattgefunden hätten, aber die zahlreichen prähistorischen Hartholzschwerter und Modelle von Balkenflößen, die sowohl in Ica wie in Arica ausgegraben wurden, zeigen, daß gerade diese beiden Gebiete früheste Vorinka-Zentren für Blockfloß-Navigation waren[18]). Kapitän de Cadres befragte einen uralten, weisen Indianer namens Chepo (angeblich hundertfünfzehn bis hundertzwanzig Jahre alt) und erfuhr dabei, daß Arica und Ilo, die beiden Haupthäfen an der Küste gerade unterhalb von Tiahuanaco, als besonders geeignete Startplätze nach den bewohnten Pazifik-Inseln galten. Chepo sagte, daß die Indianer sich in den Häfen von Arica und Ilo einzuschiffen pflegten, um nach zweimonatiger Reise westwärts auf dem Pazifik zunächst eine öde Insel namens Coatu zu erreichen, auf der es drei hohe Berge und viele Vögel gäbe. Auf der Weiterfahrt nach den bewohnten Inseln dahinter sollten sie diese unbewohnte Vogelinsel links liegen lassen und würden so die nächste isolierte Insel, Qüen, erreichen, die stark bevölkert sei und einen Häuptling namens Qüentique hätte, und zwei weitere namens

Uquenique und Camanique. Zehn Tage weiter westlich liege noch eine andere, größere bewohnte Insel, Acabana. Mit dem Tod bedroht, wenn er die Wahrheit verhehle, tischte der alte Chepo dem gierigen Kapitän Geschichten von großen Reichtümern auf diesen fernen Inseln auf. Zuletzt setzte er aus freien Stücken hinzu, daß sie hölzerne Flöße zur Seefahrt verwendeten. Obwohl die zeitgenössischen Spanier glaubten, Chepo habe die Salomon-Inseln gemeint – ein Name, den sie allen gerüchtweise bekannten Inseln auf der Breite von Peru gaben –, glaubten Amherst und Thomson, die 1901 eine englische Version des alten handgeschriebenen Manuskripts herausgaben[19]), er könne eine verstümmelte Version von einer tatsächlichen Indianerreise wiedergegeben haben. In einer Fußnote stellen sie fest, daß die Osterinsel mit dem vorgelagerten kahlen Sala-y-Gomez in beachtlicher Weise auf die Beschreibung paßt, die von Kapitän de Cadres wiedergegeben wird.

In der Tat hatte der alte Chepo – Generationen vor Roggeveen – den Spaniern eine genaue Segelanweisung nach der Osterinsel an die Hand gegeben, von den bequemsten Häfen an der südperuanischen Küste aus. Heute wissen wir, daß ein Floßfahrer wirklich, um die nächste bewohnte Insel zu erreichen, von Ilo oder Arica aus zuerst auf das öde Vogeleiland Sala-y-Gomez zuhalten muß. Von dort geht es in gerader Linie zur Osterinsel weiter. Diese Floßreise, vom Passat-Wind und vom südlichen Bogen des äußeren Peru-Stromes begünstigt, würde rund gerechnet zwei Monate dauern, genau, wie es der alte Indianer behauptete. Chepos Beschreibung von Sala-y-Gomez enthält alle wesentlichen Punkte. Das wüste Eiland ist voll von Vögeln, die man aus großer Entfernung erkennen kann. Besonders wenn man von Osten kommt, macht es den Eindruck, als ragten drei Berge in den Himmel. Diese drei Spitzen wurden von den ersten europäischen Entdeckern als typisches Kennzeichen vermerkt. Sie sind so charakteristisch, daß moderne Karten häufig Sala-y-Gomez irrtümlicherweise als drei getrennte Inseln wiedergeben. Der imposante Eindruck trügt jedoch, das kümmerliche Inselchen wird bei stürmischem Wetter fast ganz überschwemmt, nur die drei Spitzen gewähren den zahllosen Vögeln Schutz. Auch muß Sala-y-Gomez auf Backbord liegengelassen werden, wenn man direkten Kurs von Ilo und Arica nach der Osterinsel, der ersten bewohnten Insel, einhalten will. Mangareva ist die nächste.

nepos Erwähnung des obersten Häuptlings von Qüen als ...en-tique ist ebenfalls interessant, wenn man bedenkt, daß die ...sten spanischen Besucher der Osterinsel um 1770 teque-teque als Bezeichnung für den örtlichen Häuptling notierten[20]).

In Südperu kannten also die Indianer die genaue Richtung und auch die richtige Entfernung nach der Osterinsel, sie erinnerten sich ebenso an die charakteristischen Züge des einzigen Landzeichens, das unterwegs zu finden war. Genau tausend Meilen weiter nördlich, in Callao, erhielt Sarmiento ähnlich präzise Segelanweisungen. Das beweist, daß die alten Peruaner imstande waren, die Position der Osterinsel von verschiedenen Punkten aus geradezu abzustekken. Wie bekannt, führten interne Schwierigkeiten auf der Mendaña-Expedition zur Änderung des Kurses, den Sarmiento nach den Ratschlägen der Indianer festgelegt hatte. Es ist daher notwendig, kurz zu analysieren, was geschah.

Amherst und Thomson[21]) stellen in ihren ausgezeichneten Bänden über die Expedition fest, daß beim Einsetzen einer geordneten Verwaltung in Peru die beschäftigungslosen Abenteurer aus Spanien gierig die Geschichten von unentdeckten Inseln und einem Kontinent im Westen einsogen, die unter den Indianern und der seefahrenden Bevölkerung von Callao umliefen. Aus dem Schenkengeschwätz wurde mit der Zeit ein Lieblingsthema des Palastes, und Pedro Sarmiento de Gamboa »erklärte öffentlich, er sei imstande, die Lage dieser Inseln zu fixieren; die Gelehrten in der Kolonie bestätigten, daß das die Außenposten eines südlichen Kontinents wären, der sich nordwärts von der Tierra del Fuego erstreckte bis zur Breite von 15 Grad 5 Minuten, etwa sechshundert leguas von Peru«.

Tatsächlich liegt auf der angegebenen Breite das Zentrum der polynesischen Insel-Gruppen, und die nächste polynesische Insel überhaupt, die Osterinsel, befindet sich in der angegebenen Entfernung. Der Proviant der Mendaña-Expedition war nach der Vermutung kalkuliert, das Land läge sechshundert leguas weit von der Hafenstadt Callao entfernt. Das verdient unsere Aufmerksamkeit, denn die Spanier, die die Osterinsel zwei Jahrhunderte später erstmalig von Peru aus erreichten, gaben die Position mit »etwa sechshundert leguas von Callao entfernt und etwa ebenso weit vom chilenischen Festland« an[22]). Tatsächlich sind sechshundert leguas wenig mehr als zweitausend Seemeilen, und das entspricht fast genau der Entfernung zur Osterinsel. Abgesehen von der Distanz von sechshundert leguas, gab es noch einen Punkt, in dem die Mitglieder der Mendaña-Expedition voll übereinstimmten: Die nächstgelegene Insel wurde genau westsüdwestlich von der Hafenstadt Callao vermutet. Das ergibt der Vergleich des im Interesse Sarmientos geschriebenen Reiseberichts mit jenen seiner Gegner, des offiziellen Expeditionschronisten Catoira, des Expeditionsleiters Mendaña, des Ersten Steuermanns Gallego und mit dem anonymen Manuskript eines anderen gebildeten Mitgliedes der Besatzung. Daß die erwähnte Insel genau westsüdwestlich von Callao lag, darüber müssen sie sich alle einig gewesen sein, denn sämtliche Positionsangaben zeigen, daß man zehn Tage lang (nach Gallego zwölf) unentwegt diesen Kurs hielt[23]). Das ist ganz genau die Richtung auf die Osterinsel zu. Ende November, immer noch auf dem korrekten Kurs, hatten sie die Breite von 15 Grad 45 Minuten Süd erreicht, und hier begann der Streit. Sarmiento, obwohl als zänkischer Patron bekannt, fühlte sich berechtigterweise als zuständig für Inselfragen. Er betont – er schreibt von sich in der dritten Person –, daß er es war, der dem Gouverneur von Peru »Informationen über viele Inseln und Kontinente zukommen ließ, die, wie er sagte, im südlichen Ozean existierten, und sich persönlich angeboten habe, sie im Namen Seiner Majestät zu entdecken. In dieser Absicht habe er Beweismaterial gesammelt und Karten angefertigt ... Es war vorgesehen, daß sie dem Kurs westsüdwestlich bis zum 23. Grad folgen sollten, die Breite, die Pedro Sarmiento fixiert hatte ...«

Sarmientos Absicht, im Ozean sechshundert leguas oder zweitausend Seemeilen westsüdwestlich von Callao Land zu suchen, hätte ihn in die unmittelbare Nachbarschaft der Osterinsel geführt. Sein Versuch, auch die Breite der Insel im voraus zu kalkulieren, ging jedoch um vier Grad daneben, ein verzeihlicher Irrtum, wenn wir bedenken, daß der Erste Steuermann den vertrauten Hafen von Callao mit 12 Grad 30 Minuten ansetzte, während er wirklich auf 11 Grad 56 Minuten liegt. Bei 15 Grad 45 Minuten Süd brach eben dieser Steuermann plötzlich den direkten Kurs nach der Osterinsel ab und begann statt dessen, genau westwärts zu segeln. Wütend stellte Sarmiento in seinem Bericht fest: »Pedro Sarmiento sprach mit allem Nachdruck mit dem General (Mendaña) über diesen Kurswechsel und sagte ihm wörtlich in Gegenwart aller, daß er nicht zustimmen dürfe und daß er das ändern müsse, sonst würde er die Entdeckung nicht machen und sich verirren ...«

Aber der junge Mendaña hielt zu dem Steuermann, und die Expedition segelte nun ungefähr entlang des 15. Breitengrades zwanzig Tage lang nach Westen. Der ganzen Expeditionsgesellschaft war klar, daß der Steuermann den vorherbestimmten Kurs weit vor der Sechshundert-leguas-Markierung, die Sarmiento festgesetzt hatte, abbrach, aber keiner machte Einwände. Der Grund war, daß Gallego, der lange Zeit Steuermann an der Küste von Peru und Chile gewesen war, persönlich widersprechende Informationen von der Cancillería in Lima empfangen hatte. Gallego begründete sein Vorgehen wie folgt: »Ich segelte auf dieser Breite, weil der Señor Presidente gesagt hatte, daß es auf 15 Grad südlicher Breite, sechshundert leguas von Peru, eine Menge reicher Inseln gäbe.« Im Einklang damit fuhr der Steuermann jetzt genau auf das Herz Polynesiens zu, da die Hauptmasse der Tuamotus, die Gesellschaftsinseln, Samoa, Fidschi und zahlreiche andere bewohnte Inseln sich in einem Gürtel zwischen dem 10. und dem 20. südlichen Breitengrad gruppieren. Statt geradewegs auf die isolierte Osterinsel zuzulaufen, strebte die Expedition jetzt auf den dichtesten Teil des Tuamotu-Archipels zu. Doch im allerletzten Augenblick vor dem Erreichen der Inseln, in der Nähe von Pukapuka und Raroia, änderte der launische Steuermann plötzlich abermals den Kurs und drehte nach Nordwesten, so daß die beiden Expeditionsschiffe die Lücke zwischen den Marquesas und den Tuamotus passierten. Drei Wochen später sichteten sie Nukufetau in der Ellice-Gruppe und landeten schließlich auf den Salomonen in Melanesien, achtzig Tage nach der Ausreise. Später brauchten sie fast vierhundert Tage, um sich den Weg nach Peru zurück zu erkämpfen. Sie wurden gezwungen, durch die hohen Breiten nördlich von Hawaii zu fahren, um der widrigen, von Osten nach Westen gerichteten Winde und Strömungen Polynesiens Herr zu werden. Sechsundzwanzig Jahre später brach die zweite Mendaña-Expedition noch einmal von Callao auf und landete auf Fatu-Hiva in den Marquesas. Damit gelang die erste europäische Entdeckung Polynesiens.

Wenn der Steuermann Sarmientos Instruktionen gefolgt wäre, hätte die Mendaña-Expedition die optimale Chance gehabt, die Osterinsel zu entdecken; wäre er etwas konsequenter bei seiner eigenen Entscheidung geblieben, wäre sie mitten in die Tuamotus gelaufen. Durch seinen Wankelmut verfehlte man die nächstgelegenen Inseln, und die erste Expedition endete im fernen Melanesien.

Es lag auch für Tupac Inka durchaus im Bereich des Möglichen, bis nach Melanesien zu kommen, und das würde die zahlreichen schwarzen Gefangenen erklären, die er als Kuriosität nach Peru mitbrachte. Aber es ist Grund zu der Annahme vorhanden, daß er durch Auffächern seiner größeren Flotte die nächstgelegenen Inseln fand. Wie wir gesehen haben, kannten noch die Nachkommen der Untertanen Tupacs Richtung und Entfernung der Osterinsel, von Ilo und Arica so gut wie von Callao aus, und es kann wenig Zweifel darüber bestehen, daß Tupacs Steuermänner ein paar Generationen früher als die Spanier mindestens ebensoviel wußten. Die nächste bewohnte Insel nach der Osterinsel ist Mangareva, im südlichsten Zipfel des Tuamotu-Archipels. Daß Tupac mit seiner Flotte zu dieser Insel kam, wird von der einheimischen Bevölkerung bestätigt. Ihre Hauptüberlieferungen kreisen nämlich um den Besuch eines fremden Königs namens Tupa. Die Erinnerungen an diesen Besucher wurden zuerst von dem britischen Pazifik-Reisenden F. W. Christian[24]) veröffentlicht, der die Inka-Geschichte nicht kannte:

»... die Mangarevaner haben eine Überlieferung von einem Häuptling namens Tupa, einem roten Mann, der von Osten kam mit einer Flotte von Kanus, die ganz unpolynesisch waren, wie Flöße – sicher eine Erinnerung an ein paar peruanische Balsas oder Floßschiffe.« Der bekannte französische Ethnologe P. Rivet[25]), der Christian zitiert, hat als erster vermutet, daß die Mangarevaner sich an einen Besuch von Tupac Inka erinnerten. Sir Peter Buck[26]) veröffentlichte dann weitere Details aus dem alten sogenannten Tiripone-Manuskript, das ein paar Jahrzehnte nach Ankunft der Europäer von Tiripone, dem Sohn eines Mangareva-Häuptlings, aufgezeichnet worden war: »Ein bedeutender Besucher auf Mangareva war Tupa. Die Inselgeschichte behauptet, daß er in der Zeit der Bruderkönige Tavere und Taroi kam ... Tupa segelte nach Mangareva durch die Südostpassage, später Te-Ava-nui-o-Tupa (großer Tupakanal) genannt.« Ferner: »... der Seefahrer Tupa ... segelte geradewegs auf Mangareva zu und ankerte in dem großen Tupakanal. Er ging auf der kleinen Insel Te Kava an Land.«

Das gleiche Eingeborenenmanuskript stellt fest, daß Tupa, ehe er in seine Heimat zurückkehrte, »den Mangarevanern von einem weiten Land erzählte, ... wo ein großes Volk lebte, von mächtigen Königen regiert«.

Kava, das Inselchen am Ostriff, wo Tupa an Land ging, und die große Ava Tupas, die den Ankerplatz seiner Floßflotte bildete, erinnern unmittelbar an die Inka-Erwähnung einer Insel Ava oder Ava-chumbi. Sie war eine der beiden Inseln, die Tupacs Flotte besuchte. Die andere war als Nina-chumbi oder Feuerinsel bezeichnet worden, ein treffender Name für die Osterinsel, von der die frühen Besucher, von dem Entdecker Roggeveen und Gonzales, der als nächster kam, bis zu Beechey und anderen des neunzehnten Jahrhunderts, schreiben, daß die Eingeborenen zahllose Feuer anzündeten und Rauchsäulen rund um die Küste aufsteigen ließen, als sie sich näherten[27]). Verschiedene Beobachter haben vermutet, daß »Feuerinsel« sich auf die Galapagos-Gruppe bezöge mit ihren für gewöhnlich toten Vulkanen, aber die Galapagos-Inseln waren den Inka ohnehin bekannt[28]), außerdem waren sie nicht besiedelt. Die »Schwarzen« konnten sehr wohl unter den Eingeborenen Mangarevas ausgesucht worden sein, wo Beechey[29]), der europäische Entdecker, in der äußerst gemischten Bevölkerung ein Element fand, das so dunkel war wie die Melanesier. Dunkelhäutige Gefangene waren auch so ziemlich das einzig Merkwürdige, das der mächtige Inka von irgendeinem Pazifik-Eiland nach Hause bringen konnte. Er muß nach Peru genauso enttäuscht zurückgekehrt sein wie die goldgierige Mendaña-Expedition und möglicherweise entlang einer ähnlichen nördlichen Route bis zur Westküste Nordamerikas und Mexikos, wo zu den dunkelhäutigen Gefangenen noch der Thron aus Metall und andere Souvenirs kamen, die die Spanier zu der Zeit von Tupacs Enkeln bewundern konnten.

Das Fehlen von Gold und anderen Schätzen auf den entdeckten Inseln im Verein mit der außerordentlich schwierigen Rückreise nach Peru mögen erklären, warum alle Mendaña-Entdeckungen fast zwei Jahrhunderte lang wieder in Vergessenheit gerieten, bis sie von anderen Europäern in der zweiten Hälfte des achtzehnten Jahrhunderts wiederentdeckt wurden. Selbst in dieser Hinsicht folgten die spanischen Herrscher von Peru dem von ihren Vorgängern, den Inka, gesetzten Beispiel.

Kapitel 8

Das Balsa-Floß mit besonderer Berücksichtigung der guara-Technik in der einheimischen Seefahrt Südamerikas

Das Hauptargument gegen die von Heyerdahl im vorausgehenden Kapitel festgestellten Verbindungen Südamerikas mit Polynesien, bei denen – und das ist das Entscheidende – Südamerika aktiv war, bildete das Fehlen seetüchtiger Fahrzeuge altweltlichen Typs. Heyerdahl mußte die Kon-Tiki-Expedition unternehmen, um zu beweisen, daß das Balsa-Floß ein ebenso geeignetes Transportmittel für die Überwindung großer Distanzen auf offener See ist.

In der Folgezeit stellte sich heraus, daß dieses waghalsige Experiment zwar beim großen Publikum einen enormen Eindruck machte, nicht aber bei den Fachwissenschaftlern. Diese verschanzten sich einerseits hinter der Behauptung, die Balsa-Stämme seien nur kurze Zeit schwimmfähig, vor allem aber zogen sie aus dem Verlauf der Expedition den scheinbar berechtigten Schluß, die Landung auf einer Südseeinsel mit einem solchen Instrument bedeute jedesmal ein lebensgefährliches Abenteuer. In dem vorliegenden Kapitel faßt nun Heyerdahl nicht nur die vorhandenen Berichte über Balsa-Flöße zusammen, er bemüht sich vor allem um den Nachweis, daß die Schwimmfähigkeit bei frisch geschlagenem Balsa-Holz noch lange erhalten bleibt. Abschließend berichtet er dann noch von einem Experiment, das die volle Manövrierfähigkeit solcher Balsa-Flöße mit Hilfe der von den alten Peruanern erfundenen und benutzten guara-Bretter und Segel bewiesen hat. Die gefährliche Landung der Kon-Tiki-Expedition ergab sich ausschließlich aus dem Umstand, daß man damals das Geheimnis der Inka- und Vorinka-Seeleute noch nicht entdeckt hatte.

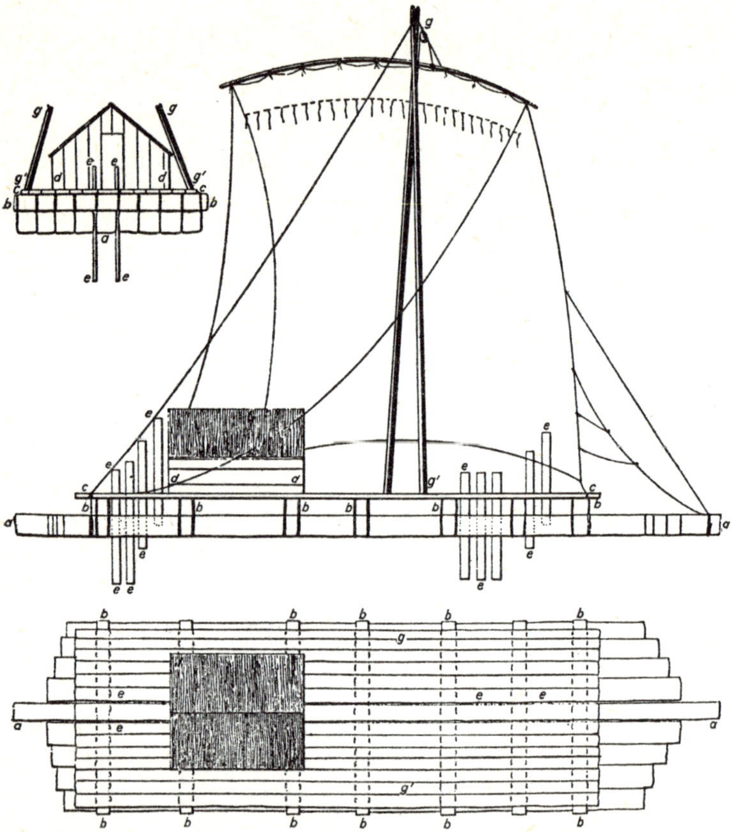

Konstruktionsskizze eines peruanischen Balsa-Floßes

a. 9 Hauptstämme aus Balsa, b. 7 Querstämme aus Balsa, c. erhöhte Deckplattform, d. Rohrhütte mit Binsendach, e. 9 Steckschwerter, gg'. Zweibeinmast aus Mangroven-Holz; er trägt einen Baum mit rechteckigem Baumwollsegel. Länge des Floßes bis zu 25–30 Meter, Breite des Floßes bis zu 7,5–12 Meter, Tragfähigkeit 20–25 Tonnen.

Die Navigation der Eingeborenen Perus und der im Nordwesten anschließenden Regionen Südamerikas ist von den modernen Schiffsbauern wie Ethnologen wenig zur Kenntnis genommen und noch weniger verstanden worden. Der Grund liegt offenkundig darin, daß der dortige Schiffsbau auf Prinzipien beruhte, die von jenen völlig abweichen, die wir von unseren Vorfahren ererbt haben. Für die europäische Vorstellung gilt einzig und allein ein Schiff als seetüchtig, das durch einen wasserdichten, luftgefüllten Rumpf schwimmfähig wird, groß und hoch genug, daß ihn die Wellen nicht vollschlagen können. Den alten Peruanern war das Format weniger wichtig; als seetüchtig galt ihnen ein Wasserfahrzeug, das nie mit Wasser vollaufen konnte, weil der offene Bau keinen Behälter bot, der eindringende Seen festhielt, sondern sie hindurchlaufen ließ. Sie lösten das Problem daher mit der Konstruktion äußerst schwimmfähiger, floßartiger Schiffe aus Balsa und anderem ganz leichtem Holz oder aus Binsen- oder Rohrbündeln, die in Bootsform zusammengebunden wurden, gelegentlich auch durch Herstellung von Pontons aus aufgeblasenen Robbenhäuten, die eine Art Deck trugen.

Ein jeder, der mit den Eigenschaften eines solchen Fahrzeugs auf See nicht vertraut ist, mag dazu neigen, es als primitiv, umständlich und unsicher zu betrachten, und das ist wohl auch der Grund für die ebenso weitverbreitete wie irrige Annahme, die Völker Altperus hätten trotz ihrer zweitausend Meilen langen Küste und ihrem in sonst fast jeder Hinsicht erstaunlichen Kulturniveau weder seetüchtige Fahrzeuge noch fähige Seeleute gehabt.

Als ich 1941[1]) das erstemal versuchte, auf die Möglichkeiten früher peruanischer Navigation aufmerksam zu machen, schenkten die wenigen Ethnologen, die mit dem Balsa-Floß als voreuropäischem Kulturelement vertraut waren, seiner Existenz kaum Beachtung; einige übersahen noch, daß es in voreuropäischer Zeit Takelage besaß. Gebrauch von Segeln wurde aus anderen Teilen Altamerikas nicht berichtet. Der allgemeine Eindruck schlägt sich in dem Urteil des englischen Anthropologen Hutchinson[2]) in seiner »Anthropologie des vorgeschichtlichen Peru« von 1875 nieder, in der das Balsa-Floß nur als »schwimmendes Bündel Korkholz« beschrieben wird. Drei bekannte moderne Wissenschaftler, der amerikanische Archäologe S. K. Lothrop[3]), der englische Inka-Historiker P. A. Means[4]) sowie der englische Ethnologe und Spezialist für primitive Seefahrt J. Hornell[5]) legten interessante Artikel über altperuanische Fahrzeuge und Navigation vor, die ausgezeichnete Beschreibungen der Bauprinzipien des Balsa-Floßes enthielten, aber aus rein theoretischen Überlegungen – wie wir später sehen werden – urteilten sie alle, das Balsa-Floß sauge sich mit Wasser voll und sei deshalb für Fahrten auf dem offenen Meer unbrauchbar.

Gerade diese massierten Vorurteile reizten mich zu näherem Studium und zu einer Neueinschätzung peruanischer Seefahrtskunst, da andere Beobachtungen mich auf die Vermutung brachten, peruanische Balsa-Flöße wären sogar bis zu den Inseln Polynesiens, das heißt viertausend Meilen weit, gelangt.

Der erste Bericht von einem peruanischen Balsa-Floß geht noch vor die Zeit der eigentlichen Entdeckung des Inka-Reichs zurück. Als Francisco Pizarro den Isthmus von Panama 1526 zu seiner zweiten, weiter vordringenden Entdeckungsfahrt, an der Pazifik-Küste entlang, verließ, traf seine Expedition auf See peruanische Kauffahrer, lange bevor er noch deren Land entdeckte. Sein Steuermann Bartolomeo Ruiz, segelte voraus, um die Küste südwärts nahe dem Äquator zu erforschen, als sein Schiff auf der Höhe von Nordekuador plötzlich auf ein entgegenkommendes Segelfahrzeug von fast gleicher Größe stieß. Das nach Norden steuernde Schiff erwies sich als ein großes Floß, und seine Mannschaft waren die ersten Peruaner, die Europäer je erblickten. Sofort danach sandte Juan de Sáamanos[6]) einen Bericht an Karl V., so daß die Episode schriftlich festgehalten wurde, bevor man noch Peru gesichtet hatte.

Auch Pizarros Privatsekretär, Francisco de Xeres, erzählte 1534 von diesem Ereignis. Aus beiden Quellen erfahren wir, daß die Spanier das große Balsa-Floß kaperten und darauf eine Besatzung von zwanzig Indianern und Indianerinnen fanden. Elf warfen sie über Bord, vier ließen sie auf dem Floß, und zwei Männer und drei Frauen behielten sie auf der Karavelle, um sie für spätere Reisen als Dolmetscher auszubilden.

Das Balsa-Floß war ein mit Waren schwer beladener Kauffahrer. Die Spanier schätzten seine Tragfähigkeit auf dreißig toneles oder rund sechsunddreißig Tonnen, verglichen mit den vierzig Tonnen ihrer eigenen Karavelle, die nur halb soviel Personen trug wie das Floß. Die Ladung wurde von den Spaniern sorgfältig registriert und enthielt einige Waren, die nur aus Peru selbst stammen konnten.

Sáamanos beschrieb das Fahrzeug als flaches Floß, das aus einer Unterschicht von Baumstämmen und einem darüberliegenden Deck aus dünnem Rohr bestand, so hoch, daß Mannschaft und Ladung trocken blieben, während das Wasser über die Hauptstämme wegspülte. Baumstämme und Rohr waren mit einheimischen Sisaltauen fest verbunden. Von Segel und Takelung sagt Sáamanos[7]):

»Es trug Masten und Rahen aus sehr gutem Holz und mehrere Baumwollsegel in der gleichen Form und Art wie auf unseren eigenen Schiffen. Es hatte ein ausgezeichnetes Tauwerk aus besagtem Sisal, ähnlich wie Hanf, und ein paar Steine zum Ankern, die aussahen wie Mühlsteine.«

Ruiz kehrte nun mit seinen Gefangenen und seiner Beute zu Pizarro zurück, und ein paar Monate später stieß eine neue Expedition unter der Leitung Pizarros südwärts gegen die Nordküste des Inka-Reiches vor. Auf dem Weg nach der Insel Santa Clara, im offenen Golf von Guayaquil, überholte Pizarro binnen zweier Tage fünf Segelflöße und eröffnete erfolgreich Verhandlungen mit ihrer Besatzung. Dann fuhr er über den Golf weiter nach dem peruanischen Hafen Tumbez, der Heimat seiner Gefangenen vom Floß. Als die Spanier sich der Küste näherten, sahen sie, daß ihnen eine ganze Flotille von Balsa-Flößen entgegenkam, die mit bewaffneten Inka-Truppen besetzt waren. Pizarro fuhr neben der Flotille her und lud ein paar Inka-Kapitäne ein, auf sein Schiff zu steigen. Durch seine Dolmetscher – jene Gefangenen von dem ersten Floß, dem sie begegnet waren – nahm er freundschaftliche Beziehungen auf. Dabei erfuhr er, daß die ganze Flotille nach der Insel Puna unterwegs war, die damals unter peruanischer Herrschaft stand.

Weitere Balsa-Flöße kamen mit Geschenken und Proviant für die Spanier aus der Bucht gefahren. Wir hören von Francisco Pizarros Vetter, Pedro, daß die Spanier ein wenig weiter südlich an der peruanischen Küste Balsa-Flöße überraschten, an deren Bord sie Edelmetall und einige landesübliche Kleidungsstücke fanden, die sie alle behielten, um sie mit nach Spanien zu nehmen und dem König zu zeigen[8]).

Aber ehe Ruiz das erste Handels-Balsa-Floß auf der Höhe von Ekuador kaperte, hatten die Spanier bereits Gerüchte über peruanische Seefahrtskunst von den Eingeborenen Panamas gehört. Der Chronist Las Casas[9]), Sohn eines Gefährten von Kolumbus, notierte, daß die Eingeborenen in Peru Balsa-Flöße besäßen, die sie mit Segeln und Paddeln dirigierten. Diese Tatsache sei schon in der Zeit vor der Konquista dem ältesten Sohn des Comogres, eines großen Häuptlings in Panama, bekannt gewesen, der Balboa von einem mächtigen Küstenreich im Süden erzählte, von wo aus die Leute den Stillen Ozean mit Schiffen befuhren, die etwas kleiner waren als die der Spanier und die mit Segeln und Paddeln fortbewegt wurden.

Einige Zeitgenossen Pizarros liefern detaillierte Angaben über die Fahrzeuge der Küstenbewohner von Ekuador und Nordperu: Oviedo (1535), Andagoya (1541) und Zárate (1555)[10]), der 1543 als Königlicher Schatzmeister nach Peru kam. Ihre Berichte ähneln einander und beschreiben Flöße aus »langen und leichten Baumstämmen« in ungerader Zahl – fünf, sieben, neun oder elf – mit Querbalken verbunden, die ein Deck tragen; Navigation mit Segeln und Paddeln; Tragfähigkeit von großen Flößen bis zu fünfzig Mann und drei Pferden; Anlage einer besonderen Kochstelle an Bord. Andagoya, der an den frühesten Entdeckungsreisen nach Nord und Süd entlang der Pazifik-Küste teilnahm, war besonders beeindruckt von der Qualität der Sisal-Taue (»stärker als die spanischen«) und dem ausgezeichneten Segeltuch aus Baumwolle. Bei der Beschreibung der Geschicklichkeit, mit der die Einheimischen mit normalen Segeln zu navigieren verstanden, stellte Zárate fest, daß die Floßmänner von Tumbez in Nordperu großartige Seeleute – grandes marineros – seien, die vielen Spaniern, die als Fahrgäste auf ihren Balsa-Flößen reisten, verhängnisvolle Streiche spielten. Sie lösten einfach die Taue, die das Floß zusammenhielten, dann fielen die Spanier ins Wasser und mußten ertrinken, während die schlauen Indianer am Leben blieben, weil sie hervorragende Schwimmer waren. Pedro Pizarro, der seinen Vetter bei der eigentlichen Entdeckung der Küste Perus begleitete, berichtet ebenfalls, wie er, Alonso de Mesa, Kapitän Soto und viele seiner übrigen Zeitgenossen unter den Conquistadores – wenn sie nämlich die Eingeborenen zwangen, sie mitzunehmen – in der schweren Brandung hinuntergestoßen und halb ertränkt an Land gespült worden wären. Die Peruaner jedoch kletterten trotz der Brecher geschickt wieder auf ihre Flöße und segelten davon. Andere alte Chronisten, darunter Cieza de León (1553), behaupten, die Küstenperuaner »schwammen wie die Fische«, und noch vor Ankunft der Spanier lockten sie die Inka des Hochlandes auf Balsa-Flößen aufs offene Meer, um dort die Zurrungen der Stämme zu lösen und so die Landratten zu ersäufen. Frohlockend grüßten sie einander von Balsa- zu Balsa-Stamm, denn das Wasser war ihr Element[11]).

Der italienische Reisende Girolamo Benzoni[12]), der um 1540 nach Peru kam, veröffentlichte eine höchst primitive Zeichnung von einem kleinen peruanischen Balsa-Floß aus sieben Stämmen, das acht Indianer trägt. Im Text vermerkte er, daß es seegängige Flöße gäbe, die noch viel größer seien, aus neun oder elf Stämmen, und Segel von verschiedenem Ausmaß trügen, je nach Größe des Floßes.

Garcilaso de la Vega[13]), der selbst von den Inka abstammte und 1560 von Peru nach Spanien fuhr, widmete seine Aufmerksamkeit hauptsächlich den Fischerfahrzeugen aus totora oder Binsen, die das Wasser durchlaufen lassen. Die gab es in großer Zahl, sie waren bei weitem der dominierende Typ entlang der peruanischen Küste; damit fuhr man, wie er sagt, gewöhnlich vier bis sechs leguas hinaus (das sind beinahe fünfundzwanzig bis dreißig Kilometer), auch mehr, wenn es notwendig war. Garcilaso stellte ferner fest, daß man zur Beförderung größerer Ladungen Flöße aus Holz benützte, auf denen man Segel hißte.

Der spanische Chronist P. Reginaldo de Lizarraga[14]), der in dem Jahr, in dem der Inka Garcilaso abreiste, in Peru eintraf, sagt von den Eingeborenen des Chicama-Tals: »Diese Indianer sind große Seefahrer; sie haben lange, breite Flöße aus leichtem Holz, mit denen sie auf dem Ozean navigieren. Beim Fischen halten sie sich viele leguas weit draußen auf dem Meer auf.« Er erzählte auch, daß die eingeborenen Kaufleute des Chicama-Tals einen Verkehr aufrechterhielten, der bis Guayaquil, fünfhundert Meilen weiter nördlich, reichte. Ihre Balsa-Flöße waren mit Fischereiprodukten und anderer Last beladen.

Über die Reichweite der Seereisen, im besonderen unter Tupac Inka, die auf solchen Balsa-Flößen möglich waren, habe ich bereits berichtet: sie führten mindestens bis Mangoreva in Polynesien.

Der bedeutende frühe Historiker Perus Bernabé Cobo[15]) ging bei der Beschreibung der bemerkenswerten Eigenschaften der Konstruktion aus Balsa-Holz, die für seegängige Flöße verwendet wurde, beachtlich ins Detail, ebenso eingehend würdigte er die Geschicklichkeit der Eingeborenen im Navigieren und Schwimmen. Er fügte hinzu:

»Die größten Flöße, mit denen jene peruanischen Indianer fahren, die in der Nähe der Wälder leben – wie die von den Häfen Payta, Manta und Guayaquil –, sind aus sieben, neun oder mehr Balsa-Holzstämmen zusammengesetzt, und zwar wie folgt: Die Balken werden einer an den anderen der Länge nach mit Lianen oder Tauen festgezurrt, diese wieder laufen über andere Stämme, die als Querbalken darüberliegen. Der Stamm in der Mitte ist am Bug länger als die anderen. Sie werden immer kürzer, je weiter an den Flanken sie liegen, so daß sie am Bug in Form und Proportion den Fingern einer ausgestreckten Hand gleichen. Das Heck aber ist gerade abgeschnitten. Obendrauf setzen sie eine Plattform, so daß die Leute und die Kleidung an Bord nicht naß werden von dem Wasser, das durch die Spalten zwischen den langen Balken heraufdringt. Die Flöße manövrieren sie auf dem Ozean mit Hilfe von Segel und Paddeln, und einige sind so groß, daß sie leicht fünfzig Mann zu tragen imstande sind.«

Eine einfache Skizze von einem Balsa-Floß unter Segel zeichnete dann wieder der holländische Admiral J. van Spilbergen[16]) auf seiner Reise um die Welt von 1614 bis 1617. Spilbergen behauptet, daß eine Mannschaft von fünf Eingeborenen auf diesem Balsa-Floß zwei Monate lang auf Fischfang unterwegs gewesen war. Als es in den

Hafen Paita, einhundertzwanzig Meilen südlich der Hafenstadt Tumbez, einlief, brachte es einen Fang mit, der ausreichte, um die ganze holländische Flotte, die in der Bucht ankerte, zu versorgen. Interessant an Spilbergens sonst sehr primitiver Zeichnung ist, daß sie die Mannschaft an Bord in Aktion zeigt: Zwei Indianer im Umhang bedienen das Segel, während drei andere auf dem Deck hocken und mit den guaras, den breiten Brettern, die in den Spalten zwischen den Stämmen stecken, manövrieren, ohne daß sonst ein Paddel oder Ruder zum Steuern zu sehen wäre. Die dargestellte Verwendung von solchen »centerboards« oder Steckschwertern war eine Kunst, die den Schiffsbauern Europas noch für mehr als zweihundertfünfzig Jahre, bis 1870, völlig unbekannt blieb.

Im Text erwähnt Spilbergen die guaras mit keinem Wort. Er stellt nur fest, daß das Floß ein ganz wunderbares Fahrzeug wäre.

Weitere hundertdreißig Jahre sollten vergehen, bis die Neugier zweier spanischer Marineoffiziere, Juan und Ulloa, angesichts der von den Indianern angewendeten Navigationstechnik so weit angestachelt wurde, daß sie tiefer in das Geheimnis der einheimischen guara einzudringen suchten. Sie publizierten die hervorragende Zeichnung eines Balsa-Floßes auf See, wobei sie solche Details wiedergaben, wie die Anordnung des Zweibeinmastes mit Segeln und Takelage, die strohgedeckte Hütte mitschiffs, die Kochstelle mit offenem Feuer mit dem Vorrat an Wasserkrügen am Heck und schließlich die Position der Steckschwerter, die am Bug und Heck eingetaucht sind. Juan und Ulloa versichern mit voller Überzeugung, daß eine einheimische Mannschaft, die über genügende Geschicklichkeit in der Handhabung der Steckschwerter verfügt, mit einem Balsa-Floß bei jedem Wind wie mit einem normalen Schiff segeln könne, worauf sie fortfahren:[17])

»Bisher haben wir nur die Konstruktion und die Zwecke, zu denen sie sie verwenden, erwähnt, aber die größte Besonderheit dieses schwimmenden Vehikels ist, daß es im Gegenwind genausogut segelt, laviert und manövriert wie ein Schiff mit Kiel und dabei nur wenig abtreibt. Diesen Vorteil gewinnt es durch eine andere Steuerungsmethode als die mit dem Ruder, nämlich durch ein paar Bretter, drei bis vier Meter lang und einen halben Meter breit, guaras genannt, die senkrecht an Bug wie Heck zwischen den Mittelstämmen stecken. Man stößt die einen tief ins Wasser, holt die anderen herauf: damit gehen sie vor den Wind, luven an, drehen bei, kurz, vollziehen alle Bewegungen eines normalen Schiffs. Eine Erfindung, die bis heute den klügsten Völkern Europas unbekannt ist ... Ein guara, das auf dem Vorschiff hinuntergestoßen wird, bringt das Fahrzeug zum Anluven, nimmt man es weg, geht es vor den Wind oder fällt ab. Ebenso wird es, wenn ein guara am Heck heruntergelassen wird, vor den Wind gehen, und nimmt man es hoch, wird das Balsa luven oder stärker in den Wind drehen. Das ist die Methode, die von den Indianern bei der Steuerung der Balsas angewendet wird, und manchmal brauchen sie fünf oder sechs guaras, um es am Abtreiben zu hindern; dabei ist es klar, je tiefer die Bretter unter Wasser sind, desto größer wird der Widerstand, den die Schiffsflanke bietet. Die guaras erfüllen die Aufgabe von Lee-Brettern [ähnlich den späteren Kielschwertern, aber außerhalb des Rumpfs], wie sie auf Segelbooten verwendet werden. Die Steuerungsmethode mit Hilfe dieser guaras ist ganz leicht und einfach. Wenn das Balsa einmal auf den richtigen Kurs gebracht ist, braucht man nur noch ein einziges, das je nachdem, wie es die Situation erfordert, gehoben oder gesenkt wird.«

Die beiden Verfasser waren von der altperuanischen Segeltechnik so beeindruckt, daß sie ihre Einführung in Europa lebhaft empfahlen. Als jedoch der französische Spezialist für Seefahrzeuge M. Lescallier[18]) und sein englischer Kollege J. Charnock[19]) jeder seine umfassende Geschichte der Seefahrt, 1791 beziehungsweise 1801, veröffentlichten, konnten sie Juans und Ulloas Beobachtungen in Ekuador nur noch zitieren und betonen, daß die Indianer der Nordwestküste Südamerikas die Steuerungsmethode mittels center-boards (Steckschwert) immer noch ausschließlich verwendeten, daß sie aber in Europa unbekannt sei. Lescallier bemühte sich ehrlich, in seinen Instruktionen für französische Seekadetten die guara-Navigation für europäische Rettungsflöße zu empfehlen, aber ohne Erfolg.

Weitere Berichte über peruanische guara-Navigation veröffentlichten der berühmte Entdeckungsreisende und Gelehrte Alexander von Humboldt im Jahre 1816 und sein britischer Kollege W. B. Stevenson im Jahre 1825[20]). Stevenson gab eine ausgezeichnete Beschreibung von größeren Balsas, die immer noch an den Küsten des alten Chimu-Reiches bis Huanchaco hinunter, südlich von Chicama üblich waren. Es gab welche mit überdachten Bambushütten von vier bis fünf Räumen, und sie vermochten gegen Wind und Strömung zu segeln, und zwar Hunderte von Meilen mit einer Ladung von fünfundzwanzig bis dreißig Tonnen an Bord, abgesehen von der indianischen Mannschaft und deren Proviant. Auch Stevenson schildert die guaras und sagt: »Durch Heben und Senken der Bretter an verschiedenen Stellen des Balsas können die Eingeborenen auf ihrem Floß alle Manöver eines gewöhnlichen, gut getakelten Schiffs ausführen ...«

In einem unpublizierten Manuskript eines britischen Reisenden namens George Blaxland aus dem Jahre 1840, das in der Mitchell-Bibliothek von Sydney aufbewahrt wird, gibt der Autor die Zeichnung eines neunstämmigen Balsa-Floßes wieder, mit Segel und guaras als einzigen Navigationsmitteln. Das Manuskript enthält auch den Bericht eines Offiziers der Königlichen Kriegsmarine, der eine peruanische Eingeborenenfamilie auf einem Balsa-Floß bei der Insel Lobos de Afuera, etwa sechzig Meilen vor der peruanischen Küste angetroffen hatte. Die Eingeborenen waren eben dabei, sich trotz Gegenwind zu einer Floßreise nach dem unsichtbaren Festland zu rüsten: »... sie waren drei Wochen von ihrem Heimatdorf fortgewesen und wollten gerade mit einer Ladung getrockneter Fische zurückkehren. Die Familie bestand aus neun Personen, mit mehreren Hunden und allem Hab und Gut ... Das Schiff, auf dem ich mich befand, ein Vierzig-Tonnen-Schoner, segelte in seiner Gesellschaft dem gleichen Ziele zu, und es war verblüffend, wie gut sich das Floß am Wind hielt, mit einer Geschwindigkeit von vier bis fünf Knoten in der Stunde. Wir blieben eine Zeitlang zusammen und kamen am nächsten Tag nur wenige Stunden früher an ... Der ganze Schiffstransport wird an einigen Teilen der Küste ausschließlich mit solchen Balsas vollzogen. In Lambeyeque ist infolge der schweren Brandung vor der Küste eine Landung überhaupt nur damit möglich; sogar Salz bringen sie von einem Hafen zum anderen, zweihundert bis dreihundert Meilen weit – ein Beweis mehr, daß sie zuverlässig sind.«

Ehe der französische Seefahrtsspezialist F. E. Paris 1841 bis 1843 seine umfangreiche Abhandlung über nichteuropäische Wasserfahrzeuge veröffentlichte, ging er nach dem Nordwesten Südamerikas, um Balsa-Flöße zu studieren. Er schrieb vor wenig mehr als einem Jahrhundert[21]): »In Peru hat sich die Verwendung von Flößen, wie sie von den alten Einwohnern gebaut wurden, erhalten, da sie den örtlichen Bedingungen gut genug angepaßt sind und noch jedem anderen Fahrzeug vorgezogen werden ...« Er publizierte auch eine detaillierte technische Zeichnung von einem großen Balsa-Floß mit eingesetzten guaras, doch hatte er keine Gelegenheit, Flöße auf See manövrieren zu sehen, und verstand daher die Handhabung der guaras wie ihre Funktion nicht ganz. Genaugenommen verhielt er sich eher skeptisch in bezug auf Juans und Ulloas Augenzeugenbericht über die unbegrenzten Möglichkeiten der guara-Navigation und schrieb: »Wir waren nicht in der Lage, diese genialen Flöße genügend zu beobachten, um sicher zu sein, daß sie wirklich alle Manöver ausführen ...«, aber er gab zu, »andere Steuerungsvorrichtungen haben die Flöße auf dem Ozean nicht ...«

Ein paar Jahre später beobachtete der schwedische Kapitän C. Skogman[22]) Balsa-Flöße mit guaras weit draußen auf dem Ozean auf der Höhe von Nordperu und berichtete, daß Balsa-Flöße die Galapagos-Inseln anliefen, die an die sechshundert Meilen vor dem Festland liegen.

Es ist ganz klar, daß ein guara im Gegensatz zu Paddel oder Steuerruder nur in Verbindung mit einem Segel wirksam ist. Ohne Segel hat das guara weder Sinn noch Zweck. Dies wurde bereits von dem amerikanischen Archäologen Lothrop[23]) und anderen klargestellt und ist eine wichtige Tatsache angesichts der vielen guaras, die in den prähistorischen Wüstengräbern an der Nord- und Südküste von Peru gefunden worden sind. Die wunderschön geschmückten Hartholz-Guaras aus den zahlreichen Gräbern von Paracas und Ica in Südperu zeigen, daß segelführende Flöße bedeutende Kulturelemente selbst in diesen südlichen Breiten waren, und das zu Zeiten, die nicht nur vor Beginn der durch schriftliche Quellen fixierten Geschichte liegen, sondern noch älter sind als die Inka-Periode.

Mehrere Fachleute für peruanische Archäologie, W. C. Bennett[24]) zum Beispiel, geben Bilder eines dieser prächtig geschnitzten und bemalten Prä-Inka-guaras von der Südküste Perus wieder. Die Archäologie liefert uns auch einige kleinere, aber ziemlich wichtige Details, die von den frühen Chronisten und sonstigen Beobachtern nicht erwähnt werden, etwa wie die Zurrung an den schlüpfrigen Stämmen gesichert wurde und wie die einzelnen Stämme an Bug und Heck geformt waren, um den Wasserwiderstand zu vermindern. Solche Informationen kann man aus den winzigen Floßmodellen – genauer gesagt, Geisterflößen, denn als solche sind sie gedacht – gewinnen, die in großer Zahl in den Wüstengräbern von Arica, noch weiter südlich an der Küste gefunden wurden. Diese Flöße waren mehr als tausend Jahre vor der Ankunft Pizarros und der ersten Europäer hinterlegt worden und zeigen, daß die Zurrungen aus Hanftauen oder Robbenhautstreifen rund um die Stämme in eingekerbten Rinnen lagen. Sie zeigen auch, daß jeder Balken vorn und achtern schiffsförmig abgeschrägt war, um den Wasserwiderstand zu verringern. Ein kleines Floß, das der bekannte Archäologe und Peru-Spezialist Max Uhle[25]) ausgegraben hatte, war mit einem quadratischen Binsensegel ausgestattet, ähnlich dem, das bis heute von den benachbarten Bergindianern auf dem Titicaca-See verwendet wird. Eben diese Entdeckung in einem Grab der primitiven Fischerbevölkerung von Arica, das in die ersten Jahrhunderte n. Chr. datiert, veranlaßte Nordenskiöld[26]) zu dem Schluß, daß »das Segel an der peruanischen Küste wahrscheinlich früher bekannt war als Töpferei und Weben ...«.

Wie vorhin nach dem Inka Garcilasso zitiert, war das häufigste Fahrzeug entlang der Wüstenküste Altperus das Binsenboot der einzelnen Fischer. Flöße aus Holz mit Takelage wurden nur zum Transport schwerer Ladung und zu regelrechten Ozeanreisen verwendet. Die bedeutendsten Häfen Perus für solche Flöße waren in der Inka-Zeit Payta, Tumbez und andere Siedlungen an der Nordküste in der Nähe der großen Balsawälder Ekuadors, aber bis 1900 gab es wichtige Balsa-Floßhäfen bis nach Sechura, Lambayeque, Pacasmayo und Huanchaco, fünfhundert Meilen südlich von Guayaquil. In der Inka-Zeit wurden Balsa-Flöße sogar noch weitere fünfhundert Meilen südlicher verwendet, um Guano als Dünger von den Chincha-Inseln bei Pisco in die verschiedenen Provinzen Perus zu bringen. Zum Bau tragfähiger Flöße transportierten die Inka Balsa-Stämme sogar über Land in entlegene Winkel ihres Reichs. Als daher die ersten Spanier unter Hernando Pizarro von Cuzco durch die Anden vorrückten, fanden sie in dem heutigen Bolivien große Mengen langer Balsa-Balken, die auf dem Rücken einheimischer Arbeiter so weit getragen worden waren, um Balsa-Flöße auf dem Titicaca-See herzustellen, wo sie zur Erbauung für den Inka Huayna Capac und seinen Hofstaat dienen sollten[27]).

Durch die Verbindung von historischen und archäologischen Nachrichten besitzen wir daher eine sehr genaue Kunde von den Konstruktionsprinzipien und der jeweiligen örtlichen Bedeutung des Floßes, das die Schiffahrt im alten Peru und im angrenzenden Pazifikgebiet gestattete. So war der bekannte Amerikanist S. K. Lothrop 1932, als er das Material für seine interessante Abhandlung über »Die Navigation der Eingeborenen in den Breiten der Westküste Südamerikas« zusammenstellte, imstande, ein recht gutes Bild des dort heimischen Balsa-Floßes zu geben. Bei der Beurteilung seiner Seetüchtigkeit jedoch behauptete er, daß es »das Wasser rasch aufsaugt und seine Schwimmfähigkeit nach ein paar Wochen völlig verliert. Infolge dieser Eigentümlichkeit war es notwendig, die Jangada (oder das Balsa-Floß) von Zeit zu Zeit auseinanderzunehmen, die Stämme an Land zu ziehen und sie ganz austrocknen zu lassen.«[28]) Lothrop schloß, das Balsa-Floß sei für Überseefahrten ungeeignet, man habe damit unmöglich bis zu den Südsee-Inseln, ja nicht einmal bis zur Galapagos-Gruppe, sechshundert Meilen vor der Küste, reisen können.

Lothrop zitierte G. Byam als Quelle für diese Nachricht. Byam[29]) jedoch war ein englischer Reisender aus dem 19. Jahrhundert, der von Balsa-Flößen keine Ahnung hatte. Wir lesen in seinem Buch von 1850, daß er auf seinem Segler ein in See stechendes Balsa-Floß auf der Höhe von Cabo Blanco (Nordperu) in der Ferne sichtete. Es kreuzte südwärts gegen eine frische Brise, und der Kapitän erklärte, solche Fahrzeuge segelten besser am Wind als ein europäisches Walboot, aber sonst seien sie langsamer und würden nach wenigen Wochen ihre Schwimmfähigkeit verlieren, so daß sie zum Trocknen an Land geholt werden müßten.

Aus dieser Behauptung schloß Lothrop, daß ein Balsa-Floß nicht imstande sei, lange genug auf See zu bleiben, um eine weite Reise zu vollenden. Er nahm daher an, daß Tupac Inka wohl sein Heer nur zu Wasser mitgeführt und das Festland im Norden von Guayaquil geplündert habe.

Andererseits war Lothrops Studie ein so wertvoller Beitrag, daß sich nach ihm nur noch wenige Ethnologen bemühten, tiefer in das

Problem einzudringen. Einiges zusätzliche Material kam noch zutage durch den bekannten englischen Inka-Forscher P. A. Means[30]) im Jahre 1942, und zwar in dem interessanten Artikel: »Vorspanische Navigation vor der Andenküste«. Er bezieht sich aber zum Teil auf Lothrop und übernimmt in seinem theoretischen Urteil dessen negative Ansicht über das Balsa-Floß: »Es war offensichtlich ein Schiffstyp, der bei den Schiffsbauern fast eines jeden anderen Seevolks auf der Welt nur Verachtung erregt hätte.« Er kommt zu dem Ergebnis:

»Insgesamt sind wir zu dem Schluß berechtigt, daß in der altperuanischen Seefahrt vor der spanischen Eroberung das Balsa-Baumfloß mit Segeln, Deckhaus und Laderaum noch der am wenigsten zu verachtende und am wenigsten unzureichende Fahrzeugtyp war, den man kannte. Dies ist, zugegeben, ein sehr bescheidenes Lob; aber angesichts der Tatsachen ist es noch das beste, das man der Schiffsbaukunst der alten Andenbewohner, jenes einmalig seefremden Volks, erteilen kann.«

Der bekannte Fachmann für urtümliche Fahrzeuge und Seefahrt, J. Hornell, sah sich veranlaßt, 1945 das Thema aufzugreifen, zuerst in dem Artikel: »Gab es einen präkolumbischen Kontakt zwischen den Völkern Ozeaniens und Südamerikas?« und dann, 1946: »Wie kam die Süßkartoffel nach Ozeanien?« Hornell war überzeugt, daß die frühen Peruaner die polynesische Insellandwirtschaft beeinflußt hatten, deshalb war er vorsichtig in seiner Beurteilung des Balsa-Floßes, doch meinte er am Ende: »Sicher konnte kein gewöhnliches, unpräpariertes Balsa-Floß eine ausgedehnte Überseereise machen, es sei denn, die Inka-Seefahrer kannten eine wirksame Methode, die saugfähigen Stämme mit einer Art Imprägnierungsflüssigkeit zu behandeln ...« Er hielt es für wahrscheinlich, daß die alten Peruaner Kautschuk, Harz oder Wachs in einem Lösungsmittel verwendeten, um die Stämme damit anzustreichen und haltbar zu machen, so daß sie etwa eine Reise nach Ostpolynesien aushielten.

Die überzeugte Haltung bei den Amerikanisten, die ja soeben die wesentlichen Prinzipien des peruanischen Schiffsbaus theoretisch studiert hatten, hatte eine zweifache Wirkung auf die moderne Ethnologie. Sobald man das Balsa-Floß als »nicht seetüchtig« zu verschreien begann, waren die Altperuaner ihres wichtigsten Navigationsmittels beraubt und generell als beachtlich unseemännische und landgebundene Bevölkerung abgewertet. Dieses einseitige Bild der frühen Hochkulturen längs der pazifischen Küste Südamerikas durchdrang die technische genauso wie die allgemeine Literatur und beeinflußte alsbald auch das Studium entscheidender Probleme in der polynesischen Ethnologie.

1932 gelang es dem hervorragenden Pazifik-Kenner R. B. Dixon nachzuweisen, daß die Süßkartoffel mit menschlicher Hilfe in vorspanischer Zeit von Peru nach Polynesien gebracht worden war mitsamt ihrem Quechua-peruanischen Namen kumara. Unter Hinweis auf die Balsa-Flöße vermutete er, peruanische oder andere amerikanische Indianer seien für die Übertragung verantwortlich zu machen. Im gleichen Jahr veröffentlichte Lothrop seine obenerwähnte Übersicht über die peruanische Seefahrt, und zwei Jahre später kam Dixon mit einer weiteren Publikation darauf zurück und behauptete nun[31]):

»Da wir keinen Beweis haben, daß die Indianer von der Pazifik-Küste Südamerikas, wo die Süßkartoffel angebaut wurde, zu irgendeiner Zeit sowohl das Fahrzeug als auch die Geschicklichkeit zur Durchführung langer Seereisen hatten, sind wir gezwungen zu schließen, daß die Übertragung der Pflanzen durch Polynesier erfolgte.«

Dementsprechend schrieb 1933 der bekannte amerikanische Archäologe Polynesiens K. P. Emory[32]) in bezug auf die alte Großsteinarchitektur auf der Osterinsel, den Gesellschaftsinseln, den Marquesas, auf Hawaii, Tutuai und der Tonga-Gruppe:

»Es ist durchaus berechtigt, einen amerikanischen Ursprung für ein so spezialisiertes Kulturelement wie dieses Steingefüge zu postulieren. Es ist ein auffallendes Element und in dem Teil Amerikas lokalisiert, der Polynesien am nächsten liegt, einem Teil, von dem Strömungen hinausführen und in Richtung auf die Osterinsel und die Tuamotus ziehen ... Kann nicht eins der aufs Meer hinausfahrenden Inka-Flöße in diese Strömung verschlagen worden sein und die Überlebenden bis zur Osterinsel, zweitausend Meilen weiter westlich, getragen haben?«

In einer späteren Veröffentlichung von 1942[33]) sah Emory sich aber veranlaßt, seine Ansicht fallenzulassen, da, wie er sagt, Dixon ihm inzwischen klargemacht habe, das Balsa-Floß des pazifischen

Südamerika sauge sich rasch voll. In einer Veröffentlichung von A. E. Morgan[34]) 1946 zitiert dieser nun seinerseits Emory, der ihm auf seine Anfrage geschrieben habe, daß »Balsa-Flöße sich in einigen Tagen vollsaugen, wenn sie nicht zum Trocknen aus dem Wasser geholt werden«.

Zu diesem Zeitpunkt hatte sich der Urteilsspruch über das Balsa-Floß schon zum Axiom ausgewachsen, und als Sir Peter Buck[35]) 1945 seine »Einführung in die polynesische Ethnologie« schrieb, ließ er gleich eine Hälfte der pazifischen Randländer außer Betracht mit der schlichten Feststellung: »Da die südamerikanischen Indianer weder die Schiffe noch die Navigationskunst besaßen, den Meeresraum zwischen ihren Küsten und den nächsten polynesischen Inseln zu überqueren, kann man sie als Bringer von Kulturgütern vernachlässigen.«

Mit der gleichen Überzeugtheit schrieb der amerikanische Ethnologe J. B. Weckler[36]) 1943 in seiner Monographie über »Polynesische Entdeckungsreisende im Pazifik«: »Keine Indianer verfügten über seegängige Schiffe, die zu solchen Passagen wie die Reise nach Polynesien imstande waren.«

Dieser Glaube saß so fest in den Köpfen sowohl der Amerikanisten wie der Ozeanisten, daß ich, als ich mit einer Veröffentlichung 1941 zu entgegnen versuchte, selbstredend keine Antwort bekam. Am Ende erschien nur ein Weg möglich, den Disput zu entscheiden, nämlich eine Kopie des strittigen Fahrzeugs zu bauen und durch den praktischen Versuch zu einer befriedigenden Antwort zu kommen. Deshalb plante und leitete ich 1947 das Unternehmen, das dann die Kon-Tiki-Expedition wurde.

Das Floß, »Kon-Tiki« benannt, war aus neun zwei Fuß dicken Balsa-Stämmen zusammengebunden, mit einer Länge zwischen neun bis dreizehneinhalb Meter, der längste in der Mitte. Sie waren an Querbäumen festgezurrt, die ein Bambusdeck und eine offene Hütte trugen. Ein zweibeiniger Mast, der ein großes viereckiges Segel trug, fünf guaras und ein Steuerruder vervollständigten die Ausrüstung. Das Floß lief vom Hafen von Callao, Peru, am 28. April 1947 mit einer Besatzung von sechs Mann aus; dreiundneunzig Tage später wurde die erste bewohnte polynesische Insel gesichtet und passiert. Nach einer Gesamtreise von fast achttausend Kilometern in hundertein Tagen landete die Kon-Tiki auf dem Riff des Raroia-Atolls in den Tuamotu-Inseln, die Mannschaft und fast die ganze Ladung waren heil geblieben.

Zweck der Expedition war gewesen, die wirklichen Eigenschaften und Möglichkeiten eines Balsa-Floßes zu erproben und zu studieren. Womöglich sollte auch eine Antwort auf die alte, umstrittene Frage gefunden werden, ob nun die polynesischen Inseln innerhalb der Reichweite von Floßschiffen Altperus lagen oder nicht.

Das Fahrzeug erwies sich als hervorragend seetüchtig, vollkommen geeignet, schwere Ladungen auf dem offenen, keinen Schutz bietenden Ozean zu befördern. Keine der wertvollen Eigenschaften überraschte und beeindruckte uns mehr als seine hervorragende Sicherheit und Seetüchtigkeit unter allen Wetterbedingungen auf dem Meer. Daneben kann vielleicht noch seine Tragfähigkeit gestellt werden. Sie verwundert uns jedoch nicht, wenn Balsa-Flöße nach den Berichten der frühen Spanier bis zu dreißig Tonnen laden konnten.

Die theoretischen Urteile über das Balsa-Floß hatten es als seeuntüchtig verdammt wegen der wasserziehenden Eigenschaft des Balsa-Holzes, die es zum Sinken bringen sollte, wenn es nicht regelmäßig bloßgelegt und getrocknet würde. Auch glaubte man, daß die Seilzurrungen, die die Stämme und das ganze Fahrzeug zusammenhielten, infolge der Reibung durchgewetzt würden, wenn die großen Stämme sich auf See zu bewegen begannen. Das leichte, poröse Holz galt ferner als zu zerbrechlich, wenn hohe Ozeanwellen Bug und Heck hoben, während Mannschaft und Ladung auf dem mittleren Teil lasteten. Schließlich meinte man, Mannschaft und Ladung wären auf einem offenen Floß, nur anderthalb Fuß über der Wasserlinie, den Ozeanwellen gänzlich ausgeliefert.

Unsere Erfahrungen gaben Antwort auf all diese Fragen und zeigten, daß die alten Kulturvölker von Peru und Ekuador gute Gründe hatten, gerade diesen Typ eines Hochseefahrzeuges zu entwickeln – und daran festzuhalten.

Trockenes Balsa-Holz, wie man es heute überall kennt und im Handel kaufen kann, ist extrem wasserziehend und für den Floßbau ungeeignet. Grünes Balsa-Holz aber, wenn es frisch geschlagen und noch voller Saft in Seewasser kommt, ist ausgesprochen widerstandsfähig, und, obwohl das Wasser allmählich den von der Sonne getrockneten äußeren Teil durchdringt, verhindert der Saft innen weitere Absorption. Die Kon-Tiki war noch imstande, eine Ladung von Tonnen zu tragen, als sie ein Jahr nach der Expedition schließlich zur Konservierung an Land gezogen wurde.

Die Balsa-Stämme scheuerten die Seilzurrungen nicht durch. Der Grund war, daß die Oberfläche der Stämme weich und schwammig wurde und die Taue unbeschädigt blieben, als wären sie in Kork gebettet. Die zwei Fuß dicken Balsa-Balken erwiesen sich als zäh genug, um dem Angriff zweier Stürme mit haushohen Wellen und sogar einer Notlandung auf einem ausgesetzten Riff in Polynesien standzuhalten.

Das Geheimnis der Sicherheit und Seetüchtigkeit des offenen Balsa-Floßes lag in seiner einzigartigen Fähigkeit, trotz seiner tiefen Lage im Wasser mit einer jeden drohenden Welle aufzusteigen und so über die gefährlichen Wassermassen hinwegzureiten, die über die meisten anderen kleinen Fahrzeuge hereingebrochen wären. Zweitens war es der geniale, durchlässige Bau, der alles Wasser wieder verschwinden ließ wie durch ein Sieb. Weder turmhohe Wellen noch überschwappende Brecher hatten die geringste Möglichkeit, einen Angriffspunkt auf dem Schiff zu finden, und der Erfolg war ein Gefühl vollkommener Sicherheit, die kein anderes offenes kleines Fahrzeug hätte bieten können. Darüber hinaus machten die niedrige Konstruktion des Floßes und die Biegsamkeit, die all die unabhängigen Zurrungen gewährten, es möglich, sogar direkt auf einem exponierten Riff an der Windseite des gefährlichen Tuamotu-Archipels zu landen.

Während der Reise wurden ein paar Experimente mit den obenerwähnten Navigationsbrettern gemacht, den guaras der Indianer. Man fand, daß fünf guaras, sechs Fuß lang und zwei Fuß breit, genügten, wenn sie sicher festgemacht waren, um dem Floß einen Kurs fast im rechten Winkel zum Wind zu gestatten. Ebenso bestätigte sich, daß das Floß durch Heben oder Senken eines guara vor dem oder hinter dem Mast, ohne Gebrauch des Ruders, gesteuert werden konnte.

Ein Versuch jedoch, gegen den Wind zu kreuzen, schlug gänzlich fehl, und die Floßmannschaft fügte sich daher der allgemeinen Behauptung, daß das peruanische Balsa-Floß ganz wie jedes andere flache Floß nur in einem begrenzten Winkel zu der herrschenden Windrichtung gesegelt werden konnte.

Weitere Nachforschungen nach der Rückkehr von der Expedition überzeugten mich jedoch, daß unser Mangel an Erfolg in dieser Hinsicht eher an dem Fehlen eigener Erfahrung mit dieser vergessenen Technik lag als an irgendwelchen Unzulänglichkeiten des Segelsystems, das die Inka so lange und erfolgreich praktizierten. Diese Vermutung wurde schließlich durch ein zweites Floßexperiment im Jahre 1953 vor der Küste von Ekuador bestätigt.

Die Balsa-Floß-guaras weichen in ihren Dimensionen beträchtlich voneinander ab, entsprechend der Größe und dem Typ des Fahrzeugs, aber auch den Ausmaßen des erreichbaren Hartholzmaterials. Sie sind gewöhnlich eineinviertel bis zwei Meter lang und zehn bis fünfundzwanzig Zentimeter breit, obwohl sie in den Breiten der Dschungelgebiete von Ekuador auch drei bis dreieinhalb Meter lang und einen halben Meter breit sein können. Die guaras sind rechteckige Bretter ohne Schaft, nur mit einem Knopf oder Griff am oberen Ende. Wir waren auf die alten Chronisten, auf mehr oder weniger schematisierende Eingeborenenkunst sowie auf die »Geisterflöße« angewiesen, um Näheres über die frühen peruanischen Wasserfahrzeuge zu erfahren, wir sind aber darüber hinaus imstande, echte Hartholz-guaras, wie sie von den alten einheimischen Seefahrern benutzt wurden, zu betrachten und zu studieren. Solche guaras, gewöhnlich aus dem harten, dauerhaften algarrobo-Holz Perus geschnitzt, gehören zu den am häufigsten vorkommenden hölzernen Artefakten in den vorspanischen Gräbern an der peruanischen Küste. Wegen ihres künstlerischen Werts und ihrer meisterhaften Ausführung sind manche davon zum Stolz der Peru-Ausstellungen in den Museen der ganzen Welt geworden. Die meisten guaras jedoch waren roh gearbeitet, ohne Schmuck jeglicher Art, und da diese reinen Gebrauchsstücke keinerlei Eindruck auf Grabräuber machten, sind viele in den Händen von huaqueros verlorengegangen. Vielleicht könnte man formulieren: Das Verhältnis der Arbeit des archäologischen Fachmanns zur reinen Raubgräberei in peruanischen Küstenfundplätzen entspricht genau dem Zahlenverhältnis der einfachen zu den üppig geschmückten guaras, wie wiederum dieses dem Verhältnis schlichter peruanischer Töpferwaren zu dekorierten Figurengefäßen, wie sie in Museumskollektionen eingehen.

Die am sorgfältigsten dekorierten Stücke kommen aus dem Pisco-, Paracas- und Ica-Gebiet im Süden des mittleren Küstenabschnitts. Aber auch hier wurden bei Ausgrabungen einfache und roh gefertigte guaras aus algarrobo-Holz gefunden. Während die verzierten guaras aus dem Chimu-Gebiet an der Nordküste gewöhnlich eine Freiplastik oberhalb des Griffs aufweisen, einen Vogel oder eine Tierfigur – wie auch die Paddel dieser Gegend –, haben die schönsten Paracas-Stücke oft Griffe mit geschnitzten und bemalten Vögeln, Fischen, Menschen oder symbolischem Schmuck in zwei oder drei Reihen übereinander. In der oberen Reihe stehen manchmal sechs oder acht Männlein Seite an Seite, die sich an den Händen halten, so daß eine Wellenlinie gebildet wird.

Man hat vermutet, daß einige der kunstvollsten Stücke rein zeremonielle Würdezeichen sind, und das stimmt wahrscheinlich auch. Jedoch bin ich nie auch nur auf ein einziges Exemplar gestoßen, das seinen praktischen Zweck nicht hätte erfüllen können, dank der Härte des verwendeten Holzes und der sorgfältig ausgesuchten Placierung der Schnitzereien, die niemals die Handhabung des guara behindern. Immer beschränkt sich die Schnitzerei auf das Griffende, und wenn sie sich – in seltenen Fällen – etwas weiter herunterzieht, dann entlang der Seitenkante des Bretts, so daß nie das freie Gleiten des Bretts durch den Spalt oder Schacht zwischen den weichen Balsastämmen behindert wird. Es ist sicher bemerkenswert, daß die Schnitzerei stets auf den Teil des guara beschränkt ist, der bei Gebrauch frei sichtbar über das Deck ragt, während derjenige, der unter das Floß versenkt und damit für Besatzung und Passagiere unsichtbar wird, glatt und unverziert bleibt. Man sollte erwarten, daß ein reines Zeremonialgerät in seinem ganzen Ausmaß wie der Schaft einer Zeremonialaxt oder ein Stab ornamentiert wäre und nicht über den größten Teil seiner Länge glatt und leer bliebe. Im Hinblick auf die Funktionen des guara, denen zufolge Griff und oberer Teil sichtbar freiliegen und keinerlei Belastung oder Abnutzung außer dem gelegentlichen Zugriff mit der Hand ausgesetzt sind, dürfen wir mit Sicherheit annehmen, daß die große Masse selbst der am reichsten geschmückten Stücke tatsächlich auch in Gebrauch war, allerdings wohl bei den Würdenträgern der Dörfer an der Küste.

Als gegen Ende des vorigen Jahrhunderts die ersten kunstvoll geschnitzten Pisco-Stücke ausgegraben wurden und in Museen und

Privatsammlungen gerieten, behandelte man sie lediglich als schöne Beispiele für die Holzschnitzkunst der Vorinka-Zeit. Obwohl der aus Deutschland stammende Peru-Forscher W. Gretzer 1914 sie als zur Seefahrt gehörige guaras identifiziert hatte, schenkte man doch ihrer eigentlichen Funktion bisher wenig Beachtung.

Seit einem Menschenalter an der peruanischen Küste lebend, hatte Gretzer reichlich Gelegenheit, die letzten, allmählich verschwindenden Balsa-Flöße zu beobachten, die immer noch mit guaras manövrierten und ganze Tonnen getrockneter Fische nordwärts nach Ekuador brachten, Bauholz und anderes wiederum südwärts nach Peru. Als er seine Ausgrabungen in den Tälern von Pisco und Ica begann und die große Sammlung archäologischer guaras freilegte, die jetzt im Berliner Museum für Völkerkunde ist, erkannte er augenblicklich, wozu die guaras dienten. Er betonte, sie seien allein schon ein Beweis, daß die Küstenbevölkerung selbst in der Vorinka-Zeit imstande war, regelrechte Seereisen auf den Ozean hinaus zu unternehmen, so, wie sie von den alten Spaniern beobachtet wurden.

Wer mit den merkwürdigen Eigenschaften der schwimmfähigen Binsen- und Balsa-Flöße der Inka-Zeit auf See nicht vertraut ist, wird schwer verstehen, daß diese Küstenbevölkerung weit über das erste primitive Stadium in der Entwicklung der Seefahrt hinausgekommen war. In der Tat kannten die frühen Peruaner durchaus Einbäume und Boote mit normalem Rumpf, aber auf See zogen sie ihre speziell entwickelten Fahrzeugtypen bei weitem vor, da sie den besonderen Anforderungen der lokalen geographischen Bedingungen einfach wunderbar angepaßt waren. Das allgemein ablehnende Urteil über das scheinbar primitive totora-Binsenboot und das Balsa-Baumfloß mag vielleicht mit ein Grund für die erstaunlich geringe Aufmerksamkeit sein, die dem vorhandenen Quellenmaterial über Unternehmungen der Eingeborenen zur See gewidmet wurde. Selbst nach Gretzers Veröffentlichung war es nicht ungewöhnlich, peruanische guaras in den Vitrinen der Museen als »Zeremonialspaten« oder mit ähnlicher Bezeichnung beschriftet zu finden, obwohl jedermann beim leisesten Versuch schon herausgefunden hätte, daß die guaras für jede Art landwirtschaftlicher Arbeit höchst ungeeignet sind. Als Stücke in Situ [an der ursprünglichen Stelle] ausgegraben wurden und nicht erst als Streufunde in die

Hände von Sammlern gerieten, wurde langsam klar, daß die merkwürdigen Bretter eine Art Schiffszubehör waren, da sie allgemein in den Gräbern bei der Fischereiausrüstung lagen oder jedenfalls mit anderen Geräten zusammen, die eher auf eine Tätigkeit zur See als etwa auf Ackerbau hinwiesen. Es war auch ziemlich auffallend, daß der besondere Dekor am Griff genau dem der örtlichen Paddelgriffe entsprach. Daher sind guaras in späteren Jahren allgemein als »Spezialform eines Paddels« oder gar als »Steuerruder« ausgestellt worden. Eine nähere Betrachtung des Griffs würde jedoch genügen, um zu zeigen, daß dieses merkwürdige Stück weder als das eine noch als das andere gedient haben konnte. Die Hauptsache am Paddel ist seine vollkommene Ausbalancierung: Der Griff muß symmetrisch am Ende der zentralen Achse sitzen, damit vermieden wird, daß sich das Blatt unter dem Schlag dreht. Der Griff des guara aber sitzt völlig unbalanciert exzentrisch an einer Ecke und macht es hoffnungslos unbrauchbar zum Paddeln oder Rudern. Ferner hat das guara keinen Schaft, der einen ausgleichenden Griff für die andere Hand böte. Die meisten guaras von der Südküste haben als Griff lediglich einen Schlitz zum Halt für die Finger, ähnlich dem Tragbügel an einer Tasche. Es ist offenkundig, daß der spezielle guara-Griff nur für vertikales Heben und Senken des breiten Bretts mit einer Hand vorgesehen ist und nicht, um einen Bewegungsimpuls mit dem ausgewogenen Zugriff beider Hände auszulösen. Ebensowenig paßt der Griff des guara zu irgendeiner funktionierenden Ruderpinne. Daher bleibt uns nur die klare Tatsache, daß nach ihren praktischen Funktionen das guara keinem Schiffzubehörteil entspricht, der auf europäischen Wasserfahrzeugen vorkommt.

Diese Indizien aus dem archäologischen Material ergänzen sich nun mit den unmittelbaren Schilderungen beziehungsweise Skizzen europäischer Reisender, die guaras auf den einheimischen Flößen beobachteten. Sie gelangten indessen nicht ins allgemeine Bewußtsein, als man in Europa – reichlich spät – daranging, Boote mit Steckschwertern auszurüsten. Nach Lothrop wurden in England um 1710 einige Experimente unternommen, um »center-boards« an bestimmten kleinen Bootstypen anzubringen. Die wirkliche Verwendung setzte in England und in den Vereinigten Staaten um 1870 ein. Bis dahin hatten europäische Seeleute lediglich »lee-boards«

verwendet, deren einzige Funktion war, wie ein Kiel die Abtrift zu verringern.

Als das Kon-Tiki-Floß für seine Reise im Jahre 1947 mit guaras ausgerüstet wurde, waren sich daher Ethnologen wie Marinebehörden einig, daß sie für das kontrollierte Manövrieren eines Floßes nutzlos wären. Obwohl die Expeditionsmitglieder feststellten, daß es möglich war, mit fünf intakten guaras den Kurs zu ändern und fast im rechten Winkel zum Wind zu segeln, schlugen doch alle Bemühungen fehl, zu wenden und mit dem Floß gegen den Wind zu kreuzen. Also teilten wir, als wir von der Expedition zurückkamen, die Ansicht von F. E. Paris und der späteren Gelehrten, daß das Floß nur vor dem Wind zu navigieren sei.

1953 gelang es mit der freundlichen Hilfe des ekuadorianischen Archäologen Emilio Estrada in Guayaquil, praktische Versuche mit einem Balsa-Floß normaler Größe vor der Bucht von Playas in Ekuador aufzunehmen, wo winzige, aus drei Stämmen bestehende Flöße des brasilianischen jangada-Typs heute noch von einheimischen Fischern benutzt werden.

Diesmal wurde das Geheimnis, wie die Inka mit ihren Flößen gegen den Wind segeln konnten, restlos gelöst, und wie alle genialen Erfindungen war der Kniff ganz einfach, wenn man einmal daraufgekommen war. Von einer Mannschaft, die aus Estrada, zwei Archäologen, nämlich dem Amerikaner E. K. Reed und dem Norweger A. Skjölsvold, und mir bestand, wurde wiederentdeckt, daß bei raschem Wenden des Segels und gleich rascher Umkehrung des Verhältnisses zwischen der eingetauchten guara-Fläche vor und hinter dem Mast, und zwar genau in dem kritischen Augenblick, wenn das Fahrzeug den Wind im rechten Winkel zu seiner Längsachse bekommt, das Floß bereitwillig wendet und neuen Kurs beim Wind aufnimmt. Erforderlich war das folgerichtige Zusammenspiel zwischen dem Wenden der Rahe einerseits und dem Senken und Heben der guaras andererseits. Der Rah-Baum mußte dort befestigt sein, wo die Füße des Mastes zusammenliefen, um frei von einer Seite auf die andere schwingen zu können. In dem Augenblick, als der Kniff entdeckt war, wie man ein Floß wendet, brauchte man nur die guaras mit der Segelstellung in Übereinstimmung zu bringen, dann segelte das Floß mühelos beim Wind und kreuzte im gleichen Winkel, wie man es bei einem normalen Segelboot erwarten würde.

Einmal auf den neuen Kurs gebracht, bestimmte nur, wie zuvor, das Verhältnis zwischen den gesenkten guaras vor und hinter dem Mast die Richtung, die das Floß nehmen sollte.

Abschließend läßt sich heute sagen: Wir wissen, daß es aus technischen Ursachen keine Grenze für die Reichweite des alten peruanischen Wasserfahrzeugs im Stillen Ozean gibt. Wir können daher auch ohne weiteres verstehen, daß Pizarros Vorkommando auf ein Handels-Balsa stieß, das nach Panama unterwegs war. Hinsichtlich der verschiedenen Seeunternehmungen peruanischer Küstenvölker seit ihrer genialen Erfindung der guaras in der Vorinka-Zeit sind wir zu den kühnsten Vermutungen berechtigt.

Kapitel 9

Kulturpflanzen als Beweis für vorkolumbische Kontakte zwischen Amerika und Polynesien

Wir haben im dritten Kapitel (»Wer hat recht – Isolationist oder Diffusionist?«) gesehen, daß das Auftreten der gleichen Kulturpflanzen hüben und drüben für den Nachweis früher Verbindungen zwischen Europa bzw. der Küste Westafrikas einerseits und der Neuen Welt andererseits ein wichtiges, ja oft geradezu das entscheidende Indiz darstellt. Die Verbreitung von Kulturpflanzen bildet nun auch ein zentrales Argument für den Nachweis jener von Heyerdahl postulierten Wanderung, die vom amerikanischen Doppelkontinent in die Weiten des Pazifik führte. In einzelnen Fällen glaubt Heyerdahl zeigen zu können, daß Pflanzen, die schon über den Atlantik mitgenommen worden waren, nun auch weiter nach Westen verschleppt worden sind. Heyerdahl, der ursprünglich Biologie und Geographie studiert hat, gibt hier in Auseinandersetzung mit angesehenen Fachgelehrten eine klare Übersicht, die nebenbei zeigt, daß selbst Naturwissenschaftler den Vorurteilen der Vertreter anderer Disziplinen erliegen können.

Vom europäischen Entdeckungszeitalter an bis Ende des vorigen Jahrhunderts waren Theorien gang und gäbe, die behaupteten, es habe Reisen Eingeborener von und zur Neuen Welt bereits in vorkolumbischen Tagen gegeben. Von der Jahrhundertwende an bis in die jüngsten Jahrzehnte waren sie alle von kompetenten Gelehrten fallengelassen worden – die wohldokumentierten Wikingerlandungen in nordöstlichen Teilen Nordamerikas zu Beginn unseres Jahrtausends wurden ausdrücklich ausgenommen. Was war der entscheidende Grund für einen so radikalen Wechsel von extremem Diffusionismus [der Betonung von Übertragungs- und Ausbreitungsvorgängen in der Kulturentwicklung] zu extremem Isolationismus [der gegensätzlichen Auffassung, der These einer Vielzahl lokal isolierter Entwicklungslinien] unter Erforschern der amerikanischen Vorgeschichte?

Es mag mehrere Gründe für diesen allgemeinen Trend unter den Amerikanisten geben. Einer besteht in dem wachsenden Verlangen nach wissenschaftlichem Beweismaterial und nach Tatsachen anstelle von Spekulationen, ein anderer in der wiederholten Entdekkung, daß ethnographische Parallelen in Kunst und Gerät in zwei getrennten Gebieten auf unabhängige Entwicklungen zurückgehen können. Zweifellos jedoch gab den wichtigsten Anstoß zu der allgemeinen Annäherung an den Standpunkt der Isolationisten das Material, das mit der Geburt der amerikanischen Ethnobotanik [einem Teilgebiet der Botanik, das Veränderungen der Pflanzenwelt, Züchtungen und Ausbreitungsvorgänge, die in Zusammenhang mit dem Menschen erfolgen, behandelt] ans Licht kam. Besonders zwei prominente Botaniker sind an dieser Stelle zu nennen: der Franzose Alphonse de Candolle und der Amerikaner E.D. Merrill.

De Candolle trug in seinem bahnbrechenden Werk: »Ursprung der Kulturpflanzen« (1883, 1884 in deutscher Übersetzung erschienen) das zu jener Zeit erreichbare botanische Material zusammen und zog daraus den interessanten und überaus wichtigen Schluß:

»In der Geschichte der Kulturpflanzen habe ich keinen Hinweis auf eine Verbindung zwischen den Völkern der Alten und der Neuen Welt vor der Entdeckung Amerikas durch Kolumbus gefunden.« [1]) Das war ein Argument von entscheidendem Gewicht für die laufende Diskussion unter den zeitgenössischen Ethnologen und Prähistorikern. Wenn es reguläre Verbindungen zwischen vorkolumbischem Amerika und Alter Welt gegeben hätte, wären da nicht irgendwelche Getreidearten der Alten Welt nach dem frühen Mexiko oder Peru eingeführt worden oder umgekehrt amerikanischer Mais in die übrige Welt?

Eng anknüpfend an de Candolle, auf dessen Lehren er fußte, übernahm und entwickelte Merrill die Ansicht, daß es zwischen der Alten und der Neuen Welt keinerlei Kontakt vor der Ankunft der Wikinger und der des Kolumbus gegeben hätte. Dank der Kraft seiner Überzeugung und der Stärke seiner Argumente wurde Merrill einer der Vorkämpfer für die nun entstehende Hypothese, die großen Weltmeere, die die tropischen und gemäßigten Zonen der Neuen Welt umgeben, hätten eine lückenlose und unüberwindliche Barriere für jede Form prähistorischer Seefahrt gebildet. Merrill ging jedoch über de Candolle noch hinaus. Während de Candolle lediglich gefolgert hatte, daß das ihm zur Verfügung stehende Pflanzenmaterial nicht ausreiche, Kontakte der Alten Welt mit den Ureinwohnern Amerikas anzuzeigen, wagte Merrill zu behaupten, das negative Ergebnis der Botaniker beweise, daß es keinerlei solche Verbindungen gegeben haben könne. Noch 1937 schrieb Merrill: »Da Feldbau in Amerika bodenständig war, dürfen wir annehmen, daß es auch die Kulturen waren, die darauf basieren.« [2]) Da Merrill einer der wenigen war, die früh das Feld der Ethnobotanik betraten und zu gewichtigen Schlußfolgerungen kamen, die direkte Auswirkungen auf die Frage ethnischer Bewegungen hatten, konnten seine kategorischen und ständig wiederholten Behauptungen ihre Wirkung auf die zeitgenössischen Ethnologen nicht verfehlen, um so weniger, als diese unabhängig davon das Fehlen bestimmter wichtiger Erfindungen der Alten Welt im Kulturarsenal der Neuen beobachtet hatten, zum Beispiel des Rades für Töpferei [in Form der Töpferscheibe] und Transport. In den frühen Jahrzehnten des zwanzigsten Jahrhunderts präsentierte sich die Ethnobotanik als eine Wissenschaft, die dem herrschenden Denkschema in der amerikanischen Ethnologie der Neuen Welt eine effektive Unterstützung in Herkunftsfragen bot.

Merrills Schlüsse wurden jedoch von Botanikern und Pflanzengeographen in konträrer Position erschüttert. Die bekanntesten unter ihnen waren O. F. Cook, C. O. Sauer, G. F. Carter, J. B. Hutchinson, R. A. Silow, S. G. Stephens, C. R. Stonor und E. Anderson. Sie alle wiesen an Hand historischen oder genetischen Materials nach, daß Kulturpflanzen von Eingeborenen über die tropischen Ozeane gebracht worden waren, die die Neue Welt umgeben. Der Fortschritt der modernen Archäologie förderte wichtiges botanisches Material zutage, das es zur Zeit de Candolles noch nicht gab, und es wurde für Merrill immer schwieriger, seinen kategorischen Standpunkt aufrechtzuerhalten, den er aber in den zwanziger und dreißiger Jahren hartnäckig verteidigte.

Wert und Überzeugungskraft von Merrills Schluß standen und fielen mit dem Nachweis, daß es absolut keine Kulturpflanzen gemeinsamen Ursprungs in den beiden Hemisphären gab. Solche negative Beweisführung, obwohl nicht zwingend, wog schwer als Argument gegen transozeanische Reisen. Aber schon eine einzige Pflanze, die eine Ausnahme von dieser Regel machte, mußte den ganzen Beweis zu Fall bringen. Merrill war also gewissermaßen gezwungen, sein Faß wasserdicht zu halten – der Verlust auch nur einer einzigen Daube mußte es unbrauchbar machen, das heißt, seine negative Beweisführung gegen ihn wenden mit der vielfach größeren Kraft eines positiven Belegs.

1946 riß Merrill eigenhändig die erste Daube aus seinem scheinbar wasserdichten Faß. Seine eigenen Studien zur Pflanzengeographie und Taxonomie [einem Teilgebiet der Naturgeschichte, das sich mit den Prinzipien der Klassifikation in Gattungen und Arten beschäftigt], kombiniert mit historischen Untersuchungen, wie sie von seinem Landsmann, dem bekannten Ethnologen R. B. Dixon, und anderen vorgelegt wurden, zwangen ihn zuzugeben, daß eingeborene Seefahrer zumindest den Ozean zwischen der Neuen Welt und Polynesien überquert hatten. Er schrieb: »Sie führten in der Tat eine wichtige Nahrungspflanze amerikanischer Herkunft in Polynesien ein, die Süßkartoffel, und verbreiteten sie von Hawaii bis Neuseeland ... lange vor Ankunft der Europäer im Pazifik.«[3])

Weitere Forschungen über Ursprung und Ausbreitung der amerikanischen Süßkartoffel, aber auch der praktische Nachweis von 1947, wie seetüchtig amerikanische Balsa-Flöße sein können, veranlaßte Merrill schließlich 1954 zu einer Kehrtwendung: »Es wäre töricht, behaupten zu wollen, vor Magellan habe es keinerlei Verkehr über den Pazifik gegeben ...«, und er stellt jetzt fest, daß gerade der Anbau der amerikanischen Süßkartoffel in ganz Polynesien noch vor Cooks erster Reise einen positiven Beweis für prä-europäische Verbindungen liefert[4]). Er hebt die große Sorgfalt hervor, die für eine solche erfolgreiche Überführung notwendig war und erklärt, daß die Seefahrer sie als lebende Pflanze herübergebracht haben müßten, in Erde gebettet. Keine Süßkartoffelknolle wäre in einer feuchten Atmosphäre, auf Meeresniveau, länger als einen Monat oder höchstens sechs Wochen zum Austreiben fähig geblieben. Er weist auf die Tatsache hin, daß das Kon-Tiki-Floß mehr als drei Monate brauchte, um die Überfahrt zu machen.

Kokos-Nuß

Mittlerweile hatte die voreuropäische Verbreitung der Kokos-Nuß ebenfalls einen neuen Aspekt gewonnen. De Candolle war selbst im Zweifel über ihre Herkunft und ihre Ausbreitungswege gewesen. Die zahlreichen Arten der Gruppe *Cocoinae,* zu der die Kokos-

Nuß gehört, sind typisch für das tropische Amerika und kommen in Asien nicht vor. Nur die eine kultivierte und vielseitig nutzbare *Cocos nucifera* [also die Kokos-Palme] läßt sich im Siedlungsraum der einheimischen Bevölkerungen von Mittelamerika über den Pazifik bis nach Indonesien und bis an die Küste Asiens verfolgen. Botanisches Material bewog so de Candolle, das tropische Amerika als ihre eigentliche Heimat zu betrachten. Später modifizierte er seine Ansicht: »Die Bewohner der asiatischen Inseln waren weit kühnere Seefahrer als die Indianer. Es ist sehr gut möglich, daß Kanus von den asiatischen Inseln, mit Kokos-Nüssen als Proviant an Bord, bei Stürmen oder falschem Manövrieren an die Westküste Amerikas oder auf vorgelagerte Inseln verschlagen wurden. Umgekehrt wäre das höchst unwahrscheinlich.«[5]) Andere wiesen jedoch auf die Tatsache hin, daß es, abgesehen vom Fehlen verwandter Gattungen in der Alten Welt, höchst überraschend wäre, wenn die Kokos-Palme sich durch Seefahrer von Indonesien nach Polynesien und Amerika verbreitet hätte, ohne daß die Verwendung alkoholhaltiger Getränke diese zwei letzten Gebiete erreicht hätte. Seit grauer Vorzeit bestand eine Hauptnutzung der Kokos-Palme in Indonesien im Abzapfen des Saftes, aus dem man Palmwein herstellte, etwas, was in Polynesien und Amerika bis zur Ankunft der Europäer völlig unbekannt war.

Um die Jahrhundertwende wurde eine zufällige Verschleppung der Kokos-Nuß über den Pazifik von vielen Botanikern als mögliche Lösung erwogen. Der englische Botaniker H. B. Guppy schrieb im Jahre 1906: »Man muß ... folgern, daß sie ursprünglich aus der Heimat ihrer Gattung in Amerika kam, vielleicht als eine Gabe, die die Äquatorialströmung von der Neuen Welt nach Asien trug.«[6])

Um 1941 wurden auf Hawaii Experimente mit schwimmenden Kokos-Nüssen durchgeführt. Die Ergebnisse widerlegten die alte Vorstellung, eine Kokos-Nuß könne so ziemlich über jede Entfernung auf dem Ozean treiben und noch immer keimen, wenn sie an Land gespült werde. Man entdeckte, daß die Keimgruben [die dünnen Stellen in der Schale, wo Stamm und Wurzeln durchbrechen können] einer schwimmenden Nuß von Fäulniserregern angegriffen werden, wodurch auf einer so ausgedehnten Trift wie der zwischen der Neuen Welt und Polynesien der (darunterliegende) Keimling seine Lebensfähigkeit verliert. Damals hatten langwierige

Forschungen vieler Gelehrter gutbelegtes Material erschlossen, das bewies, daß die Kokos-Nuß bereits in Mittelamerika wuchs, als Kolumbus und die frühen Spanier hinkamen. Forscher wie C. Wiener und die beiden deutschen Botaniker R. André und H. Harms stellten ferner fest, daß die Kokos-Nuß eine der elf heimischen Pflanzen sei, deren Wiedergabe sich auf altperuanischen Figurengefäßen fand. Da sah sich Merrill allmählich gezwungen, seine zweite Daube preiszugeben: »... um eine andere Feststellung hinzuzufügen, obwohl sie schockierend wirken mag: Es ist ziemlich sicher, daß die Polynesier die Kokos-Nuß an der Westküste Amerikas zwischen Panama und Ekuador eingeführt haben, nicht sehr lange vor Ankunft der Spanier ...« und: »Das letzte Wort über die Herkunft der Spezies ist noch nicht gesprochen ... Eines ist sicher – die Kokos-Palme war vor der Ankunft der Spanier an der feuchten Pazifik-Küste Panamas und des anschließenden Kolumbien heimisch.« [7])

Flaschenkürbis

Kaum hatte Merrill bemerkt, daß er seine früher veröffentlichten Ansichten betreffs menschlichen Transports der Süßkartoffel und der Kokos-Nuß zwischen dem präkolumbischen Amerika und Polynesien ändern müsse, als das erwähnte Faß wieder um eine Daube ärmer wurde: um den Flaschenkürbis.

Im Gegensatz zu Linné hatte de Candolle – und mit ihm Merrill – angenommen, der Flaschenkürbis sei den Urbewohnern von Amerika vor der Ankunft von Kolumbus völlig unbekannt gewesen. Nun begannen Archäologen Samen und aus Flaschenkürbissen gefertigte Gegenstände in prähistorischen Gräbern von Peru und Chile zu entdecken. 1931 wies der berühmte schwedische Ethnologe und Archäologe E. Nordenskiöld auf die große Ähnlichkeit der aus getrockenten Flaschenkürbissen hergestellten Objekte im vorspanischen Südamerika und in Ozeanien hin und betrachtete die Pflanze als »den Hauptbeweis für präkolumbische Verbindungen zwischen Ozeanien und Amerika« [8]).

Als nächster verwies Sir Peter Buck [Peter Buck, auch Te Rangi Hiroa, war der Sohn eines Irländers und einer Polynesierin; der durch glänzende ethnologische Forschungen berühmte Gelehrte starb 1950 als Direktor des Bishop-Museums in Honolulu] im Jahre 1938 auf den Flaschenkürbis, um zu beweisen, daß polynesische Seereisende während ihrer langen Kanu-Ausflüge am Anfang des letzten Jahrtausends sicher Südamerika erreicht haben müßten[9]). Er wiederholte seine Behauptung 1945 – zwei Jahre vor der Überfahrt der Kon-Tiki – und folgerte: »Da die südamerikanischen Indianer weder die Schiffe noch die seemännische Tüchtigkeit besaßen, um den offenen Ozean zwischen ihren Küsten und den nächsten polynesischen Inseln zu überqueren, können sie als Übermittler außer Betracht bleiben.«[10]) Diese unter den Ethnologen gängige Überlegung wieder beeinflußte zeitgenössische Botaniker, und zwei von ihnen, nämlich A. J. Eames und H. St. John schrieben 1943: »Man glaubt jetzt, daß vor dem 13. Jahrhundert polynesische Seefahrer von Mangareva oder den Marquesas aus nach Osten segelten, Peru erreichten und dann wieder zurückkehrten. Solch eine Reise würde eine mögliche Erklärung für die Einführung der Süßkartoffel ... in Polynesien und des Flaschenkürbisses ... in Südamerika bieten.«[11])

1950 gab sogar Merrill zu, daß die Verbreitung des Flaschenkürbisses seine früheren Ansichten nicht länger stütze, »denn es ist klar, daß diese Kulturpflanze noch vor Magellan auf beiden Hemisphären vorkam«. Und: »Sie mag ihr Vorkommen im präkolumbischen Amerika polynesischen Seefahrern verdanken ...«[12])

Auch diese Mutmaßung hielt angesichts des sich jetzt häufenden Materials nicht stand. Gleichzeitig mit der Kon-Tiki-Expedition, die die Möglichkeit einer von Peru ausgehenden Floßfahrt nachwies, grub der amerikanische Archäologe J. Bird den Abfallhaufen von Huaca Prieta an der peruanischen Küste aus und entdeckte, daß der Flaschenkürbis vor mehr als 3000 Jahren von den Trägern einer südamerikanischen Fischerkultur angebaut und für die Herstellung von Geräten verwendet wurde. Das war lange bevor noch irgendwelche Polynesier ihren gegenwärtigen Siedlungsraum erreicht hatten oder gar imstande gewesen wären, die Neue Welt anzusteuern. Die Chronologie zeigt folglich, daß der Flaschenkürbis in Peru älter ist als in Polynesien. So muß er auch von Peru nach Polynesien gebracht worden sein, nicht umgekehrt. 1954 vermutete Merrill das Ursprungsland des Flaschenkürbisses in Afrika. Er nahm an, die

Pflanze habe die Urbewohner Amerikas über den Atlantik erreicht. Er behauptete, daß offensichtlich der Mensch für ihre Verbreitung verantwortlich wäre, auch in Amerika und in Polynesien[13]).

Banane

Es wird jetzt sinnlos, am Isolationismus festhalten zu wollen, es ist, als wollte man die letzten Dauben eines geborstenen Fasses festhalten. Merrill gibt seine Opposition unter dem Druck der wachsenden Beweise auf. Er räumt ein, daß die Bananen-Staude der pazifischen Inseln im vorkolumbischen Peru und in Brasilien angebaut und nicht erst von den Portugiesen eingeführt wurde – wie er früher angenommen hatte. Der englische Entdeckungsreisende Stevenson und die deutschen Botaniker L. Wittmark und H. Harms hatten darauf aufmerksam gemacht, daß Bananen-Blätter sich oft in altperuanischen Gräbern feststellen lassen[14]), und der französische Ethnobotaniker Rochebrune hatte eine Frucht der kultivierten *Musa paradisiaca* [der Eßbanane] in einem prähistorischen Grab bei Ancon an der Küste Zentralperus gefunden[15]). Die frühen Chronisten Garcilaso de la Vega, Pater Acosta, Pater Montesinos und Guaman Poma, die alle versuchten, die einheimische von der importierten Nutzpflanze zu unterscheiden, stellten einmütig fest, daß die Banane schon vor der Konquista [der Eroberung durch die Spanier] in Peru angebaut wurde. Merrill, der dies übersah oder auch ihre Nachrichten nicht ernst nahm, fand jedoch glaubwürdige Belege in den ausgedehnten Bananen-Pflanzungen, von denen die ersten Europäer berichteten, die ins Innere Südamerikas vordrangen. Die (samenlose) Art verbreitet sich kaum ohne menschliche Hilfe. Der Vorgang verläuft viel langsamer als die Ausbreitung einer samenbildenden Pflanze. Wenn der Wurzelstock erstarkt ist, muß er ausgegraben, geteilt und wieder eingesetzt werden. Wenn man sich diese langsame Vermehrung vor Augen hält, gewinnt die Beobachtung des frühen spanischen Entdeckungsreisenden Orellanas an Gewicht, der Bananen im ganzen Bereich des oberen Amazonas fand, als er 1540/41 als erster Europäer in den Andendschungel hinabstieg, um Südamerika zu durchqueren. Nach Merrills eigener Theorie könnten die Europäer die Banane bestenfalls vierundzwanzig Jahre früher auf der Insel Santo Domingo in Westindien eingeführt haben. Das Tempo dieser weiten geographischen Verbreitung unter Eingeborenen, die vorher keine Banane gekannt hatten und die untereinander keine anderen, rascher übertragbaren Kulturelemente austauschten, schien an ein Wunder zu grenzen, selbst für den strengsten Isolationisten, dem eine solche Diffusionstheorie ohnedies höchst verdächtig vorkommen müßte.

Nach den bisherigen Zugeständnissen betreffs südamerikanisch-polynesischer Verbindung der Ureinwohner ließ Merrill auch die Theorie von der portugiesischen Einführung des frühen peruanisch-brasilianischen Bananenbaus fallen. Er schrieb 1954: »Wir können ruhig zugeben, daß eine oder sogar mehrere der zahlreichen polynesischen Bananen-Varietäten von den Polynesiern selbst nach Südamerika gebracht worden sein mögen, denn die Schößlinge können ganz leicht mit einem Minimum an Sorgfalt über weite Strecken transportiert werden und doch ihre Fähigkeit, wieder auszutreiben, behalten. Möglicherweise wurde eine Form die an der Küste eingeführt worden war, über die Anden gebracht und erreichte so die oberen Wasser des Amazonas.« [16])

Baumwolle

Ungefähr zur gleichen Zeit geriet noch eine weitere polynesische Pflanze, die von allen übersehen worden war, in die Diskussion. Eine Form der verspinnbaren Baumwolle wuchs wild in der Marquesas-Gruppe, auf den Gesellschaftsinseln, Hawaii und den polynesisch beeinflußten Fidschiinseln, als die ersten Europäer eintrafen. Die Pflanze war viele Jahre lang kein Gegenstand ethnobotanischer Forschungen, da die Polynesier zur Zeit der europäischen Berichte wie viele andere Völker auf beiden Seiten des Pazifiks das Weben nicht kannten und ihre spärliche Kleidung mit der einfacheren Methode des Rindenklopfens herstellten. Die Möglichkeit eines kulturell deutlich abgrenzbaren Substratums [einer früheren Kultur anderen Ursprungs] mit Töpferei und Webstuhl war noch nicht einmal ins Auge gefaßt worden. Obwohl die europäischen Ankömmlinge die Baumwolle der Gesellschaftsinseln und der Marquesas spinnbar fanden, waren die damaligen Inselbewohner an Versuchen der Europäer, sie zu planmäßigem Anbau und zu mühseligem Spinnen und Weben zu ermuntern, nicht interessiert. Jahrelang war daher das einzig Bemerkenswerte an der polynesischen Baumwolle die Tatsache, daß Baumwolle jeder Art im übrigen asiennäheren Bereich des Pazifik fehlte, Australien eingeschlossen. Dagegen wuchs sie auf den Galapagos – einer Zwischenstation auf dem Wege von der Neuen Welt herüber, wo wilde und kultivierte Baumwollarten zu Hause sind.

1947 veröffentlichten die drei Baumwollexperten J.B. Hutchinson, R.A. Silow und S.G. Stephens eine Abstammungsanalyse wilder und kultivierter Baumwollarten der ganzen Welt. Sie fanden zu ihrem eigenen Erstaunen, daß die polynesische Baumwolle zu der sechsundzwanzigchromosomigen, kultivierten amerikanischen Spezies gehörte, die durch Kreuzung von den indianischen Baumwollpflanzern Mexikos und Perus gewonnen worden war. Alle wilden Baumwollarten auf der ganzen Welt haben dreizehn Chromosomen, und ebenso alle kultivierten Arten in Asien und Afrika. Aber die alten Baumwollpflanzer Amerikas hatten es fertiggebracht, Spezies mit jeweils großen und kleinen Chromosomen zu kreuzen, und hatten dabei jene kultivierte Baumwolle erzeugt, die sechsundzwanzig Chromosomen aufwies. Zusammen mit den polynesischen Spezies und Varietäten bilden sie die einzigen Tetraploiden in der ganzen Baumwollgattung. Aus rein botanischen Gründen waren daher die drei Botaniker zu der Vermutung gezwungen, daß die spinnbare Baumwolle Polynesien unweigerlich »nach dem Aufbau einer eingeborenen Kultivierung im tropischen Amerika« erreicht haben mußte[17]).

Der amerikanische Pflanzengeograph C.O. Sauer zeigte 1950, daß für diese späte und doch voreuropäische Ausbreitung kultivierter Baumwolle von Amerika nach Polynesien weder Vögel verantwortlich gemacht werden können – die keine Samen von *Gossypium* [der Baumwollpflanze] fressen – noch Meeresströmungen, da Baumwolle für eine so weitreichende Verbreitung durch Trift höchst ungeeignet ist. Er wies ferner darauf hin, daß, obwohl die wilde dreizehnchromosomige Baumwolle in frühen geologischen Perioden Amerika auf natürlichem Wege erreicht haben könnte, als das geographische Bild noch anders aussah als heute, diese Erklärung nicht auf die sehr viel spätere Zeit übertragen werden könne, als die tetraploide Gruppe entstand. »Ebensowenig hilft eine solche Hypothese, das Vorkommen von Baumwolle mit betont amerikanischer Herkunft von den Galapagos bis zu den Fidschi-Inseln zu erklären. Notgedrungen müssen wir daher menschliche Vermittlung in Betracht ziehen, um die geographische Verbreitung des Genus *Gossypium* zu erklären. Das Problem bezieht sich ausschließlich auf die Charpie [Flocken] tragenden Formen, die vom Menschen genützt werden.« [18])

Sein Landsmann und Kollege G.F. Carter fragt 1950: »Wurde Baumwolle ursprünglich wegen ihres ölhaltigen Samens verschleppt, wie Hutchinson, Silow und Stephens vermuten? Oder wurde das Weben im Pazifikgebiet später zugunsten der Rindenkleidung aufgegeben?« [19])

Damit rückte die spinnbare polynesische Baumwolle in den Interessenbereich der Ethnobotanik. Selbst Merrill meinte 1954, als er davon sprach, wie man die polynesische Baumwolle als eine sechsundzwanzigchromosomige amerikanische Kreuzung erkannt habe: »Diese Hybride [Kreuzung] mag sehr wohl durch Vermittlung des Menschen Tahiti erreicht haben, ehe die Reisen der Polynesier aufgehört hatten.« [20])

Konfrontiert mit dem ständig wachsenden Beweismaterial für direkte amerikanisch-polynesische Kontakte in vorkolumbischer Zeit gab Merrill nunmehr seinen früheren Standpunkt auf und räumte ein: »Daß es gelegentliche und zufällige Verbindungen zwischen den Völkern Polynesiens und Amerikas gab und sogar gelegentlich welche zwischen den Indianern und den ostpolynesischen Inseln, muß jetzt in der Tat angenommen werden ...« Er betrachtet die Polynesier nicht länger als die einzigen Seefahrer auf dem Stillen Ozean, sondern fügte sogar hinzu: »Wir mögen zugestehen, ... daß Eingeborene von Südamerika einige Inseln im Pazifik auf Balsa-Flößen erreicht haben könnten.« [21])

Pflanzen der Osterinsel

Mit diesen Zugeständnissen in der letzten Publikation vor seinem Tode setzte Merrill einen Meilenstein in der amerikanischen und polynesischen Ethnobotanik. Keiner hatte für die Doktrin absoluter amerikanischer Isolation in präkolumbischer Zeit mit leidenschaftlicherer Überzeugung gekämpft als er. Merrill und seine Gefolgsleute betrachteten jeden Ozean, ungeachtet seiner Strömungen, als Barriere für Bewegungen der Menschen, nicht als poteniellen Schauplatz von Seefahrten und Verschlagungen. Ihre kritische Haltung hat zweifellos als wertvollste Schranke gegen die Flut von Diffusionstheorien gedient, die sonst die amerikanische Ethnologie heute überschwemmen würde. Es sollte gerechterweise betont werden, daß sich die Zugeständnisse in bezug auf Überseeverbindungen (in Einklang mit dem allmählich wachsenden Beweismaterial) auf die Fahrten Eingeborener über die vergleichsweise kurze Strecke zwischen Südamerika und Polynesien beschränken. Botanisches Material, das einen direkten Kontakt mit dem fernen Asien beweisen könnte, liegt noch nicht klar zutage.

Ein zusammenhängender geographischer Bereich, den wir kumara-Gebiet nennen wollen, umfaßt Südpanama, Kolumbien, Ekuador, Peru, Polynesien und das polynesisch beeinflußte Melanesien. In diesem ganzen Gebiet wurde die Süßkartoffel nicht nur angebaut, sondern auch als kumara oder mit Abwandlungen dieses Wortes bezeichnet. Einwandfreie Nachweise von Querverbindungen innerhalb dieses Bereichs treten immer noch hinzu. In rascher Folge lernen wir weitere amerikanische Pflanzenarten kennen, die von frühen polynesischen Stämmen verwendet wurden – und die auch von den ersten europäischen Besuchern bei ihnen vorgefunden wurden.

Eine der Inseln, die im Augenblick neuerlich auf amerikanische Pflanzen hin untersucht wird, ist die Osterinsel, ein Brückenpfeiler mitten im Ozean, der das übrige Polynesien mit der Neuen Welt verbindet. Eine Anzahl amerikanischer Pflanzen wuchs auf diesem isolierten Eiland, als die ersten Europäer hinkamen. Sie trafen dort weite Felder mit zahlreichen Varietäten von Süßkartoffeln an. Diese Pflanze gilt allen frühen Besuchern einmütig als Hauptnahrungsquelle der Eingeborenen. Flaschenkürbisse waren die einzigen Wasserbehälter, und Chili-Pfeffer, *Capsicum,* wurde den Besuchern bei ihrer Ankunft als Geschenk dargeboten, eine amerikanische Pflanze, von der wir auf den weiter westlich gelegenen Inseln nichts hören.

Bei der Ankunft der Europäer war die wilde oder scheinbar wilde

Flora der Osterinsel außerordentlich armselig. 1934 untersuchte der schwedische Botaniker C. Skottsberg die lokale wilde Flora und fand, daß sie einunddreißig Blütenpflanzen enthielt, von denen elf pantropisch oder weit verbreitet waren. Sie können die Insel von jeder Richtung her und auf rein natürlichen Wegen erreicht haben wie ihre Farne und Moose. Die übrigen zwanzig Arten jedoch hatten eine begrenzte geographische Verbreitung entweder im westlich oder im östlich der Insel gelegenen Gebiet. Zum Teil handelte es sich um Arten, die menschlichen Zutuns bedurften, um eine Insel im Ozean zu erreichen. Nur sieben davon besaßen unmittelbare Bedeutung für die Wirtschaft der Osterinselbewohner, und von diesen sieben nützlichen, aber scheinbar wilden Pflanzen stammen fünf aus Südamerika und zwei aus Polynesien. Die fünf südamerikanischen Arten umfassen die wichtige totora-Binse (das hauptsächliche Bau- und Flechtmaterial der Osterinsulaner), den toromiro-Baum (den einzigen wildwachsenden einheimischen Baum, der das Material für Holzschnitzereien liefert), *Lycium carolinianum* (den einzigen einheimischen wilden Busch mit eßbaren Beeren), *Cyperus vegetus* (mit eßbaren Wurzeln) sowie *Polygonum acuminatum* (eine Süßwasserpflanze, mit unserem Knöterich verwandt, die in Peru und auf der Osterinsel medizinisch verwendet wird).

Das Auftreten zweier polynesischer Spezies, *Chenopodium ambiquum* und *Solanum insulae paschalis,* läßt sich leicht erklären. Die Vorfahren der heutigen Osterinselbewohner waren in voreuropäischer Zeit aus Polynesien gekommen. Skottsberg schrieb deshalb: »Vom botanischen Standpunkt aus bieten die Pflanzen mit Ausnahme der amerikanischen Spezies keine großen Schwierigkeiten, vorausgesetzt, daß es wirklich eine transozeanische Wanderung gegeben hat, ... aber die Anwesenheit eines amerikanischen Elements bleibt jedenfalls erstaunlich.«[22]) Das am meisten auffällige botanische Problem steckt in dem Umstand, daß (abgesehen von einem dort wild vorkommenden, torfbildenden Moos) beide Wasserpflanzen, die die Kraterseen auf der Osterinsel überziehen, rein amerikanische Süßwasserpflanzen sind, die sich unmöglich auf dem Meer oder in der Luft über eine derartige Entfernung verbreiten können. 1934 ließ Skottsberg dieses schwierige botanische Problem offen.

Als mit »Kon-Tiki« nachgewiesen war, daß Polynesien innerhalb der Reichweite altperuanischer Wasserfahrzeuge lag, kam er (1956 und 1957) auf die Frage zurück[23]). Er prüfte erneut die Osterinsel-totora-Binse und fand sie identisch, sogar in der Varietät, mit der amerikanischen Binse, *Scirpus riparius,* die in den Anden-Seen wächst und an der Pazifik-Küste Altperus zu den gleichen Zwecken wie auf der Osterinsel angebaut wurde. Er lehnte die Möglichkeit einer direkten Übertragung der totora-Binse über den Ozean ohne menschliche Hilfe ab und erklärte es als müßig, mit einer Landbrücke zu rechnen. Die einzige Begleitpflanze in den Osterinsel-Kraterseen, der amerikanische Knöterich, *Polygonum acuminatum,* bot noch einmal das gleiche botanische Problem. Skottsberg revidierte seine frühere Ansicht und gab zu, daß die Einführung zumindest dieser beiden südamerikanischen Wasserpflanzen auf der Osterinsel durch Eingeborene wahrscheinlich sei und daß damit das schwierige botanische Problem der Transplantation [der Verpflanzung] in voreuropäischer Zeit bedeutend vereinfacht würde. Die voreuropäische Einführung der totora-Binse auf der Osterinsel ist später durch die archäologische Datierung von Gräberfunden verifiziert worden. Pollenproben aus Sonden, die der schwedische Paläobotaniker O.H. Selling analysiert hat, ergeben, daß das *Polygonum* in den Kraterseen während der frühesten menschlichen Besiedlungsperiode plötzlich zu wachsen begann, als Brandrodungen dem Wachstum verschiedener einheimischer, inzwischen ausgestorbener Bäume und Büsche ein Ende setzten, einschließlich einer örtlich allgemein verbreiteten Palme. Diese Feuer, von Menschenhand gelegt, verliehen der heutigen Osterinsel-Landschaft den kahlen Charakter, schädigten jedoch nicht die gleichzeitig eingeführten Wasserpflanzen, die sich ausbreiteten und seither die drei großen, früher offenen Kraterseen überziehen.

Wenn sich die Beweise für den voreuropäischen Ursprung solcher altamerikanischer Nutzpflanzen wie Süßkartoffel, Flaschenkürbis, Chili-Pfeffer, totora-Binse, *Polygonum acuminatum, cyperus vegetus, Lycium carolinianum* und toromiro-Baum auf der Osterinsel mehren, kann man mit Recht die gleichzeitige Einführung bestimmter anderer amerikanischer Pflanzen vermuten. Sie waren schon vorhanden, speziell in den entvölkerten Gebieten der fast ausgestorbenen Osterinsel, als die ersten Aufzeichnungen der

Europäer einsetzten: eine kleine Ananas-Kirsche, eine halbwilde Ananas, Pfeilwurz, Maniok und Tabak. Nach Eingeborenenüberlieferungen, die der amerkanische Marineoffizier W. J. Thomson 1889[24]) gesammelt hat, wurde der Tabak von den ersten Ansiedlern auf die Insel gebracht, und sein einheimischer Name avaava verrät, daß er ursprünglich gekaut wurde wie in den Anden vor der Entdeckung und nicht geraucht (odmoodmo) wie in späteren Perioden. Für alle eben genannten Pflanzen kann man begründete Vermutungen bezüglich ihrer Herkunft äußern, die Zeit ihrer Einführung ist bis jetzt unbekannt. Es ist jedoch zu bemerken, daß Botaniker einige davon in anderen Teilen Polynesiens ebenfalls als voreuropäisch bezeichnen.

Ananas

Der Botaniker M. S. Bertoni nahm in seiner Monographie über die Gattung Ananas 1919 an, daß die amerikanische Ananas sich in vorkolumbischer Zeit bis in den Pazifik verbreitet habe[25]). Sein Kollege F. B. H. Brown zeigte 1931[26]), daß begründeter Verdacht besteht, ihr Anbau auf den Marquesas sei voreuropäisch. Auch der Botaniker O. Degener stellte 1930 fest[27]), daß auf Hawaii lange vor der ersten schriftlich fixierten Einführung durch Europäer eine weniger wertvolle, halbwilde Varietät der gleichen Pflanze angebaut wurde. Fünf Jahre später schrieb der amerikanische Hawaii-Forscher E. H. Bryan: »Das Auftreten der Ananas und bestimmter anderer Nahrungspflanzen in Polynesien kann bedeuten, daß man sogar bis zur Küste Süd- und Zentralamerikas fuhr.«[28])

Ananas-Kirsche und Argemone

Die Ananas-Kirsche, *Physalis peruviana,* war früher in Ostpolynesien weit verbreitet. Auf der Osterinsel und den Marquesas ist sie fast ausgestorben, obwohl sie gelegentlich wildwachsend in alten verlassenen Wohnplätzen, etwa an der Ostküste von Fatu Hiva, zu finden ist. Ihr Vorkommen auf dem alten Hawaii wurde von dem Botaniker W. Hillebrand 1888[29]) hervorgehoben und als zugehörig zu »dem wichtigen amerikanischen Element aus der Anden-Region, das in der Flora von Hawaii erscheint«, bezeichnet. Das bedeutet eine merkwürdige Parallele zum Vorkommen auf der Osterinsel, die später auch Skottsberg beschäftigte. 1950 hebt Carter[30]) neun andine Pflanzen aus Hillebrands Flora von Hawaii hervor und meint, die ganze Liste »verdiene es, vom ethnobotanischen Standpunkt aus studiert zu werden«. Von der peruanisch-hawaiischen Ananas-Kirsche erklärt er: »*Physalis* ist eine eßbare Pflanze, verwandt mit der amerikanischen Tomate. Jenkins hat unlängst ein Buch über den ›Ursprung der kultivierten Tomate‹ geschrieben. Er hält *Physalis* für einen Vorläufer der angebauten Tomate und glaubt, daß die Tomate eben wegen ihrer allgemeinen Ähnlichkeit mit *Physalis* kultiviert wurde. Wie Baumwolle, Süßkartoffel und Lindeneibisch weist *Physalis* wieder nach Peru.«

Unabhängig voneinander betonten der Botaniker D. Prain 1895[31]) und nach ihm sein Kollege F. Fedde 1909[32]) in ihren Studien über die rein amerikanische Gattung *Argemone,* den Stachelmohn, daß ihr belegtes Vorkommen auf Hawaii zur Zeit von Kapitän Cooks Entdeckungsreise tatsächlich schwer zu erklären sei. 1932 stellte der amerikanische Ethnologe J.F. Stokes[33]) fest, wenn die amerikanische *Argemone* Hawaii vor allen Europäern erreicht habe, so sei das nicht erstaunlich. Warum sollte sie nicht mit dem gleichen Fahrzeug gekommen sein, das die ebenso amerikanische Süßkartoffel mitbrachte? Drei Jahre später zeigten die beiden Forscher E. Yacovleff und F.L. Herrera[34]), daß die *Argemone* in Altperu wegen ihrer narkotischen und anästhetischen Eigenschaften verwendet wurde. Demgemäß schrieb Carter 1950[35]): »Die *Argemone* läßt vermuten, daß der Austausch von Kenntnissen über die Nahrungspflanzen hinaus sich auf die Medizin, die damit verbundene Magie und den Ritus erstreckt habe.« Ferner: »Diese Punkte legen die Vermutung nahe, daß wir es hier nicht mit einem Unkraut zu tun haben, sondern mit einer Pflanze, die eine bestimmte Verwendung im Rahmen der Kultur hat. Daß die Pflanze zusammen mit ihren charakteristischen Verwendungsformen weitergegeben wurde, läßt eher an eine beabsichtigte als an eine zufällige Übertragung denken, Das Problem der *Argemone alba, var. glauca* auf Hawaii rückt damit in ein neues Licht ... Solches Material führt unvermeidlich zu der Annahme, daß der Mensch sie nach

Hawaii brachte.« Und: »Es wäre wirklich höchst merkwürdig, wenn sich erweisen sollte, daß ausgerechnet die *kosmopolitischen Kräuter,* aus denen der Mensch in Amerika Nutzen zog, auf natürlichem Wege allein nach Hawaii gelangten und daß die amerikanischen Rezepte ihrer Anwendung gleich mit ihnen gereist wären wie in dem Fall *Argemone*.«

Papaya, pavahina-Gras, mei-roro und Heliconia bihai

Die Papaya ist eine in der Neuen Welt heimische Südfrucht, in einer größeren Form bekannt, die zwischen Mexiko und Peru wuchs, und einer Anzahl von kleineren, obskuren einheimischen südamerikanischen Formen, die im ganzen Anden-Gebiet bis nach Nordchile hinein angebaut wurden. Der amerikanische Botaniker Brown stellte 1935 in seiner Studie über die Flora der Marquesas fest[36]): »*Carica papaya* ... Es gibt mindestens zwei Varietäten auf den Marquesas: vi inana (vi inata), von den Marquesanern als eine ihrer ältesten Nahrungspflanzen betrachtet, ist zweifellos alter Import. Ihre Frucht ist kleiner und weniger schmackhaft als die der vi Oahu, die nach Aussage der Eingeborenen von den ersten Missionaren aus Hawaii mitgebracht wurde. Das Mark der Papaya, vorzugsweise das des männlichen Stammes (mamee), wird als Umschlag verwendet. Ursprung: tropisches Amerika; Einfuhr nach Polynesien durch Eingeborene«.

In der gleichen Übersicht führte verschiedenes botanisches Material Brown zu dem Schluß, daß »zweifellos irgendein Verkehr zwischen den Eingeborenen des amerikanischen Kontinents und denen der Marquesas stattgefunden haben muß«.

Ein wichtiges Glied in diesen Überlegungen war das pavahina-Gras, *Aristida subspicata,* benannt nach einem traditionellen Kopfschmuck von besonderer Bedeutung, den die Eingeborenen früher oft in Büschelform vor die Stirn gebunden trugen. Brown bemerkt: »Das Vorhandensein dieses amerikanischen Grases als dominierendes Element in der Steppenlandschaft Nuku Hivas [der größten Insel der Nordmarquesas] ist von Interesse. Vielleicht wurde es unabsichtlich von den Ureinwohnern eingeschleppt, etwa zur gleichen Zeit, als die wilde Ananas eingeführt wurde.«

Von den marquesanischen mei roro, *Ageratum conyzoides,* schreibt Brown ähnlich: »... auf den Marquesas wurden die duftenden Blüten und Blätter für die Herstellung von Girlanden, für das Parfümieren des Kokosöls und als Medizin gepriesen. Robert T. Aitken berichtet ebenfalls von ihrer Verwendung auf Tutuai bei der Herstellung wohlriechenden Kokosöls. Pantropisch; Ursprung: Amerika, wahrscheinlich unbeabsichtigt von Frühmenschen nach Südostpolynesien verschleppt.«

Heliconia bihai ist eine weitere rein amerikanische Pflanze, die, von früher wirtschaftlicher Bedeutung, tief in die Inselwelt getragen worden ist. Von Westindien bis nach Südamerika aßen die Eingeborenen die stärkehaltigen Wurzelstöcke, die Blätter wurden sowohl zum Dachdecken und Wandverkleiden als auch für die Herstellung von Hüten, Matten und Körben verwendet. 1893 zeigte der englische Botaniker J. G. Baker erstmalig[37]), daß die Pflanze im tropischen Amerika heimisch ist. Die pazifische Insel-*Heliconia* erschien ihm nur als kultivierte Form, die mit der mexikanischen und peruanischen Spezies nahe verwandt ist. Zehn Jahre später unterstützte der amerikanische Botaniker Cook seinen Kollegen Schumann, der auf eine prähistorische Einführung dieser amerikanischen Nutzpflanze auf die Pazifik-Inseln schloß, und schrieb: »Obwohl sie von den Polynesiern nicht mehr angebaut wird, wurde sie in den Bergen von Samoa und auf vielen der westlicheren Archipele festgestellt. Auf Neukaledonien werden die zähen Blätter zu Hüten geflochten, aber der Pandanus, der im malaiischen Gebiet heimisch ist, liefert besseres Material für allgemeine Zwecke, sein Anbau hat *Heliconia* bei den Polynesiern ersetzt.«[38])

Yams-Bohne

Ein fast paralleler Fall ist bei der amerikanischen Yams-Bohne, *Pachyrrhizus,* vermutet worden. 1944 zeigte der Botaniker R. T. Clausen[39]), daß *Pachyrrhizus tuberosus* »in den Quellengebieten des Amazonas und seiner Nebenflüsse, in Brasilien, Peru, Ekuador und Bolivien heimisch zu sein scheint«. Er stellt fest, daß offenbar die gewöhnliche Yams-Bohne in Teilen Westindiens und Südamerikas als Kulturpflanze auftritt und daß sie insektentötende

Eigenschaften hat, die den Yam-Anbau erleichtern. *Pachyrrhizus*, unter den Quechua-Indianern in Peru als ajpia bekannt, ist heute aus dem peruanischen Ackerbau fast verschwunden, obwohl er an Ort und Stelle von frühen Chronisten beschrieben wird. Yacovleff und Herrera wiesen 1934 das Vorkommen von *Pachyrrhizus*-Wurzeln in Vorinka-Gräbern der alten Seestadt Paracas nach und zeigten ferner, daß die Pflanze als Schmuckmotiv in der nordperuanischen Nazca-Kunst an der Pazifik-Küste verwendet wurde[40]). Cook[41]) kam als erster Botaniker auf den Gedanken, daß die pazifischen Inseln, was »Dauer und Mühsal der Reise« anlangt, näher an den Hochkulturzentren Perus lägen als viele der Dschungel-Gebiete im Inneren, die von Cuzco aus erobert wurden. Cook sprach auch die Vermutung aus, nur Seereisen der Ureinwohner böten eine Erklärung dafür, wie die eßbaren Wurzeln dieses Hülsenfrüchte tragenden Schlinggewächses tatsächlich die Inselwelt erreichen konnte. Er sagt: »Die Eingeborenen der Tonga-Inseln kultivieren den *Pachyrrhizus* nicht mehr als Nahrung, trotzdem halten sie seinen Anbau in brachliegenden Rodungen für richtig. Sie meinen, daß er rascher zu reichlicheren Yams-Wurzelernten führt ... Die Leute auf den Fidschi-Inseln benutzen die Fasern für Angelleinen ... und ... manchmal erscheint die Pflanze ziemlich unmotiviert in ihren religiösen Zeremonien – ein Hinweis auf eine höhere Bedeutung in alten Zeiten.« Auch der Pflanzengeograph H. B. Guppy[42]) wundert sich über das unerwartete Auftauchen dieses Elements im Feldbau der Inseln: »... Die Heimat des *Pachyrrhizus* ist Amerika. Man kann sich wirklich fragen, wie eine Pflanze solcher Herkunft je den Westpazifik erreichte. Sie scheint in diesem Teil des Ozeans allgemein verbreitet zu sein, denn ihr Vorkommen wird von Neukaledonien, den Neuen Hebriden, den Fidschi-Inseln, Tonga und Samoa berichtet. Obwohl die eßbaren Wurzeln nur in Notzeiten verwendet werden, wächst die Pflanze überall auf den Fidschi-Inseln wild. Auf Tonga wird die Pflanze nach Graeffe oft verwendet, um das Land zum Yams-Wurzelanbau vorzubereiten ...« Die beiden amerikanischen Forscher J. H. Steward[43]) und C. O. Sauer[44]) haben vor nicht langer Zeit auf die gleiche alte amerikanische Nutzpflanze als Indikator für frühe transpazifische Reisen hingewiesen.

Die Yams-Wurzel selbst, *Dioscorea sp.*, hatte in präkolumbischer Zeit eine wahrhaft transpazifische Verbreitung erlangt, eßbare Formen wurden von Altamerika bis nach Indonesien angebaut. Es wurde angenommen, daß die Yams-Wurzel von Melanesien nach Polynesien verpflanzt worden sei, aber wenn *Pachyrrhizus* von Anfang an im Yam-Anbau Verwendung fand und sich mit diesem zusammen ausbreitete, kann man auch die Einführung einer amerikanischen Spezies vermuten. Die tropische Zone der Neuen Welt enthält eine Reihe wilder Arten der *Dioscorea*, einige mit eßbaren Knollen, wie Sauer 1950 berichtete, aber man weiß nicht, ob die kultivierten amerikanischen Formen von diesen wilden amerikanischen Eltern stammen. 1950 zeigte Carter mit seinen Kollegen Gray und Trumbull, daß schon bei dem ersten spanischen Zusammentreffen mit den Kariben von mindestens drei kultivierten Knollengewächsen – Süßkartoffel, Yam und Maniok – berichtet wird. Die Schilderung des spanischen Chronisten Oviedos von 1535 enthält einen Absatz, der Form, Aderung, Stengel und das Herabhängen des Yams-Blatts beschreibt, was diese Pflanze von der Süßkartoffel unterscheidet, und nennt auch den einheimischen Namen: ajes. Ajes werden auch in Navarettes Bericht von Kolumbus' Reise beschrieben. Carter schließt[45]): »Also gibt es hier noch eine Pflanze, die sich wie die Süßkartoffel mit Ablegern fortpflanzt. Daher ist es höchst unwahrscheinlich, daß sie über weite Meere von Wind, Strömungen, Vögeln oder anderen nichtmenschlichen Vermittlern verschleppt worden ist. Dennoch ist sie in präkolumbischer Zeit über den Ozean gekommen.« Brown sammelte einheimische Yams-Wurzeln auf den Marquesas, wo der Eingeborenenname für sie pu-ahi ist, und schrieb 1931 dazu[46]): »Das Material reicht nicht aus für eine genaue Bestimmung, aber sie scheint der *Dioscorea cayenensis* Lamarck nahezustehen – wenn sie nicht mit ihr identisch ist –, einer in Afrika heimischen Pflanze, die schon zu einem frühen Datum im tropischen Amerika weithin angebaut wurde. Die im Erdreich befindlichen Knollen werden von den Eingeborenen als Nahrung hochgeschätzt ... Sehr selten auf den Marquesas. Nur ein einziges Exemplar wurde auf Fatu Hiva gefunden, der südlichsten Insel im Archipel. Zweifellos frühzeitige Einführung durch Ureinwohner. Falls mit *Dioscorea cayenensis* identisch, der sie mehr ähnelt, neuer Hinweis auf Kontakt mit Amerika.« M. W. Jakeman bezog [auf dem Internationalen Amerikanisten-Kongreß 1949] die Yams-Wurzel in eine sorgfältig ausgewählte Gruppe von Pflanzen ein, die wahrscheinlich von Altamerika nach Polynesien gebracht wurde, und fügte hinzu[47]): »Daß die meisten dieser Pflanzen nicht nur zufällig von Strömungen zu den Inseln getragen wurden, sondern vorsätzlich von einer oder mehreren wandernden Gruppen von Altamerikanern, wird durch die Tatsache bewiesen, daß nur wenige davon ... den Ozean ohne menschliche Hilfe überquert haben können ...«

Lindeneibisch

Im Gegensatz dazu ist der Lindeneibisch, *Hibiscus tiliaceus,* eine transpazifische Pflanze, wohl imstande, sich ohne menschliche Hilfe über Weltmeere auszubreiten. Der Eibisch hat, anders als die bisher erwähnten Pflanzen, Samen, die für eine natürliche Verbreitung über See geeignet sind, und kann daher ohne weiteres jeder menschlichen Rasse nach Polynesien vorangeeilt sein. Trotzdem ist die Pflanze in die ethnobotanische Diskussion geraten dank ihrer planmäßigen Kultivation in Polynesien und einiger linguistischer Beobachtungen, die sich daran knüpfen. Brown nennt mit Recht den Eibisch »einen der nützlichsten Bäume, der von den alten Polynesiern gezogen wurde«[48]). Die Ethnobotaniker O.F. und R.C. Cook betrachteten 1918 als erste den Eibisch oder maho von der ethnobotanischen Seite her[49]): »Obwohl viele Botaniker den maho eine kosmopolitische Meeresküstenpflanze genannt haben, dürfte seine enorme Verbreitung wie bei der Kokospalme weitgehend menschlicher Vermittlung zu danken sein.« Sie zeigen, daß der Baum in wildem Zustand an manchen Stellen Mittelamerikas massenhaft, ja vorherrschend auftrat, auch an der Westküste Südamerikas bis an die Ufer des Guayaquil. Hier wird er von der einheimischen Bevölkerung zur Herstellung von Rindenstoff, für die Anfertigung wasserunempfindlicher Stricke sowie zum Feueranzünden gebraucht. Weiterhin zeigen sie, daß sowohl die besondere Verwendung wie die Namen dieser Pflanze bei den Polynesiern ziemlich ähnlich waren. War der Baum im tropischen Amerika als maho, mahagua oder unter einem ähnlich klingenden Namen bekannt, so hieß er in polynesischen Dialekten mao, mau, vau, fau, hau und au. Die beiden Autoren schlossen:

»Maho, mahagua oder der Lindeneibisch ist eine der wirtschaftlich wichtigsten Pflanzen. Man muß sie mit berücksichtigen, wenn man die Frage nach prähistorischen Verbindungen zwischen den Einwohnern des tropischen Amerika und der Pazifik-Inseln studiert. Obwohl maho als eine in Amerika heimische Pflanze betrachtet wird, scheint sie über die Inseln und Küsten des Stillen und des Indischen Ozeans verbreitet worden zu sein, ehe die Europäer auftauchten. Vermehrung durch Samen und Stecklinge macht Naturvölkern den Anbau leicht. Obwohl menschliche Mitwirkung bei der Übertragung des maho nicht so unbedingt erforderlich erscheint wie bei der Süßkartoffel und anderen Pflanzen, die nur aus Setzlingen aufgezogen wurden, so liefern die Bezeichnungen für den maho doch fast ebenso schlagende Beweise für menschlichen Kontakt wie in dem Fall der kumara ... Der Name maho oder mahagua mit seinen zahlreichen lokalen Varianten ist im tropischen Amerika weit verbreitet, er kehrt sehr ähnlich auf vielen Südseeinseln wieder, wobei er sich entweder auf die Pflanze selbst oder auf ihre hauptsächliche Verwendung als Faser, Rindenstoff oder zum Feuerreiben bezieht ... Daß die primitiven Polynesier im Besitz von maho waren, bevor sie mit ähnlichen asiatischen Pflanzen bekannt wurden, kann daraus entnommen werden, daß polynesische Namen für andere wichtige Kulturpflanzen – der Papiermaulbeerbaum, *Broussonetia* (oder *Papyrius*), die Chinarose, *Hibiscus rosa-sinensis*, und die Pandane oder der Schraubenbaum, *Pandanus* – von der Wurzel maho abgeleitet wurden. Das Feueranzünden durch Reiben von Holz und die Stoffherstellung durch Klopfen von Baumrinde mit gerillten Schlegeln sind spezielle Techniken, die sich vielleicht mit maho aus Amerika in die tropischen Gebiete der Alten Welt verbreitet haben.«

Merrill widersprach seinerzeit dieser Ansicht[50]) und betonte, die Spezies sei niemals außerhalb von Polynesien kultiviert worden:

»Zweifellos wurde er [der Lindeneibisch] auf einigen polynesischen Inseln gezogen, weil er die beste oder eine der besten unter den wenigen Faserpflanzen war, die den Polynesiern zur Verfügung standen ... Ich stelle auf rein botanisches Material gestützt fest, daß *Hibiscus tiliaceus* eine Spezies von natürlicher Verbreitung im gesamten Tropengürtel ist ... und daß er in grauer Vorzeit von Meeresströmungen verbreitet wurde.« Es heißt dann weiter: »Daß ein gelegentlicher Verkehr zwischen Polynesien und dem tropischen Amerika in vorgeschichtlicher Zeit bestand, ist absolut wahrscheinlich, aber behaupten zu wollen, daß die gegenwärtige Verteilung von *Hibiscus tiliaceus* diese Theorie unterstütze, erhöht ihre Wahrscheinlichkeit gewiß nicht. Die allgemein von Ethnologen anerkannte Theorie stützt eher eine ostwärts gerichtete Kulturbewegung über den Pazifik als eine nach Westen. Wenn die Cooksche maho-Serie der polynesischen mao-Serie verwandt ist, wäre es sinnvoller, sie als vom Pazifik nach Amerika kommend zu betrachten, statt sie als Beweis für eine Wanderung von Amerika in den Pazifik zu deuten.«

1950 wurden die einander widersprechenden Theorien der beiden Botaniker von dem bereits genannten Pflanzengeographen G.F. Carter einer neuerlichen Betrachtung unterzogen[51]):

»Diese Argumente scheinen mir typische Beispiele für die Resultate fixer Ideen. Cook war so darauf versessen, den amerikanischen Ursprung des Feldbaus zu beweisen, daß er so unvorsichtig, um nicht zu sagen unklug, war, einen Halophyten (Salzpflanze) mit Samen, die einem Transport zu Wasser angepaßt sind, als Beweis für eine menschliche Übertragung über den Ozean anzusprechen. Merrill andererseits war entweder so entrüstet über Cooks einseitiges Plädoyer oder so allergisch gegen transpazifische Kontakte überhaupt (oder auch beides), daß ihn die Heftigkeit seiner Reaktion blind machte für die positiven Seiten von Cooks Argumentation ... Wenn die Pflanze wirklich von Naturkräften über den Pazifik getragen worden ist, sprechen Winde und Meeresströmungen dafür, daß dies von Amerika nach Polynesien geschehen sein muß. Aber eine solche natürliche Übertragung läßt das Problem der Verwendungsarten und des Namens ungelöst ... Die Identität von Namen und Nutzung in Polynesien und Amerika, noch gekoppelt mit dem positiven Indiz, das die Süßkartoffel darstellt, macht es sicher, daß (ob die Pflanze nun das Meer mit Hilfe natürlicher Kräfte überquert hat oder nicht) jedenfalls der Mensch den Namen und – vermutlich auch – die Verwendungsarten über die gleichen Ozeane gebracht hat. Es ist sogar wahrscheinlich, daß er auch die Pflanze mit hinübergenommen hat.« Und: »Einen klareren Beweis für einen Kontakt von Völkern des Pazifiks mit Völkern Mittelamerikas könnte man kaum verlangen als den, den die Süßkartoffel und der als maho bekannte Eibischbaum liefern.«

Gartenbohne

Vorgefaßte Meinungen über das Fehlen einer entwickelten Seefahrt im vorspanischen Amerika haben auch die botanischen Diskussionen über den Ursprung der gemeinen Gartenbohne, *Phaseolus vulgaris,* in Mitleidenschaft gezogen. Im letzten Jahrhundert schrieb der deutsche Wissenschaftler F. Körnicke in einem Artikel über die Urheimat der Gartenbohne[52]), daß man von dieser Nutzpflanze früher annahm, sie sei von den alten Griechen und Römern in Europa unter Namen wie Dolichos, Phaseolos und so weiter kultiviert worden. Der Anbau der gleichen Bohne bei den Eingeborenen Amerikas wurde daher als Folge ihrer nachkolumbischen Einfuhr aus der Alten Welt durch die Spanier erklärt. Diese Theorie hielt sich, bis sein deutscher Kollege Wittmack 1880[53]) die gemeine Gartenbohne im Material der Ausgrabungen seiner Landsleute W. Reiss und A. Stübel in dem prähistorischen Friedhof von Ancon, Peru, entdeckte. Dort fand man sie als Speisebeigabe in Mumienbestattungen, die lange vor der Entdeckung Amerikas angelegt worden waren. Hier gab es plötzlich breites Beweismaterial für den voreuropäischen Anbau von *Phaseolus* in Amerika. Später wurden Bohnen in Prä-Inka-Siedlungen entlang der ganzen Küste von Peru gefunden. So frühe präkolumbische Belege für diese Bohne ließen sich in Europa nicht feststellen. Man bekannte sich deshalb zu der entgegengesetzten Ansicht, die *Phaseolus*-Arten der Alten Welt seien aller Wahrscheinlichkeit in Altamerika zu Hause gewesen. Vielleicht hatten sie die frühen Spanier nach Europa zurückgebracht. Später stellten die modernen Botaniker Hutchinson, Silow und Stephens, gestützt auf solides botanisches Material, fest, daß die *Phaseolus*-Bohne nur einen Hinweis mehr für Verbindungen zwischen der Alten und der Neuen Welt vor Kolumbus bildet.

Lima-Bohne

Das gleiche Problem betrifft auch Varietäten der Lima-Bohne, *Phaseolus lunatus*, die wild in Guatemala wächst und in den frühesten Chimu- und Nazca-Gräbern des Küstenstreifens von Nord- und Südperu vorkommt. 1950 erwähnt Sauer[54]) eine primitive Spielart der Lima-Bohne mit genetisch alten Merkmalen, die in Teilen von Indonesien und Indochina schon lange angebaut wird, und sagt: »Wenn sich nun Südostasien als ein Reliktgebiet der primitiveren Lima-Bohnen erweisen sollte, die in Peru und Mexiko längst ausgestorben sind, ersteht vor uns eine neue Frage, nämlich nach der Zeit und Art transpazifischer Verkehrsverbindungen, die die amerikanische Bohne den Eingeborenen über den Pazifik vermittelt haben.«

Schwertbohne

Das gleiche Problem erhebt sich für eine verwandte Pflanze, die Schwertbohne, *Canavalia sp.* Die amerikanischen Botaniker C. R. Stonor und E. Anderson[55]) machen auf folgendes aufmerksam: »Die Schwertbohne, *Canavalia*, weithin in der Südsee angebaut und immer theoretisch aus der Alten Welt abgeleitet, kennt man jetzt aus prähistorischen Fundorten entlang der südamerikanischen und mexikanischen Küste.«

Canavalia-Bohnen, die in den klar gegliederten Schichten von Huaca Prieta an der peruanischen Pazifik-Küste ausgegraben wurden, stammen aus der Zeit zwischen 3000 und 1000 v. Chr.[56]). Sauer erklärt[57]), daß ihre archäologische Verbreitung und Beziehung zur Wildform jetzt die Schwertbohne als Züchtung der Neuen Welt erweisen. Von der Neuen Welt wurde diese Nutzpflanze in die Südsee weitergetragen.

Diese kurze Übersicht läßt erkennen, daß nicht nur das ethnologische Denken nahezu ein Jahrhundert lang von ethnobotanischen Argumenten beeinflußt wurde, denn auch umgekehrt haben ethnologische Vorurteile auf die Botaniker nachhaltig gewirkt, die sich mit Amerika beschäftigten. Die Literatur über Ursprung und Verbreitung bestimmter Komplexe in Amerika und im Pazifik zeigt, daß viele Thesen auf der Überzeugung basierten, daß die Isolierung der Neuen Welt von der ganzen übrigen bis zur Reise des Kolumbus gedauert hatte. Ebenso war es ein Axiom, daß nur indonesische Schiffe nach Osten auf den offenen Pazifik vorstoßen konnten, der Kulturbereich der südamerikanischen Bevölkerung aber angeblich auf ihre nächsten Küstengewässer beschränkt blieb – weil seetüchtige Fahrzeuge fehlten. Das oben dargelegte Material zeigt jedoch, daß es stichhaltige Beweise für den amerikanischen Export einheimischer Pflanzen zu den benachbarten Inseln der Südsee gibt, wobei sich wieder die Hauptmasse der botanischen Indizien auf die Randinseln Ostpolynesiens konzentriert. Es gibt aber hinreichende Beweise für einen Kontakt mit dem ganzen kumara-bauenden Gebiet bis an die Randzone Melanesiens. Die überwiegende Mehrzahl der Nutzpflanzen, die Amerika und Polynesien gemeinsam sind, scheint sich von Südamerika zu den Inseln verbreitet zu haben, wobei möglicherweise die Banane eine Ausnahme ist, eine bemerkenswerte Übertragung in umgekehrter Richtung.

In betontem Gegensatz zu dem vielfältigen Beweismaterial für südamerikanische Seefahrten nach Polynesien ist die botanische Basis für die Annahme altamerikanischer Kontakte mit Asien oder Afrika noch nicht so recht sichtbar. Merrill[58]) befürwortete Afrika als Ursprungsland für den Flaschenkürbis und vermutete, daß er Amerika über den Atlantik erreichte. Wenn tatsächlich die dreizehnchromosomige kultivierte Baumwolle der Alten Welt mit der amerikanischen Wildform gekreuzt wurde und daraus die sechsundzwanzigchromosomige Kulturform der Neuen Welt entstand – eine Frage, über die noch gestritten wird –, dann war eine Einfuhr von der Alten Welt mit der Westtrift über den offenen Atlantik bei weitem kürzer und leichter als gegen die Elemente und den sechsmal so breiten Pazifik, wo es keine Baumwolle mit dreizehn Chromosomen gibt. Das Verbreitungsgebiet der Kokos-Nuß erstreckt sich quer über den Pazifik. Wenn sie im tropischen Amerika zu Hause war, wo alle verwandten Gattungen vorkommen, muß sie sich schon mit den ersten Bezwingern des Pazifiks verbreitet haben, denn in Indonesien war sie um Christi Geburt bereits heimisch. Die Yams-Bohne hat ein ähnlich universal-transpazifisches Areal. Rein technisch gesehen, können mexikanische Bohnen die Asien vorgelagerten Inseln leicht mit Seefahrern in den nordäquatorialen Triften erreicht haben, an Polynesien vorbei, in der breiten Lücke zwischen den Marquesas und Hawaii. Wenn die im Augenblick sehr hitzige Diskussion um den frühen Anbau von amerikanischem Mais in Südostasien zugunsten jener enden sollte, die für eine präkolumbische und nicht für eine portugiesische Einfuhr plädieren, dann könnte die gleiche starke ozeanische Strömung, die sich von Mexiko direkt auf die Philippinen zu bewegt, in Betracht gezogen werden.

Um zu einer Zusammenfassung zu kommen: Nach dem Beginn des Anbaus von Baumwolle, Flaschenkürbis und Süßkartoffel in der Neuen Welt sind diese und verschiedene andere Nutzpflanzen von voreuropäischen Seefahrern aus Südamerika nach Polynesien gebracht worden. Die Wahrscheinlichkeit anderer Eingeborenenreisen von Afrika nach Mittelamerika oder zwischen Mittelamerika und Südostasien, ja sogar eine Kombination beider Möglichkeiten, wird jetzt von verschiedenen Pflanzengeographen erwogen, ist jedoch noch nicht stichhaltig belegt. Man sollte aber nicht den Fehler begehen – wie in der Vergangenheit –, das offenkundige Fehlen wirksamer geographischer Schranken an bestimmten Stellen zu ignorieren. Es gibt keine solchen Schranken für primitive Fahrzeuge von Nord- beziehungsweise Südafrika nach Mittelamerika, von Peru nach Polynesien, von Mexiko nach Indonesien oder selbst von Indonesien nach Mexiko über die alte Galeonen-Route nördlich von Hawaii. Eine transozeanische Trift mit einem kleinen, aber seetüchtigen Fahrzeug auf einer dieser Routen würde von der Mannschaft wenig mehr verlangen als ungebrochenen Lebenswillen. Doch kann bis jetzt die Botanik mit Sicherheit nur beweisen, daß es Fahrten von Südamerika nach Polynesien gab; Kulturpflanzen haben sich dort von Insel zu Insel weiterverbreitet, und zwar in jeder Richtung.

Teil III

Zwischenstationen im Pazifik

Kapitel 10

Archäologie auf den Galapagos-Inseln

Heyerdahl hat gezeigt, daß die Indianer über seefähige Fahrzeuge und nautische Kenntnisse verfügten, die ausreichten, um Südsee-Inseln anzulaufen. Es gilt nun, auch dort Spuren ihrer Anwesenheit zu finden, sei es in Form bestimmter Kulturtraditionen, sei es in Gestalt archäologischer Überreste. Mit der Deutung bestimmter Kulturtraditionen in diesem Sinn hat Heyerdahl von Anfang an gearbeitet. Seit 1935 ist er bemüht, das archäologische Material daraufhin zu prüfen. Von den zwei Expeditionen, die er organisierte und leitete, führte ihn die erste mit einer Forschergruppe auf die Galapagos-Inseln, die nur sechshundert Meilen vor der Küste Perus und Ekuadors liegen. Sie spielen, wie der Leser bereits weiß, eine große Rolle in den Deutungen, die man den Inka-Berichten gab; sie waren allerdings nicht permanent besiedelt, das verhinderte ihre trockene vulkanische Kakteenlandschaft.

In verschiedenen Gebieten der Galapagos-Gruppe gruben die Archäologen der Expedition hauptsächlich eine beträchtliche Anzahl Scherben von Keramik nichteuropäischer Tradition aus, aber auch Reste anderer Werkstücke indianischer Herkunft. Die Objekte wurden an das Nationalmuseum der Vereinigten Staaten in Washington geschickt. Dort stellte man fest, daß sie aus verschiedenen Indianerkulturen an der Küste Altperus und Ekuadors stammen. Ein beträchtlicher Teil der Gegenstände war mit Sicherheit nicht nur in vorspanischer, sondern sogar in Vorinka-Zeit hergestellt worden.

Später hatte Heyerdahl sich gegen die von einigen seiner Gegner vertretene Theorie zu wehren, diese Gegenstände seien von Piraten, die peruanische Gräber geplündert hatten, auf die Galapagos gebracht worden. Man weiß jedoch nichts von Piraten, die peruanische Gräber geplündert hätten, außerdem werden auf den Galapagos hauptsächlich Scherben glatter, schmuckloser Kochgefäße gefunden. Diese Gefäße hätten Flibustier ebensowenig interessiert wie ein Spinnwirtel, eine Flöte aus gebranntem Ton und primitive Schneidegeräte aus Feuerstein und Obsidian, die ebenfalls auf den Galapagos gefunden wurden.

Viele Fragmente stammen sogar von Keramiktypen, die nur für die Bewohner des Küsten-Dschungels von Ekuador charakteristisch waren, wohin sich Piraten niemals verirrten. Die aus Peru und Ekuador stammenden Scherben werden überdies an verschiedenen Stellen auf verschiedenen Inseln der Galapagos-Gruppe gefunden. Das spricht für das zusammenfassende Urteil, zu dem die Fachleute im Nationalmuseum in Washington schließlich gelangten: Die archäologischen Funde auf den Galapagos-Inseln sind Beweis dafür, daß südamerikanische Indianer in voreuropäischer Zeit, über eine lange Periode hinweg, diese Inseln häufig besuchten.

Bis vor kurzer Zeit hielt man archäologische Untersuchungen auf den Galapagos-Inseln für überflüssig, da man von der Annahme ausging, dieses Gebiet habe außerhalb der Reichweite von Fahrzeugen der Eingeborenen gelegen, aus Südamerika wie auch aus Polynesien. Bemerkenswert ist aber, daß manche Beobachter zwischen dem sechzehnten und dem neunzehnten Jahrhundert einheimischen Fahrzeugen aus Peru und Ekuador die Möglichkeit zubilligten, solche Fahrten zu wagen. Das waren Leute, denen guara-gesteuerte Balsa-Flöße noch persönlich bekannt waren. Das Vertrauen in diese wirklich genialen Wasserfahrzeuge schwand erst um die Jahrhundertwende, als die Balsas außer Gebrauch gekommen waren. Obwohl so berühmte Erforscher der Inka-Geschichte wie Sir Clemens Markham (1907) und P. A. Means (1942) davon überzeugt waren, daß die Inka-Berichte über Inka Tupacs große Südsee-Expedition stimmten, wollten sie, da sie nicht so recht an die Seetüchtigkeit der Balsa-Flöße glaubten, doch bloß annehmen, daß die Inka-Flotte nur die Galapagos-Inseln erreicht haben könnte, da sie als einzige nicht allzuweit vor Südamerika liegen. S. K. Lothrop und andere Forscher lehnten selbst diese Möglichkeit ab, weil sie glaubten, daß das Balsa-Floß zu viel Wasser absorbiere, um die Galapagos-Inseln erreichen zu können.

Diskussionen über die Möglichkeit vorspanischer Besuche auf den Galapagos wurden nun eingestandenermaßen von der Haltung der Autoren gegenüber den Balsa-Flößen überschattet; das unrichtige Urteil über sie verbreitete sich in der ozeanistischen Fachliteratur, und die Archäologen sahen deshalb keine Veranlassung, auf den wasserlosen, unbewohnten und abseits liegenden Inseln zu forschen. Doch die modernen Archäologen haben wichtiges Quellenmaterial zur Geschichte der Seefahrt übersehen, wie zum Beispiel Admiral Spilbergens illustrierten Bericht von 1619, der von peruanischen Indianern erzählt, die zwei Monate lang auf einem Balsa-Floß im offenen Pazifik segelten; oder die Studien der Marine-Offiziere Juan und Ulloa von 1748 über die guara-Technik, die die Indianer in die Lage versetzte, nach Belieben zu navigieren; oder die Beobachtungen von Kapitän C. Skogmann, der 1854 berichtete, daß um diese Zeit Balsa-Flöße mit guara-Steuerung die Galapagos-Inseln angelaufen hatten.

Statt in Betracht zu ziehen, es könnten vielleicht Spuren aus der Vorinka-Zeit vorhanden sein, stritten Besucher der Inselgruppe dies im allgemeinen heftig ab. Beispielsweise stellte der bekannte Reisende V. von Hagen die Behauptung auf: »Nach welchen Inseln der Inka (Tupac) auch immer segelte, bestimmt nicht nach den Galapagos.« Seine Aussage stützte er auf Zitate angeblich kompetenter Urteile, die den Bewohnern der andinen Küste bescheinigen, in nautischen Dingen geradezu »majestätisch unfähig« zu sein. Daraus schloß Hagen wie andere, daß eine Landung der Inka auf den Galapagos »eine glatte Unmöglichkeit« sei.

Spätere Ereignisse haben bewiesen, daß das moderne Urteil über die Balsa-Flöße irreführend war. Seit 1947 (»Kon-Tiki«) sind mehrere bemannte Segelflöße aus Peru an den Galapagos-Inseln vorbeigefahren. Eines davon mit drei Mann und einer Frau an Bord, unter der Leitung des tschechisch-peruanischen Komponisten E. Ingris, landete direkt auf der Galapagos-Insel Isabela.

Weitere Möglichkeiten eröffneten sich durch die wiederholten Experimente mit der guara-Technik, die ich mit dem ekuadorianischen Archäologen Emilio Estrada auf einem Balsa-Floß vor Ekuador im Jahre 1953 organisierte. Sie führten zur Wiederentdeckung des Funktionssystems dieses außerordentlich geistreichen Navigationsgeräts und bewiesen die Richtigkeit der bislang diskreditierten frühen Berichte. Bei korrektem Zusammenspiel der hinteren und vorderen guaras wendet das Floß und schlägt jeden gewünschten Kurs unabhängig von der Windrichtung ein.

Andere Versuche haben gezeigt, daß Balsa-Flöße aus grünem Holz ihre volle Schwimmfähigkeit zwei Jahre, vermutlich sogar noch länger, bewahren. Kurz und gut, die Galapagos lagen durchaus innerhalb der Reichweite eingeborener Seefahrer aus Peru und Ekuador.

Mit diesen Tatsachen vor Augen unternahm ich 1953 eine Expedition nach den Inseln, um dort zum erstenmal nach möglichen archäologischen Funden zu suchen. E. K. Reed [Chefarchäologe der amerikanischen Nationalparks] und A. Skjölsvold [damals Chefarchäologe des Stavanger-Museums, heute Leiter der Sammlung von Altertümern der Universität Oslo] nahmen als Archäologen daran teil. Es ging nicht darum, einen erschöpfenden Überblick über die ganze Gruppe oder auch nur eine einzelne Insel zu gewinnen. Die Grabungsstellen wurden vielmehr dort angesetzt, wo die zerrissene Küstenformation nicht nur brauchbare Lagerplätze, sondern auch Landungsmöglichkeit für einheimische Fahrzeuge bot.

Vier Zonen vorspanischer Lagerplätze konnten auf drei Inseln festgestellt werden. Der größte Fundbereich lag auf dem Plateau über der James Bay auf der Insel Santiago. Hier stieß man auf acht verschiedene Lagerplätze. Ein Bergrücken trennte sie von einem zweiten Areal an der Buccaneer Bay. Die beiden anderen Fundplätze wurden an der Whale Bay auf Santa Cruz beziehungsweise in Black Beach auf Floreana aufgedeckt. Einen weiteren prähistorischen Fundort bei Cabo Colorado auf Santa Cruz entdeckten 1954, nach der Abreise unserer Expedition, die amerikanischen Teilnehmer der Walt-Disney-Galapagos-Expedition J. C. Couffer und C. Hall.

Sämtliche Fundstellen ergaben insgesamt 1961 Scherben von Eingeborenenkeramik, die mindestens zu hunderteinunddreißig verschiedenen Töpfen gehörten, wahrscheinlich noch mehr. Davon konnte man vierundvierzig Stück mit bekannten Gefäßtypen von den Küsten Ekuadors und Nordperus identifizieren, bei weiteren dreizehn Stück ist eine solche Zuordnung wahrscheinlich. Von den restlichen vierundsiebzig Gefäßen blieben siebenundsechzig unidentifiziert, nur weil das vorhandene, begrenzte Material nicht genügend charakteristische Merkmale zeigte, weitere sieben waren trotz auffallender Kennzeichen nicht einzuordnen. [Sie gehören zu Keramiktypen, die man sonst nirgends auf der Welt angetroffen hat. Amerikanische Spezialisten haben verschiedene Typen lokaler südamerikanischer Keramik unterschieden, je nach der Zusammensetzung und Qualität des Töpfertons, dem Grad des Brennens, der Form und Oberflächenbehandlung des Gefäßes. Jeder Typus hat seinen spezifischen Namen erhalten, gewöhnlich nach dem Ort, an dem er zuerst gefunden wurde. Jeder solche Typus wurde ausschließlich innerhalb einer bestimmten Indianerkultur hergestellt, das heißt in einem begrenzten geographischen Areal und während einer begrenzten Periode, bis eben ein anderer Gefäßtypus erfunden wurde, sich durchsetzte und den älteren schließlich verdrängte. Daher sind Gefäßscherben außerordentlich nützlich, wenn es gilt, peruanische und ekuadorianische Kulturen zu identifizieren, besonders in Gebieten wie den Galapagos, wo ungünstige Klima- und Bodenbedingungen organisches Material wie Knochen, Holz oder Textilien sehr rasch zerstören. Keramik ist eines der sehr wenigen prähistorischen Materialien, die sich unverändert über die Zeiten hinweg erhalten, wenn man davon absieht, daß sie in kleinere Stücke zerbricht. »La Plata Molded«, »San Juan Molded« und so weiter sind Fachausdrücke für bestimmte prähistorische Gefäßtypen von der Küste Perus, die sich auf diese Art identifizieren lassen. Der Gefäßtypus, den man »Tiahuanacoid« nennt, stammt aus der Zeit, in der die Prä-Inka-Tiahuanaco-Kultur ihren Einfluß vom Hochland bis zu den Eingeborenen der Pazifik-Küste ausdehnte.]

Die Typen, die sich unter der auf den Galapagos-Inseln ausgegrabenen Keramik feststellen ließen, wurden von C. Evans und B.J. Meggers bearbeitet und identifiziert. Die beiden Gelehrten sind die führenden Spezialisten für Gebrauchskeramik der Küsten-Indianer Nordperus und Ekuadors und arbeiten an der Smithsonian Institution des Nationalmuseums der Vereinigten Staaten in Washington.

Einige Fundstellen ergaben nur peruanische Scherben, andere hingegen solche sowohl aus Peru wie auch aus Ekuador.

»La Plata Molded«-Ware ist durch drei Gefäße von zwei verschiedenen Fundstellen an der James Bay vertreten, »San Juan Molded« durch einen Topf von einer anderen Stelle des gleichen Raumes. Von »Queneto Polished Plain« gibt es zwei Gefäße an verschiedenen Stellen an der James Bay. Zur »Tiahuanacoid«-Ware gehören drei Keramiken von zwei Orten der James Bay, ein Gefäß »San Nicolás Molded« hat den gleichen Fundort. Zu der Gruppe

»Tomaval Plain« gehören mindestens fünfzehn Exemplare von der James Bay, Buccaneer Bay, Whale Bay und von Black Beach. Weitere fünf Gefäße von drei Fundorten sind wahrscheinlich »Tomaval Plain«; »Castillo Plain« ist durch mindestens zehn Gefäße vor der James Bay, Whale Bay und von Black Beach vertreten. Aus letzterem stammt eine Tonpfeife vom Mochica-Typ. Die Mochica-Kultur war die älteste unter den Vorinka-Kulturen an der Küste Nordperus. Weitere sechs Töpfe sind vermutlich »Castillo Plain«. Die restlichen identifizierbaren Gefäße sind charakteristische vorspanische Gebrauchswaren aus der Gegend von Guayas in Ekuador. Wenn man einmal von der schönen poychromen Ware aus Tiahuanaco absieht, so lieferten Fragmente mit kleinen Fröschen die besten Beispiele dekorativer Keramik; sie waren einmal an der Wand oder am Henkel von »La Plata Molded«-Gefäßen. Noch interessanter waren jedoch die Scherben von einem gelben »San Nicolás Molded«-Gefäß, das mit einem Muster aus kleinen, linsenförmigen Kratern dekoriert war, von dem damals nur ein einziges weiteres Exemplar bekannt war, das aus dem Casma-Tal in Nordperu stammt und sich in der Sammlung von Rafael Larco Hoyle, Chiclin, Peru, befand. Mehrere Scherben waren vom wohlbekannten schwarzen Chimu-Typ, der als »San Juan Molded« bekannt ist und Relief-Figuren auf charakteristischem warzigen Grund zeigt. Die rote Mochica-Tonpfeife war nach der Reinigung vom Sand noch brauchbar. Der Spinnwirtel vom einfachen Indianertyp war aus Kalkstein, die primitiven Schneidegeräte aus Obsidian und Feuerstein – alles Material, das auf den Galapagos-Inseln nicht vorkommt und daher genauso wie die Tongefäße vom Festland stammen muß. Das Material wurde von Skjölsvold und mir illustriert und detailliert beschrieben, und als "Memoir No. 12" der "Society for American Archaeology" veröffentlicht.

Mit Ausnahme von drei Gefäßen bisher unbekannter, nichteuropäischer Form, bestehend aus dreihundertsiebenundsiebzig Scherben von Rand, Griff und Bauch, die zu einer sehr dünnen Tonware mit dickem, glänzendrotem Slip [Überzug] und komplexer Form gehören, fand man keinerlei ausgesprochen neue Keramiktypen. Mit anderen Worten: das gesammelte Material an sich ist wissenschaftlich von geringem typologischem Wert. Seine einzige Bedeutung liegt in der Tatsache, daß es auf den Galapagos-Inseln zurückgelassen wurde, sechshundert bis tausend Meilen von seiner feststellbaren Heimat auf dem Kontinent entfernt.

Natürlich erhebt sich jetzt die Frage: In welchem Umfang können wohl Überreste dieser Art in nachkolumbischer Zeit ihren Weg zu den Galapagos-Inseln gefunden haben? Betrachten wir kurz die frühe Geschichte der Insel.

1535 wurde die Inselgruppe von den Europäern durch Zufall entdeckt, als der vereinigte El Niño- und Humboldt-Strom mit einer starken Abtrift von der Küste das Schiff des Bischofs Tomás de Berlanga ergriff, der von Panama nach Peru segeln wollte. Man verbrachte einen Tag auf einer und zwei Tage auf einer anderen Insel, wobei man vergeblich nach Wasser suchte. Dann segelte man fort, ohne den Fuß noch auf eines der übrigen Eilande zu setzen. Nur mit Mühe gelang es den Spaniern, gegen die starken, westwärts gerichteten Strömungen nach Ekuador zu gelangen. Da sie aus Panama gekommen waren, konnten der Bischof und seine Gefährten wohl kaum einheimische Keramik aus Peru oder Ekuador auf die Galapagos gebracht haben.

1546 empfingen die Inseln ein zweites Mal Besuch, als Kapitän Diego de Rivadeneira in Arica (heute Chile) ein Schiff gestohlen hatte und damit nach Guatemala segeln wollte. Er entdeckte die Galapagos neuerlich und hielt kurz und vergebens auf einer kleineren Insel nach Wasser Ausschau. Darauf verließ das Schiff sofort die Gruppe, ohne daß irgendeine der anderen Inseln betreten worden wäre. Unter solchen Umständen können auch diese Leute die fraglichen Scherben nicht zurückgelassen haben.

Wir wissen, daß einige wenige spanische Karavellen die Galapagos-See in der zweiten Hälfte des 16. Jahrhunderts befuhren, aber es ist auch bekannt, daß man die Inseln nicht betrat, da sie sich als öd, unfruchtbar und wasserlos erwiesen hatten. Es ist möglich, daß sich an Bord mancher von ihnen ein paar Indianer befanden und daß von diesen welche mit Tongefäßen an Land gingen und sie dort zerbrachen. Aber es ist ziemlich unmöglich, daß sie zumindest hunderteinunddreißig einheimische Gefäße mitführten und sie alle zerschlugen. Auch würden sie nicht Töpfe so verschiedener Stiltypen mitgebracht haben, die geographisch weit getrennte Gebiete und zeitlich scharf differenzierte Kulturepochen im alten Peru und Ekuador repräsentieren.

Obwohl die Inseln 1570 auf einer Karte [aus dem »Orbis Terrarum«] des flämischen Kartographen Ortelius zum erstenmal als Galapagos bezeichnet wurden, blieben sie in ihrem tückischen Humboldt-Strom für die Spanier »Las Islas Encantadas« [»die verwunschenen Inseln«], bis englische Seeräuber gegen Ende des 17. Jahrhunderts einen passenden Schlupfwinkel in ihnen entdeckten.

Ortelius setzte die Galapagos-Gruppe auf seine Karte, nachdem er diesbezügliche Informationen von seinen Mitarbeitern in Sevilla erhalten hatte. Außerdem hatten diese den Bericht gesehen, der vom Steuermann des Bischofs stammte. Der Name »Die verwunschenen Inseln« wurde der Gruppe von dem zweiten europäischen Besucher gegeben, dem Kapitän Diego de Rivadeneira, dem allerdings die Landung nicht gelungen war. Diego war auf der Flucht vor der Rache des Königs seinerzeit entlang des Äquators nach Westen gesegelt, auf der Suche nach jenen Inseln, über die Bischof Berlanga berichtet hatte. Als er und seine Spanier die Inseln erreichten, trieben die außergewöhnlich starken Meeresströmungen ihr Segelschiff in gefährliche Positionen oder vom Kurs ab, daß sie nach Tagen vergeblicher Landungsversuche schließlich überzeugt waren, die Inseln bewegten sich auf der Meeresoberfläche fort. Diego gab sein Unternehmen wegen dieses »offenkundigen Schwimmens und der Unwirklichkeit der Inseln« auf. Deshalb nannte er sie auch »Die verwunschenen Inseln«.

1680 kreuzte der englische Piratenkapitän Sharp in jenen Gewässern und versuchte, auf den Inseln zu landen. Aber auch er hatte wegen der verräterischen Strömungen kein Glück. Sein Segelschiff war anfangs der Küste in Richtung Peru gefolgt, wendete dann aber auf der Höhe von Punta Pariña direkt auf die offene See, um der Entdeckung durch die Spanier zu entgehen. Draußen, wo der Humboldt-Strom mit voller Kraft gegen die Galapagos ausholt, inmitten dessen, was die Piraten als einen starken, von Land kommenden Sturm bezeichneten, begegneten sie einem Handelsfloß aus Balsa-Holz unter Segel. Sharps Lotse riet ihm, mit der Eingeborenenmannschaft lieber nicht anzubinden, »denn es ist höchst zweifelhaft, ob wir ihnen gewachsen sind ...«.

Sharp berichtet in demselben Zusammenhang, die lokalen Balsa-Flöße segelten »ganz ausgezeichnet« und seien so groß, daß die

Eingeborenen damals zweihundertfünfzig Lasten Mehl von den Küstentälern Perus nach Panama bringen konnten, ohne daß die Last naß wurde. [Das zeigt, daß indianische Händler, die schwere Lasten von Peru bis zu dem fernen Panama mit großen hochseetüchtigen Balsa-Flößen brachten, ihren Seeverkehr, über den schon die ersten spanischen Entdecker berichtet hatten, von der prähistorischen Periode bis zum Ende des siebzehnten Jahrhunderts aufrechterhielten. Daß diese einheimischen Balsa-Flöße nicht nur der Küstenroute folgten, wird nicht allein von Kapitän Sharp berichtet, sondern, wie bereits mitgeteilt, auch von Kapitän C. Skogman von der schwedischen Fregatte »Eugenie«, der davon spricht, daß zeitgenössische Balsa-Flöße sogar die Galapagos-Gruppe besuchten.]

Vier Jahre nach dem vergeblichen Versuch Sharps, 1684, gelang es Europäern, für kurze Zeit auf den Galapagos Fuß zu fassen, als eine Gruppe anderer englischer Piraten, der William Ambrose Cowley, William Dampier, Edward Davis, Lionel Wafer, Basil Ringrose und John Cook angehörten, in der James Bay auf Santiago für zwölf Tage vor Anker ging, um dort ihre Beute zu teilen. Im British Museum befinden sich Aufzeichnungen Cowleys, die die Isolierung der Inseln bis zu jener Zeit widerspiegeln. »... Wir segelten nach Westen, um zu sehen, ob es möglich sei, diese sogenannten Galipoloes-Inseln zu finden, weshalb uns die Spanier auslachten und erzählten, das wären verhexte Inseln, die niemand außer Capitaino Porialto je gesehen hätte, und der konnte nicht einmal nah genug herankommen, um dort zu ankern, und sie seien nichts als Nebel und gar keine richtigen Inseln.«

Es ist ein seltsamer Zufall, daß diese Seeräuberbande 1684 in der James Bay eine eigenartige Beute lagerte, darunter acht Tonnen Quittengelee. Der Vizekönig von Peru entdeckte das Versteck, die großen Krüge wurden alle zerstört, und zahllose Scherben dicker, auf Töpferscheiben hergestellter typischer »spanischer Krüge«, die zuerst der englische Kapitän James Colnett 1798 entdeckte, finden sich heute noch über das ganze Plateau verstreut. Interessanterweise sahen wir einige dieser Bruchstücke in dem großen, schwarzen Lavastrom eingebettet, dessen Seitenzweig einen größeren Teil des Talgrundes bedeckt. Damit haben wir den Beweis, daß dieser bedeutende Vulkanausbruch auf Santiago nach 1684 stattgefunden haben muß.

Den britischen Seeräuberpionieren folgte im Jahre 1700 eine französische Expedition unter Kapitän Beauchesne-Gouin, die es dort einen Monat lang aushielt. Im Jahre 1789 erschienen wiederum die Spanier, um unter Alonso de Torres von der königlichen Flotte die Inselgruppe zu erforschen und aufzuzeichnen; dieser Besuch wird als der erste von Bedeutung betrachtet, den ein Spanier seit Bischof Berlangas kurzer Entdeckungsreise hierher unternommen hat.

Demnach gibt es also keinerlei Grund für die Hypothese, die Fragmente einheimischer Keramik an verschiedenen Fundstellen der Galapagos gingen auf nacheuropäische Importe zurück. Die Bestimmung der peruanischen Tonware durch die eben genannten Spezialisten Evans und Meggers zeigt, daß die lokalen Funde aus Material bestehen, das auf die der Vorinka-Zeit angehörenden Perioden »Estero«, »La Plata« und »Tomaval« auf dem Festland zurückgeht. Das wiederum heißt, daß die Scherben auf wenigstens zwei der Inseln in die frühe Zeit des Küsten-Tiahuanaco zu datieren sind.

Der Fund von mindestens hunderteinunddreißig Eingeborenengefäßen, die auf den Galapagos zerbrochen und zurückgelassen wurden, deutet auf rege menschliche Tätigkeit in vorkolonialen Zeiten. Es ist ganz klar, daß unsere flüchtige Übersicht nicht alle Fundplätze erfassen konnte und nur einen Teil des noch vorhandenen Materials entdeckte. Wegen der Spärlichkeit des Erdreichs auf den Küstenklippen wurde noch dazu viel von den Abfällen ins Meer geschwemmt.

Ebenso wird deutlich, daß wir es hier eher mit wiederholten Besuchen zu tun haben als mit dauernder Besiedlung – diese würde eine mehr gleichartige Ware zurückgelassen haben. Eine lokale Entwicklung hätte wohl kaum eine vom Mutterland unabhängige Typenabfolge gezeitigt, die sich genau an das Schema des Festlandes hielt: von »Castillo« und »Tomaval Plain« bis zum polychromen »Tiahuanacoid« und »San Nicolás Molded« und schließlich zu den drei charakteristischen Typen der Chimu-Schwarzkeramik, von »Queneto Polished Plain«, »San Juan« und »La Plata Molded«. Die Abfallhaufen enthalten so Keramiktypen vom Gebiet von Guayas in Ekuador bis hinunter zum Casma-Tal, nahe dem Übergang zur Zentralküste von Peru, tausend Meilen weit.

Zusammenfassend kann gesagt werden: Die Benützung der wasserlosen Galapagos-Inseln, vielleicht als Fischereistützpunkt und zum Fangen der Riesenschildkröte, ist keine Erfindung europäischen Ursprungs, sondern die Fortsetzung einer einheimischen Sitte, die mindestens bis in die Coastal-Tiahuanaco-Periode der peruanischen prähistorischen Sequenz zurückreicht.

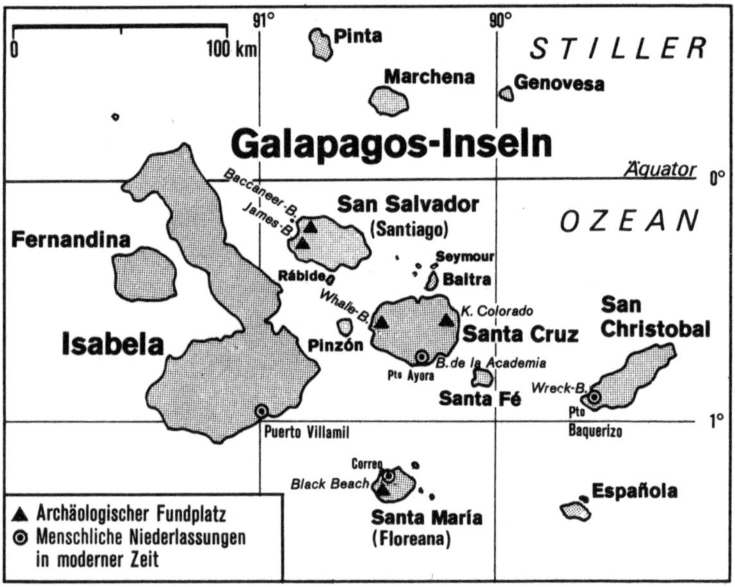

Die Galapagos-Inseln liegen vor der Küste von Ekuador. Indianer, die auf Balsa-Flößen bis Polynesien gelangt waren, mußten also auch dorthin fahren können. So galt es, dort ihre Spuren aus vorspanischer Zeit zu finden.

Kapitel 11

Die Kokos-Insel – Stützpunkt vorspanischer Indianerschiffahrt?

Die Kokos-Insel, die nur dreihundert Meilen südwestlich von Costarica liegt, wurde von ihren ersten Besuchern als liebenswertes, wenn auch unbewohntes Eiland beschrieben. Der Reichtum an idyllischen Kokos-Hainen war so groß, daß er diesem vulkanischen, von steilen Klippen umkränzten Inselchen den Namen gab. Heyerdahls zweite archäologische Expedition fand die Insel völlig von Urwald überwuchert, von dem früheren Reichtum waren nur einzelne Kokos-Palmen übriggeblieben. Diese Veränderung bietet den Ansatz für eine Kette von Schlußfolgerungen, an deren Ende ein neues Indiz für altamerikanische Navigation steht. Die ethnobotanischen Überlegungen, denen das neunte Kapitel gewidmet ist, werden hier an einem konkreten Beispiel weitergeführt.

Der eintägige Aufenthalt, um einen Überblick über die Situation zu gewinnen, hat genügt, künftige archäologische Grabungen als zweckmäßig erscheinen zu lassen.

Die kleine, unbewohnte Ozeaninsel wurde von der Norwegischen Archäologischen Expedition nach der Osterinsel und dem Ostpazifik am 25. Juli 1956 auf dem Wege von den Marquesas nach Panama zu einem eintägigen Besuch angelaufen. Sie liegt auf 5 Grad 35 Minuten nördlicher Breite und 87 Grad 2 Minuten westlicher Länge mitten im Pazifik, etwa vierhundertfünfzig Meilen nordöstlich der Galapagos und dreihundert Meilen südwestlich von Costarica, und hat eine Fläche von etwa fünfundvierzig Quadratkilometer. Das Hochland im Inneren erhebt sich bis zu neunhundertelf Meter. Eine senkrecht abfallende Klippenküste umgibt sie auf allen Seiten. Ihre Geologie ist von dem englischen Geologen L. J. Chubb[1]) beschrieben worden.

Nur am Nordende der Insel wird der Klippenrand von zwei ständigen Wasserläufen unterbrochen. Ihre Mündungstrichter haben zur Bildung der Wafer Bay und der Chatham Bay beigetragen. Eine von Bergwänden flankierte Talrinne führt von jeder der beiden Buchten ein Stück ins Innere.

Starker Regen schafft zahllose Wasserfälle. Sie stürzen von Hängetälern oder einfach vom Rand der Klippen in Becken hinab, die sie im Küstenriff ausgehöhlt haben. Die steilen Talwände sind ebenso wie die Plateaus und Kämme im Inneren mit dichtem, undurchdringlichem Tropendschungel bedeckt, grünes Moos und Buschwerk überziehen auch die meisten Klippen rund um die Küste. Außer durch die beiden Haupttäler ist es unmöglich, auch nur ein Stück ins Innere vorzudringen, nur dort kann man sich einen Pfad freischlagen.

Die allgemeine Vegetation hat sich stark verändert, seit die Insel das erstemal von Europäern benannt und beschrieben worden ist. Kokos-Palmen sind heute so selten geworden, daß der Name Kokos-Insel ausgesprochen weither geholt erscheint im Vergleich zu anderen Inseln näher am Isthmus oder auch weiter draußen im Stillen Ozean. Daß jedoch die Insel früher einmal ihren verheißungsvollen Namen verdiente, geht aus dem hervor, was der britische Kapitän William Dampier selbst von den zeitgenössischen spanischen Entdeckern hörte. Dampier[2]) schreibt: »Die Kokos-Insel wird von den Spaniern so genannt, weil dort Kokos-Palmen in Hülle und Fülle wachsen. Sie finden sich nicht nur an ein oder zwei Stellen, sondern in großen Hainen ... wenigstens erzählen das die Spanier, und ich hörte dasselbe auch von Kapitän Eaton, der später dort war.«

Zu den allerersten Besuchern, im Jahre 1685, gehört der englische Kapitän Lionel Wafer[3]), der seiner Landungsstelle seinen Namen gegeben hat:

»Als unsere Männer sich einigermaßen erholt hatten, steuerten wir südwärts und kamen an die Insel Cocos auf 5 Grad 15 Minuten nördliche Breite. So heißt sie nach ihren Kokos-Nüssen, an welchen sie reichen Vorrat hat. Kleine Insel, aber hübsch: In der Mitte ein steiler Berg, ein Plateau rundherum, das zur See steil abfällt. Diese ebene Fläche und besonders das Tal, in dem man an Land geht, sind dicht mit Kokos-Palmen bestanden, die dort herrlich gedeihen, weil die Erde so reich und fruchtbar ist. Sie wachsen auch an den Säumen des Bergkegels in der Mitte der Insel und stellenweise an den Hängen, sehr hübsch. Was aber am meisten zur Annehmlichkeit des Fleckchens beiträgt, ist, daß eine Fülle von Quellen klaren süßen Wassers von den Bergen in ein tiefes Becken oder einen Teich strömt; er ist rings von Hängen umgeben, und die Wasser finden daher kein Bett, durch das sie abfließen könnten wie in einem Bach oder Fluß, sie laufen an verschiedenen Stellen über den Rand des Beckens und rieseln in vielen lieblichen Rinnsalen zu Tal. An einigen Stellen sind die Felswände überhängend, da bildet sich ein Wasserfall, als käme ein Schwall aus einem Eimer, so daß hinter der Traufe ein trockener Platz ausgespart bleibt mit einem Vorhang aus Wasser. Dies und der liebliche Anblick, die herandrängenden Kokos-Palmen, sowie die Frische, die die sprühenden Wasser der Luft in dem heißen Klima geben, machen diesen Platz reizvoll und köstlich für mehrere Sinne zugleich.

Unsere Männer freuten sich sehr über die Abwechslung, die ihnen diese Insel bot: auch füllten sie hier alle Wassertonnen. Denn in dem Flüßchen, das die kleinen Wasserfälle dann unten in der Ebene bilden, ist herrlich frisches Wasser, und das Schiff lag gerade an seiner Mündung ins Meer, wo man leicht ankern konnte: Es ist daher eine so gute Stelle zum Wasserfassen, wie ich sie je getroffen habe.

Wir sparten auch nicht an Kokos-Nüssen und aßen, was wir konnten, und tranken die Milch, und trugen noch ein paar Hundert an Bord. Von unserer Mannschaft gingen manche gar täglich an Land. Und eines schönen Tages, als sie sich ein Vergnügen leisten wollten, landeten sie und hieben eine Menge Kokos-Palmen um. Sie sammelten die Nüsse ein und füllten etwa zwanzig Gallonen Milch ab. Dann setzten sich alle hin und tranken auf das Wohl des Königs und der Königin und so weiter. Sie tranken eine ungeheure Menge, aber es kam zu keiner Trunkenheit. Jedoch hatte diese Art Flüssigkeit ihre Nerven so unterkühlt und betäubt, daß sie weder gehen noch stehen konnten. Noch konnten sie an Bord zurückkehren ohne Hilfe derer, die nicht an der Lustbarkeit teilgenommen hatten. Auch erholten sie sich nicht vor vier bis fünf Tagen.«

Das Vorhandensein solcher ausgedehnter voreuropäischer Kokos-Palmhaine auf der Insel bedarf einer Erklärung: Die Bäume könnten von Menschen gepflanzt worden sein, die entweder aus Amerika oder auch aus Polynesien kamen, es könnten auch die Nüsse von einer Meeresströmung angetrieben worden sein. Alle drei Hypothesen sind erwogen worden. Wie so oft in der Botanik des Stillen Ozeans, basieren die Schlüsse der Botaniker, die von großer Wichtigkeit für ethnologische Rekonstruktionen sind, weitgehend auf den gängigen Vorstellungen von menschlichen Wanderungen. Die Frage nach dem Ursprung der *Cocos nucifera* ist von den Botanikern noch nicht endgültig geklärt.

Die Kokos-Palme war den Europäern aus Indien und Indonesien schon lange vor der Entdeckung Amerikas bekannt. Apollonius von Tyana sah diese Palme in Hindustan zu Beginn der christlichen Ära, sie wurde damals als eine indische Besonderheit betrachtet. Den asiatischen Kontinent erreichte sie vom malaiischen Archipel aus, wahrscheinlich kurz vor dieser Zeit. Die frühesten chinesischen Beschreibungen kommen aus dem neunten Jahrhundert n. Chr., und auf Ceylon wurde sie fast im Lichte der Geschichte eingeführt[4]).

Als Kolumbus auf seiner ersten Amerikareise Kuba entdeckte, vermerkte sein Journal, daß sie eine Küste mit vielen hohen Palmen fanden und »einer großen Nuß jener Art, wie sie in Indien vorkommt«. Als die Spanier dann den Isthmus von Panama erreichten, berichtet Oviedo im Jahre 1526: »... sowohl auf dem Festland wie auf den Inseln gibt es einen gewissen Baum, Cocus genannt ...« Danach gibt er eine Beschreibung der Kokos-Nuß und ihrer Verwendungsarten[5]).

Botaniker des siebzehnten Jahrhunderts betrachteten die Kokospalme oft weiterhin als eine asiatische Spezies, aber im neunzehnten Jahrhundert kamen die beiden Botaniker C.F.P. de Martius (1823 bis 1850) und A. Grisebach (1872) zu dem Schluß, diese Pflanze müsse aus botanischen Gründen aus der Neuen Welt stammen. Der französische Botaniker de Candolle teilte anfangs ihre Ansicht, änderte aber dann seine Meinung[6]) und erklärte, die Frage nach der Herkunft bleibe dunkel. Seine Argumente nehmen spätere Diskussionen bereits vorweg. Er zeigt, daß rein botanische Indizien für amerikanischen Ursprung sprechen. Elf verwandte Spezies des Genus *Cocos* kommen in der Neuen Welt vor, keine einzige in Asien. Seine Argumente für einen asiatischen Ursprung sind hingegen ethnographischer und historischer Natur, so wie ihre frühe präkolumbische Verbreitung, viele lokale Verwendungsweisen, die Vielfalt der Formen und eine Menge verschiedener Namen. Die Passat-Winde tragen Treibgut wirklich vom tropischen Amerika nach dem tropischen Asien, das gibt er zu, aber er behauptet: »Die Bewohner der asiatischen Inseln waren viel bessere Seefahrer als die amerikanischen Indianer. Es ist sehr wahrscheinlich, daß Kanus mit Kokos-Nüssen als Proviant an Bord durch Stürme oder falsches Manövrieren von den asiatischen Inseln an die Westküste Amerikas verschlagen worden sind. Das Umgekehrte ist höchst unwahrscheinlich.« Seiner Meinung nach wurde die Kokos-Palme von polynesischen Seefahrern auf die Kokos-Insel gebracht.

In keiner Richtung wurde de Candolles Argumenten nachher noch grundsätzlich Neues hinzugefügt. Die fossile, kleinfrüchtige

Spezies *Cocos zeylandica,* die im späten Tertiär Nordneuseelands gefunden wurde, bildete keine echten Kokos-Nüsse, wie die *Cocos nucifera.* Sie mag für die Artenliste wichtig sein – die immer noch überwältigend nach Amerika weist –, aber sie hat keine Bedeutung für menschliche Wanderungen [7]).

Eine Reihe von Forschern ist de Candolle in seiner Theorie über die Ausbreitung der Kokos-Nuß gefolgt, die stark auf ethnographischen Argumenten beruht, während sich andere ähnlich beharrlich an Martius und Grisebach hielten und auf das Fehlen verwandter Arten in Indonesien und auf dem asiatischen Festland hinwiesen [8]). Der eifrigste Verteidiger eines amerikanischen Ursprungs dieser Spezies war wahrscheinlich der amerikanische Botaniker O. F. Cook, der die Kokos-Insel in den Mittelpunkt der Diskussion rückte [9]):

»Könnte man die Kokos-Nuß als vollständig neues Phänomen einem Spezialisten vorlegen, der mit allen anderen bekannten Palmen vertraut ist, so würde er ohne Zögern in ihr ein Produkt Amerikas erkennen. Eine ganze Reihenfolge verwandter Genera, die an die dreihundert Spezies einschließen, ist amerikanisch. Mit gleicher Überzeugung würde der Spezialist die Kokos-Nuß Südamerika zuschreiben, weil alle anderen Spezies des Genus *Cocos* auf diesen Kontinent beschränkt sind, und er würde sie weiterhin im nordwestlichen Teil Südamerikas lokalisieren, weil die wilde Spezies der *Cocos* in jener Gegend der Kokos-Nuß ähnlicher ist als die des Amazonas-Beckens und Ostbrasiliens. Daher ist es vom rein biologischen Standpunkt logisch, anzunehmen, daß die kräftigen und ertragreichen Kokos-Palmen von denen Humboldt im Inneren von Venezuela und Kolumbien berichtet, nahe der Urheimat der Spezies gewachsen sind.

Die reichste Verwendung findet die Kokos-Nuß auf den pazifischen Inseln, weil der Mangel an anderen Pflanzen die Einwohner mehr und mehr davon abhängig gemacht hat. Not hat zu Vielfalt der Verwendung geführt, aber die Palme selbst mußte aus dem einzigen Teil der Welt gebracht werden, wo solche Palmen wild wuchsen, aus Südamerika.

Das Vorhandensein einer großen Zahl von Kokos-Palmen auf der Kokos-Insel zur Zeit Wafers (1685) und ihr späteres Verschwinden sollte als Beweis dafür betrachtet werden, daß die Insel früher von seefahrenden Eingeborenen des nächstgelegenen Festlands bewohnt oder doch zumindest regelmäßig aufgesucht wurde. – Selbst ohne ständige Besiedlung können die Kokos-Nüsse gepflanzt und von Eingeborenen des Festlands betreut werden zur Nutzung während ihrer Fischfangexpeditionen – so wie es an einigen Plätzen im Malaiengebiet üblich ist. Die starken Zerstörungen, die der Ankunft der Spanier im Raume von Panama folgten, mochten natürlich zur Unterbrechung solcher Besuche geführt haben. Ethnologen mögen in dieser bisher nicht vermuteten primitiven Okkupation der Kokos-Insel einen zusätzlichen Beweis für die Seefahrerkunst der Indianer an der Pazifikküste des tropischen Amerika finden und so eher bereit sein, die Möglichkeit prähistorischer Verbindungen zwischen den Küsten des amerikanischen Kontinents und den pazifischen Inseln zu erwägen.«

Dazu bemerkt der englische Botaniker A. W. Hill[10]): »Cook mißt auch dem Vorkommen von Kokos-Palmen auf der Kokos-Insel Bedeutung bei ... Wenn man die verschiedenen Vermutungen, die Cook anstellt, abwägt, scheint nichts gegen die Ansicht zu sprechen, die de Candolle aufrechthält, nämlich daß die Kokos-Palmen von frühen polynesischen Seefahrern auf die Insel gebracht sein könnten. Von dieser Insel aus oder, wahrscheinlicher noch, durch die Landung eben dieser frühen Seefahrer an der Pazifik-Küste Mittelamerikas wurden sie auf das Festland gebracht und im Laufe der Zeit weithin verbreitet.«

Der führende Pflanzengeograph Sauer sagt[11]): »Wahrscheinlich wurden in der ganzen Neuen Welt nur zwei Palmen wirklich voreuropäisch angebaut, die Kokos-Nuß und die Pejibaye. Die anderen scheinen unmodifizierte Wildformen zu sein ...« Er stellt fest, daß wir »adäquate und explizite« Augenzeugenberichte haben, daß die Kokos-Palme bereits »in großen Hainen in Panama, Costarica und auf der Kokos-Insel« zu Hause war, als die ersten Spanier eintrafen. Er setzt hinzu: »Es ist möglich, daß solche Kokos-Palmenwälder weit nach Norden reichten, bis an die Küste von Jalisco (Mexiko).« Er fährt fort: »Die frühesten bekannten Wälder in der Neuen Welt standen zum Teil entlang der Küste, zum Teil weiter im Inland, aber schon damals wie heute waren es offensichtlich Wälder und nicht verstreute Palmen im Urwald oder Busch.« Sauer nimmt nicht Stellung zu den gegensätzlichen Meinungen über Heimat und prähistorische Ausbreitung der Kokos-Palme, sondern bemerkt nur zu Cooks Eingehen auf dieses Problem: »Diese Studien sind immer noch der bedeutendste Beitrag zu dem Thema, auch wenn die Schlußfolgerungen nicht in toto aufrechterhalten werden können. – Die ganze Hypothese Cooks ist auf Widerstand gestoßen, besonders weil sie eine frühe Meisterschaft in der Navigation voraussetzt und weil die Kokos-Nuß wenig Bedeutung in der Wirtschaft der Indianer hat, verglichen mit Indonesien.«

Die stärkste Opposition gegen Cooks Ansichten über die Verbreitung amerikanischer Kulturgüter über den Pazifik kam jahrelang von seinem Landsmann E. D. Merrill [12]). [Über deren geistigen Hintergrund wird im neunten Kapitel dieses Buches gesprochen.] Später aber reihte selbst Merrill die Kokos-Palme unter die Pflanzen ein, die den Pazifik mit menschlicher Hilfe vor Ankunft der Europäer überquert hätten, und schrieb: »Daß es gelegentliche und zufällige Kontakte zwischen den Völkern Polynesiens und Amerikas, ja sogar bisweilen zwischen den Indianern und den östlichen Südseeinseln gab, muß in der Tat anerkannt werden; aber ganz gewiß gab es keine *Pazifik-Regatta* in welcher Richtung immer ... Zweifellos führten die Polynesier die Kokos-Nuß an der Westküste Amerikas, zwischen Panama und Ekuador ein, nicht allzu lange vor der Ankunft der Spanier. – Woher die Spezies kam, wann und wie sie ihre heutige weite Verbreitung erfuhr, darüber ist das letzte Wort noch nicht gesprochen. Eines aber ist sicher: die Kokos-Palme war entlang der feuchten Pazifik-Küste Panamas und des angrenzenden Kolumbien vor der Ankunft der Spanier völlig heimisch.«

Wenn es auch keine Einigkeit über das Domestikationszentrum der *Cocos nucifera* gibt, so hat das keine unmittelbare Bedeutung für unser Problem, ebensowenig die Tatsache, daß die Mehrzahl der jüngeren Botaniker der Annahme zuneigt, Amerika sei ihre ursprüngliche Heimat. Während die Ansichten über Ursprung und ersten Anbau noch geteilt sind, wurde bereits eine allgemeine Übereinstimmung in bezug auf die Tatsache erreicht, daß die Kokos-Palme jedenfalls vor Ankunft der Spanier sowohl auf dem Festland im Osten wie auf den Inseln im Westen der Kokos-Insel weit verbreitet war.

Daher kann das geographische Verbreitungsschema die Frage,

woher nun die Kokos-Palme in vorspanischer Zeit nach der Kokos-Insel kam, nicht allein beantworten.

Die langanhaltende Schwimmfähigkeit einer Kokos-Nuß ist nie bezweifelt worden. Ihre Keimfähigkeit auf einer Ozeandrift hängt lediglich von der Widerstandskraft der »Augen« gegen Seewasser und Fäulniserreger, die Keimmöglichkeit aber auch von der Topographie, der Bodenbeschaffenheit und der Vegetationsdichte am Endpunkt der Drift ab. Die bereits vermutete Notwendigkeit menschlicher Mithilfe bei der Verbreitung dieser nützlichen Palme über große Ozeanstrecken wurde noch stärker betont, als Edmondson, der 1941 auf Hawaii experimentierte, und ich, bei meinen Versuchen während der Kon-Tiki-Floßfahrt im Jahre 1947, unabhängig voneinander entdeckten, daß das Meerwasser langsam die Keimstellen der Kokos-Nuß durchdringt und es damit Mikro-Organismen ermöglicht, sie zu schädigen und schließlich nach einer Reihe von Monaten auf See zu zerstören. Dann nützt es auch nichts mehr, wenn beim Einsetzen ideale Bedingungen garantiert sind, Sandboden gemischt mit Erde auf einem gerodeten Fleck. Eine Selbstverbreitung von Kokos-Palmen über so weite Meeresstrekken, wie sie Polynesien von der Kokos-Insel trennen, ist daher höchst unwahrscheinlich. Wenn die Kokos-Palme die Kokos-Insel direkt von Polynesien aus erreicht hat, dann mit Hilfe des Menschen.

Das nächstmögliche polynesische Herkunftsgebiet, von dem Kokos-Nüsse nach der Kokos-Insel hätten gebracht werden können, ist die Marquesas-Gruppe. Es wäre sinnvoll zu fragen, ob es irgendwelche legendäre Erinnerungen in Polynesien gibt, die sich auf das Vorhandensein irgendeiner Insel östlich der Marquesas beziehen. Auf der bemerkenswert korrekten Karte, die der Polynesier Tupia von der Insel Ulitea für Kapitän Cook machte, ist tatsächlich östlich der Marquesas eine nichtidentifizierte Insel namens Utu (englisch: Ootoo) verzeichnet. Dem amerikanischen Kapitän D. Porter[13]) erzählten die Eingeborenen der Marquesas unabhängig davon, es gäbe eine Insel östlich ihrer Gruppe, die ihnen unter dem Namen Utupu (Ootoopoo) bekannt sei. Er schreibt: »Keiner unserer Seeleute hat je eine Insel dieses Namens in dieser Lage entdeckt; aber wenn man die Karte von Tupia prüft, ... finden wir nahe der Stelle, wo von den Eingeborenen von Nooaheevah (das heißt Nuku Hivas) *Ootoopoo* angegeben wird, eine Insel namens

Ootoo ... Diese Karte, obwohl nicht mit der Genauigkeit gezeichnet, wie wir sie von unseren Fachleuten erwarten könnten, wurde nichtsdestoweniger von Sir Joseph Banks unter der Anweisung Tupias konstruiert und half Cook und anderen Seefahrern sehr bei der Entdeckung der darauf erwähnten Inseln ... Daß Ootoo oder Ootoopoo existiert, kann nicht bezweifelt werden: Tupia bekam die Information durch die Berichte anderer Seefahrer vor fast 50 Jahren, so daß er imstande war, ihre Lage auf seiner Karte anzugeben, und die Position, die ihr jetzt von Gattanewa (aus Nuku Hiva) zugeschrieben wird, weicht nur wenig von der Tupias ab.«

Hochinteressant ist jedoch, daß nach Porter nur eine Erinnerung mit diesem östlichen Eiland verbunden wurde, nämlich daß dies der Fleck war, von dem die frühen Marquesaner ursprünglich die Kokos-Nuß bekamen: »Der Kokos-Nußbaum, wie ich zuvor bemerkte, soll von Ootoopoo hierhergebracht worden sein, einer Insel, von der die Eingeborenen vermuten, daß sie irgendwo windwärts von La Magdalena liegt.« [14])

Es gibt daher in den mündlichen Überlieferungen keine Stütze für eine Theorie, daß polynesische Seefahrer etwa Kokos-Palmenwälder auf der Kokos-Insel angelegt hätten, sie behaupten jedoch, die ersten Kokos-Nüsse von Seefahrern erhalten zu haben, die von einer kokosbewachsenen Insel kamen, die im Osten, in Richtung Amerika lag.

Während die Einwirkung von Seewasser und Mikro-Organismen die Keimstellen der treibenden polynesischen Kokos-Nuß längst beschädigt hätten, ehe sie noch irgendeine Strömung viertausend Meilen weit in die Nachbarschaft der Kokos-Insel oder der Neuen Welt getragen hätte, sind die dreihundert Meilen, die die gleiche Insel vom amerikanischen Festland trennen, durchaus in der Reichweite, in der wir mit natürlicher Verschlagung rechnen können. Sie ist zugegebenermaßen um so wahrscheinlicher, als die Winde günstig sind, im Gegensatz zum Gebiet der Kalmen und irregulärer Wirbeln im Äquatorialgürtel weiter westlich.

Es bliebe demnach festzustellen, ob Kokos-Nüsse, die mit der Drift vom amerikanischen Festland her ankommen, Bedingungen vorgefunden hätten, die die natürliche Ausbreitung an den Küsten der Kokos-Insel ermöglichten. Zweck unseres kurzen Inselbesuches war, uns mit jenen Einzelheiten der örtlichen Topographie und

Vegetation vertraut zu machen, die man der spärlichen Literatur und den ziemlich ungenauen Karten nicht entnehmen kann.

Eine Rundfahrt um die Insel zeigte klar, daß die hohen Klippen und die steil ansteigenden Bergwände, die die ganze Küste festungsähnlich umgeben, auch nicht den geringsten Halt für eine vom Meer herangetragene Kokos-Nuß bieten würden, es sei denn in den zwei schmalen Flußmündungen der Chatham- und der Wafer-Bucht an der Nordküste. Das Expeditionsschiff ankerte vor der Chatham Bay, und wir gingen sowohl hier wie in der Wafer Bay an Land.

Die Änderung des Vegetationsbildes seit Wafers Besuch im Jahre 1685 war so gewaltig, daß man in Versuchung kommen konnte anzunehmen, er habe eine andere Insel besucht. Aber er hatte seine genaue Position angegeben, die einen Irrtum ausschloß. Während Wafers Mannschaft die Insel »lieblich« fand und offensichtlich keinerlei Schwierigkeiten hatte, die ebene Fläche, die das gebirgige Gelände in der Mitte der Insel umgab, zu betreten, hatte unser Team beträchtliche Not, auch nur das zugewachsene Tal zu überwinden, in dem Wafer landete.

Während des einzigen Tages, den wir auf der Insel zur Verfügung hatten, kam kein Mitglied der Expedition weiter als bis zu den vom Grunde des Wafer-Tales steil aufsteigenden Wänden oder bis an die Klippen nahe der Landungsstelle. Wir nahmen auch zur Kenntnis, daß Chubb[15]) in seinem geologischen Überblick über die Insel feststellt, er sei nicht imstande gewesen, das Innere gründlich genug zu untersuchen, um die Existenz eines Kratersees, wie er nach Wafers Beschreibung zu erwarten wäre, zu überprüfen. Zweifellos würde ein entschlossener Versuch, einen Pfad bergauf und ins Innere freizuhauen, durchaus gelingen, aber es scheint nicht so, als sei das während des frühen Besuchs der Engländer nötig gewesen. Damals waren die Ebene im Inneren und das Tal, in dem sie an Land gingen, »dicht besetzt mit Kokos-Palmen, die dort herrlich gediehen ...«.

Fraglos hatte der Dschungel durch mehr als zweieinhalb Jahrhunderte die vorhandenen Kokoswälder überwuchert und die alten Rodungen zurückerobert. Unser Erkundungsvorstoß, der einen Blick ins Inland gewährte, ergab, daß im höhergelegenen inneren Waldgebiet sowie auf weit auseinanderliegenden Punkten der dschungelüberzogenen Grate die Wipfel vereinzelter Kokos-Palmen emporragten. Einzelne Palmen reckten sich auch über das kompakte Dschungel-Dach im Inneren der beiden Täler. Nur ein winziger Fleck ebenen Bodens beim Strand in der Wafer-Bucht trug noch eine Gruppe von Kokos-Palmen, groß genug, um als »Hain« angesprochen zu werden. Diese Stelle zeigte Spuren moderner Rodungsarbeiten, und ein paar der Palmen waren umgehackt, möglicherweise während der kurzen Zeit, da hier eine Strafkolonie Costaricas bestand.

Hätten wir nicht Wafers Augenzeugenbericht bei der Hand, der von ausgedehnten Hainen im Inland spricht, könnte man versucht sein zu glauben, daß auf der Kokos-Insel *Cocos nucifera* keine Kulturpflanze, sondern eine richtige Wildpalme war, die dort spontan, als untrennbarer Bestandteil des Regenwaldes, wuchs. Das wäre dann der einzige Fleck gewesen, wo man *Cocos nucifera* in wirklich wildem Zustand gefunden hätte, und die Frage des neuweltlichen Ursprungs wäre damit positiv beantwortet.

Die Palmengruppe nahe dem Strand in der Wafer-Bucht könnte dann durchaus das Ergebnis von Driften von Costarica oder Panama aus sein, vor Wafers Besuch. Vom Strand aus könnten die Palmen sich entlang des Talgrunds weiterverbreitet haben – vorausgesetzt, daß der heutige Dschungel noch fehlte, der sie aufgehalten und das Aufkommen der ungemein sonnenhungrigen jungen Palmen unterdrückt hätte. Ein Kopra-Pflanzer von Beruf, A. Kinander, der die Expeditionsgruppe von den Gesellschaftsinseln her begleitete, war jedoch fest davon überzeugt, die Kokos-Sprößlinge wären im dichten Unterholz völlig erstickt, ehe sie das Dschungel-Dach zu durchbohren vermochten. Wir sahen auch tatsächlich nirgends im Gebüsch eine sprießende Nuß oder eine junge Palme außer in der Lichtung nahe dem Strand. Alle sporadisch beobachteten Kokos-Palmen waren alt und wiegten ihre zum Himmel strebenden Kronen hoch über dem Würgegriff des Dschungels. Der dichte Urwald auf den Inlandplateaus und Bergketten wird von den zwei tiefen Rinnen durch Felshänge getrennt, die diese beiden blind endenden Täler so umschließen, daß eine niederfallende Kokos-Nuß nicht ohne menschliche Hilfe das innere Plateau der Insel erreichen könnte, wo Wafer die ausgedehnten Wälder gesehen hat und wir noch einzelne Palmwipfel, kilometerweit voneinander getrennt, mit eigenen Augen wahrnahmen.

Wenn wir nicht Wafers Bericht ignorieren und einfach annehmen, daß *Cocos nucifera* eine wilde Pflanze ist und ihre Heimat die Kokos-Insel, dann bleibt nur die Lösung, daß der Mensch beträchtliche Flächen am Grunde der Talrinnen und auf den Plateaus und Bergzügen im Inneren gerodet hat, diese Lichtungen dienten dann zu Kokos-Pflanzungen von ganz beträchtlichem Ausmaß, und zwar lange vor der Ankunft der Europäer.

Abgesehen von den Kokos-Palmen, die meist nur aus der Entfernung zu sehen waren, wurde während unseres kurzen Besuchs kein direkter Hinweis auf eine Tätigkeit von Eingeborenen entdeckt, vielleicht mit Ausnahme der Punkte an der Chatham Bay. Ausgrabungen wurden nicht gemacht. Eine genauere Nachsuche in der Nähe der beiden Flußmündungen und auf dem überwachsenen Hochland des Inneren würde sich aber für künftige archäologische Erforscher lohnen.

In der Chatham-Bucht werden zwei kleine, zerschnittene Strandflächen von einem hohen, beherrschenden Vorgebirge getrennt. Es hat steile Flanken und einen künstlich geebneten Rücken, der über und über mit außergewöhnlich dichtem Gras bedeckt ist, mehr als mannshoch und von Schlingpflanzen durchzogen. Diese Vegetation bildete einen deutlichen Kontrast zu dem umgebenden Dschungel. Hier waren nun die Spuren früherer menschlicher Tätigkeit evident, wenn sie auch in die Zeit nach der Ankunft der Europäer gehören konnten. Das lange, starke Gras dieses steilen Hanges konnte nur mit Hilfe von Macheten gerodet werden, und mehrere kleine Terrassen, in den Hang hineingehauen oder aufgeschüttet, waren unterwegs feststellbar. Ihre Funktion bleibt unklar, es sei denn, daß sie kleine Wohnbauten trugen. Das eingeebnete und gleichmäßig überwachsene Gipfelplateau, das etwa sechzig Meter breit und ungefähr zweimal so lang war, konnte nicht ohne beachtlichen Arbeitseinsatz geschaffen worden sein. Ein senkrechter Einschnitt, etwa vier Meter tief durch Fels und Erde verlaufend, bildete die westliche innere Begrenzung der geebneten Fläche. Das von dem ursprünglichen schmalen Kamm abgetragene Material war genutzt worden, um das künstliche Plateau zu verbreitern. Im Norden lief eine tiefe, breite Rinne den Hang hinauf und schnitt ins Plateau wie ein natürlicher Burggraben. In ein paar erst kürzlich angelegten Rodungen haben rostiges Eisenzeug und andere Reste von Lagerplätzen die Tätigkeit moderner Besucher verraten, vielleicht waren es Schatzsucher.

Zur Zeit unseres Aufenthalts wußten wir nur, daß Costarica kurzfristig eine Strafkolonie auf der Insel eingerichtet hatte. Es mußte daher mit der Möglichkeit gerechnet werden, daß sie auf der Terrasse des Vorgebirges lag, das schien die einzig plausible Alternative zu der Annahme früher Eingeborenentätigkeit. Später aber wurde klar, daß die Strafkolonie, die von 1878 bis 1881 auf der Insel bestand, nicht in der Chatham-, sondern in der Wafer-Bucht lag. Ein Besucher dieser Stelle, Professor Anastacio Alfaro, schreibt 1898 in seinem Bericht[16]: »Am Tage unserer Landung in der Chatham Bay, am 14. März, begleiteten mein Bruder Ráfael und ich Sr. Pittier auf seinem Weg nach der Wafer Bay, wo die Häuser der Kolonie standen ... Auf dem Pfad, dem wir folgten, waren häufig Spuren großer Schweine zu sehen, die man in zwei Schweineställen in der Wafer Bay gehalten hatte ... Die meisten Spuren fanden sich auf den Weiden und in den Kaffee- und Acajounuß-Plantagen dicht bei der Stelle, wo das Haus der alten Strafanstalt lag, von dem kaum mehr als etwas verrottetes Holz und rostiges Eisenblech übrig waren.«

Es hat nie irgendeine landwirtschaftliche Planung oder Bautätigkeit im Bereich der Chatham-Bucht oder anderer Regionen der Insel gegeben[17]), und wenn das Straflager noch dazu in der Wafer-Bucht lag, dann ist es schwer, das große Projekt mit seinen Einebnungs- und Terrassierungsarbeiten auf dem Chatham-Bucht-Vorgebirge der historischen Periode zuzuschreiben. Außer zur Zeit der Strafkolonie und während kurzer, gelegentlicher Aufenthalte von Schatzsuchern wird die Kokos-Insel als unbewohnt beschrieben, und zwar von allen Besuchern seit der europäischen Entdeckung.

Versuchsgrabungen von alten und neuen Schatzjägergruppen fand man überall nahe dem Strand der zwei Buchten, desgleichen in Lichtungen an jeder der Flußmündungen. Solche Abenteurer waren zur Schatzsuche autorisiert – wenn sie der Regierung von Costarica eine festgesetzte Gebühr zahlten. Sie waren die einzigen regulären Gäste der Insel, die dank ihrem undurchdringlichen Dschungel und der unzugänglichen Steilküste keine Attraktion auf Geschäftsleute oder Touristen ausübte. Jeder Fleck Erde in dem begrenzten ebenen

Stück nahe der Landungsplätze ist daher um- und umgegraben worden, sogar mit Dynamit hat man gesprengt. Verwilderte Schweine haben ständig noch zur Verwüstung beigetragen, indem sie loses Gestein und modrigen Grund durchwühlten und damit noch den letzten Rest des ursprünglichen Zustands beseitigten.

In der Wafer-Bucht, einige fünfzig Meter vom Sandstrand entfernt und parallel zum Fuß des Berges, waren die Überbleibsel von zwei kurzen Steinreihen, tief in den Boden eingelassen, der Verheerung entgangen. Die umgebende Erde war aber zu sehr zerwühlt, um eine Bestimmung ihrer ursprünglichen Funktion zuzulassen, die mit irgendwelchen praktischen Zwecken schwer zu verbinden war. Hier lag jedoch die Strafkolonie in unmittelbarer Nähe.

Die wirkliche Feststellung, wie alt die künstlichen Anlagen an der Chatham- und der Wafer-Bucht sind, hätte mehr Zeit erfordert, als unserem kurzen Besuch angesichts eines ohnehin schon übervollen archäologischen Programms zugemessen war. So blieben nur die vielen Spuren alter Rodungen für Kokos-Pflanzungen als Hinweis auf eine Besiedlung durch den prähistorischen Menschen.

Abschließend sei festgestellt, daß vorgeschichtliche Pflanzer vermutlich die Lage der Kokos-Insel wichtig genug gefunden haben, um die enorme Arbeit aufzuwenden und den Urwald für Kokos-Pflanzungen zu roden. Es wäre schwer einzusehen, warum die Polynesier sich diese ungeheure Mühe auf einer Insel gemacht haben sollten, die viertausend Meilen und mehr von ihren eigenen Siedlungen entfernt liegt, es sei denn, sie hätten einen intensiven Handel mit dem Gebiet von Panama unterhalten. Es ist ebenso schwer einzusehen, warum die Indianer sich solche Mühe hätten machen sollen, große Dschungel-Gebiete auf einer weit vor der Küste liegenden Insel zu roden. Die Kokos-Nuß spielte nur eine geringe Rolle in ihrer Ernährung, außerdem gab es reichlich Platz für Rodungen in ihren eigenen Wäldern auf dem Festland.

Meine Ansicht ist, daß die einst ausgedehnten Kokos-Palmenwälder auf der Kokos-Insel nur unter der Annahme sinnvoll erscheinen, daß die Insel entweder dicht bewohnt war oder aber günstig gelegen für Seefahrer, die dieses Gebiet passierten und entsprechenden Proviant brauchten. Aus eigener Erfahrung kann ich bestätigen, daß kein Naturprodukt sich besser als Proviant für primitive Seefahrer eignet, als frisch gepflückte, halbreife Kokos-

Nüsse, die fast jeder Menge Sprühwasser bei schlechter Lagerung standhalten und doch eine frische flüssige und feste Nahrung für wochenlange Seereisen bieten. Nach den persönlichen Beobachtungen unseres Kollegen, des amerikanischen Archäologen E. N. Ferdon, wurden große Mengen ungeschälter grüner Kokos-Nüsse als wichtigster Wasservorrat für Einbäume verwendet mit denen die Küstenbevölkerung der Imbabura-Provinz in Ekuador noch 1943 von Nordesmeraldas nach Tumaco und Buenaventura in Kolumbien segelte [18]). Grüne Kokos-Nüsse dienten auch den ekuadorianischen Flößern als einziger Wasservorrat, die Watzinger und mich im Jahre 1947 mit den Balsa-Stämmen für das Kon-Tiki-Floß stromab nach Guayaquil brachten.

In den letzten Jahren nahm unter den Archäologen die Tendenz zu, das rasch anwachsende Beweismaterial für kulturellen Kontakt zwischen Guatemala einerseits, Ekuador oder Nordperu andererseits als Ergebnis direkten Überseehandels zwischen den beiden Gebieten zu erklären [19]). Daß archäologisches Material entsprechender Typen in dem ganzen dazwischenliegenden Küstenbogen fast gänzlich fehlt, stützt diese Annahme außerordentlich. Ein Blick auf die Karte zeigt, daß die Kokos-Insel genau auf der Segelroute zwischen ihnen liegt. Das Vorhandensein archäologischen Materials auf der Galapagos-Gruppe [20]) und die alte Kenntnis der guara-Navigation mit Segelflößen im nordwestlichen Südamerika [21]) sind starke Hinweise, die Kokos-Insel als ideal gelegenen Hafenplatz zu betrachten, als Rast- und Verproviantierungsstation mit Wasser und Kokos-Nüssen, für vorspanische Seefahrer auf offenem Meer von Panama, zwischen den Hochkulturen, die zu beiden Seiten der undurchdringlichen Urwälder Panamas lagen.

Das feuchte Klima mit wucherndem Regenwald und rascher Humus-Ansammlung, wie es für die Kokos-Insel typisch ist, bildet einen bezeichnenden Gegensatz zur Trockenheit und Unfruchtbarkeit der Galapagos-Inseln. Künftige archäologische Arbeit wird wahrscheinlich erheblichen Umfang annehmen müssen. Dabei dürften die durchwühlten Stellen nahe der Flußmündung und in zweiter Linie das ebene Hochland, das einst mit Kokos-Palmenwäldern bedeckt war, jene Gegenden sein, die am ehesten archäologische Fundplätze ergeben.

Kapitel 12

Die Statuen der Osterinsel – Problem und Resultat

Auch der Leser, der sich an »Aku-Aku« erinnert – die beste Einführung für den Nichtfachmann zu den folgenden Kapiteln –, wird es wohl begrüßen, seine Vorstellung von der Osterinsel aufzufrischen, deren archäologische Erforschung das Hauptanliegen der Expedition von 1955/56 war. Als Unterlage dient eine systematische Übersicht Heyerdahls über Geographie und Geschichte der Insel, die unter dem Titel »An Introduction to Easter Island« in Band 1 der Berichte der Norwegischen Archäologischen Expedition erschienen ist, auf die aber hier ihrer Ausführlichkeit wegen verzichtet wurde.

Die Osterinsel liegt zweitausenddreihundert Meilen vor der Küste Perus und Nordchiles, eintausendzweihundert Meilen von der nächsten vorgeschobenen Insel Ostpolynesiens, Pitcairn, entfernt. Sie ist durch eine Serie von unterseeischen Vulkanausbrüchen entstanden. Krater und Lavafelder, eine bemerkenswerte Vielfalt an Eruptivgestein, zeugen von der geologischen Vergangenheit. Der Bildungsprozeß war aber – im Unterschied von den Galapagos-Inseln – längst abgeschlossen, als der Mensch eintraf. Manche der zahlreichen Höhlen, von denen noch oft die Rede sein wird, sind durch vulkanische Gasblasen entstanden.

Die kleine, zweiundzwanzig mal elf Kilometer große Insel hat einen, grob gesprochen, dreieckigen Umriß. Sie wird an vielen Stellen von Steilküsten begrenzt, nur wenige kleine Inselchen liegen vor dem Klippenrand. Korallenriffe fehlen.

Das Klima ist subtropisch (bei 109 Grad 25 Minuten westlicher Länge liegt die Insel auf nur 27 Grad 8 Minuten südlicher Breite), die Niederschläge sind ausreichend. Trotzdem sind Flora und Fauna überaus arm, was man durch die enormen Entfernungen erklärt hat, die die Insel vom Festland, aber auch von den Archipelen Polynesiens trennen. Besonders typisch ist das fast völlige Fehlen von Bäumen – aber gerade diesbezüglich hat die Expedition ein überraschendes Ergebnis geliefert.

Eine Anzahl von Pflanzen und Tieren, darunter solche, die im Wirtschaftsbetrieb von größter Bedeutung sind, ist durch den Menschen eingeführt worden, davon wurde schon auf den Seiten des »Aku-Aku«-Buches erzählt. Weiteres Material wird hier dargelegt.

In auffälligem Gegensatz zu der kargen Pflanzen- und Tierwelt steht der Reichtum der Insel an steinernen Zeugen der Vergangenheit. An verschiedenen Stellen trifft man auf steinerne Hausgrundrisse; völlig aus Stein errichtete Wohnbauten wurden schon von den ersten Entdeckern der Insel beschrieben. Den tiefsten Eindruck hinterließen bei jenen jedoch menschliche Statuen von wahrhaft megalithischen Ausmaßen. Die frühesten Abbildungen zeigen sie noch auf Plattformen stehend, in deren Innerem Grabkammern lagen. Auf dem Kopf der Steinriesen balancierten rote Steinzylinder. Herstellung und Transport sind durch Heyerdahls Untersuchungen im Jahre 1956 geklärt worden. Die Einheimischen haben unter den Bedingungen steinzeitlicher Technik ungeheure Leistungen vollbracht.

Spätere Besucher mußten feststellen, daß man auch die letzten dieser Statuen von den Plattformen, den ahus, gestürzt hatte, und zwar in Kriegen, die zwischen den Stämmen auf der Insel tobten. In diesen Auseinandersetzungen müssen die reichsten Gebiete der Insel mehrfach ihren Besitzer gewechselt haben. Der letzte große Kampf fand zwischen zwei europäischen Besuchen statt. Die Insel geriet schließlich in eine traurige Periode: Überfälle von Europäern und Sklavenjagden führten zur fast vollständigen Ausrottung ihrer Bewohner.

Immerhin, das Stadium der gegenseitigen Kämpfe ist gut bezeugt, und so fragt man sich natürlich, wie die Menschen zwischen den ständigen Kriegen rivalisierender Stammesbünde noch Zeit und Muße fanden, so viele und so große Statuen aufzurichten.

Die Eingeborenen selbst erklären, daß die Statuen noch in einer Zeit des Friedens aufgestellt wurden, als ihre eigenen Vorfahren im Dienst eines anderen Volkes standen. Dieses andere Volk schildern sie eingehend. Heyerdahl wäre die Bestätigung, daß es wirklich einmal eine solche, von den Polynesiern stark abweichende Bevölkerungsgruppe auf einer Südamerika relativ nahen Insel gab, eine wertvolle Stütze für seine Theorie.

Zunächst aber hatte Métraux, der bedeutende, früh verstorbene französische Ethnologe, diese Berichte als Sagen hingestellt. Es handle sich um eine der häufigen Erklärungen für etwas, was in einer Phase des Niedergangs unverständlich geworden war. Métraux zufolge sind die Osterinsulaner Polynesier, die nach der Besiedlung der baumlosen Osterinsel, von der es kaum ein Entkommen gab – es fehlte das Material für seegängige Fahrzeuge – Ungeheuerliches vollbracht hatten, um das Leben auf dieser offenen Bühne lebenswert zu machen: von der Errichtung der Statuen, die aus Impulsen heraus erfolgten, wie man sie auch von einigen anderen Inseln in Ostpolynesien kennt, bis zu Kriegen, zu denen sie der Ehrgeiz trieb. Selbst die Entstehung eines Schriftsystems, des einzigen in Polynesien, stellt Métraux in diesen Rahmen.

Die These wurde akzeptiert, nicht nur, weil sie dem Augenschein entsprach, sondern auch der Tendenz bestimmter ethnologischer Schulen. Man versucht heute gern, mit möglichst geringer Berücksichtigung des historischen Ablaufs – der ohnedies bei Naturvölkern oft kaum zu erkennen ist – in der Umwelt (dieser Begriff kann sehr weit gefaßt werden) ein Erklärungsprinzip kultureller Gestaltung zu finden.

Diese ganze künstliche Konstruktion stürzte wie ein Kartenhaus ein, als die von Heyerdahl geleitete Expedition Fachgelehrte, ausgebildete Archäologen, zu systematischen

Grabungen heranführte: E.N.Ferdon, damals ständiger Archäologe des Museums von Neu-Mexiko, jetzt beigeordneter Direktor des Staatsmuseums von Arizona, USA; W.Mulloy, schon damals Professor und Leiter des Anthropologischen Departments der Universität Wyoming, USA; A.Skjölsvold, damals Direktor des archäologischen Departments am Museum Stavanger, heute leitender Archäologe in der Sammlung von Altertümern an der Universität Oslo, Norwegen; C.S.Smith, bereits damals Professor und Leiter des Anthropologischen Departments an der Universität Kansas, USA; und schließlich G.Figueroa und E.Sanchez, beide Archäologen der Universität Santiago, Chile.

Die Archäologen der norwegischen Expedition zeigten nun, daß dieses Bild sicher unvollständig ist. Es begrenzt die Wirklichkeit wie durch einen künstlich gesetzten Horizont.

Es gab eine Vorbevölkerung auf der Insel. Sie hat eine Entwicklung durchlaufen, die mehr als ein Jahrtausend umfaßte. Der Ausgangspunkt dieser Entwicklung war eine Kultur extrem unpolynesischen Charakters. Erst später wächst die Ähnlichkeit mit der übrigen Inselwelt, es scheint dies ein allmählicher Vorgang gewesen zu sein, durch eine schubweise Zuwanderung bedingt. Erst damit treten jene Elemente auf, die Métraux als den polynesischen Grundbestand betrachtete. In der letzten Periode erringt dann das polynesische Element die volle Herrschaft. Seine Bedeutung wird in der Zeit der Verschleppungen und Zuwanderungen unter europäischer Führung (vor allem die Mission hat Menschen auf die Insel gebracht) noch gesteigert. Das Rätsel der Osterinsel hat eine Lösung gefunden, die sich sehr wohl in die von Heyerdahl aufgestellte Theorie einfügt. Eine Übersicht gibt der Band »Die Kunst der Osterinsel. Geheimnisse und Rätsel«, München 1975. –

Von den vielen Aufsätzen Heyerdahls, die sich mit der Osterinsel und ihren Problemen beschäftigen, wird hier zunächst jener vorgelegt, der sich mit den Statuen beschäftigt. Diese Statuen sind nicht nur Symbol, an ihrem Entstehen und Schicksal läßt sich die Aufeinanderfolge verschiedener Bevölkerungsschichten deutlich ablesen. Wer zeigen kann, woher die Anregung zu ihrer Errichtung kam, hat auch den Schlüssel zu dem Geheimnis des Eilands.

Dieser Artikel zeigt, wie weit Heyerdahl inzwischen über die in »Aku-Aku« dargestellten ersten Eindrücke hinausgekommen ist. Außerdem erhalten wir einen Überblick über die Geschichte der Erforschung und deren enger Verknüpfung mit den tragischen Ereignissen, die die letzte Inselkultur vernichteten.

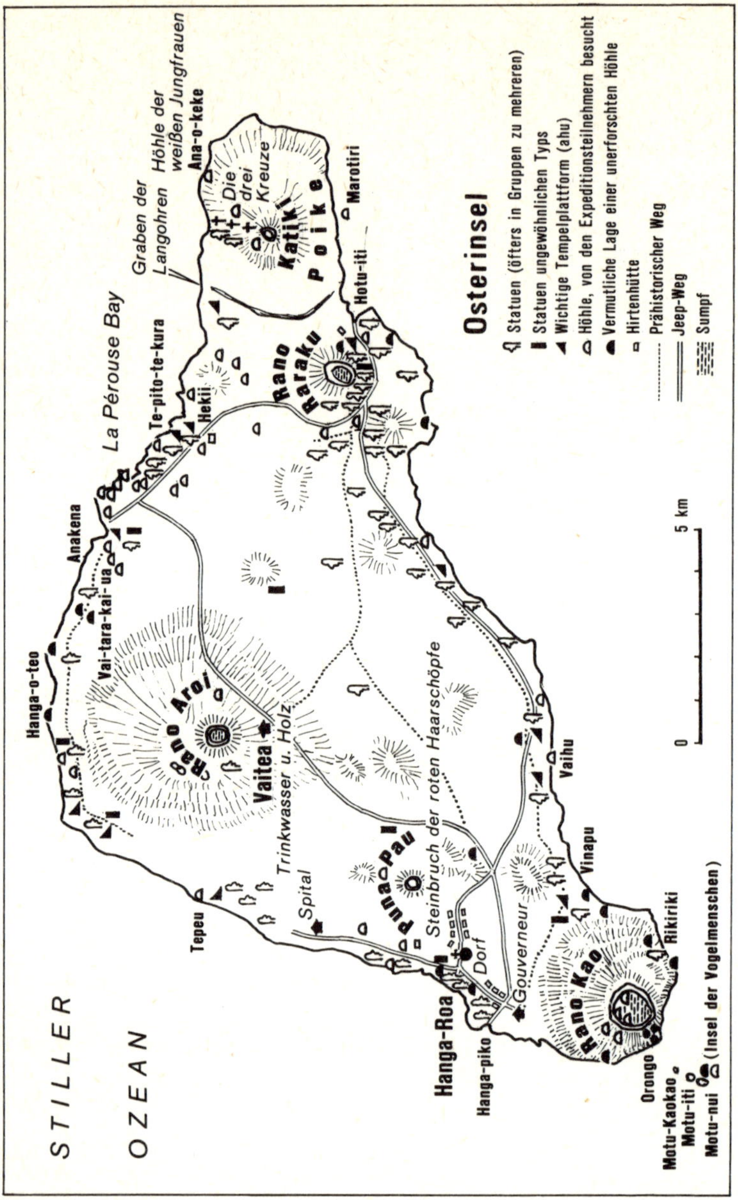

Die winzige Osterinsel, halbwegs zwischen Südamerika und Polynesien, ist die einsamste bewohnte Insel der Welt. Ihre Kultur hat die Wissenschaftler vor immer neue Rätsel gestellt.

Kaum an irgendeinem anderen Punkt der Welt finden wir ein so paradoxes Mißverhältnis zwischen Geographie und Anthropologie wie auf der Osterinsel. Daß die geographische Situation im Pazifik – zahllose bewohnbare Inseln über einen Ozean verstreut, der mehr als die halbe Erdoberfläche bedeckt – der Anthropologie mehr Probleme bietet als in allen anderen Meeren, war zu erwarten. Aber es ist doch höchst überraschend, ja faszinierend, daß es ausgerechnet der allerentlegenste Fleck, die Osterinsel, unter all den zehntausend Inseln im Stillen Ozean ist, der auf Grund seiner zahlreichen und einzigartigen archäologischen Denkmäler die Aufmerksamkeit der ganzen Welt geweckt hat. Und es ist vielleicht ebenso merkwürdig, daß die Osterinsel trotz ihrer geographischen und anthropologischen Schlüsselstellung im Pazifik noch nicht der Gegenstand systematischer archäologischer Ausgrabungen gewesen war, ehe die Expedition, deren Ergebnisse hier behandelt werden sollen, eintraf.

1864 betrat der französische Missionar Eugène Eyraud den Boden der Osterinsel, um sich als erster Europäer dort niederzulassen. Im Laufe weniger Jahre gelang es ihm und seinen Kollegen von der Mission [Congrégation des Sacrés-Cœurs de Jésus et de Marie], den Schlußstrich unter die Urgeschichte der Insel zu ziehen. Damals fiel der Vorhang nach dem letzten tragischen Akt in dem seltsamsten Drama, das sich je auf einer einsamen Insel im Ozean abgespielt hatte.

Die ersten Akte sah überhaupt kein Außenstehender. Wir werden auf die Archäologie und andere Wege der Vorzeitforschung verwiesen, um die wichtigsten Geschehnisse zu erfahren, die sich in der Blütezeit der Osterinsel abspielten. Erst jetzt wird klar, daß es nur die letzten Szenen des traurigen Nachspiels waren, die auf der Osterinsel gerade abliefen, als der erste Europäer auf Sichtweite heransegelte, für ein paar Stunden an Land ging, und nun von uns als Entdecker der Insel bezeichnet wird.

Das war der holländische Admiral Jacob Roggeveen, der Ostern 1722 in der Dämmerung auf die Osterinsel zufuhr.

Als die Sonne am nächsten Morgen aus dem Meere stieg, ging das Schiff dicht unter Land, und man konnte Menschen verschiedener Hautfarbe erkennen, die vor einer Reihe riesiger Standbilder Feuer angezündet hatten. Die Eingeborenen kauerten vor den Statuen, die Köpfe gebeugt, anbetend hoben und senkten sie die Arme. Als die Sonne aufging, warfen sie sich auf dem Hügel nieder, dem aufsteigenden Gestirn zugewandt, während noch die Scheiterhaufen vor den steinernen Kolossen flammten. Die Oberflächen der Statuen waren damals bereits so alt und verwittert, daß Roggeveen mit den Fingern ein Stück davon losbrechen konnte. Er schloß, die Riesengestalten seien aus Lehm oder Erde modelliert, die man mit Kieseln gemagert hatte. Schon nach einem einzigen Tag verließen die Holländer die Insel wieder.

Es dauerte fast fünfzig Jahre, bis der Spanier Felipe Gonzalez de Haedo und seine Begleiter von Peru aus die Insel im Jahre 1770 wiederentdeckten. [Die aus zwei Schiffen bestehende Expedition wurde von dem Vizekönig von Peru mit dem Befehl ausgesendet, eine Insel zu suchen und zu annektieren, von der man in Peru annahm, sie liege etwa sechshundert leguas vor der Festlandküste, auf der Breite von Copiapo. Sie sollte womöglich mit der von Roggeveen entdeckten identifiziert werden.] Die Spanier begnügten sich nicht damit, die Oberfläche der Statuen zu untersuchen, sie nahmen eine Hacke und schlugen mit solcher Wucht zu, daß die Funken sprühten. Danach kamen sie zu dem Schluß, daß die Monumente bestimmt aus sehr hartem, massivem Stein seien. Sie sahen hoch oben auf den großen Steinzylindern, die die zehn Meter hohen Statuen auf dem Kopf trugen, Menschenknochen liegen, und meinten daher, daß die Denkmäler sowohl als Götterbilder als auch als Stätten der Leichenverbrennung dienten.

Holländer wie Spanier berichteten, daß es auf der Osterinsel weder Bauholz noch Tauwerk gab, um solche Kolossalstatuen aufzurichten. Roggeveen glaubte, das Rätsel mit der Feststellung gelöst zu haben, daß sie aus Lehm seien, aber die Spanier widerlegten seine Behauptung. Sie brachten der staunenden Welt die ersten Berichte von ragenden Steinkolossen, die sie in großer Zahl unter primitiven Menschen auf einer kahlen, baumlosen Insel, Tausende von Kilometern von der übrigen Welt entfernt gefunden hatten. Die Osterinsel erhielt von da an einen Ehrenplatz in der Phantasie aller Völker, um ihn für mehr als zweieinhalb Jahrhunderte zu bewahren.

Vier Jahre nach den Spaniern besuchte Kapitän Cook die Insel, nach ihm kamen die Franzosen unter La Pérouse. Alle erklärten ausdrücklich, daß dies Altertümer von unermeßlich hohem Alter seien und daß die derzeitige armselige und primitive Bevölkerung auf der Insel nichts mit der Errichtung der Monumente zu tun habe. Als erster beobachtete Cook, daß viele Statuen umgestürzt am Fuße ihrer zerstörten, altarähnlichen Fundamente lagen, und stellte fest, daß die Eingeborenen sich nicht um die Erhaltung dieser Steinbauten kümmerten.

Cook brachte einen polynesischen Dolmetscher mit, der zwar größte Schwierigkeiten hatte, das Idiom der Insulaner zu verstehen, aber so viel begriff er jedenfalls, daß die vielen Statuen Könige und Häuptlinge der Vorzeit darstellten. Irgendein Hinweis, daß die Statuen als Götterbilder angebetet würden, war nicht mehr vorhanden, aber sowohl Engländer wie Franzosen fanden in deren Umkreis Skelette liegen und beschrieben sie daher als alte Grabmäler.

Was immer auch die Statuen für die gleichzeitigen Bewohner bedeuten mochten, jedenfalls waren sie nach wie vor dabei, sie von ihren alten Standplätzen herunterzustürzen. Der Russe J. F. Lisjanskij war der nächste, der 1804 die Osterinsel betrat. Er berichtete, daß noch vier Statuen auf ihren altarähnlichen Terrassen an der Cook Bay und sieben in Vinapu standen. Zwölf Jahre später, 1816, lief noch einmal eine russische Expedition unter O. E. Kotzebue die Insel an. Er fand alle Statuen an der Cook Bay umgeworfen, und von den sieben in Vinapu standen nur noch zwei.

Der letzte Bericht über Statuen, die aufrecht auf ihren Steinplattformen standen, stammt von Du Petit-Thouars, der 1838 noch neun Statuen nördlich der Cook Bay aufragen sah. In den darauffolgenden Jahren wurden auch diese umgelegt. Bei Eugène Eyrauds Eintreffen im Jahre 1864 stand nicht eine einzige mehr auf den zahlreichen Plattformen, alle waren sie von ihrem hohen Piedestal gestürzt, viele im Fallen geborsten. Die großen Steinzylinder, die sie auf den Köpfen getragen hatten, waren oft wie schwere Dampfwalzen die Abhänge heruntergerollt. Nur die Statuen, die Cooks Patrouille halb in der Erde steckend am Fuß der alten Bildhauerwerkstatt in dem Vulkan Rano Raraku entdeckt hatte, hatten allen Bemühungen Trotz geboten.

Eyraud und seine Missionarskollegen waren die ersten, die sich mit den Eingeborenen zu verständigen lernten. Sie versuchten, die Lösung des Rätsels zu erfragen. Die Eingeborenen wußten nur eine Erklärung, nämlich, daß vor Zeiten einmal alle Statuen auf Befehl des Schöpfergottes Makemake aus eigener Kraft auf die zahlreichen ahu-Plattformen gestiegen seien, wo sie seither gestanden hätten.

Sieben Jahre später wurden die Missionare durch Krieg und Mord wieder von der Insel vertrieben. Kurz danach kamen der tahitische Schafzüchter Alexander P. Salmon und später auch der chilenische Meteorologe E. Martinez. Diese beiden lebten in engem Kontakt mit den Insulanern, und durch sie sind uns höchst interessante Überlieferungen erhalten geblieben.

Nach Auskunft der Insulaner waren ihre eigenen Vorfahren, die »Kurzohren«, mit ihrem Häuptling Tuu-ko-ihu von einer anderen Insel gekommen, die weit im Westen lag, also in Polynesien. Bei ihrer Ankunft fanden sie die Insel bereits von einem anderen Volk bewohnt, den »Langohren«, die aus entgegengesetzter Richtung über das Meer unter dem ersten Entdecker der Insel, Hotu Matua, gekommen waren. Sie stammten aus einem großen, trockenen und sonnendurchglühten Lande, das sechzig Tagereisen weit gen Sonnenaufgang lag. Die »Langohren« hatten als erste moai oder Statuen aufgerichtet, sobald sie unter Hotu Matua gelandet waren. Die »Kurzohren« halfen nach ihrer Ankunft den »Langohren« zweihundert Jahre lang, weitere ahu-Mauern und Statuen zu bauen, aber das Idyll endete in blutigem Bürgerkrieg entlang eines Verteidigungsgrabens auf der Halbinsel Poike, wo die »Kurzohren« zum Schluß alle »Langohren« verbrannten. Nur einen einzigen ließ man am Leben, damit er sein Geschlecht fortsetze. Danach tobten die

Stammesfehden innerhalb der »Kurzohren« weiter. Alle Statuen wurden in deren Verlauf durch Unterminieren oder mit Hilfe von Tauwerk umgeworfen, wie die gleichen Überlieferungen berichten.

1914 hielt die Archäologie ihren Einzug auf der Osterinsel, als die Engländerin Katherine Scoresby Routledge auf einer Privatjacht vor der Insel ankerte. Ein ausgebildeter Archäologe fehlte allerdings damals, und Frau Routledges eigene wissenschaftliche Aufzeichnungen sind bedauerlicherweise verlorengegangen, aber ihre populäre Reiseschilderung ist voll von wichtigen Beobachtungen; sie bildete bisher das Schlüsselwerk zur Archäologie der Osterinsel.

Zwanzig Jahre später, 1934, wurde die Insel von einem französisch-belgischen Team aufgesucht, leider aber starb der französische Archäologe unterwegs. So blieb sein belgischer Kollege Henri Lavachery mit den Denkmälern der Vorzeit allein. Er konzentrierte sich deshalb ganz auf die zahlreichen und bisher unentdeckten Felszeichnungen, während der französische Ethnologe Alfred Métraux wichtige Untersuchungen auf seinem Felde anstellte. Wie Frau Routledge verzichtete auch diese Expedition auf Grabungen, da man meinte, die Osterinsel habe keinen Humus, der unbekannte Reste aus der Vorzeit bergen könnte. Die kahle, grasbewachsene Insel hatte ja gar keinen Wald.

Frau Routledge hatte die Vermutung geäußert, ein unbekanntes und später ausgerottetes Volk, möglicherweise von melanesischer Herkunft, habe vor der jetzigen polynesischen Bevölkerung auf der Osterinsel gewohnt. Métraux aber verwarf diesen Gedanken und behauptete, daß kein Mensch diese isolierte Insel vor der Besiedlung durch die Polynesier, ungefähr im 12. oder 13. Jahrhundert n. Chr., besucht habe. Lavachery war weniger kategorisch und erkannte, daß es keinen Beweis für eine solche Behauptung gebe; Métraux aber baute darauf die – inzwischen fest eingewurzelte – Theorie auf, daß das Osterinsel-Volk steinerne Riesenstatuen zu errichten begann, weil es auf eine kahle, baumlose Insel gekommen war, wo es kein Material fand, um seine Holzschnitzerei (wie auf den anderen baumbestandenen Inseln Polynesiens) fortzusetzen. Diese Theorie wirkte hinreichend plausibel, so daß kein Archäologe seither Anlaß fand, die Insel zu besuchen, und stratigraphische Ausgrabungen nie unternommen wurden.

War die Osterinsel zur Zeit der ersten menschlichen Niederlassung wirklich so kahl, wie die Ethnologen glaubten? Das war eine der wichtigsten Fragen, die wir lösen wollten, als wir mit neuen Forschungsbehelfen auf die Insel kamen.

Ich bin in der glücklichen Lage, jetzt die näheren Ergebnisse von Pollenbohrungen vorlegen zu können, die wir an den Kraterseen der erloschenen Vulkane Rano Raraku und Rano Kao auf der Osterinsel vornahmen. Es wurde reiches paläobotanisches Material zutage gefördert, das von Professor Olof H. Selling im Reichsmuseum in Stockholm bearbeitet worden ist. Damit gelang der Nachweis, daß die natürliche Umwelt, die die ersten Ankömmlinge auf der Osterinsel antrafen und in der sie ursprünglich lebten, nicht jener entspricht, die wir heute kennen. Auch ältere Beschreibungen, wie sie seit der Entdeckung der Insel, Ostern 1722, vorliegen, geben nicht den ursprünglichen Zustand wieder. Die jetzt so pflanzenarme Insel hatte ursprünglich eine viel reichere Vegetation, zum Beispiel Bäume aus Gattungen, die später ausgestorben sind. Zwischen den Bäumen gab es eine Menge Buschwerk verschiedener Art. Es hat vermutlich einen Pflanzenwuchs gegeben, der bis zu einem gewissen Maß an die ursprüngliche Tieflandvegetation etwa auf der Leeseite von Hawaii oder den Marquesas-Inseln erinnerte, wenn es auch ganz andere Arten gab. Ehe die Steinmetzen ihre Arbeit an den Kraterwänden auf dem jetzt kahlen Vulkan Rano Raraku begannen, müssen die Abhänge mit Palmen oder palmenartigen Bäumen bestanden gewesen sein, die heute auf der Insel unbekannt sind. Ihre Pollenkörner aber füllen jeden Kubikmillimeter der Ablagerungsschichten am Grunde des Kratersees. Besonders auffällig ist die Feststellung einer Ephedra-Art [einer Gymnosperme], die bis dahin im ganzen Pazifik unbekannt war – aber einer südamerikanischen Spezies nahesteht, wenn nicht mit ihr identisch ist. Professor Selling hat jetzt ähnliche Pollenkörner auch auf den Marquesas-Inseln gefunden.

Wie die ursprüngliche Vegetation später von der Osterinsel verschwand, läßt sich aus Serienbohrungen von acht Meter Tiefe mit identifizierbaren Pollenkörnern verfolgen. Während noch Bäume die alten, offenen Kraterseen umgaben, war zunächst die amerikanische Süßwasserpflanze *Polygonum acuminatum* festzustellen, die die ersten Ankömmlinge von der Küste Südamerikas vermutlich zu medizinischen Zwecken mitgebracht hatten. In bestimmten späteren Schichten fanden sich Rußpartikel, gleichzeitig beschleunigte sich die Verarmung der ursprünglichen Osterinsel-Flora. Vermutlich handelt es sich um Spuren von Brandrodungen, deren Rauchschwaden über die Kraterseen zogen. Die Brände wurden von der Osterinsel-Bevölkerung selbst gelegt, da das Volk ja wuchs und ständig mehr offenes Land zum Anbau brauchte, später auch vielleicht als Folge von Kriegshandlungen. Die Verwüstung war so gründlich, daß in höheren Lagen praktisch nichts von der alten Vegetation geblieben ist, Gras und Farne eroberten allmählich die kahle Insel.

Diese lokale Wandlung der Szenerie ist eine Entdeckung, die nicht nur botanisches Interesse weckt. Wir sehen, daß wir die natürlichen Voraussetzungen für die früheste Blütezeit der Insel falsch beurteilt haben. Die Bildhauer der Erstbesiedler, die sich mit dem Zusammenfügen enormer Basalt-Blöcke beschäftigten, kamen nicht auf eine öde, grasbewachsene Insel, über die sie ihre Lasten schleppen konnten, wie sie wollten: Sie mußten erst Bäume umschlagen und Land roden, um Platz für sich und ihre Monumente zu schaffen. Damit fällt augenblicklich das gebräuchliche Argument, daß das Osterinselvolk sich der Steinbearbeitung zuwandte, weil es auf einer Insel gelandet war, auf der es nicht in Holz schnitzen konnte wie anderswo in Polynesien. Das Milieu, in das das erste Osterinselvolk geriet, war grundsätzlich das gleiche wie auf anderen Inseln. Um so auffallender wird die Eigenart ihrer mitgebrachten Kultur, wie wir noch sehen werden.

Von einer weiteren Behauptung, die die Probleme um die Statuen unnötig komplizierte, stellte sich sofort nach unserer Ankunft heraus, daß sie auf einer Kette von Mißdeutungen einer einzelnen Beobachtung der Routledge-Expedition basiere. Frau Routledge ließ Sand und Schotter vom unteren Teil einiger halbbegrabener Statuen am Fuß des Steinbruchs im Rano Raraku entfernen. Sie notierte in ihrem Reisebericht, daß eine einzige dieser Riesenfiguren eine zugespitzte Basis habe. Sie nahm an, daß die Figur deshalb spitz zugerichtet sei, damit sie in die Erde gesteckt werden könne und nicht auf die Oberfläche einer ahu-Plattform gestellt werden müsse wie alle anderen Statuen der Insel. Spätere Forscher glaubten nun, sämtliche sechzig Statuen, die noch in der Erde begraben standen, besäßen eine zugespitzte Basis. Ohne weiter zu prüfen, schrieb

Métraux in seinem Werk über die Ethnologie der Osterinsel, es gäbe zwei grundverschiedene Klassen von Statuen. Die einen mit pflockförmigem Unterteil steckten in der Erde, die anderen mit breiter flacher Basis standen frei auf den zahlreichen ahu-Mauern der Insel.

Sir Peter Buck, damals die bekannteste Autorität auf dem Gebiet der Polynesienforschung, der aber die Osterinsel nie besucht hatte, vermehrte noch die Verwirrung. Er unterstellte Métraux die Meinung, auch alle hundertsiebzig Statuen, die noch unfertig im Steinbruch selbst lagen, seien nach unten zugespitzt und daher zum Verankern im Boden bestimmt. Eine einzige (in Wirklichkeit nur defekte) Statue war damit zu zweihundertdreißig Statuen geworden, und in dem meistverbreiteten Werk der Polynesienliteratur zieht Buck dann noch den weiteren Schluß: Wenn alle Statuen, die im Steinbruch lagen, zugespitzte Basen hatten, dann müßten die Bestellungen für Tempelplattformen abgeschlossen gewesen sein, das Osterinsel-Volk sei auf eine Art Landstraßenverschönerung umgestiegen, "... the people had embarked on a scheme of highway decoration".

Es war ganz einfach festzustellen, daß kein einziger der Kolosse, die noch im Steinbruch lagen, einen spitzen Abschluß besaß, obwohl Skjölsvold, der die Untersuchung im Rano Raraku leitete, etwa fünfzig Statuen zusätzlich – außer denen, die bereits bekannt waren – freilegte. Als wir die Ausgrabungen der am Fuß des Steinbruchs halb im Boden steckenden Riesen begannen, fanden wir, daß sie – abgesehen von dem einen defekten Exemplar – einen vollständigen Körper mit langen Armen und Fingern hatten, die bis tief hinab an eine breite, flache Basis reichten. Er war keineswegs zugespitzt, um Halt in der Erde zu finden, sondern im Gegenteil darauf berechnet, frei zu stehen.

Die Untersuchung erwies, daß alle der etwa sechshundert bis heute bekannten Osterinselstatuen verschiedene Arbeitsgänge in der Herstellung ein und desselben Typs repräsentieren. Es lassen sich vier Phasen unterscheiden. Beim ersten Arbeitsgang lagen die Statuen mit dem Rücken fest mit der Kraterwand verbunden, während Front und Seiten in allen Einzelheiten fertiggestellt wurden, perfekt bis zur letzten Glättung, nur die Augenhöhlen fehlten noch. In der zweiten Phase wurde der Rücken gelöst und die Statue im

Abfallschutt am Fuß des Vulkans aufgerichtet, so daß auch die Rückseite feiner bearbeitet und mit symbolischen Reliefs ausgestattet werden konnte. An der steilen Vulkanwand war die Statue leicht in den Stand emporzuwippen, die breite flache Basis stand dann auf einer künstlichen, mit groben Lavablöcken gepflasterten Stufe. In der dritten Phase, wenn also die Statue bis auf die Augenhöhlen auf der Vorder- und Hinterseite fertiggestellt war, wurde sie wieder umgelegt und auf den Straßen vom Vulkan wegtransportiert. Erst wenn sie im letzten Arbeitsgang auf dem ihr zugedachten ahu aufgerichtet wurde, erhielt sie ihre Augen und einen großen roten Steinzylinder auf den Kopf, den die Insulaner pukao nannten, »Haarknoten«.

Damit hatte sich das Problem vereinfacht: Hier gab es keine Landschafts- oder Straßendekoration, die Bildhauer waren mit einer einzigen Aufgabe betraut gewesen: gleichartige Gestalten zu schaffen mit roten Perücken, die in Reih und Glied auf den ahus rund um die ganze Küste aufgestellt werden sollten. Aber die Rätsel der Osterinsel waren damit noch lange nicht gelöst.

Während Skjölsvold die Ausgrabungen beim Rano Raraku leitete, begannen die amerikanischen Archäologen, die Professoren Mulloy und Smith, mit den ersten systematischen Ausgrabungen der ahu-Ruinen, auf denen einst die Statuen gestanden hatten. Dabei erwies sich, daß die Mauern ältestes Bauwerk überdeckten, das nachträglich teilweise umgebaut, teilweise verlängert und verstärkt worden war. Die ursprüngliche Anlage war nicht darauf berechnet worden, schwere Denkmäler zu tragen, sie gehörte noch in eine andere architektonische Tradition und verriet eine andere Technik der Steinbearbeitung.

Als die Ausgrabungen fortschritten, zeichnete sich an allen Punkten mit klarer Stratigraphie ab, daß sich die Vorgeschichte der Osterinsel in drei deutlich voneinander gesonderte Phasen gliedert, die die Archäologen »frühe«, »mittlere« und »späte« Periode nannten. Das war in der Osterinsel-Forschung völlig neu. Es erwies sich, daß die rätselhaften Statuen ohne Ausnahme der mittleren Periode zugehörten. In der ältesten Zeit wurden keine ahu-Statuen hergestellt. Die massiven Tempel bestanden aus altarähnlichen Aufbauten, die man aus großen, verschieden geformten und ganz genau ineinandergefügten Steinen aufgetürmt hatte, mit der Fassade dem Meer und mit dem eingetieften Tempelplatz dem Inland zugekehrt. Sie waren sorgfältig astronomisch orientiert, offenbar von hochspezialisierten Steinmetzen angelegt, die genau die Bewegungen der Sonne studierten, um danach ihre religiösen Bauwerke auszurichten. Kleinere Skulpturen waren innen auf dem Tempelplatz aufgestellt.

Erst in der mittleren Kulturperiode wurden alle Statuen hinzugefügt. Die ursprünglichen Bauwerke wurden entweder zerstört oder aber zu ahus ohne astronomische Orientierung umgebaut. Diese tragen dafür erstmalig Reihen von Riesendenkmälern, die alle mit dem Rücken dem Meer und mit der Vorderseite dem alten Tempelplatz zugewendet stehen. In der dritten und letzten Periode endeten die Arbeit im Rano Raraku und der Transport von Statuen entlang der Wege ganz plötzlich, und in der nun folgenden Zeit wurden die Statuen nacheinander von den ahus heruntergewälzt. Gleichzeitig begruben Angehörige einer primitiven Kultur, Meister des Holzschnitzens ohne Ahnung von höherer Steinmetzkunst, ihre Toten unter wahllos zusammengeworfenen Steinhaufen auf den ahu-Ruinen oder in großen, ebenso rohen Grabkammern unter dem Leib der gefällten Riesen. Die dritte Periode war überall von plötzlicher Dekadenz, von Krieg, Unruhe und Zerstörung geprägt. Tausende von Speerspitzen aus Obsidian kennzeichnen sie, während in den beiden früheren Horizonten Waffen, wenn überhaupt, doch nur äußerst selten vorkamen.

Während die Architekten und Bildhauer der mittleren Periode all ihre Energie und ihr Interesse darauf konzentrierten, enorme Monumente aufzurichten, entwickelte die Bevölkerung in der ersten Periode eine bei weitem überlegene Meisterschaft im Behauen von riesigen Blöcken harten Basalts und im Zusammenfügen zu altarartigen Bauwerken.

Damit war nicht nur eine bis dahin unbekannte Folge verschiedener Kulturen auf der Osterinsel aufgedeckt, sondern auch die Entwicklungsrichtung, die von früheren Forschern angenommen worden war, auf den Kopf gestellt. Frau Routledge hatte noch leise Zweifel geäußert, ob die ahus der Osterinsel nicht umgebaut wären und früher einmal anders ausgesehen hätten, aber Métraux und Lavachery wiesen diesen Gedanken weit von sich und betonten, daß die Kultur der Osterinsel durch und durch einheitlich sei, ohne jedes Anzeichen einer Schichtung. Alle hatten die schlagende Ähnlichkeit hervorgehoben, die zwischen den größten und am besten erhaltenen ahu-Fassaden auf der Osterinsel und entsprechenden Bauwerken im Andengebiet bestand. Aber man nahm an, die besten Mauern auf der Osterinsel seien neueren Datums und das Ergebnis einer unabhängigen lokalen Entwicklung. Polynesier, die ohne Bildhauerkunst zur Osterinsel gekommen waren, seien Südamerikas größten Experten im Zusammenfügen von Steinen ebenbürtig geworden, nachdem sie eine Zeitlang auf der baumlosen Insel gelebt hatten. Jetzt stand mit einem Male das ganze Bild auf dem Kopf. Gerade die ersten Ankömmlinge auf der Osterinsel hatten unvermittelt begonnen, die besten Mauern des gleichen Typs wie in Peru und den angrenzenden Andengebieten zu bauen, nachdem sie zunächst Lichtungen im Wald gerodet hatten, während das Volk der zweiten Periode nicht mehr deren spezialisierte Baukunst beherrschte und nur noch seine großen Statuen aufstellte. Und statt eines weiteren Fortschritts in der dritten Periode der Osterinsel gab es einen Bruch, gewaltige Zerstörungen und den Verfall alles dessen, was die beiden älteren Kulturen geschaffen hatten. Damit war die Situation eine ganz andere, und der Einfluß der charakteristischen Steinbautradition Südamerikas konnte nicht länger ausgeschlossen werden. Es gab keine andere Stelle im ganzen Stillen Ozean, wo die ältesten Einwanderer ihre mitgebrachte Meisterschaft der Steinbearbeitung gelernt haben konnten.

Die Spaltung der Osterinsel-Kultur zeigte sich nicht nur in Tempel- und Grabkonstruktionen, sondern erstreckte sich auch auf die Wohnstätten. Der vierte Archäologe der Expedition, der Amerikaner Ferdon, vermutete bereits bei der Ankunft, daß überall Spuren völlig verschiedener Haustypen vorhanden seien. Sowohl Ethnologen wie Archäologen waren sich bis dahin einig gewesen, daß es, abgesehen von unterirdischen Höhlen, nur einen Haustyp auf der Osterinsel gäbe: langgestreckte Binsenhäuser, die aussahen wie ein umgestülptes Boot, mit dem Kiel nach oben. Die Stangen, die das Gerüst für das Schilfdach bildeten, waren in Löcher einer Grundmauer von bootsförmigem Umriß gesteckt. Zuerst gruben wir eine große Zahl dieser Häuser aus. Es zeigte sich, daß sie alle aus der Zeit gleich vor oder nach der Ankunft der Europäer stammten, also der letzten Periode. Danach widmeten Ferdon und auch

Skjölsvold ihre Aufmerksamkeit Ringmauern aus Stein, die sich in großer Zahl über die ganze Insel verstreut fanden. Frühere Ethnographen und Archäologen hatten sich die Behauptung der heutigen Eingeborenen zu eigen gemacht, daß dies die Plantagen ihrer Vorfahren gewesen seien. Die runden Mauerringe seien gebaut worden, um die mahute-Pflanzungen vor dem Wind auf der offenen Insel zu schützen. Der Botaniker C. Skottsberg, der die Osterinsel 1917 besuchte, bestätigte, daß innerhalb der Ringmauern Pflanzungen angelegt wurden, und stellte sie so in seiner Publikation über die Flora der Osterinsel dar. Diese Abbildung wurde später wieder in dem ethnologischen Werk von Métraux reproduziert. Unsere Ausgrabungen ergaben, daß diese Verwendung der Ringmauern ganz und gar sekundär war und erst in der dritten Periode der Insel einsetzte. In Wirklichkeit waren die Mauern ursprünglich Wände von runden Häusern, die mit einem Binsendach gedeckt waren. Bei der Ausgrabung fanden wir den Boden voll von Werkzeugen und Abfall nach langdauernder Benutzung. Herdstellen lagen entweder im Zentrum der Grundfläche oder gleich außerhalb der Wände, und einmal fanden wir sogar einen Ofen voll verkohlter Reste von gebackenem Zuckerrohr und Süßkartoffeln, so als ob er in höchster Eile verlassen worden wäre. Radiokarbon-Tests ergaben, daß diese absolut unpolynesischen Häuser der zweiten Periode angehörten. In einzelnen Fällen reichten sie noch in die dritte Periode hinein, Seite an Seite mit den völlig andersartigen bootsförmigen Binsenhütten. Ferdon, der eine eingehende Kenntnis der Archäologie Südamerikas mitbrachte, konnte sofort darauf hinweisen, daß solche Häuser, unbekannt im ganzen übrigen Polynesien, für den nächstgelegenen Teil des Andengebietes, gerade der Osterinsel gegenüber, typisch seien. Unsere Ausgrabungen in Vinapu brachten dann ein Haus eines dritten, völlig abweichenden Typs ans Tageslicht, mit massivem Steindach, das von Erde überdeckt war. Es war sekundär als Grabstätte eines Toten ohne Kopf verwendet worden. Ein ganzes Dorf ähnlicher Steinhäuser lag auf dem Gipfel des höchsten Vulkans der Osterinsel. Von den ersten Missionaren wissen wir, daß hier das wichtigste Kulturzentrum der Insel, Orongo, lag. Hier versammelte sich die ganze Bevölkerung zur Zeit der Frühlings-Tagundnachtgleiche, hier saß man als Zuschauer und Schiedsrichter bei dem alljährlichen Wettbewerb, bei dem die

Teilnehmer auf winzigen Binsenbooten zu einer Vogelinsel vor der Küste hinausschwammen, um das erste Ei des Jahres zu holen. Der Sieger galt als der heilige Vogelmensch des Jahres. Sowohl Frau Routledge wie Métraux haben dieser eigenartigen Zeremonie besondere Aufmerksamkeit gewidmet, die bis in historische Zeit weiterlebte, aber sie betrachteten die Steinhäuser auf Orongo nur als ein für die Osterinsel charakteristisches Zeremonialdorf. Kryptenartige Bauten dieser Form waren im ganzen übrigen Pazifik unbekannt. Ferdon leitete die Ausgrabungen auf Orongo und konstatierte die gleiche kulturelle Schichtung auch hier. Er entdeckte, daß die merkwürdigen Häuser, die in Form eines Zeremonialzentrums auf dem Gipfel des Vulkans sich selbst überlebt hatten, in Wirklichkeit nur die Fortsetzung einer Bauform sind, die in früheren Zeiten für Wohnhäuser auf der Osterinsel verwendet worden war. Auch diesen Haustyp, der anderswo in Polynesien unbekannt ist, konnte er direkt auf Peru und angrenzende Teile des Andengebiets zurückführen.

Vorspringende Felszacken im Orongo-Dorf waren über und über mit Reliefs von Vogelmännern bedeckt. Das waren die wohlbekannten Menschengestalten mit Vogelkopf und krummem Schnabel. Ein Vogelmann schloß die Sonne in seinen Schoß. Bei der Ausgrabung der niedrigen und oft eingestürzten Zeremonialhäuser fand Ferdon noch mehrere bisher unbekannte Wand- und Dachmalereien auf flachen Stellen. Die beherrschenden Motive waren Binsenboote, Doppelpaddel und das für amerikanische Hochkulturen so charakteristische »weinende Auge« [runde Augen mit strömenden Tränen, die als Tropfen oder vertikale Linien dargestellt sind und den Regen symbolisieren, der vom Schöpfergott kommt]. Keines dieser Elemente findet man in Polynesien. Ferdons Ausgrabung ergab den stratigraphischen Nachweis, daß dieses Dorf auf dem Gipfel des höchsten Berges der Osterinsel mit kurzen Unterbrechungen Kulturzentrum durch alle drei Kulturperioden der Insel hindurch geblieben war. In der untersten Schicht legte er ein Sonnenobservatorium frei, in dem die Stellen des Sonnenaufgangs markiert sind – zu Mittsommer und zur Zeit der Tagundnachtgleiche im Frühjahr und Herbst. Sonnensymbole, zu denen eine bestimmte Art von Felszeichnungen und eine bisher unbekannte kleine Statue völlig fremden Typs gehören, wurden in direkter

Verbindung mit dem Sonnenobservatorium gefunden, das das erste war, das man überhaupt in Polynesien entdeckt hat. Wiederum muß man bis ins Andengebiet gehen, um eine Parallele zu finden.

In der zweiten Periode wurde die sauber gefügte Mauer des Sonnenobservatoriums von einem ahu-ähnlichen Tempel überdeckt. Jetzt errichtete man das Dorf Orongo aus dicht aneinandergebauten Steinhäusern. Der Kult des Vogelmenschen wurde plötzlich in fertig entwickelter Form eingeführt und mischte sich mit der älteren Sonnenverehrung, um sie zuletzt so gut wie vollständig abzulösen. Eine kleine, schöne und seit langem berühmte Steinstatue aus schwarzem Basalt, die in der ältesten Periode wahrscheinlich den Sonnengott darstellte und Sonnen- und Regenbogensymbole im Relief auf dem Rücken trägt, gehörte seit Beginn der zweiten Periode zum Inventar des größten und wichtigsten Steinhauses inmitten des Dorfes Orongo. Primitive Vogelmenschen und Paddel wurden nachträglich über den ursprünglichen Symbolen eingehauen, was bereits Frau Routledge beobachtet hatte, ohne es sich erklären zu können. Diese wichtige Orongo-Statue unterscheidet sich von allen anderen bekannten Statuen auf der Osterinsel schon dadurch, daß sie nicht aus dem üblichen gelbgrauen Tuff ist, sondern aus hartem schwarzem Basalt. Sie stammt daher auch nicht aus dem Steinbruch im Rano Raraku. Wie wir später sehen werden, ist sie wahrscheinlich der Prototyp für alle Statuen in der zweiten Kulturperiode der Insel.

Als die Ausgrabungen unten im Tiefland voranschritten, entdeckten wir auch dort allmählich Statuen von bisher völlig unbekanntem Typ, die sich als zur ältesten Periode der Insel gehörig erwiesen. Einzelne dieser frühesten Skulpturen fanden wir nur zertrümmert, als Bausteine verwendet für die kreisförmigen Steinhäuser der zweiten Periode. Manche hatte man so weit degradiert, daß sie sich nun, mit dem Gesicht nach innen, in eine ahu-Fassade der zweiten Periode einfügen mußten. Einige von ihnen waren aus schwarzem Basalt so wie die Orongo-Statue, andere aus rotem Tuff verschiedener Art und Herkunft, wieder andere aus dem gelbgrauen Tuff des Rano Raraku. In ihrer Form unterschieden sie sich aber alle ausnahmslos von den bisher bekannten Statuen.

Die neu entdeckten Exemplare aus der ältesten Periode ließen sich in vier verschiedene Typen einteilen, von denen drei vorher im

Pazifik unbekannt gewesen waren. Zu Typ 1 gehören flache, rechteckige Steinköpfe ohne Leib; sie entsprechen dem Haupt im Sonnentempel von Orongo. Zu Typ 2 gehört eine säulenartige, unrealistische Figur mit vollständigem Körper und abgerundet rechteckigem Querschnitt, zu Typ 3 eine höchst realistische kniende Gestalt mit Spitzbart, die auf ihren Fersen sitzt, mit den Händen auf den Knien, gen Himmel starrend. Diese drei Typen, auf anderen Südseeinseln nicht bekannt, entsprechen drei Kategorien von Monumenten, die, wie der bekannte amerikanische Kenner der andinen Archäologie W. C. Bennett zeigt, charakteristisch für das Vorinka-Kulturzentrum von Tiahuanaco in den Anden sind. Typ 4 der Osterinsel dagegen – die konventionell verkürzte Büste einer plumpen Gestalt mit den Händen auf dem Leib – ist ganz und gar ortsgebunden. Er steht der Ausgangsform für die späteren stereotypen Riesenstatuen in der nächsten Periode der Osterinsel schon sehr nahe.

Die bis ins Detail gehende Ähnlichkeit zwischen der knieenden Statue aus der ältesten Periode der Osterinsel, die Skjölsvold aus dem Abfallschutt am Fuß des Rano Raraku ausgrub, und den knienden Statuen in Tiahuanaco, die Bennett in die älteste vorklassische Periode dieses bedeutenden Kulturzentrums datiert, sind so markant, daß Skjölsvold meint, man dürfe sie nicht als Zufall wegerklären. Er folgert, daß zwischen den Bildhauern, die sie in Tiahuanaco beziehungsweise auf der Osterinsel schufen, eine enge Verwandtschaft bestanden haben müsse.

Der vierte Statuentyp in der ältesten Periode der Osterinsel, die plumpe, unten scharf abgeschnittene Büste, die offenbar weder in Polynesien noch in Südamerika ein Gegenstück hat, ist deutlich eine Lokalvariante vom Ende der ältesten Periode. Ihre primitiven Vorläufer fand man sowohl in rotem Tuff wie in schwarzem Basalt; ihre klassische Ausprägung in der ersten Periode ist die kleine Basalt-Statue aus dem Steinhaus in Orongo.

Sämtliche Statuen, die aus der Massenproduktion in der nächsten, der mittleren Periode der Insel stammen, sind sorgfältig ausgeführte Wiedergaben jener kleinen Statue, nur daß sie von weit größeren Dimensionen sind, aus Rano-Raraku-Tuff statt aus Basalt geschaffen, mit einer flachen statt einer runden Basis, damit sie auf einem ahu stehen können.

Damit beginnen wir eine klare Entwicklungslinie in den Monumenten der Osterinsel zu erkennen. Bisher hatte man nur die monotonen Giganten aus der zweiten Kulturperiode der Insel gekannt, und die besaßen keinerlei Ähnlichkeit mit anderen Statuen, sei es auf den Inseln im Westen oder auf dem Kontinent im Osten. Das war einer der Gründe, warum ihr isoliertes Vorkommen auf der Osterinsel wie ein fast unlösbares Rätsel anmutete. Jetzt hatten wir klargestellt, daß in einer vorausgehenden, bisher unbekannten Phase die Bevölkerung der Osterinsel mit verschiedenen Gesteinsarten experimentiert und mehrere Typen antropomorpher Standbilder entwickelt hatte, von denen drei wohlbekannten Formen in dem bedeutendsten Kulturzentrum auf dem am nächsten gelegenen Festland im Osten entsprechen. Zusätzlich war eine vierte, rein lokale Osterinselform gegen Ende der ersten Periode entwickelt worden. Diese wurde dadurch zur Norm für Hunderte von Riesenstatuen, die in der nächsten Epoche auf den ahus aufgestellt wurden.

Warum? Um eine Erklärung für diese Entwicklung und die darauffolgende merkwürdige lokale Stagnation zu finden, wie sie die Archäologie zeigt, müssen wir die Ethnologie zu Hilfe rufen. Es ist kein Grund vorhanden, an den Erklärungen zu zweifeln, die Cook, La Pérouse und andere frühe Besucher von den Eingeborenen der letzten Periode erhielten, als noch einige Statuen auf ihren ahus standen. Das waren keine Götterbilder in der eigentlichen Bedeutung des Worts, sondern Denkmäler von Königen, Häuptlingen und anderen mächtigen Persönlichkeiten, auf deren Grabstätte sie aufgestellt wurden. Jede einzelne Statue war zu Ehren einer bestimmten verstorbenen Persönlichkeit errichtet worden, und selbst nach den Stammesfehden, die die Monumente in der dritten Periode zu Sturz brachten, gab es viele alte Eingeborene, die sich an die Namen jener ariki oder Häuptlinge erinnerten, die die einzelnen Statuen darstellten. Unsere Ausgrabungen bestätigten auch, daß wirklich Grabkammern in den ahus angelegt waren, die in der letzten Phase der zweiten Periode diese Statuen trugen, während wir keine Spur von Beisetzungen in den astronomisch orientierten, altarähnlichen Bauten ohne Statuen aus der ältesten Zeit fanden. Dagegen legten wir Verbrennungsplätze mit Kollektivbestattungen vor der Front der schönen, nach den Himmelsrichtungen orientierten Mauern frei. Auch das war eine überraschende Entdeckung, kein Mensch hätte geahnt, daß es je Leichenverbrennung auf der Osterinsel gab.

Natürlich erhob sich jetzt die Frage: Warum wünschten sich alle diese mächtigen Häuptlinge in der zweiten Periode der Osterinsel so phantasielos ihre Grabdenkmäler als getreue Kopie des kleinen Vorbildes oben in Orongo? Hatte die Orongo-Statue eine besondere Bedeutung? Auf die letzte Frage können wir zweifellos mit Ja antworten. Die kleine Statue mit der runden Basis auf Orongo war nicht nur die einzige auf der Insel, die innerhalb eines Hauses auf ebenem Boden aufgestellt war, sie war auch die einzige Figur auf der ganzen Osterinsel, die sämtliche drei Kulturperioden überlebt hat, ohne daß jemand versucht hätte, sie umzuwerfen oder zu beschädigen. Obendrein war nur sie nachweislich Gegenstand religiöser Verehrung für die gesamte Bevölkerung der Insel, ohne Rücksicht auf Familien- und Clan-Zugehörigkeit. Alle anderen Statuen waren einschließlich der ahus, auf denen sie standen, Eigentum einzelner Familien, und daher wurden sie in den blutigen Familienfehden der dritten Periode aus Rache alle gestürzt und ramponiert. Selbst einige der unfertigen Statuen, die tief in der Erde am Fuß des Steinbruchs steckten, hatte man vergeblich zu köpfen versucht, nachdem es sich als unmöglich erwiesen hatte, sie umzuwerfen. Aber die Statue in Orongo stand unangetastet die ganze dritte Periode hindurch, und all die streitenden Eingeborenenstämme der Insel machten sie weiterhin zum Gegenstand eines Fruchtbarkeitskultes und wichtiger Rituale, noch als die Missionare in der letzten Hälfte des vorigen Jahrhunderts eintrafen. Unsere Ausgrabungen zeigten, daß vor dem Eingang in das zentral gelegene Steinhaus, das die kleine Basalt-Statue beherbergte, große Mengen von Holzasche lagerte. Sie stammten von Opferfeuern.

Alles deutet darauf, daß die Statue in dem Haus auf dem Gipfel des höchsten Inselvulkans ursprünglich mit dem lokalen Sonnenritual in der ältesten Periode verbunden gewesen war. Sie trug Sonnensymbol und Regenbogen als Relief auf ihrem Rücken, bis sie in der zweiten Periode in ein neu aufgeführtes Steinhaus übersiedelte. Dann allerdings wurde die Rückseite auch mit den Zeichen des Vogelmenschen versehen, dem Symbol der neuen Zeit. Als eine Art Schöpfer- oder auch Fruchtbarkeitsgottheit behielt sie ihre zentrale

Position im Kult der Insel und wurde bei dem alljährlichen Frühlingsfest der Tagundnachtgleiche verehrt. Während die anderen Statuen, die man auf den Familiengrabstätten aufzustellen begann, einzelne verstorbene Persönlichkeiten repräsentierten, blieb die Orongo-Statue nachweislich ein gemeinsames Heiligtum, von allen auf der Insel in Ehren gehalten. Und da die Häuptlinge auf der Osterinsel sich wie alle Häuptlinge und Könige, ob in Polynesien oder in Peru, in direkter Linie von der obersten Gottheit ableiteten, ist es verständlich, daß sie ihr Abbild dem göttlichen Vorbild so ähnlich wie möglich wünschten, das sie alle von der gemeinsamen Kultstätte auf Orongo kannten. Der einzige Spielraum, der blieb, um Reichtum und persönliche Macht zu betonen, lag in der Möglichkeit, das eigene Monument größer und imposanter als die anderen machen zu lassen.

Die nächste Frage wäre, ob es möglich ist, die drei ungleichartigen Kulturepochen annähernd zu datieren. Deshalb bemühten sich die Archäologen der Expedition auf das äußerste, organische Reste zu entdecken, die man nach der Radiokarbon-Methode datieren kann.

Alle früheren Versuche, die älteste Besiedlung der Osterinsel zu datieren, basierten auf den legendären Königsreihen und Genealogien der Eingeborenen. Außerdem hatte man die älteste Königsliste, die siebendundfünfzig Generationen zählt, zugunsten einer kürzeren von zwanzig bis dreißig Namen verworfen. Es nahm ja jeder an, die Osterinsel sei von Asien aus entdeckt worden, sie müsse also schon aufgrund ihrer geographischen Randlage – bereits in der Nachbarschaft Südamerikas – die zuletzt besiedelte Insel im Stillen Ozean sein.

Frau Routledge glaubte, daß zwei nicht miteinander verwandte Einwanderungsgruppen die Osterinsel erreicht hätten, wobei die Polynesier etwa um 1400 n. Chr. kamen. Knoche meinte ebenfalls, daß zwei verschiedene Völker auf die Insel gelangt seien, das erste zwischen dem elften und dem dreizehnten Jahrhundert, das zweite zwischen dem dreizehnten und dem fünfzehnten Jahrhundert n. Chr. Lavachery und Métraux waren der Ansicht, die Osterinselkultur sei jung und homogen, die Entdeckung sei zwischen dem zwölften und dem dreizehnten Jahrhundert erfolgt. Englert wiederum dachte an eine lokale Verschmelzung zweier Kulturen, hielt es andererseits aber nicht für wahrscheinlich, daß auch nur eine davon vor 1575 n. Chr. die einsame Osterinsel erreicht hätte.

Unsere Ausgrabungen ergaben, daß bereits 380 n. Chr. (± 100 Jahre) die Osterinsel von einer zahlreichen Bevölkerung bewohnt war, die im Begriff stand, ein weitläufiges Verteidigungssystem anzulegen. Das war tausend Jahre früher, als irgend jemand gedacht hatte, und stellte das älteste Datum dar, das bisher überhaupt für irgendeine Insel Polynesiens festgestellt worden war. Es gelang uns mit Hilfe systematisch ausgewählter Holzkohle- und Knochenreste siebzehn verschiedene Radiokarbon-Datierungen von der Osterinsel beizubringen. Zwei der interessantesten stammen von dem berüchtigten, legendenumwobenen Graben, der die Halbinsel Poike von der übrigen Insel trennt. Hier hatte nach einer Behauptung, an der die Eingeborenen seit der Entdeckung bis heute konsequent festgehalten haben, die Entscheidungsschlacht zwischen ihren Ahnen und den »Langohren« stattgefunden.

Schließlich sollen die »Langohren« in dem mehr als zwei Kilometer langen Graben im eigenen Verteidigungsfeuer verbrannt sein.

Geologen und Archäologen hatten einmütig behauptet, der Graben sei nur eine natürliche geologische Bildung. Sowohl Métraux wie Lavachery hatten dann gefolgert, daß die Eingeborenen sich die Geschichte ausgedacht hätten, um ein natürliches Phänomen zu erklären. Deswegen hatten spätere Ethnologen und Archäologen schließlich die Legende von den »Langohren« und »Kurzohren« als blanke Erdichtung abgetan. Bereits bei der ersten Sondage [Probegrabung] erwies sich jedoch, daß der Graben voll von verkohltem Holz lag, das von einem gigantischen, wilden Feuer stammte. Die Radiokarbon-Datierung ergab, daß das Feuer etwa 1676 n. Chr. (± 100 Jahre) gelegt worden war. Das ergab eine geradezu verblüffende Übereinstimmung mit dem Datum von 1689 n. Chr., das Pater Sebastian Englert, der aus Deutschland stammende Kenner der Osterinsel, aufgrund der Behauptung von Eingeborenen errechnet hatte, der Krieg habe vor zwölf Generationen stattgefunden. Die Ausgrabung ergab, daß der Verteidigungsgraben keineswegs überstürzt in den Kämpfen zwischen »Langohren« und »Kurzohren« etwa um das Jahr 1680 ausgehoben war: Er war schon damals eine Anlage aus grauer Vorzeit, halb verschüttet und mit Treibsand zugeweht. Am tiefsten Grunde des von Menschenhand ausgeschachteten, zwei Kilometer langen, zwölf Meter breiten und vier bis fünf Meter tiefen Grabens fand unser hier arbeitender Archäologe Smith Obsidian-Splitter. Schutt und Abfall, die man aus der Tiefe herauswarf, überdeckten eine Feuerstelle, die man am Abhang angezündet hatte, während die Arbeit vor sich ging. Dadurch wurde klar, daß die Verteidigungsanlage auf der klippenumrandeten Halbinsel bereits um das Jahr 380 n. Chr. in Funktion war, entweder, weil es schon damals Kämpfe auf der Insel gab, oder aber, weil man eine Verfolgung aus der fernen Heimat fürchtete, wie einige Legenden behaupten.

Am Fuße des Steinbruchs im Rano Raraku lag eine Reihe grasbewachsener Kämme und Hügel, die frühere Besucher für eine natürliche Bildung gehalten hatten. Auf der Kuppe eines Hügels befand sich die wohlbekannte Grundmauer zu der heiligen Wohnstätte des jährlich gewählten Vogelmannes, die sowohl Routledge wie Lavachery mit den ältesten Ritualen auf der Insel in Verbindung gebracht hatten. Unsere Ausgrabungen enthüllten, daß auch die Hügel keine natürlichen Bildungen waren. Sie waren enorme Abfallhaufen, bestehend aus Steinsplittern, zerbrochenen Steinbeilen und Asche, die man vom Steinbruch auf dem Berge hinuntergebracht hatte. Reste von verkohltem Holz im Abfall halfen uns, die mittlere Kulturperiode, während der die Arbeit in der Kraterwand vor sich ging, zeitlich zu fixieren. Im gleichen Augenblick wurde klar, daß das Haus des Vogelmanns weit später entstanden war und man es erst in der dritten und letzten Periode oben auf dem Abfallhaufen erbaut hatte, nachdem die Arbeit im Steinbruch beendet worden war.

Mit Hilfe der Radiokarbon-Datierung konnten die Archäologen folgende Zeitgrenzen für die drei Kulturepochen der Osterinsel festlegen: Die älteste Periode setzte irgendwann vor 380 n. Chr. ein und reichte bis etwa 1100, die mittlere Periode von etwa 1100 bis 1680 n. Chr. und die letzte von 1680 bis zur Einführung des Christentums im Jahre 1868.

Um eine Basis für chronologische und auch typologische Vergleiche zu erhalten, besuchten wir nach der Abreise von der Osterinsel auch noch Pitcairn, Raivavae und die zwei Inseln Hivaoa und Nuku Hiva in der Marquesas-Gruppe, die einzigen Inseln in ganz Polynesien – abgesehen von der Osterinsel –, auf denen es Monumentalstatuen gibt. Auf Pitcairn und Raivavae sind es nur wenige kleinere Statuen von später Herkunft. Es hat auch nie jemand zu behaupten versucht, sie hätten die Bildhauer der Urzeit auf der Osterinsel angeregt. Dagegen haben Sir Peter Buck und andere erwogen, daß die etwa zwei Meter hohen, grotesken, ja geradezu diabolischen Figuren auf zwei Tempelterrassen auf den Marquesas, die ebensoweit von der Osterinsel entfernt liegen wie diese von Peru, die primitive Vorstufe für die Monumente der Osterinsel abgegeben haben könnten. Es gelang Skjölsvold, in zwei Schichten unter der Steinplattform, auf der die Hivaoa-Statuen standen, Holzkohle zu finden. Mulloy und Ferdon fanden Holzkohle unter dem Fundament der Statuen auf Nuku Hiva. So wurde klar, daß die Steinfiguren auf den Marquesas erst spät, nämlich im dreizehnten, vierzehnten und fünfzehnten Jahrhundert n. Chr., aufgerichtet worden sind, also tief in der zweiten Kulturperiode der Osterinsel. Man kann daher von der Möglichkeit absehen, daß diese Marquesas-Figuren die Bildhauer in der ältesten Periode der Osterinsel inspiriert haben könnten, die über tausend Jahre früher begann. Nicht einmal die Meister der zweiten Periode, die um 1100 n. Chr. begann, kommen in Betracht. Die Möglichkeit einer Ausbreitung der Anregung in umgekehrter Richtung, von der Osterinsel auf die Marquesas, kann hingegen im Blick auf die Chronologie nicht ausgeschlossen werden.

Ich habe bereits früher ausgeführt, wie ein Nachkomme Ororoinas, des einzigen der »Langohren«, der den Untergang im Feuergraben auf Poike überlebte, in der Praxis demonstrierte, wie die großen Statuen vor zwölf Generationen aus dem harten Felsen mit grob zugespitzten Andesit-Faustschlegeln herausgehauen wurden, wie einige hundert Mann den Riesen über das Gelände transportieren konnten und wie zwölf Eingeborene ohne andere Hilfsmittel als einen Balken, Steine und ein Tau einen Koloß von zwölf Tonnen im Verlauf von acht Tagen auf einem ahu aufrichten konnten.

Wir wollen nun zum Schluß summarisch rekonstruieren, was wir über das Rätsel der Osterinsel wissen: Zu einem unbekannten Zeitpunkt vor dem Jahre 380 n. Chr., das heißt vor mehr als anderthalb Jahrtausenden, landeten Menschen auf der Osterinsel. Sie hatten eine Insel entdeckt, auf der viele Arten von Bäumen und Büschen gediehen. Zuerst legten sie Rodungen an, um für ihre

Pflanzungen Platz zu gewinnen, sie brauchten auch Raum für ihre eigentümlichen Bauwerke. Obwohl die Insel mit Bäumen bestanden war, errichteten sie nicht Häuser aus Holzwerk und Palmenblättern nach polynesischer Art, sondern führten kreisrunde Steinbauten auf, auch bootförmige Häuser, über denen sich Dächer in Form eines falschen Gewölbes erhoben. Oft bestand die Eindeckung auch aus totora-Binsen, das sie selbst aus Südamerika eingeführt hatten und in dem bis dahin offenen Kratersee zusammen mit der amerikanischen Heilpflanze *Polygonum acuminatum* anpflanzten. Obwohl es Bäume gab, bauten sie auch ihre Boote aus denselben Süßwasserbinsen, die freilich das einzige pflanzliche Baumaterial für Häuser und Boote waren, das bei Tiahuanaco und an der langen Wüstenküste von Peru wuchs. Sie nahmen sogar Bäume und Büsche weg, um an den Fels heranzukommen. Mit Erfahrung und Meisterschaft gingen sie diesem zuleibe, nicht auf polynesische Weise, sondern mit Basaltklopfern amerikanischen Typs, um zyklopische Blöcke verschiedenster Form auszuhauen, die sie polierten und so genau ineinanderpaßten, daß man keine Messerklinge in die Fugen hätte stecken können. Diese spezialisierte Technik des Mauerbaus ist überall sonst im Stillen Ozean unbekannt, aber im alten Peru vom Cuzco-Tal bis Tiahuanaco reich belegt. Die Religion, die sie mitbrachten, war ein Sonnenkult, deshalb waren ihre imposanten religiösen Bauwerke, altarähnliche megalithische Tempel, genau nach den Bewegungen der Sonne orientiert. Sie bestiegen den höchsten Vulkan und legten dort ein Sonnenobservatorium und eine Kultstätte für die Sonne an. Statt auf polynesische Weise im leicht zu bearbeitenden Holz zu schnitzen, schlugen sie ihre Statuen aus dem harten Basalt und aus verschiedenen Tuffarten heraus, dann stellten sie sie in ihren Tempelbezirken auf. Die Statuen umfassen merkwürdig spezialisierte Typen, die man im ganzen Stillen Ozean nicht kennt, die aber für das dynamische Kultzentrum Tiahuanaco charakteristisch sind. Quer über die Halbinsel Poike bauten sie eine ungeheure Verteidigungsanlage, vielleicht aus der Furcht heraus, ein Feind könne sie in ihrer isolierten Zuflucht aufstöbern.

Wir wissen nicht, was schließlich mit dieser ersten Kultur geschehen ist. Sowohl in Vinapu wie in Orongo fanden die Archäologen Hinweise, die darauf schließen lassen, daß die Tempel verlassen wurden, vielleicht war sogar die Insel für einen längeren Zeitraum zwischen der ersten und der zweiten Periode unbewohnt. Das Volk, das später von der Insel Besitz ergriff, war jedenfalls feindlich gesinnt. Es riß die Tempel nieder und baute sie um. Es nahm keine Rücksicht darauf, ob die meisterlich zugehauenen Steine ineinanderpaßten oder nicht. Die Bewegung der Sonne im Jahresverlauf interessierte es nicht. Die alten Statuen wurden mißachtet und zerschlagen, ihre Trümmer als Baumaterial für eine neue architektonische Schöpfung verwendet, nämlich für den ahu.

Trotz der offensichtlichen Feindseligkeit und trotz eines scharfen Unterschieds in den religiösen Grundvorstellungen war die neue Kultur so weit mit der alten verwandt, daß man sich zur der Annahme veranlaßt sieht, beide seien aus demselben Raum gekommen. Es ist deshalb theoretisch möglich, daß die Lage der Osterinsel den Einwanderern der zweiten Periode bereits bekannt war. Bei ihrer Ankunft brachten sie plötzlich um 1100 n. Chr. den Kult des Vogelmannes mit. Mit diesem verbanden sie nun eng die Verehrung ihrer eigenen Vorfahren. Die Ahnenstatuen nahmen einen zentralen Platz in der Architektur ein und beherrschten selbst den Alltag. Ihre Gräber waren die privaten Kultplätze der Familien. In einer Periode von knapp sechshundert Jahren wurden über sechshundert große Ahnenstatuen aus der jetzt kahlen Kraterwand des Rano Raraku gehauen. Der Palmenwald hier war längst in Asche verwandelt worden. Nachdem nun Jahrhunderte ohne Krieg im Schutze einer einzigartigen Isolierung vergingen, entwickelten die folgenden Generationen immer größeren Ehrgeiz, einander mit Statuen in protzigen Dimensionen zu übertrumpfen. Die damals bereits kahle Insel wurde von Mauerterrassen umgeben, auf denen Kolosse emporragten, den Rücken zum Meer gewendet. Als kurz vor dem Ende der zweiten Periode diese schöpferische Tätigkeit ihre gewaltigsten Ausmaße erreichte, hatten die Eingeborenen gelernt, Statuen bis zu einer Höhe von zwölf Meter zu errichten, das heißt Skulpturen von der Höhe eines vierstöckigen Hauses. Die größte, die man auf eine ahu-Plattform hob, wog über achtzig Tonnen; obgleich sie zehn Meter hoch war, balancierte sie noch einen Steinzylinder von zwölf Tonnen – dem Gewicht zweier Elefanten – auf dem Kopf. Man kann sich schwer vorstellen, wohin die Entwicklung noch geführt hätte. Eine Steinstatue von einundzwanzig Meter

Länge, das heißt von der Höhe eines siebenstöckigen Hauses, lag fast fertig im Steinbruch, als die Katastrophe von 1680 hereinbrach. Die Arbeit im Steinbruch, entlang der Wege und auf den ahus kam fast augenblicklich zum Erliegen und wurde niemals wieder aufgenommen. Tausende Speerspitzen aus vulkanischem Glas wurden nun erstmalig hergestellt und durchsetzen alle späteren Kulturschichten auf der ganzen Insel. Die Statuen wurden gestürzt, die Binsenhäuser verbrannt, die Mauern abgerissen.

Der Sieger, der die Katastrophe überlebte, war der Polynesier. Er konnte weder in Stein bauen noch Statuen herstellen. Er sammelte Treibholz am Strand, um Holzfiguren zu schnitzen – wie überall in Polynesien. Auf der Osterinsel ist seine wichtigste traditionelle Holzfigur, die er noch heute zu Hunderten herstellt, eine merkwürdig ausgemergelte Gestalt mit Spitzbart, krummer Nase und langen Ohren, die bis auf die Schultern herabhängen. So, sagen die Eingeborenen, sah das Volk aus, das unsere Vorväter auf der Insel fanden und in dem Brandgraben auf Poike ausrotteten.

Die Polynesier, die auf die Osterinsel kamen, brachten den poi-Stampfer, den tapa-Klopfer und noch eine Menge anderer Geräte, die sonst für die polynesische Kultur charakteristisch sind, nicht mit. Sie kamen fast unmerklich und paßten sich den einheimischen Sitten an. Wann sie kamen und von welcher Insel, kann man deshalb nicht mit Sicherheit sagen. Selbst behaupteten sie im vorigen Jahrhundert, daß sie karau-karau kamen, das heißt zweihundert Jahre vor dem Aufstand, der zu dem Krieg auf Poike führte. Das würde zu den Schätzungen stimmen, die Frau Routledge und andere Forscher aufgrund ihrer genealogischen Studien gemacht haben. Es gibt viele Indizien, die darauf deuten, daß sie nicht freiwillig auf die Osterinsel kamen, um den »Langohren« zu helfen. Vielleicht wurden sie verschleppt, wahrscheinlich von den Marquesas-Inseln, ungefähr im vierzehnten Jahrhundert n. Chr.

Sicher ist, daß sie kriegerisch und allein unter Ruinen auf der kahlen Bühne der Osterinsel zurückblieben, mit einigen fremden Elementen in ihrem Kulturbesitz, als Roggeveen den Vorhang für das europäische Publikum zur Seite zog – zu einer Zeit, in der das große Schauspiel längst vorüber war und die Träger der Hauptrollen die Szene verlassen hatten.

Kapitel 13

Polynesisches und Nichtpolynesisches auf der Osterinsel

Heute, da archäologische Untersuchungen mehr als eine Kultur- und Völkerschicht auf der Insel zeigen, wird man sich daran erinnern müssen, daß schon andere Wissenschaften – wie die physische Anthropologie, die Linguistik und die Ethnologie, und zwar jeweils mit mehreren Ansatzpunkten – längst eine nichtpolynesische Komponente in der Kultur der Osterinsel gezeigt haben.

Man wollte freilich eine Zeitlang diesen Stimmen nicht glauben, weil eine Vision, von Métraux als Geschichtsersatz suggeriert, den Sieg über besseres Wissen davontrug – nämlich die Vorstellung, eine Variante des Polynesiertums habe sich hier in völliger Isolierung zu einsamer Höhe entwickelt. Das Bild einer schöpferischen, sich bis ins Sinnlose übersteigernden Leistung und der anschließenden Selbstvernichtung war zu faszinierend.

Jetzt aber ist der Blick für eine objektive Betrachtung des Stoffes wieder frei.

Eine Serie gut dokumentierter Ausgrabungen, die auf Veranlassung der Norwegischen Archäologischen Expedition 1955/56 zur Osterinsel unternommen und von W. Mulloy und G. Figueroa unter den Auspizien der Universität Santiago in Chile später fortgesetzt wurde, hat eine Aufeinanderfolge mehrerer Kulturen auf der Osterinsel ergeben. Die Denkmäler eines Volkes, dessen religiöse und architektonische Ideen sich grundlegend von jenen der späteren Periode unterscheiden, stammen aus einer Zeit, die um ein Jahrtausend früher als die Phase liegt, in der man bisher die erste Besiedlung überhaupt vermutete[1]). Diese Entdeckung macht es notwendig, die historisch belegte Kultur der Osterinsel neu zu untersuchen, ob sie nicht abweichende Elemente enthält, die ein Vermächtnis aus vorgeschichtlichen Abschnitten andersartiger Tradition sein könnten. Die Tatsache, daß ein polynesisches Volk mit einem polynesischen Dialekt heute die Insel bewohnt, gewinnt eine neue Bedeutung, wenn wir zur Kenntnis nehmen, daß das kulturelle Erbe eine lange Reihe von Zügen aufweist, die nicht mit dem polynesischen Gemeingut übereinstimmen.

Indessen ist die Idee, daß die einsame Osterinsel ein Schmelztiegel von Kulturen ist, nicht erst durch die eben erfolgten Ausgrabungen entstanden. Die holländischen Entdecker von 1722 und die spanischen Wiederentdecker von 1770 beschreiben Typen verschiedener Rassen, die nebeneinander in der zahlreichen Bewohnerschaft der Insel vertreten waren[2]). Als Cook 1774 eintraf – nur vier Jahre später –, fand er eine durch Krieg dezimierte und verarmte Bevölkerung, die offenkundig mit den Polynesieren verwandt war, die er nachdrücklich von der Welt jener monolithischen Statuen in ihrer Mitte unterschied, in denen er Spuren einer vergangenen Inselära sah[3]). Als sich die ersten Europäer dort niederließen und sich allmählich mit den Osterinsulanern direkt zu verständigen lernten, berichteten diese gleich von zwei Landnahmen, einer von Osten, einer von Westen her. Und unaufhörlich versicherten sie, daß nach einer Periode friedlicher Koexistenz ihre Vorväter jenes andere einheimische Volk fast ausgerottet hätten, das eine fremde Kultur besaß[4]). Thomson[5]) kam auf Grund von Unterhaltungen mit Eingeborenen, zu denen ihm der frühe Ansiedler Salmon verhalf, als nächster auf die Vermutung, es habe mehr als nur eine Wanderwelle die Insel erreicht. W. Knoche[6]), der während seiner Tätigkeit als Leiter einer chilenischen wissenschaftlichen Mission ebenfalls den komplexen Charakter der einheimischen Kultur beobachtete, schloß, eine nichtpolynesische Schicht sei der jetzt herrschenden Inselbevölkerung vorangegangen. Er lehnte die Ansicht des englischen Spezialisten für das Anden-Gebiet Sir Clement Markham[7]) ab, daß möglicherweise eine Verbindung mit Tiahuanaco bestünde, mit dem Argument, südamerikanische Flöße seien zu einer Reise über den offenen Ozean nicht imstande, und postulierte statt dessen eine präpolynesische Unterschicht aus dem fernen Melanesien. Der englische Anthropologe H. Balfour[8]) fällte das kategorische Urteil, die Osterinsel-Kultur sei komplex, mit zumindest einer präpolynesischen Einwanderung, wahrscheinlich aus Melanesien. Balfours Ansicht wurde von seinem Kollegen A. C. Haddon[9]) weiterentwickelt. Dieser postulierte, drei verschiedene Wanderungswellen hätten die einsame Insel erreicht, eine aus Australien, die zweite aus Melanesien, die letzte aus Polynesien. Seine Auffassung basierte auf Studien des Schädelmaterials durch die europäischen und amerikanischen Anthropologen Volz, Hamy, Joyce, Pycraft und Keith. Alle diese bedeutenden Gelehrten hatten nichtpolynesische Züge an den Osterinsulanern hervorgehoben.

Dann kam Frau Routledge[10]), um die erste systematische Aufnahme der Bodendenkmäler durchzuführen, allerdings ohne Grabungen. Ihre wissenschaftlichen Aufzeichnungen gingen verloren, aber in ihrem populären Buch vertritt sie die Auffassung, daß der polynesischen Kultur ein sehr starkes fremdes Element zugrunde liegt. Sie setzt hinzu: »Es ist klar, daß wir es hier mit einer Mischrasse zu tun haben ...«

Der amerikanische Anthropologe H. L. Shapiro[11]) näherte sich dem Problem noch einmal auf dem Feld der physischen Anthropologie und fand die Meinungen weit auseinandergehend. Persönlich kam er zu dem Schluß, »wer die Osterinsel mit der Bevölkerung Melanesiens oder Australiens in Verbindung bringt ... tut den bekannten Tatsachen Gewalt an«. Diese Ablehnung eines melanesischen Faktors wurde von Métraux[12]) als schlüssig befunden. In seiner Monographie über die Ethnologie der Osterinsel schreibt er, eine Untersuchung der archäologischen Denkmäler habe ihn überzeugt, »daß die Kultur der Osterinsel eine Einheit darstellt«. Métraux' Kollege Lavachery[13]), der einzige ausgebildete Archäologe, der die Osterinsel vor 1955 besucht hatte, betonte jedoch, ihre Arbeit habe sich auf rein oberflächliche Beobachtungen und Aufnahmen beschränkt. Von stratigraphischen Grabungen hätten sie abgesehen auf Grund der gängigen Auffassung, der gewachsene Boden der Insel bleibe unveränderlich, kulturelle Denkmäler verschiedener Perioden seien daher eher nebeneinander auf der Oberfläche als übereinander aufzufinden. Lavachery schloß mit der vorsichtigen Bemerkung: »Die Polynesier fanden wahrscheinlich die Osterinsel ohne Baudenkmäler und unbewohnt vor; aber für diese Behauptung gibt es keine Beweise.«

1941 habe ich neuerlich die Indizien für ein komplexes Kulturgefüge ins Treffen geführt, aber statt ein melanesisches Substratum zu postulieren, schlug ich eines aus dem benachbarten andinen Kulturgebiet vor[14]). Später hat Pater Englert[15]) das Ergebnis der archäologischen Oberflächenuntersuchungen überprüft und die Folgerungen von Métraux und Lavachery angegriffen. Er kehrte zu der von Frau Routledge und anderen vertretenen Auffassungen zurück, es habe ein ethnisches und kulturelles Stratum unter dem polynesischen gegeben. Die ältere Hypothese einer Wanderung aus Melanesien veränderte er insofern, als er daneben auf wichtige Parallelen zu Altperu hinwies.

Auf dem Feld der Linguistik hatte man vielleicht weniger Ursache, ein fremdes Substrat zu vermuten. Englert[16]), der die gründlichste Untersuchung der modernen Osterinsel-Sprache lieferte, greift aber doch Überlieferungen auf, eine frühere, andersartige

Bevölkerungsgruppe auf der Insel habe auch eine andere Sprache gehabt; das Auftreten von Synonymen, die im heutigen Dialekt, dem Rapanui, existieren, könne seinen Grund in dem Nebeneinander zweier Sprachen haben.

Das erste Vokabular von vierundneunzig Osterinsel-Ausdrücken wurde 1770 von Agüera[17]), einem Teilnehmer der spanischen Expedition, gesammelt. Die Liste enthält viele charakteristische Wörter polynesischer Herkunft und andere, die ebenso klar nichtpolynesisch sind. Fremd sind unter anderem die Zahlwörter, die von eins bis zehn notiert worden sind. Sie seien hier angeführt, daneben die polynesischen Zahlwörter des modernen Inselidioms in Klammern:

coyana (etahi), corena (erua), cogojui (etoru), quiroqui (eha), majana (erima), feuto (eono), fegea (ehitu), moroqui (evaru), vijoviri (eiva), queromata (angahuru).

Um diese scheinbar ganz unmotivierten fremden Wörter zu erklären, haben Ross[18]) und Métraux[19]) vermutet, sie hätten wohl einen anderen Sinn gehabt als den, den der alte Autor angibt. Auch wenn dem so wäre, sie blieben immer noch ein fremdes Element in der polynesischen Sprache, eine andere Bedeutung haben sie nämlich auch nicht.

Wie Englert zeigt[20]), muß der katastrophale Hotu-iti-Krieg ungefähr in den Jahren 1772 bis 1774 auf der Osterinsel getobt haben, knapp vor der Ankunft Cooks. Die Pflanzungen waren zerstört; ein paar desorganisierte Häuflein vom Krieg erschöpfter Polynesier, die in äußerster Armut lebten, waren alles, was übriggeblieben war, um den enttäuschten Engländer willkommen zu heißen, der nicht einmal Proviant bekommen konnte. Cook und seine Begleiter gaben sich genau Rechenschaft über den scharfen Unterschied zwischen den paar Hundert überlebenden Osterinsulanern, die ihre Expedition vorfand, und der blühenden, vielfältigen Bevölkerung, die frühere Besucher geschildert hatten. Er und sein Begleiter, der Naturwissenschaftler Forster, erkannten sehr wohl das polynesische Element, beschrieben aber die Überlebenden als klein, schmächtig, furchtsam und armselig. Sie nahmen an, daß eine Katastrophe die Insel heimgesucht habe, nur die furchterregenden Monumente seien als Zeugen der Vergangenheit übriggeblieben[21]). Spätere Beobachter übersahen den drastischen Wechsel der gesamten Szenerie zwischen den beiden europäischen Besuchen von 1770 und 1774. Nichtsdestoweniger deutet jetzt der archäologische Befund, von der mündlichen Überlieferung gestützt, auf eine ähnliche Vernichtung einer größeren Bevölkerungsgruppe bereits um 1680, also sogar schon vor Roggeveens Ankunft[22]).

In welchem Umfang nichtpolynesische Sprachelemente zu der Zeit von Cooks Besuch noch lebendig waren, wissen wir nicht, denn Cook[23]) und Forster[24]) sammelten zum Zweck eines Vergleiches nur eine kleine Liste solcher Wörter, die sie und ihre Dolmetscher aus Tahiti als gleichbedeutend mit Tahiti-Vokabeln wiedererkannten. Ausdrücke, die man nicht identifizieren konnte, wurden nicht berücksichtigt. Daß Cooks ausgewählte Liste von achtundzwanzig mit dem Tahiti-Dialekt verwandten Wörter für die gleichzeitige Osterinsel-Sprache nicht repräsentativ war, gab der Autor selbst zu. Er sagte nämlich über den ersten Osterinsulaner, der das Schiff in Anwesenheit des Tahiti-Dolmetschers erkletterte: »... dennoch war seine Sprache genaugenommen für uns alle unverständlich.«[25])

Noch bevor man die Sprache der Insel aufzeichnete, traf im Jahre 1864 der Missionar Eyraud ein. Ihn begleiteten neben einer Gruppe von Mangarevanern die wenigen Osterinsulaner, die eine Pockenepidemie, die nach der von den Peruanern veranstalteten mörderischen Sklavenjagd einsetzte, überlebt hatten. Man repatriierte sie jetzt auf dem Umweg über Tahiti. Der dezimierten Osterinsel-Bevölkerung wurde damals in Sprache und Schrift der Tahiti-Dialekt beigebracht. Einige Jahre später stellte der französische Missionar H. Roussel[26]) ein Rapanui-Wörterbuch zusammen, das nach seinem Tod publiziert wurde. Aber schon während Roussels Aufenthalt schrieb der englische Schiffsarzt J. L. Palmer[27]) im Anschluß an seine interessanten Beobachtungen an Ort und Stelle: »Ihre Sprache hat sich so stark verändert, daß niemand sagen kann, wie sie ursprünglich war.« Die Anpassung an den Tahiti-Dialekt wurde noch stärker, als 1871 die meisten Insulaner nach Mangareva und Tahiti gingen, während sich polynesisch sprechende Schafzüchter und Katechisten unter der verbleibenden Bevölkerung niederließen, deren Gesamtzahl bis 1878 auf hundertelf gesunken war[28]). Von ihren Nachkommen, die in der Schule im Tahiti-Dialekt unterrichtet wurden, erhielt man die Grundlagen für die meisten

Wörterbücher der Osterinsel. Kein Wunder, daß der englische Sprachforscher W. Churchill[29]) 1912 beim Vergleich seines eigenen, vielzitierten Wörterbuchs mit dem Rapanui-Text, den Thomson eine Generation früher auf der Osterinsel aufgezeichnet hatte, schrieb: »Von dem Text können wir nur sagen, daß es nicht die gleiche Rapanui-Sprache ist, die sich auf den Seiten dieses Vokabulars niederschlägt, er entspricht auch nicht dem Dialekt irgendeines anderen bekannten polynesischen Volks, es handelt sich vielmehr um eine Mischung aus mehreren.«

Unabhängig von der im übrigen sehr geteilten Meinung von der Gültigkeit der Glottochronologie [der Methode, aus dem Umfang und der Art sprachlicher Differenzierung den Zeitpunkt zu erschließen, zu dem eine Sonderentwicklung einsetzte] sind daher Berechnungen, die auf bestehenden Osterinsel-Vokabularen beruhen, voll von Fallgruben und sollten mit äußerster Vorsicht behandelt werden[30]).

Nun bestand die rührige tahitisch sprechende Gruppe, die ihr Idiom der kleinen, aufnahmebereiten Osterinsel-Bevölkerung aufzwang, zur Gänze aus bekehrten Christen. Sie brachte daher die Begriffswelt ihres früheren Pantheons nicht mit auf die Insel. Folglich wurden die Götter und Göttinnen der Osterinsel niemals mit jenen zusammengeworfen oder durch solche verdunkelt, die im eigentlichen Polynesien vorherrschten. Die höchsten gemeinpolynesischen Gottheiten, Tu, Tane, Tangaroa, Tiki und Maui, spielten keine Rolle in der Religion der Osterinsulaner. Hiro, Rongo, Tangaroa und Tiki existierten nur als Namen der Überlieferung, wurden aber weder angebetet noch verehrt. Mit Recht hat Métraux[31]) hervorgehoben: »Der auffälligste Zug an der Osterinsel-Religion ist die geringe Bedeutung, die den großen Göttern und Heroen der übrigen polynesischen Religionen zukommt.« Métraux vermutete daher[32]): »Die Rolle, die in der Osterinsel-Mythologie Göttern eingeräumt wird, deren Namen im übrigen Polynesien unbekannt sind, zeigt, daß die Auswanderer, die sich auf der Insel niederließen, einige der höchsten Gottheiten durch Götter minderen Ranges ersetzten, die deren Würde und Attribute an sich zogen.«

Es gibt jedoch keine Gottheiten minderen Rangs in Polynesien, die die Namen jener haben, die auf der Osterinsel nun wirklich verehrt wurden. Die oberste Gottheit der Osterinsulaner war Makemake. Neben ihm war Haua die einzige Gottheit, die Opfer und Gebete empfing[33]). Makemake oder Haua waren nicht einmal dem Namen nach irgendwo sonst in Polynesien bekannt. Die Annahme, daß es sich bei ihnen um nichtpolynesische Gottheiten handelt, die aus einer anderen Kulturtradition auf der Insel selbst übernommen wurden, ist weit wahrscheinlicher als die Hypothese, die polynesischen Auswanderer hätten bei ihrer Ankunft auf einer leeren Insel all die berühmten pan-polynesischen Gottheiten über Bord geworfen, um sie irgendeiner selbstgebastelten Erfindung zu opfern, die ihren Vorfahren vollständig fremd war. Ein solches Vorgehen wäre absolut unpolynesisch. Makemake war doch kein vergöttlichter Heros, sondern der höchste Gott der Osterinsel, der Schöpfer von Erde und Meer, Sonne, Mond und Sternen, Menschen und allem Lebendigen. Er belohnte den Guten und verschlang die Seele des Bösen nach dem Tode, seinen Zorn kündete er im Donner. Ferdon[34]) hat gezeigt, daß die Symbole Makemakes sich eng mit den Anlagen zur Beobachtung des Sonnenstands und anderen Spuren der Sonnenverehrung verbinden, die man auf dem Gipfel des höchsten Inselberges, in Orongo, fand. Das Zeremonialdorf Orongo mit seinen kunstvollen Steinbauten war das Zentrum der Makemake-Verehrung und des allgemeinen religiösen Lebens, das die Insel in ihrer Gesamtheit umfaßte. Und doch war die ganze Struktur mit ihrem Rahmen von Zeremonien so deutlich unpolynesisch wie die Gestalt Makemakes selbst. Das eigens dazu erbaute Sonnenobservatorium, das zur Messung der Sonnenposition während der Sonnenwenden und der Tagundnachtgleichen bestimmt war, hat bis heute keine Parallele in Polynesien oder den angrenzenden Inselgebieten.

Solche Beobachtungsanlagen sind jedoch in Peru, dem nächstgelegenen Festland, durchaus üblich. Hier standen sie auch, wie auf der Osterinsel, im Mittelpunkt von Zeremonien und Sakralfeuern[35]).

Wir haben festgestellt, daß jenes wichtigste Zeremonialdorf Orongo nicht polynesisch ist, auch nicht in seiner Architektur. Nirgends in Polynesien kehrt die Konzeption wieder, mehrere Häuser zu einer Einheit zu verschmelzen, dies ist jedoch ein vertrauter Zug der altperuanischen Architektur, sowohl im Hochland wie auch an der Küste. Ebenso einmalig in Polynesien ist die hochentwickelte Bautechnik jedes einzelnen Orongo-Hauses: die eigenartige Technik, in der die Wände errichtet sind, die falschen Gewölbe aus vorkragenden Steinen, die saubere Verfugung an den Stellen, wo die beiden gekrümmten Wände spitzwinkelig zusammenlaufen. Steinhäuser in der gleichen Technik sind jedoch für die Baukunst im nahen Peru und in den angrenzenden Gebieten Südamerikas charakteristisch[36]).

Die Archäologie zeigt, daß die Makemake-Verehrung, die der Sonne galt, später ergänzt oder sogar aufgesogen wurde von dem schließlich allumfassenden Kult des Vogelmenschen. In ihm spielte die nichtpolynesische Gottheit Haua eine Hauptrolle. Von der mittleren Periode der Osterinsel-Vorgeschichte an wurden daher Felsen rings um Orongo mit menschlichen Figuren bedeckt, die einen krummschnäbeligen Vogelkopf tragen. Zu den Riten des Vogelmenschen gehörte das alljährliche Schwimmen auf stoßzahnförmigen totora-Binsen-Flößen zu einem Inselchen vor der Küste, um das erste Vogelei zu finden. Der Sieger wurde der heilige Vogelmann des Jahres mit fast unbegrenzten sozialen Privilegien. Métraux[37]) schreibt: »Die Bedeutung des Vogelmenschenkults kann angesichts der Orongo-Ruinen und der zahlreichen Bilder des Vogelmanns auf den Felsen nicht bestritten werden. Überlieferungen, Zeugnisse der frühesten Missionare und Reiseberichte bestätigen die außergewöhnliche Bedeutung des Kultrituals, aber auch die soziale Ordnung, die sich aus diesem jährlichen Wettbewerb ergab ... Der Komplex des Vogelkults ... hat keine Parallele im übrigen Polynesien ... nirgends sonst gab es einen allgemeinen Wettbewerb, der zur Kür eines heiligen Mannes führte.« Ferdon[38]) schreibt: »Obgleich die künstlerischen Wiedergaben des Osterinsel-Vogelmanns heute einzig dazustehen scheinen, legt der Nachweis von Vogelmenschkulten in Tiahuanaco, Bolivien, aber auch in der Chimu-Kultur an der Nordküste Perus nahe, eine amerikanische Herkunft des Osterinsel-Kults anzunehmen.«

Die stoßzahnförmigen Binsenflöße, die im Vogelmenschen-Wettkampf verwendet wurden, sind ein weiterer nichtpolynesischer Zug. Fahrzeuge aus Pflanzenbündeln wurden früher in Neuseeland verwendet, aber sie waren nicht stoßzahnförmig und wurden aus der dort vorkommenden Liliazeen-Art *Phormium tenax* hergestellt, auch saugten sie sich rasch voll[39]). Stoßzahnförmige

Binsenboote der gleichen Größe und Form wie auf der Osterinsel, und auch aus der gleichen Binsenart, waren aber die gebräuchlichsten Wasserfahrzeuge Altperus. Auf dem Titicaca-See und vor allem entlang der pazifischen Küste nahmen Binsenboote gelegentlich erstaunliche Dimensionen an. Es ist bemerkenswert, daß Vogelmenschen mit langen krummen Schnäbeln ebenso wie auf der Osterinsel häufig auch in der frühen Chimu-Kunst dargestellt sind, und zwar auf Binsenbooten fahrend[40]. Der schwedische Botaniker Skottsberg[41] hat jetzt gezeigt, daß die ursprüngliche Osterinsel-Binse der unpolynesische *Scirpus riparius* ist, eine amerikanische Süßwasserpflanze, die für ihre Übertragung aus dem Bewässerungsgebiet der peruanischen Küste zu den Süßwasserseen auf der Osterinsel menschlicher Hilfe bedurfte. Ferdon[42] betont, daß das Vorkommen eines Binsenfloßes südamerikanischen Typs auf der Osterinsel, aber auch das der Pflanze, aus der es hergestellt ist, »einen soliden Hinweis auf eine Verbindung mit Amerika darstellt und das Mittel naheliegt, mit dem aus Amerika abgeleitete kulturelle Züge die Osterinsel erreicht haben können«.

Große und kleine Binsenboote spielen eine bedeutende Rolle in den Malereien auf den Steinplatten der Orongo-Häuser. Dabei begegnen uns auch die stark konventionalisierten Umrisse des Doppelpaddels der Osterinsel. Das Doppelpaddel existiert im übrigen Polynesien nicht, es wird nicht einmal bei religiösen Tänzen gebraucht wie auf der Osterinsel. Es war aber in Amerika weit verbreitet und wurde in Altperu auf Binsenflößen verwendet[43]. In Orongo abgebildete Masken zeigen außerdem das »weinende Auge«, ein häufiges Element in der Kunst der Osterinsel[44]. Auch das »weinende Auge« tritt nirgends sonst in Polynesien auf, es ist jedoch ein charakteristisches Motiv der frühen Kulturen in Peru und in weiten Teilen der angrenzenden Gebiete von Amerika. Ganz typisch erscheint es bei den Vogelmännern auf dem Sonnentor in Tiahuanaco[45].

Der oberste Gott, Makemake, wurde in Orongo auch als katzenartige Figur dargestellt. Thomson[46] sagte daher von einigen Orongo-Felsgravierungen, von denen er annimmt, sie seien älter als alle anderen: »Die häufigste Figur ist ein mythisches Wesen, halb Tier, halb Mensch, mit gekrümmtem Rücken und langen klauenartigen Armen und Beinen. Nach Angabe der Eingeborenen soll dieses Symbol den Gott *Meke-Meke* vorstellen ...« Er behauptete, es habe »verblüffende Ähnlichkeit« mit einem Motiv, das er in der peruanischen Kunst gesehen hatte. Eine katzenhafte Figur mit gewölbtem Rücken, eingezogenem Bauch, langen Beinen und einem runden Kopf mit aufgerissenem Rachen ist ebenfalls neben den Vogelmännern auf den Osterinsel-Täfelchen abgebildet[47]). Jaussens Theorie, dieses Tier sei eine Ratte[48]), ist von der Tatsache diktiert, daß katzenartige Raubtiere auf keiner Südsee-Insel vorkommen. Es gibt sie jedoch in Südamerika, und von Mexiko bis Peru werden sie seit der Tiahuanaco-Zeit als Symbol für den Schöpfergott verwendet.

Neben dem wichtigen, für alle Stämme verbindlichen Kultzentrum Orongo hatte jeder Familienverband seine eigene Statuenplattform, die der Ahnenverehrung diente. In seiner späten historischen Phase hat der Statuen-ahu viel mit den Kultbauten im übrigen Südostpolynesien gemeinsam. Die Ausgrabungen verraten jedoch, daß der ahu über einer älteren Konstruktion errichtet ist, die einen anderen Plan und eine andere Aufgabe hatte. Die frühere Anlage hatte ihre Stirnseite dort, wo der Statuen-ahu seine Rückseite hat, sie enthielt weder Grabkammern noch war sie dazu bestimmt, Riesenstatuen zu tragen – die beiden einzigen Aufgaben der späteren ahus. Statuen-ahus mit ihren angesetzten Flügeln konnten in jede Richtung sehen und waren massive Bauten aus Felstrümmern und wiederverwendeten Steinblöcken, während sich die früheren Konstruktionen als genau astronomisch orientierte Altäre erwiesen, deren aufgeschütteten Kern man mit sorgfältig zugehauenen und aneinandergefügten Blöcken elegant verkleidet hatte. Die zahlreichen Statuen der späteren ahus waren ausnahmslos so orientiert, daß sie ins Inland sahen. Dieses Inlandplateau stand auch im Mittelpunkt der Zeremonien. In der frühen Periode jedoch lag der rituelle Schwerpunkt vor der hohen seewärts gerichteten Front des Bauwerks, das sorgfältig nach den Jahresbewegungen der Sonne ausgerichtet war. Dabei wurden Fugen, die durch Unregelmäßigkeiten der gewaltigen rechteckigen oder auch vieleckigen Blöcke entstanden waren, mit mühsam eingepaßten Steinen ausgeflickt, die Oberflächen geglättet und leicht nach außen gewölbt. Zu dieser hochentwickelten Steinmetztechnik ist kein Gegenstück in Polynesien bekannt. Sorgfältig geschichtete Steinmauern kommen gelegentlich auf einigen Inseln vor, aber ihre Bearbeitung ist nicht ebenbürtig, sie stehen auch nicht in Beziehung zum Sonnenstand. Megalithische Wände von Kultplattformen mit einer Schüttung im Inneren, nach der Sonne orientiert, gefugt und geglättet, genau in jener hochentwickelten Technik, die wir aus der frühen Periode der Insel kennen, kommen jedoch in vielen Landschaften Perus in der Vorinka-Zeit, vom Cuzco-Tal mit Rumi-Kolke bis Ollantay-Tambo und Tiahuanaco, vor[49]).

Buck[50]) hat gemeint, als Vorstufe der Osterinsel-Statuen müßten die wenigen lebensgroßen Steinfiguren auf den Marquesas aufgefaßt werden. Diese Hypothese ist angesichts der modernen Ausgrabungen und Radiokarbon-Datierungen nicht mehr zu halten. Die in Frage kommenden marquesanischen Bauten mit Standbildern gehören einer Zeit an, in der man auf der Osterinsel die Statuen der mittleren Periode bereits lange herstellte[51]). Die zahlreichen Osterinsel-Statuen der frühen Periode gehören überhaupt einem Horizont an, in dem es monolithische Monumente in Menschengestalt nirgendwo in Polynesien, Melanesien oder Mikronesien gibt. Riesige Menschenstatuen unter freiem Himmel waren jedoch durchaus üblich, ja sogar charakteristisch, in den gleichzeitigen Kultplätzen der benachbarten Gebiete des nordwestlichen Südamerika. Drei von den vier Statuentypen der bisher unbekannten frühen Periode der Osterinsel, die man seit den Ausgrabungen kennengelernt hat, weisen enge Verwandtschaft zu hochspezialisierten Formen des frühen Tiahuanaco auf[52]).

Die Anzahl der Bestattungsbräuche auf der winzigen Osterinsel ist besonders bemerkenswert. Sie erhöhte sich noch durch unsere Ausgrabungen. Mulloy stellte zuerst vor der nach dem Sonnenlauf orientierten Mauer von Vinapu, später auch vor anderen Osterinsel-ahus aneinanderstoßende Steinkisten mit zahlreichen Brandbestattungen fest[53]). Brandbestattung ist auf Neuseeland bekannt, fehlt aber im übrigen Polynesien, sie kommt nur sporadisch einmal in Melanesien, dann aber im westlichen Südamerika vor[54]). Ebenso unbekannt in ganz Polynesien ist die ovale, aus Steinen erbaute Grabplattform mit ihrem zentralen Schacht zum Einbringen von Sekundärbestattungen, die auf der Osterinsel weit verbreitet sind[55]). Auch der zylindrische und mit einem falschen Gewölbe abgeschlossene Steinturm, der auf der Insel als tupa bekannt ist, fehlt im übrigen Polynesien. Er ist aber in allen Einzelheiten das Gegenstück des südamerikanischen Bestattungsturms, der unter der Bezeichnung chulpa besonders im Raum um Tiahuanaco reich belegt ist.

Wenn wir nun auf die Wohnbauten übergehen, treffen wir das gleiche, völlig unpolynesische Bild. Ferdon[56]) schreibt in seiner Spezialstudie über die Hausformen der Osterinsel: »Zu den verschiedenen Zügen, die den Komplex der materiellen Kultur auf der Osterinsel so deutlich von dem der anderen polynesischen Inseln unterscheiden, gehört die Vielfalt von Hausformen. Die Tatsache, daß jede einzelne davon in ihrer Gesamtkonstruktion in Polynesien völlig isoliert dazustehen scheint, liefert ein weiteres Problem, das man nicht ohne weiteres mit dem Hinweis auf eine unabhängige Erfindung lösen kann.«

Eine der wichtigsten unter den frühen Hausformen wurde besonders häufig auf der Ostseite der Insel festgestellt. Es handelt sich um runde Steinhäuser mit dicken, niederen, innen mit einer Schüttung gefüllten doppelten Steinwänden, eingebauten Vorratsgruben und dem Zugang durch ein vermutlich konisches Binsendach. Solche runden Steinhäuser sind gelegentlich zu Einheiten mit ineinanderlaufenden Mauern verschmolzen, so daß Dorfanlagen einheitlicher Planung entstehen[57]). Sie haben keinerlei Verwandtschaft mit polynesischer Architektur, entsprechen aber bis ins Detail des Zugangs durch das Binsendach den runden, dickwandigen und mehrräumigen Steinhäusern des pazifischen Küstenbereichs unterhalb von Tiahuanaco[58]). Ebenso wichtig wie die Rundhäuser mit senkrechten Füllwänden und Binsendach waren die langen bootförmigen Häuser aus waagrecht aufeinanderliegenden Steinplatten, die sorgfältig gefugte Kanten an den spitz zulaufenden Enden, ein Dach mit falschem Gewölbe und einen tunnelförmigen seitlichen Zugang aufwiesen. Das Zeremonialdorf Orongo ist das besterhaltene Beispiel dieser bemerkenswert nichtpolynesischen Architektur, obwohl einzelne Bauten und sogar Ruinen eines umfangreichen Dorfs gleicher Art auch an anderen Stellen auf der Insel existieren[59]). Die Binsenhäuser der Osterinsel sind nicht rechteckig oder oval wie die mit Palmblättern gedeckten Pfostenkonstruktionen Polynesiens, sondern folgen dem merkwürdigen lanzettförmigen Grundriß der alten, aus Steinplatten geschichteten Steinhäuser, deren spitz zulaufende Enden durch die besondere Konstruktion bedingt werden. Durch diesen eigentümlichen Grundriß, durch die Verwendung der südamerikanischen totora-Binse, aber auch durch die Pfeiler, die in den Bohrlöchern sorgfältig zugehauener und aneinandergefügter Steinfundamente stecken, unterscheidet sich sogar das Osterinsel-Haus der historischen Periode von den Wohnbauten im übrigen Polynesien[60]). Die allgegenwärtigen Fundamentsteine aus Basalt, paenga, gehören zu den häufigsten Bodenfunden der Osterinsel. Sie haben kein Gegenstück im übrigen Ozeanien[61]).

Die gemauerte Herdstelle der Osterinsel, die sich ganz und gar von dem gemeinpolynesischen Erdofen unterscheidet, ist aus rechteckigen Steinplatten oder Blöcken errichtet, die man hochkant stellt, so daß sie halb aus dem Boden herausragen und eine quadratische oder fünfeckige Figur bilden. Wieder stehen wir vor einer in Altperu wohlbekannten Konstruktion, die dem gleichen Zweck dient[62]).

Man könnte noch wesentlich weiter ins Detail gehen, doch soll hier eine summarische Übersicht über den Komplex der Werkzeuge und Geräte genügen:

Hauptwaffe und häufigstes Artefakt ist die mataa, eine mit Schäftungszunge versehene Speerspitze aus Obsidian, die ganz unpolynesisch anmutet. Nur zwei mataas wurden außerhalb der Osterinsel gefunden, beide in Gräbern der Urbevölkerung an der chilenischen Küste. Ob sie dort auch hergestellt wurden oder Importstücke waren (vielleicht sogar von der Osterinsel stammend), bleibt eine offene Frage[63]).

Die aus den Schichten der letzten Periode auf der Osterinsel stammenden Steinbeile gehören ganz verschiedenen Typen an. Doppelt abgeschrägte symmetrische Steinbeile [die daher wie Äxte und nicht wie Dechsel verwendet wurden] gelten nicht als typisch polynesisch. Trotzdem wurden sie bei den Ausgrabungen in datierbaren Ablagerungen der mittleren Periode gefunden. Ein- und doppelspitzige »Faustschlegeln« stellen auf der Insel die Hauptmasse der gefundenen Werkzeuge wegen ihrer Verwendung bei der Steinbearbeitung. Und doch sind sie nicht als polynesisches Element bekannt, während sie, wie das obenerwähnte Steinbeil, in Amerika weitverbreitet sind.

Ein sehr wichtiges Element in dem außerordentlich heterogenen

Bestand der Osterinsel an Fischhaken ist der einteilige Fischhaken aus Stein, der kein Gegenstück in Polynesien oder in den angrenzenden Gebieten hat. Aus bislang ungeklärter Ursache tritt er in archäologischen Schichten der Kalifornien vorgelagerten Inseln auf. Aus Stein gefertigte einteilige Fischhaken wurden sonst nur an der nahen südamerikanischen Küste unterhalb von Tiahuanaco hergestellt[64]).

Ein Hauptelement in allen polynesischen Kulturen ist der steinerne poi-Stampfer. Um so auffälliger ist sein vollständiges Fehlen auf der Osterinsel, obwohl taro angebaut wird. Trotzdem stellt man hier poi, die Grundnahrung im übrigen polynesischen Raum, nicht her[65]).

Auch kawa, das über ganz Polynesien verbreitete Zeremonialgetränk, das man als Kriterium für die polynesische Kultur angesehen hat, war auf der Osterinsel gänzlich unbekannt.

Der gerillte tapa-Klopfer aus Holz oder Walknochen, der neben dem poi-Stampfer das wichtigste Haushaltsgerät in ganz Polynesien ist, wurde auf der Osterinsel nicht verwendet, bis er zur Zeit der Missionare eingeführt wurde. Die Osterinsulaner nahmen abgerundete, polierte Strandkiesel, um ihren mahute-Bast zu Streifen zu klopfen, die auf eine ganz unpolynesische Weise miteinander verbunden wurden, nämlich mit Nadel und Faden. Wie Métraux[66]) gezeigt hat, ist die Osterinsel die einzige Stelle in Polynesien, wo Rindenkleidung genäht wurde. Deshalb ist eine kleine Knochennadel mit Öhr ein wichtiges Kulturelement. 163 Stücke wurden von unserer Expedition gefunden. Dieser Typus ist in Polynesien überaus rar, tritt aber in identischer Form in Altperu auf[67]).

Die einzigen Einrichtungsgegenstände in den Häusern waren Matten aus der südamerikanischen totora-Binse und ein unpolynesisches, mit Ritzzeichnungen geschmücktes Steinkissen, das eine lokale Besonderheit ist. Diese allgemeine Verwendung eines Steinkissens auf der Insel (wie bei vielen südamerikanischen Völkern) wurde zu Unrecht[68]) durch jenen Holzmangel erklärt, an den man so lange glaubte.

Bisher nicht beachtet wurde das allgemeine Vorkommen eines unpolynesischen Reibsteins, der genau den amerikanischen metates gleicht, dessen Verwendung auf der frühen Osterinsel aber unbekannt ist. Ebenso häufig ist eine gleichfalls unpolynesische, kleine, halbkugelige Schale aus poliertem Basalt. Sie entspricht einem verbreiteten Typ an der Nordküste Chiles[69]).

Der persönliche Schmuck und die Würdezeichen der Osterinsel wie der hölzerne rei miro [ein flaches, mondsichelförmiges Stück Holz, gewöhnlich mit einem bärtigen Männerkopf an jedem Ende, das nach Angaben der Eingeborenen eine doppelte Bedeutung hat: einmal bedeutet es den Mond, dann aber auch jenen besonderen Schiffstyp, der ihre Vorväter auf die Insel brachte] und der tahonga-Brustschmuck [ein Holzball, leicht der Form eines Eies oder einer Kokos-Nuß angenähert; an dem stumpfen Ende ist oft ein doppelter Menschenkopf angebracht] sind in ihrem Gepräge ganz unpolynesisch. Auch die überaus wichtigen moai kavakava [der moai kavakava stellt einen ausgehungerten Mann dar mit hervorstehenden Rippen und eingesunkenem Bauch, der immer eine ausgeprägte Adlernase hat, einen Spitzbart und lange Ohren, die ihm bis auf die Schultern herabhängen; nach den Überlieferungen der Eingeborenen ist er der letzte Überlebende ihrer besiegten Vorgänger auf der Insel], moai paapaa [moai paapaa ist eine Menschenfigur in Gestalt eines flachen Holzstückes; sie hat kein Profil und stellt gewöhnlich eine Frau mit gewissen männlichen Attributen dar] und die ganze übrige Serie von Holzplastiken, die das Rückgrat der Kunst und zeremoniellen Tätigkeit auf der Osterinsel waren, sind durchweg in Polynesien unbekannt und haben weder in ihrer Gestalt noch Funktion etwas mit den tiki-Figürchen zu tun.

Die Liste der Osterinsel-Elemente, die in Polynesien fehlen, und der polynesischen Elemente, die wieder auf der Osterinsel fehlen, könnte noch fortgesetzt werden, umfaßt aber bereits die wichtigsten Merkmale der örtlichen Bräuche und Glaubensvorstellungen. Es mag hier genügen, mit dem Hinweis auf die so viel diskutierten rongo-rongo-Täfelchen zu schließen. Schrift ist keine polynesische Kunst, und trotzdem ist ausgerechnet die Osterinsel in ihrer extremen geographischen Position die einzige Südseeinsel, wo sie bekannt war.

Es ist schwer, die komplexe Geschichte der Osterinsel zu erklären, wenn man dogmatisch den Einfluß der Kulturen der Neuen Welt ignoriert. Sie liegen aber doch ebenso nahe im Osten wie die Zentralpolynesiens im Westen.

Anmerkungen

Kapitel 1: Der frühe Mensch und der Ozean
Der hier abgedruckte Text ist ursprünglich erschienen unter dem Titel »Early Man and the Ocean« (Dialogue 3, Spring '72, edited by INA-Insurance Co. of North America, Philadelphia, Pennsylvania, S. 4–9).

Kapitel 2: Mögliche Ozean-Routen von und nach Amerika in vorkolumbischer Zeit
Der Text ist (in den Actas y Memorias del XXV Congreso Internacional de Americanistas, Mexico 1962) unter dem Titel »Feasible Ocean Routes to and from the Americas in Precolumbian Times«, Mexiko 1964, erschienen. Einige Kürzungen sind ausschließlich zur Vermeidung von Überschneidungen mit anderen Kapiteln dieses Buches vorgenommen.

Kapitel 3: Wer hat recht – Isolationist oder Diffusionist?
Der Beitrag ist unter dem Titel »Isolationist or Diffusionist?« in dem Sammelband »The Quest for America« (London - New York 1971, S. 115–54) publiziert.

Kapitel 4: Die bärtigen Götter reden
Der Aufsatz bildete unter dem Titel »The Bearded Gods Speak« einen Beitrag zu dem Sammelwerk »The Quest for America« (London - New York 1971, S. 199–238).

Kapitel 5: Kolumbus und die Wikinger
Dieser (leicht verkürzte) Text bildete ursprünglich das Nachwort zu dem Buch von J. R. Enterline »Viking America« (New York 1972).

Kapitel 6: Das Problem der Besiedlung Polynesiens
Diese Konzeption, in dem Buch »American Indians in the Pacific« ausgearbeitet, wurde in einem Vortrag kurz und prägnant zusammengefaßt, den Heyerdahl an der University of Pennsylvania, Philadelphia, hielt. Sein ursprünglicher Text erschien unter dem Titel »Sea Routes to Polynesia« in »Expedition. The Bulletin of the University Museum of the University of Pennsylvania« (vol. 4, n. 1, S. 22–29, 1961).

Kapitel 7: Die Rolle der Inka-Berichte für die spanischen Entdecker Polynesiens und Melanesiens
Der Vortrag ist auf dem XXXVI. Internationalen Amerikanistenkongreß in Barcelona, 1964, gehalten worden unter dem Titel: »The Inca inspiration behind the Spanish discoveries of Polynesia and Melanesia«. Geringe Kürzungen betreffen jene Teile, die im folgenden Kapitel genauer ausgeführt werden.

1) Amherst und Thomson 1901, vol. 1, S. XVII
2) Las Casas (1559), 1876, S. 78, 79
3) Lizarraga (1560 bis 1602), 1946, S. 32, 33
4) Sáamanos (1526), 1844, S. 196
5) Andagoya (1541 bis 1546), 1865, S. 36
6) Oviedo (1535 bis 1548), 1855, Bd. 4, Bk. 46, Kap. XVII
7) Cobo (1653), 1890 bis 1895, Bk. 12, Kap. 32
8) Garcilaso (1609), 1869 bis 1871, vol. 1, Bk. 3, Kap. 16
9) Sarmiento (1572), 1907, S. 135
10) Balboa (1576 bis 1586), Mss. S. 501
11) Balboa (1568), 1840, Kap. VII, S. 81
12) Betanzos (1551), 1880, Kap. 3
13) Sarmiento (1572), 1907, S. 32, 186
14) Balboa (1576 bis 1586) Mss.
15) Stevenson 1825, Bd. 1, S. 394
16) Oliva (1631), 1910, S. 325
17) Acosta 1590, S. 56
18) Heyerdahl 1952 a, S. 550 bis 555, 1957; Eisleb 1963
19) Amherst und Thomson 1901, Bd. 2, S. 463 bis 468
20) Agüera 1770, S. 109
21) Amherst und Thomson 1901, Bd. 1, S. IV bis VI
22) Gonzales (1770), 1908, S. XLIV
23) Amherst und Thomson 1901, Bd. 1, S. 6, 7, 83 bis 85, 97, 98, 161, 162, 217, 218, 461
24) Christian 1924, S. 525
25) Rivet 1928, S. 583, 603; 1943, S. 124
26) Buck 1938, S. 22, 453
28) Heyerdahl und Skjölsvold 1956; Heyerdahl 1961
29) Beechey 1831, I, S. 186 bis 188

Kapitel 8: Das Balsa-Floß mit besonderer Berücksichtigung der guara-Technik in der einheimischen Seefahrt Südamerikas

Ein Artikel Heyerdahls »The balsa raft in aboriginal navigation off Peru and Ecuador« (Southwestern Journal of Anthropology, vol. 11, n. 3, Seite 251 bis 264, University of New Mexico, Albuquerque 1955) ist hier mit einem Vortrag über »Guara Sailing technique indigenous to South America«, der in den »Actas del XXXIII Congreso de Americanistas« in Costarica 1958 erschien, zu einem Kapitel zusammengezogen worden: Dadurch wurden Kürzungen notwendig, die jedoch keine Reduktion des dargebotenen Materials bedeuten.

1) Heyerdahl 1941 a
2) Hutchinson 1875, S. 426, 454
3) Lothrop 1932
4) Means 1942
5) Hornell 1945
6) Sáamanos 1844
7) Sáamanos 1844, S. 196
8) P. Pizarro 1884
9) Las Casas 1876, S. 78, 79
10) Oviedo 1855; Andagoya 1865; Zárate 1700
11) Garcilasso (1609), 1869 bis 1871, Kap. 16
12) Benzoni 1857
13) Garcilasso 1869 bis 1871, S. 261
14) Lizarraga 1946, S. 32, 33
15) Cobo 1890 bis 1895, S. 218
16) Spilbergen 1619
17) Juan und Ulloa 1748, vol. 1, S. 189
18) Lescallier 1741, S. 458 bis 463
19) Charnock 1801, S. 12
20) Humboldt 1816; Stevenson 1825, S. 223
21) Paris 1841 bis 1843
22) Skogman 1852
23) Lothrop 1932, S. 240
24) Bennett 1954, Fig. 89, 90
25) Uhle 1922, S. 49
26) Nordenskiöld 1931, S. 265
27) Valverde 1879, S. 179
28) Lothrop 1932, S. 238
29) Byam 1850, S. 200
30) Means 1942, S. 240
31) Dixon 1934
32) Emory 1933, S. 48
33) Emory 1942, S. 129
34) Morgan 1946, S. 80
35) Buck 1945, S. 11
36) Weckler 1943, S. 35

Kapitel 9: Kulturpflanzen als Beweis für vorkolumbische Kontakte zwischen Amerika und Polynesien

Das Original ist unter dem Titel »Plant Evidence for Contacts with America before Columbus« in »Antiquity«, vol. XXXVIII, S. 120–133, Cambridge 1964, erstmalig gedruckt worden.

1) de Candolle 1884, S. 461
2) Merrill 1937, S. 282
3) Merrill 1946, S. 344
4) Merrill 1954
5) de Candolle 1884, S. 433
6) Guppy 1906, S. 413
7) Merrill 1954, S. 195, 267
8) Nordenskiöld 1931, S. 269
9) Buck 1938 a, S. 315
10) Buck 1945
11) Eames und St. John 1943, S. 256
12) Merrill 1950, S. 9
13) Merrill 1954, S. 255
14) Stevenson 1825; Wittmack 1890, S. 340; Harms 1922, S. 166
15) Rochebrune 1879, S. 346, 348
16) Merrill 1954, S. 278
17) Hutchinson, Silow und Stephens 1947, S. 79
18) Sauer 1950, S. 537
19) Carter 1950, S. 169
20) Merrill 1954, S. 338
21) Merrill 1954, S. 190, 242
22) Skottsberg 1934, S. 278
23) Skottsberg 1956, S. 193 bis 438, bes. S. 407, 412; 1957
24) Thomson 1889, S. 456
25) Bertoni 1919, S. 280
26) Brown 1931, S. 137
27) Degener 1930, S. 88
28) Bryan 1935, S. 67
29) Hillebrand 1888, S. 14
30) Carter 1950, S. 173
31) Prain 1895, S. 325
32) Fedde 1909, S. 280
33) Stokes 1932, S. 599
34) Yacovleff und Herrera 1935
35) Carter 1950, S. 172, 179
36) Zum Folgenden: Brown 1935, S. 190, 49, 79, 336
37) Baker 1893, S. 192
38) O. F. Cook 1903, S. 490
39) Clausen 1944, S. 29
40) Yacovleff und Herrera 1934
41) O. F. Cook 1903, S. 483, 496
42) Guppy 1906, S. 413
43) Steward 1949
44) Sauer 1950, S. 513

45) Carter 1950, S. 165
46) Brown 1931, S. 158
47) Jakeman 1950
48) Brown 1935, S. 174
49) O. F. Cook und R. C. Cook 1918, S. 156, 169
50) Merrill 1920, S. 195
51) Carter 1950, S. 164, 181
52) Körnicke 1885, S. 136
53) Wittmack 1880, S. 176
54) Sauer 1950, S. 502
55) Stonor und Anderson 1949, S. 392
56) Whitaker und Bird 1949
57) Sauer 1950, S. 499
58) Merrill 1950, S. 9

Kapitel 10: Archäologie auf den Galapagos-Inseln
Der Vortrag, der diesem Artikel zugrunde liegt, »Archaeology in the Galápagos Islands«, wurde auf dem X. Pacific Science Congress der Universität Honolulu, Hawaii, gehalten, der zwischen dem 21. August und 6. September 1961 stattfand. Gekürzt wurde lediglich, was in früheren Kapiteln schon erwähnt wurde.

Kapitel 11: Die Kokos-Insel – Stützpunkt vorspanischer Indianerschiffahrt?
Diesem Kapitel liegt der Aufsatz »Notes on the Pre-European Coconut Groves on Cocos Island« zugrunde, er erschien als Teil 17 im 2. Band der »Reports of the Norwegian Archaeological Expedition to Easter Island and the East Pacific«. (Monograph of the School of American Research and the Kon-Tiki-Museum, Nr. 24, Pt. 2, 1965.)

1) Chubb 1933, S. 25 bis 30
2) Dampier 1729, Bd. 1, S. 111
3) Wafer 1699, S. 379 bis 381
4) de Candolle 1884, S. 435
5) Oviedo 1535 bis 1548; Kerchove 1878, S. 147
6) de Candolle 1884, S. 429 bis 435
7) Berry 1926, S. 184
8) Heyerdahl 1952 a, S. 453 bis 468
9) O. F. Cook 1910 bis 1912, S. 293, 304, 318, 340
10) Hill 1929, S. 151
11) Sauer 1950, S. 524
12) Merrill 1920, 1930, 1946 usw.; 1954, S. 190, 195, 267
13) Porter 1815, Bd. 2, S. 139
14) Stewart (1832, S. 177), amerikanischer Kapitän, berichtet, jene atua, die die Kokosnuß nach den Marquesas brachten, hätten den Ozean auf einem »Steinkanu« überquert. N. A. Rowe (persönliche Mitteilung am 16. 4. 1950) stellt fest, daß diese merkwürdige Nachricht erstmals in dem handgeschriebenen Tagebuch des frühen Missionars William Pascoe Crook festgehalten wurde, der 1797 bis 1798 auf den Marquesas arbeitete, und er fügt in bezug auf dieses obskure Wasserfahrzeug hinzu: »Jahrelang habe ich mich gefragt, was das heißen könnte, aber jetzt sehe ich natürlich, daß es sich um den Hinweis auf ein Floß oder pae-pae handelt. Pae-pae kann auch eine steinerne Plattform sein, daher die Verwirrung.«
15) Chubb 1933, S. 26
16) Alfaro 1898, S. 33
17) Pers. Information von Dr. Doris Stone, 17. 3. 1965
18) Mündl. Information
19) Coe 1960, S. 384 bis 386, 390 und folgende Seiten
20) Heyerdahl und Skjölsvold 1956
21) Lothrop 1932; Heyerdahl 1958; Eisleb 1963

Kapitel 12: Die Statuen der Osterinsel – Problem und Resultat
Diesem Kapitel liegt ein Vortrag vom 24. 4. 1962 zugrunde, der vor der Schwedischen Gesellschaft für Anthropologie und Geographie in Stockholm gehalten wurde und unter dem Titel »Statuene på Påskeöen: problem og resultat« in der Zeitschrift »Ymer« H. 2, Seite 108 bis 124, 1962 gedruckt erschien.

Kapitel 13: Polynesisches und Nichtpolynesisches auf der Osterinsel
Der Text dieses Kapitels: »How far is Easter Island Culture Polynesian?« entspricht einem Vortrag, den Heyerdahl auf dem VII. Internationalen Kongreß für Anthropologie und Ethnologie in Moskau 1964 gehalten hat.

1) Heyerdahl, Ferdon et al. 1961
2) Behrens 1722, S. 134, 136; Agüera 1770, S. 96
3) J. Cook 1777, vol. II, S. 296
4) vgl. die Originalübersetzungen, gesammelt bei Heyerdahl 1961, S. 33 bis 43

5) Thomson 1889, S. 532
6) Knoche 1912, S. 876, 877; 1925, S. 309 bis 312
7) Markhams 1870
8) Balfour 1917, S. 377, 378
9) Haddon 1918, S. 161, 162
10) Routledge 1919, S. 221, 295 bis 299
11) Shapiro 1940, S. 24 bis 30
12) Métraux 1940, S. 414, 415
13) Lavachery 1935, S. 324, 325; 1936, S. 393
14) Heyerdahl 1941 b, S. 18, 21, 22
15) Englert 1948, S. 88, 101, 156, 157
16) Englert 1948, S. 121, 122
17) Agüera 1770, S. 109, 110
18) Ross 1936
19) Métraux 1940, S. 31
20) Englert 1948, S. 139 bis 147; siehe auch Heyerdahl und Ferdon 1961, S. 30, 39, 40
21) J. Cook 1777, vol. I, S. 290; Forster 1777, vol. I, S. 564, 584, 585
22) Smith 1961, S. 385 bis 391
23) J. Cook 1777, vol. II, S. 364
24) Forster 1778, S. 284
25) J. Cook 1777, vol. I, S. 278
26) Roussel 1908
27) Palmer 1870, S. 109
28) Pinart 1878 a, S. 238
29) Churchill 1912, S. 5
30) Bergsland und Vogt 1962; Englert 1948, S. 327
31) Métraux 1940, S. 309
32) Métraux 1940, S. 315
33) Geiseler 1883, S. 131; Ferdon 1961, S. 250 bis 253
34) Ferdon 1961, S. 250 bis 254
35) Roggeveen 1722, S. 15; Behrens 1722, S. 133; Ferdon 1961, S. 534
36) Ferdon 1961, S. 534
37) Métraux 1940, S. 340, 341
38) Ferdon 1961, S. 534
39) Heyerdahl 1952 a, S. 579 bis 582, Pl. 80
40) Heyerdahl 1952 a, Pl. 81, Fig. 588
41) Skottsberg 1956, S. 497, 412; 1957, S. 3
42) Ferdon 1961, S. 535
43) Heyerdahl 1952 a, S. 583
44) Thomson 1889, Pl. 23; Routledge 1919, Fig. 105; Ferdon 1961, Fig. 65, S. 535
45) Heyerdahl 1952 a, Pl. 82
46) Thomson 1889, S. 481, 482
47) Heyerdahl 1952 a, S. 505, 506
48) Jaussen 1894, S. 261
49) Ferdon 1961, S. 534; Heyerdahl 1961, S. 497 bis 502, 328
50) Buck 1938 a, S. 232
51) Smith 1961, S. 217, 218; Heyerdahl 1961, S. 507
52) Skjölsvold 1961, S. 360 bis 362; Heyerdahl 1961, S. 462 bis 469, 502 bis 512
53) Mulloy 1961, S. 100, 128, 130, 133 bis 135
54) Ferdon 1961, S. 535
55) Geiseler 1883, S. 30, 31; Ferdon 1961, S. 381 bis 383, Fig. 12 b
56) Ferdon 1961, S. 329 bis 338
57) Skjölsvold 1961, S. 295 bis 303; Ferdon 1961, S. 305 bis 311
58) Ferdon 1961, S. 338; Bruyne 1963
59) Thomson 1889, S. 486; Ferdon 1961, S. 329 bis 331
60) Mulloy 1961, S. 138 bis 145; Smith 1961, S. 287 bis 289; Skjölsvold 1961, S. 291 bis 293
61) Heyerdahl und Ferdon 1961, S. 449, 450, Pl. 80 a–d
62) Izumi und Sono 1963, Pl. 24
63) Smith 1961, S. 270, 271; Mulloy 1961, S. 151 bis 153; Heyerdahl und Ferdon 1961, S. 398 bis 400, 481, 482
64) Heyerdahl und Ferdon 1961, S. 415 bis 438, 485 bis 487
65) Heyerdahl und Ferdon 1961, S. 448, 484, 485
66) Métraux 1940, S. 215
67) Heyerdahl und Ferdon 1961, S. 412, 413, 484; Izumi und Sono 1963, Pl. 101 b 5, 102 b 6, 164
68) Métraux 1940, S. 201
69) Heyerdahl und Ferdon 1961, S. 438 bis 448, 487, 488

Literaturverzeichnis

ACOSTA, J. DE: Historia natural y moral de las Indias en que se tratan las cosas ... Sevilla 1590 (engl. Übersetzung, London 1604)
AGÜERA Y INFANZON, F. A. DE: Journal of the principal occurrences during the Voyage of the Frigate »Santa Rosalia« in the year 1770. Hakluyt Soc., Ser. 2, Nr. 13. 1908
ALFARO, A.: Memoria de la Secretaría de Fomento, 24 de junio de 1898. In: Reproduciones Cientificas, una expedición y legislación de la Isla del Coco. Institutio Geográfico de Costa Rica. San José 1963
AMHERST und THOMSON, B.: Introduction and notes to: The Discovery of the Solomon Islands by Alvaro de Mendaña in 1568. Hakluyt Soc., Ser. 2, Nr. 7. London 1901
ANDAGOYA, P. DE: Narrative of the Proceedings of Pedrarias Davila ... 1541–46. Hakluyt Soc., Bd. 34. 1865
BAKER, J. G.: A synopsis of the genera and species of Museae. Ann. of Bot., VII. London 1893
BALBOA, M. C. DE: Miscellanea antartica. Mss, in der New York Public Library, von dem heute verlorenen Original zwischen 1700–25 kopiert. o. J.
– Histoire du Pérou. 1586. In: Ternaux-Compans: Voyages, Relations et Mémoires originaux pour servir à l'histoire de la découverte de l'Amérique. Paris 1840
BALFOUR, H.: Some Ethnological Suggestions in Regard to Easter Island, or Rapanui. Folklore, Bd. 28, S. 356–381. London 1917
BEECHEY, F. W.: Narrative of a Voyage to the Pacific and Bering's Strait ... in the Years 1825–28. 2 Bde. London 1831
BEHRENS, C. F.: Der wohlversuchte Süd-Länder, das ist: ausführliche Reise-Beschreibung um die Welt. 1722. Übersetzung ins Engl.: Hakluyt Society, Ser. 2, Nr. 13. Cambridge 1908
BENNETT, W. C.: Mnemonic and recording devices. Handbook of South American Indians, Bd. 5. Smithsonian Inst. Bur. of American Ethnology, Bull. 143. Washington D. C. 1949
– Ancient Arts of the Andes. New York 1954
– Excavations at Tiahuanaco. – Anthrop. Papers Amer. Mus. Nat. Hist., Vol. 34, Part 3. 1934
BENZONI, G.: La Historia del Mundo Nuevo. Venedig 1565 (ins Engl. übersetzt von W. H. Smyth: History of the New World). Hakluyt Soc., Nr. 21. London 1857
BERGSLAND, K., und Vogt, H.: On the validity of glottochronology. Current Anthropology, Bd. 3, Nr. 2, S. 115–153. Chicago 1962
BERRY, E. W.: Cocos and Phymatocaryon in the Pliocene of New Zealand. Am. Jour Science, Bd. 5, Nr. 12. New Haven, Conn. 1926
BERTONI, M. S.: Essai d'une monographie du genre ananas. Anal. Ci. Paraquaoys, II, Nr. 4. Asunción 1919
BETANZOS, J. DE: Suma y narración de los Incas. Madrid 1880
BISSCHOP, E. DE: Kaimiloa. D'Honolulu à Cannes par l'Australie et le Cap à bord d'une double pirogue polynésienne. Paris 1939
BLAXLAND, G.: Treatise on the Aboriginal Inhabitants of Polynesia with evidence of their origin and antiquity. Mss. loc. Nr. B 760, Mitchell Library, Sydney
BRINTON, D. G.: American Hero-Myths. A Study in the Native Religions of the Western Continent. – Philadelphia. 1882.
BROWN, F. B. H.: Flora of Southeastern Polynesia. I: Monocotyledons, 1931. III: Dicotyledons, 1935. B. P. Bishop Mus. Bull. 130. Honolulu 1935
BRUYNE, E. DE: Informe sobre el descubrimiento de un área arquelógica. Museo National de Historia Natural, Publicación Ocasional, Nr. 2, S. 1–16. Santiago de Chile 1963
BRYAN, E. H. JR.: Hawaiian Nature Notes. Honolulu 1935
BUCK, P. (= Te Rangi Hiroa): Vikings of the Sunrise. New York 1938 a
– Ethnology of Mangareva. B. P. Bishop Mus. Bull. 157. Honolulu 1938 b
– An Introduction to Polynesian Anthropology. B. P. Bishop Mus. Bull. 187. Honolulu 1945
BYAM, G.: Wanderings in some of the western republics of America ... London 1850 (Deutsche Ausgabe: Wanderungen durch südamerikanische Republiken. Dresden 1851)

CANDOLLE, A. DE: Origin of Cultivated Plants. London 1884
CARTER, G. F.: Plant Evidence for Early Contacts with America. South Western Jour. Anthrop., VI, Nr. 2. Albuquerque, N. M., 1950
CHARNOCK, J.: A History of Marine Architecture. Bd. 1. London 1801
CHERVIN, A.: Anthropologie Bolivienne. Vol. III. Craniologie. – Paris. 1908.
CHRISTIAN, F. W.: Early Maori Migration as Evidenced by Physical Geography and Language. Report Sixteenth Meeting Australas. Ass. Adv. Sci. Wellington, N. Z., 1924
CHUBB, L. J.: Geology of Galapagos, Cocos, and Easter Island. B. P. Bishop Mus. Bull. 110. Honolulu 1933
CHURCHILL, W.: Easter Island. The Rapanui Speech and the Peopling of Southeast Polynesia. Carnegie Inst. Wash., Publ. Nr. 174. Washington 1912
CLAUSEN, R. T.: A Botanical Study of the Yam Beans (Pachyrrhizus). Cornell Univ. Mem. 264. Ithaca, N. Y., 1944
COBO, B.: Historia del Nuevo Mundo ..., 1653. Ed. Marcos Jiménez de la Espada. Sevilla 1890–95
COE, M. D.: Archaeological Linkages with North and South America at la Victoria, Guatemala. Am. Anthropologist, Bd. 62, Nr. 3. 1960
COOK, J.: Second Voyage Towards the South Pole and Round the World, Performed in the »Resolution« and »Adventure« 1772–75. London 1777
COOK, O. F.: Food Plants of Ancient America. Ann. Rept. Smiths. Inst., Washington, D. C., 1903
– History of the Coconut Palm in America. Contr. U. S. Nat. Herb., Bd. 14. Washington 1910–12
COOK, O. F., und COOK, R. C.: The Maho, or Mahagua, as a Trans-Pacific Plant. Jour. Wash. Acad. Sci., VIII. 1918
CORNEY, B. G.: Editorial annotations to: Gonzalez (1770). 1908
DAMPIER, W.: Captain William Dampier's Voyage round the Terrestrial Globe. A Collection of Voyages. 4 Bde. London 1729
DAWSON, W. R.: Mummification in Australia and in America. – Jour. Roy. Anthrop. Inst., Vol. LVIII. London. 1928.
DEGENER, O.: Ferns and Flowering Plants of Hawaii National Park. Honolulu 1930
DIXON, R. B.: The Problem of the Sweet Potato in Polynesia. Am. Anthropologist, Bd. 34. 1932
– Contacts with America across the Southern Pacific. In: The American Aborigines, Their Origin and Antiquity. A Collection of Papers, by Ten Authors, Assembled by D. Jenness. Univ. of Toronto Press, Toronto 1933
– The Long Voyages of the Polynesians. Proceedings, Am. Philos. Soc., Bd. 74, Nr. 3. 1934
EAMES, A. J., und ST JOHN, H.: The Botanic al Identity of the Hawaiian Ipu Nui or Large Gourd. Am. Jour. Bot., XXX, Nr. 3. 1943
EDMONDSON, C. H.: Viability of Coconut Seeds after Floating in Sea. B. P. Bishop Mus., Occ. Papers, Bd. 16, Nr. 12. Honolulu 1941
EISLEB, D.: Beitrag zur Systematik der altperuanischen »Ruder« aus der Gegend von Ica. Baessler-Archiv, N. F., Bd. 10, S. 105–128. Berlin 1963
EMORY, K. P.: Stone Remains in the Society Islands. B. P. Bishop Museum Bull. Nr. 116. Honolulu 1933
– Oceanian Influence on American Indian Culture: Nordenskiöld's View. Jour. Polynes. Soc., Bd. 51, 1942
– Review of Archaeology of Easter Island (Heyerdahl und Ferdon 1961). Am. Antiquity, Bd. 28, Nr. 4, S. 565–567. 1963
ENGLERT, P. S.: La Tierra de Hotu Matu'a. Historia, Etnologia y Lengua de Isla de Pascua. Imprenta y edit. »San Francisco« Padre las Casas, Chile 1948
– Outlines of Easter Island's ancient history. Vortrag, gehalten vor der Medical Expedition to Easter Island. Mss. Hangaroa, 17. 1. 1965
ENTERLINE, J. R.: Viking America. – New York. 1972.
FEDDE, F.: Papaveraceae-Hypercoideae et Papaveraceae-Papaveroideae. Das Pflanzenreich, H. 49. Leipzig 1909

FERDON, E. N., J.: Easter Island Exchange Systems. Southwestern Journal of Anthropology, Bd. 14, S. 136–151. Albuquerque 1958
– The ceremonial site of Orongo. – Sites E-4 and E-5. – Stone houses in the terraces of Site E-21. – Easter Island house types. – An Easter Island Hare Moa. – A Summary of the Excavated Record of Easter Island Prehistory. 6 Artikel in: Heyerdahl und Ferdon 1961, S. 221 bis 255, 305–311, 313–321, 329–338, 381–383, 527–535
– The Marquesas Islands. Surface architecture of the site of Paeke, Taipi Valley, Nukuhiva. Report 9 in Heyerdahl und Ferdon 1965
FORSTER, G.: A voyage round the world, in His Britannic Majesty's Sloop »Resolution ...« 2 Bde. London 1777
FORSTER, J. R.: Observations made during a voyage round the World. London 1778
FRASER, D.: Theoretical Issues in the Trans-Pacific Diffusion Controversy. – Social Research, Vol. 32, No. 4. 1965.
GARCILASO DE LA VEGA, Inca: First Part of the Royal Commentaries of the Yncas. 1609. Hakluyt Soc., Bd. 41–45. London 1869–71
GEISELER, Kapitänlieutenant: Die Oster-Insel. Eine Stätte prähistorischer Kultur in der Südsee. Berlin 1883
GONZALEZ, F.: The Voyage of Captain Don Felipe Gonzalez in the Ship of the San Lorenzo, with the Frigate Santa Rosalia in Company, to Easter Island in 1770–1771. Hakluyt Soc., 2. Ser., Bd. 13. Cambridge 1908
GRAYDON, J. J.: Blood Groups and the Polynesians. Mankind, Bd. 4, S. 329–339. Sydney 1952
GREENMAN, E. F.: The Upper Palaeolithic and the New World. Current Anthropology, Bd. 4. Nr. 1, S. 41–66. Chicago 1963
GRETZER, W.: Die Schiffahrt im alten Peru vor der Entdeckung ... Mitteil. Roemer-Museum Hildesheim, Nr. 24. Hannover 1914
GRISEBACH, A.: Die Vegetation der Erde nach ihrer klimatischen Anordnung. Bd. 1–2. Leipzig 1872
GUPPY, H. B.: Observations of a Naturalist in the Pacific Between 1896 and 1899. Bd. II. London 1906
HADDON, A. C.: Melanesian Influence in Easter Island. Folk-Lore, Bd. 29, Nr. 1, S. 161–162. London 1918
HAGEN, V. W. von: Ecuador and the Galápagos Islands. University of Oklahoma Press IX, 290 S. 1949
HARMS, H.: Übersicht der bisher in altperuanischen Gräbern gefundenen Pflanzenreste. – Festschrift Eduard Seler ... herausgegeben von W. Lehmann. Stuttgart. 1922.
HEINE-GELDERN, R. VON: Cultural Connections between Asia and pre-Columbian America. Anthropos, Bd. 45, Nr. 1–3. 1950
HEYERDAHL, T.: På Jakt efter Paradiset. Oslo 1938
– Marquesas Islands. Report of the Standing Committee for the Protection of Nature in and around the Pacific for the years 1933–1938. Proceedings Sixth Pacific Science Congress. Berkeley and Los Angeles 1940
– Did Polynesian culture originate in America? International Science, Bd. 1, S. 15–26. New York 1941 a
– Turning Back Time in the South Seas. National Geographical Magazine, Bd. 79, Nr. 1. Washington, Jan. 1941 b
– The Kon-Tiki Expedition. Oslo 1948 (übersetzt in 57 Sprachen. Deutsche Ausgabe: Kon-Tiki. Ein Floß treibt über den Pazifik. Wien 1949)
– The Voyage of the Raft Kon-Tiki. An Argument for American-Polynesian Diffusion. Geographical Journal, Bd. 115, Nr. 1–3. London 1950
– American Indians in the Pacific. The Theory behind the Kon-Tiki Expedition. Stockholm, London, Chicago 1952 a
– Objects and Results of the Kon-Tiki Expedition. Proceedings Thirtieth International Congress of Americanists. Cambridge 1952 b
– Some Basic Problems in Polynesian Anthropology. Proceedings Thirtieth International Congress of Americanists. Cambridge 1952 c
– En Gjenoppdaget Inka-kunst. Guara-metoden som lar flåter krysse og jibbe uten ror eller styreåre. Teknisk Ukeblad, n. r., Bd. 48. Oslo 1954

– The balsa raft in aboriginal navigation off Peru and Ecuador. Southwestern Journal of Anthropology, Bd. 11, Nr. 3, S. 251–264. University of New Mexico, Albuquerque 1955
– Aku-Aku. The Secret of Easter Island. Oslo 1957 (übersetzt in 27 Sprachen. Deutsche Ausgabe: Aku-Aku. Das Geheimnis der Osterinsel. Berlin 1957 a)
– Guara navigation: Indigenous sailing off the Andean coast. Southwestern Journal of Anthropology, Bd. 13, Nr. 2, S. 134–143. Albuquerque 1957 b
– Guara sailing technique indigenous to South America. Actas del XXXIII Congreso de Americanistas. San José, Costarica 1958
– Merrill's reappraisal of ethnobotanical eviodence for prehistoric contact between South America and Polynesia. Proc. of the 34 International Congress of Americanists. Wien 1960
– An Introduction to Easte r Island. – Surface Artifacts. – General discussion. 3 Artikel in: Heyerdahl und Ferdon 1961. S. 21–90, 397–489, 493–526
– Archaeology in the Galápagos Islands. Papers of the Tenth Pacific Science Congress. University of Hawaii. Honolulu 1961 a
– Prehistoric Voyages as Agencies for Melanesian and South American Plant and Animal Dispersals to Polynesia. In: Plants and the Migrations of Pacific peoples. 10. Pacific Science Congress. Honolulu 1961 b
– Sea routes to Polynesia. »Expedition« The Bulletin of the University Museum of the University of Pennsylvania, Bd. 4, Nr. 1, S. 22–29. 1961 c
– Statuene på Påskeöen. Problem og Resultat. Vortrag, gehalten vor der Schwedischen Anthropologischen und Geographischen Gesellschaft, 24. April 1962. Ymer, H. 2. Stockholm 1962
– Navel of the World. In: Vanished Civilizations. London 1963 (deutsch: Die »großen Steine« der Osterinsel. Von Peru in den Pazifik. In: Versunkene Kulturen, S. 323–344. München-Zürich 1963)
– Feasible Ocean Routes to and from the Americas in pre-Columbian Times. Actas y Memorias del XXXV Congreso Internacional de Americanistas, Mexico 1962. Mexico 1964 a
– Plant evidence for contacts with America before Columbus. Antiquity, Bd. XXXVIII, Nr. 150, S. 120–133. Cambridge 1964 b
– The Inca inspiration behind the Spanish discoveries of Polynesia and Melanesia. Vortrag auf dem XXVI. Internationalen Amerikanistenkongreß, Barcelona 1964 c
– How far is Easter Island culture Polynesian? Vortrag auf dem VII. Internationalen Kongreß für Anthropologie und Ethnologie, Moskau 1964 d. Mss.
– The statues of the Oipona me'ae, with a comparative analysis of possibly related stone monuments. Rp. 10 in: Heyerdahl und Ferdon 1965
– The concept of rongo rongo among the historic population of Easter Island. Rp. 16 in: Heyerdahl und Ferdon 1965.
– Notes on the pre-European Coconut Groves on Cocos Island. Rp. 17 in: Heyerdahl und Ferdon 1965
– Indianer und Altasiaten im Pazifik. Das Abenteuer einer Theorie. Wien 1966
– Expedition Ra. Mit dem Sonnenboot in die Vergangenheit. Gütersloh-Wien 1971
– Isolationist or Diffusionist. Beitrag in dem Sammelband »The Quest for America«. London-New York 1971, S. 115–154
– The Bearded Gods Speak. Beitrag in dem Sammelband »The Quest for America«. London-New York 1971, S. 199–238
– Early Man and the Ocean. In: Dialogue 3, hg. von INA-Insurance Co. of North America, Philadelphia, S. 4–9
– Viking America, Nachwort zu dem Buch von J. R. Enterline, New York 1972
– Fatu Hiva. Zurück zur Natur. München-Gütersloh-Wien 1974
HEYERDAHL, T., und FERDON, E. N., JR., ed.: Reports of the Norwegian Archaeological Expedition to Easter Island and the East Pacific. Bd. I. Archaeology of Easter Island. Monographs of the School of American Research and the Museum of New Mexico, Nr. 24, T. 1. 1961. Bd. II. Miscellaneous Reports. Monographs of the School of American Research and the Kon-Tiki Museum, Nr. 24, T. 2. 1965. Santa Fe, New Mexico
HEYERDAHL, T., und SKJÖLSVOLD, A.: Archaeological Evidence of pre-Spanish visits to the Galápagos Islands. Memoirs of the Society for American Archaeology, Nr. 12. Salt Lake City 1956

HILL, A. W.: The original home and mode of dispersal of the coconut. Nature, vol. 124. London 1929
HILLEBRAND, W.: Flora of the Hawaiian Islands. Heidelberg 1888
HILL-TOUT, C.: Oceanic Origin of the Kwakiutl-Nootka and Salish Stocks of British Columbia and Fundamental Unity of Same with Additional Notes on the Déné. Proc. Trans. Roy. Soc. Canada, 2. Ser., Bd. 4, 1898
HORNELL, J.: Was there a pre-Columbian Contact between the Peoples of Oceania and South America? Journ. Polynesian Soc., Bd. 54, S. 167–191. 1945
– How did the sweet potato reach Oceania? Journ. of Linnaean Society of London, Bd. 53, Nr. 348, S. 41–62. London 1946
HUMBOLDT, A. VON: Atlas pittoresque, vues des Cordillères et des monuments des peuples indigènes de l'Amerique. Paris 1810
HUTCHINSON, J. B., SILOW, R. A., und STEPHENS, S. G.: The Evolution of Gossypium and the Differentiation of the Cultivated Cottons. London, New York und Toronto 1947
HUTCHINSON, T. J.: Anthropology of Prehistoric Peru. Journ. of the Royal Anthropological Institute, Bd. 4. London 1875
IZUMI, S., und SONO, T.: Andes 2, Excavations at Kotosh, Peru 1960. Tokyo 1963
JACOBY, A.: Señor Kon-Tiki. Oslo 1965
JAKEMAN, M. W.: The XXIX International Congress of Americanists. Bull. Brigham Young. Univ., März 1950
JUAN, G., und ULLOA, A. DE: Relación histórica del viaje a la América Meridional ... Bd. 1. Madrid 1748
KERCHOVE DE DENERGHEM, O. DE: Les Palmiers; histoire iconographique, géographie, paléontologie, botanique, description, culture, emploi, etc. Paris 1878
KNOCHE, W.: Vorläufige Bemerkung über die Entstehung der Standbilder auf der Osterinsel. Zeitschrift f. Ethnologie, Bd. 44, S. 873–877. Berlin 1912
– Die Osterinsel. Eine Zusammenfassung der chilenischen Osterinselexpedition des Jahres 1911. Concepción 1925
KÖRNICKE, F.: Über die Heimat unserer Gartenbohne Phaseolus vulgaris. Verh. Naturhist. Ver. Preuss. Rheinlande etc. Bonn 1885
KOTZEBUE, O. E. (KOCEBU, O.): Putešestvie v Južnyj okean i v Beringov proliv dlja otyskanija Severo-vostočnogo morskogo prochoda, predprinjatoe v 1815, 1816, 1817 i 1818 godach. 3 Bde. St. Petersburg 1821 (engl. Übers. London 1821)
KROEBER, A. L.: Peruvian Archaeology in 1942. – Viking Fund. Publ. in Anthrop., 4. New York. 1944.
LAS CASAS, B. DE: Historia de las Indias. 1559. Colección de Documentos Inéditos para la Historia de España. Madrid 1876
LAVACHERY, H.: Les bois employés dans l'Ile de Pâques. Bull. Soc. des Américanistes de Belgique. März 1934, S. 67–71. 1934
– La Mission Franco-Belge dans l'Ile de Pâques. Bulletin Société Royale de Géographie d'Anvers, Bd. 55, S. 313–361. Antwerpen 1935.
– Easter Island, Polynesia. Annual Report of the Board of Regents of the Smithsonian Institution, S. 391–396. Washington 1936
– Les pétroglyphes de l'Ile de Pâques. 2 Bde. Antwerpen 1939
LESCALLIER, M.: Traité pratique du gréement des vaisseaux et autres bâtiments de mer. Bd. 1. Paris 1741
LHOTE, H.: Klippmalningarna i Sahara. Stockholm 1959
– A la découverte des fresques du Tassili. Paris 1973
LISJANSKIJ, JU. F.: Putešestvie vokrug sveta na korable »Neva« v 1803–1806 gg. St. Petersburg 1812. Neue Ausgabe Moskau 1947. Engl. Übersetzung Lisiansky, London 1814
LIZARRAGA, R. DE: Descripción de las Indias. Crónica sobre el Antiguo Perú ... 1560–1602. Los Pequeños Grandes Libros de Historia Americana. Ser. 1, Bd. 12. Lima 1946
LOTHROP, S. K.: Aboriginal navigation off the West Coast of South America. Jour. Royal Anthropological Institute, Bd. 62, S. 229–256. London 1932
MARKHAM, C. R.: siehe: Proceedings Royal Geographical Society, Bd. 14, S. 116–119, London 1870
MARTIUS, C. F. P. DE: Historia naturalis Palmarum. 3 Bde. Monachii (München) 1823–50

MEANS, P. A .: Pre-Spanish Navigation Off the Andean Coast. American Neptune, Bd. 2, Nr. 2. 1942
MERRILL, E. D.: Comments on Cook's Theory as to the American Origin and prehistoric Polynesian Distribution of certain economic Plants, especially Hibiscus tiliaceus Linnaeus. Philippine Jour. Sci., XVII. Manila 1920
- The improbability of pre-Columbian Eurasian-American contacts in the light of the origin and distribution of cultivated plants. Journ. of the New York Botanical Garden, Bd. 31, S. 209–212. New York 1930
- The Phytogeography of Cultivated Plants in Relation to Assumed pre-Columbian Eurasian-American Contacts. American Anthropologist, Bd. 33, Nr. 3, S. 375–82. Menasha 1931
- Domesticated plants in relation to the diffusion of culture. Early Man. Philadelphia 1937
- Merrilleana. A selction from the general writings of Elmer Drew Merrill, ed. by Frans Verdoorn. Chronica Botanica, Bd. 10, Nr. 3–4. Waltham 1946
- Observations on Cultivated Plants with Reference to Certain American Problems. Ceiba, Bd. 1, Nr. 1, S. 2–36. Tegucigalpa/Honduras 1950
- The Botany of Cook's Voyages and Its Unexpected Significance in Relation to Anthropology, Biogeography and History. Chronica Botanica Company, Bd. 14, Nr. 5–6. Waltham 1954
METRAUX, A.: Ethnology of Easter Island. B. P. Bishop Museum Bulletin 160. Honolulu 1940
- Easter Island. A Stone Age Civilization of the Pacific. New York 1957
MORGAN, A. E.: Nowhere Was Somewhere. New York 1946
MORRIS, E. H., CHARLOT, J., and MORRIS, A. A.: The Temple of the Warriors in Chitzen Itza, Yucatan. – Carnegie Inst. Wash. Publ. No. 406. Washington, D. C. 1931
MOURANT, A. E.: The distribution of human blood groups. Springfield, III. 1954
MULLOY W.: The Ceremonial Center of Vinapu. In: Heyerdahl und Ferdon 1961, S. 93–180
- Rp. 9 in Heyerdahl und Ferdon 1965
MURPHY, R. C.: The earliest Spanish advances southward from Panama along the West Coast of South America. Hispanic. Amer. Hist. Rev., Bd. 21. Durham, N. Carolina, 1941
NORDENSKIÖLD, E.: Origin of the Indian Civilizations in South America. Comp. Ethnogr. Stud., IX. Gothenburg 1931
OLIVA, A.: Histoire de Pérou. 1631. Übersetzung von Bandelier, Paris 1857. Ausgabe Paris 1910
OVIEDO Y VALDES, G. F. DE: Historia general y natural de las Indias, islas y tierra-firme del mar océano (1535–48). 4 Bde. Madrid 1855
PACHACUTI-YAMQUI SALCAMAYHUA, J. DE STA CRUZ: Relación de antigüedades deste reyno del Pirú. 1620. Ed. M. J. de la Espada, Madrid 1879
PALMER, J. L.: A Visit to Easter Island, or Rapa Nui. Royal Geogr. Soc. Proceedings, Bd. 14, S. 108–119. London 1870
- Davis or Easter Island. Lit. and Phil. Soc. of Liverpool Proc., Nr. 29, S. 275–297. London 1875
PARIS, F. E.: Essai sur la construction navale des peuples extra-européens. Paris 1841–43
LA PÉROUSE, J. F. G. DE: A Voyage round the World Performed in the Years 1785, 1786, 1787, and 1788 ... 2 Bde. und ein Atlas (Orig. ed. Paris 1797). London 1798
PETIT-THOUARS, A. DU: Voyage autour du monde sur la frégate La Vénus, pendant les années 1836–1839 ... 2 Bde., 1 Bilderatlas. Paris 1841
PINART, A.: Voyage à l'Ile de Pâques. Le Tour du Monde, Bd. 36, S. 225–240. Paris 1878 a
- Exploration de l'Ile de Pâques. Bull. Soc. Géogr., Ser. 6, Bd. 16, S. 193–213. Paris 1878 b
PIZARRO, PEDRO: Relación del Descubrimiento y Conquista de los Reinos del Perú. 1571. Colección de Documentos Inéditos para la Historia de España, Bd. 5. Madrid 1844 (ins Englische übersetzt und mit Anmerkungen versehen von P. A. Means: Relation of Discovery and Conquest of the Kingdoms of Peru. 2 Bde. New York 1921)
PORTER, D.: Journal of a Cruise made to the Pacific Ocean. Philadelphia 1815
PRAIN, D.: An account of the genus Argemone. Jour. Bot., XXXIII. 1895
PRESCOTT, W. H.: History of the Conquest of Peru. – Vols. I–II. London. 1847.
RESCH, W.: Die Felsbilder Nubiens. Graz 1967
RIVET, P.: Relations commerciales précolombiennes entre l'Océanie et l'Amérique. Festschrift P. W. Schmidt. Wien 1928.

– Les origines de l'homme américain. Montreal 1943
ROCHEBRUNE, A.-T. DE: Recherches d'ethnographie botanique sur la flore des sépultures péruviennes d'Ancon. Antes Soc. Linn. Bordeaux, Ser. 4, Bd. 3. Bordeaux 1879
ROGGEVEEN, J.: Extract from the official log of the voyage of Mynheer Jacob Roggeveen, in the Ships Den Arend, Thienhoven and De Afrikaanische Galey, in 1721/22, in so far as it relates to the discovery of Easter Island. 1722. Hakluyt Soc., Ser. 2, Nr. 13. Cambridge 1908
ROSS, A. S. C.: Preliminary notice of some late eighteenth century numerals from Easter Island. Man, Bd. 36, Nr. 120. 1936
ROUSSEL, H.: Vocabulaire de la langue de l'Ile de Pâques ou Rapa nui. Le Muséon, Nr. 2–3, S. 159–254. Löwen 1908
– Ile de Pâques. Notice par le R. P. Hippolyte Roussel, SS. CC. Apôtre de l'île de Pâques [1869 nach Valparaiso gesandt]. 1869. Annales de la Congrégation des Sacrés-Cœurs de Jésus et de Marie, Nr. 305, S. 355–360, Nr. 307, S. 423–430, Nr. 308, S. 462–466, Nr. 309, S. 495–499. Paris 1926
ROUTLEDGE, K.: The Mystery of Easter Island. The Story of an Expedition. London 1919
ROWE, J. H.: Diffusionism and Archaeology. – American Antiquity, Jan. 1966.
SAAMANOS, J. DE: Relación de los primeros descubrimientos de Francisco Pizarro y Diego de Almagro: Sacada del códice número CXX de la Biblioteca Imperial de Viena. 1526. Collección de Documentos Inéditos para la Historia de España, Bd. 5. Madrid 1844
SARMIENTO DE GAMBOA, P. DE: History of the Incas. 1572. Hakluyt Soc., 2. Ser., Bd. 22. Cambridge 1907
SAUER, C. O.: Cultivated Plants of South and Central America. Handbook of South American Indians, Bd. VI. Smithsonian Inst. Bur. Amer. Ethn., Bull. 143. Washington, D. C., 1950
SHAPIRO, H. L.: The physical relationship of the Easter Islanders. In: Métraux 1940
SHARP, B.: The dangerous Voyage, and bold Attempts of Capt. Bartholomew Sharp, ... The History of the Buccaneers of America, Bd. 2, T. 4. London 1704
SIMMONS, R. T., GRAYDON, J. J., SEMPLE, N. M., und FRY, E. I.: A blood group Genetical Survey in Cook Islanders, Polynesia, and Comparisons with American Indians. Amer. Jour. Physical Anthrop., Bd. 13, S. 667–690. Philadelphia 1955
SKJÖLSVOLD, A.: House Foundations (Hare Paenga) in Rano Raraku. – Site E-2, a circular stone dwelling, Anakena. – The Stone Statues and Quarries of Rano Raraku. 3 Artikel in: Heyerdahl und Ferdon 1961, S. 291–293, 295–303, 339–379.
SKOGMAN, C.: Fregatten Eugenies resa omkring jorden åren 1851–53. Bd. 1. Stockholm 1854
SKOTTSBERG, C.: The Natural History of Juan Fernandez and Easter Island. Uppsala 1920.
– Le peuplement des îles pacifiques du Chili. Soc. de Biogéograph., IV. Paris 1934
– Derivation of the Flora and Fauna of Juan Fernandez and Easter Island. The Natural History of Juan Fernandez and Easter Island, Bd. 1, S. 193–438. Uppsala 1920–1956
– Påskön. Göteborgs Handels- och Sjöfarts-Tidning, 7. Okt. 1957. Gothenburg
SMITH, C. S.: A Temporal Sequence Derived from Certain Ahu. – Two Habitation Caves. – Tuu-ko-ihu Village. – The Poike Ditch. 4 Artikel in: Heyerdahl und Ferdon 1961, S. 181–219, 257–271, 287–289, 385–391
SPILBERGEN, JORIS VAN: Speculum Orientalis Occidentalisque Indiae navigationis, 1614–18. Leiden 1619
STEVENSON, W. B.: A Historical and Descriptive Narrative of Twenty Years' Residence in South America. 3 Bde. London 1825
STEWARD, J. H.: The Comparative Ethnology of South American Indians. Handbook of South American Indians, Bd. V. Washington, D. C. 1949
STEWART, C. S.: A visit to the South Seas in the U. S. ship »Vincennes«, during the years 1829 and 1830. London 1832
STEWART, T. D.: Skeletal Remains from Paracas, Peru. – Amer. Jour. Phys. Anthrop., Vol. I. 1943.
STOKES, J. F.: Spaniards and the sweet potato in Hawaii and Hawaiian American contacts. Amer. Anthrop., XXXIV, Nr. 4. o. J.
STONOR, C. R., und ANDERSON, E.: Maize among the Hill Peoples of Assam. Ann. Missouri Bot. Gard., XXXVI, Nr. 3. 1949

STOUT, D. B.: The Cuna. – Handbook of South American Indians, Vol. IV Smithsonian Institution Bur. Amer. Ethn. Bull. 1948.
SULLIVAN, L. R.: Marquesan Somatology with Comparative Notes on Samoa and Tonga. B. P. Bishop Mus. Mem., Bd. 9, Nr. 2. Honolulu 1923
THOMSON, W. J.: Te Pito te Henua, or Easter Island. Rept. U. S. National Museum for the year ending June 30, 1889. Washington, D. C., 1889
TROTTER, M.: Hair from Paracas Indian Mummies. – Amer. Jour. Phys. Anthrop. Vol. I. 1943.
UHLE, M.: Fundamentos Étnicos y Arqueologia de Arica y Tacna. Universidad Central. Quito 1922
VALVERDE, V.: Relación del sitio del Cuzco y principio de las guerras civiles del Perú ... 1535 a 1539. Colección de Libros Españoles Raros o Curiosos. Bd. 13. Madrid 1879
WAFER, L.: A New Voyage and Description of the Isthmus of America. In: Dampier, 1729, Bd. 3
WALLACE, A. R.: Discussion of paper read by Prof. T. H. Huxley. In: Huxley, T.: On the Geographical Distribution of the Chief Modifications of Mankind. Jour. Ethn. Soc. London, N. W., Bd. 2. London 1870
WECKLER, J. E.: Polynesian Explorers of the Pacific. Smithsonian Institution War Background Studies, Nr. 6. Washington 1943
WHITAKER, T. W., und Bird, J. B.: Identification and Significance of the Cucurbit Materials from Huaca Prieta, Peru. Amer. Mus. Novitates, Nr. 1426. New York 1949
WILLIAMSON, R. W.: Essays in Polynesian Ethnology. Ed. by R. Piddington (Cambridge Univ. Press). Cambridge 1939
WILSON, D.: Prehistoric Man. Researches into the Origin of Civilization in the Old and the New World. – Vols. I–II. London. 1862
WITTMACK, L.: Über Bohnen aus altperuanischen Gräbern. Sitzungsber. Bot. Ver. d. Prov., XXI. Brandenburg 1880
– Unsere jetzige Kenntnis vorgeschichtlicher Samen. Ber. Deutsche Bot. Ges., IV. Berlin 1886
– Die Heimat der Bohnen und der Kürbisse, Ber. Deutsche Bot. Ges., VI, Nr. 8. Berlin 1888
YACOVLEFF, E., und HERRERA, F. L.: El mundo vegetal de los antiguos peruanos. Rev. Mus. Nac., III, Nr. 3, Lima 1934, und IV, Nr. 1, Lima 1935
ZÁRATE, A. DE: Histoire de la Découverte et de la Conquête du Pérou. (Orig. ed. Antwerpen 1555). Amsterdam 1700

Register

Abreißsicherung 27
Absorption 186
Abtrift 40
Acabana 163
Achachi, Huaman 159
Acosta, Pater Joseph de 61, 162, 204
Adobe-Ziegel 46, 111
Ageratum conyzoides 214
Ägypten 18, 50, 57, 60, 68, 73, 77, 79, 81, 82, 121
Ägyptische Gräber 70, 113
– Kunst 22, 24
– Schiffe 24, 27, 69, 73
Ägyptisch-mesopotamisches System 25
Ahmed, Joseph 21, 70
Aitken, Robert T. 214
Aku-Aku 257
Alaska 43, 51, 52, 63
Aleuten 32, 41
Alexander III., Papst 129
Alexander-Archipel 145
Alfaro, Anastacio 253
Algarrobo-Holz 188
Algerien 18
Alsar, V. 42
Alteuropa 9
Altperuaner 157, 183
Altperuanische Hochseeschiffahrt 156, 178
Amazonas 63, 108, 205
Amherst 163, 164
Anahuac 101
Ananas 211
– -Kirsche 211
Ancon 57, 62
Andagoya 97, 174
Anden 66, 94, 205
Anderson, E. 199, 221
Andesit-Faustschlegel 283
André, R. 202
Angelhaken 46
Anthropomorphe Gottheiten 67
Antipodische Punkte 31
Apostel Thomas 103
Äquator 38
Äquatorial-Gegenstrom 32, 39
Arca, C. C. 42
Archipel, malaiischer 142
Arellano 38
Argemone alba, var. glauca 212
Argentinien 52, 108
Arica 162, 163, 181, 233
Aristida subspicata, Pavahina-Gras 213
Astronomie 54
Atau 162
Äthiopien 72
Atlantik-Überquerung 9, 79
Atlas-Gebirge 114
Auftrieb 17
Australien 37, 81, 206
Avachumbi 159
Aymara-Indianer 22, 25, 76, 85
Azoren 126
Azteken 52, 64, 66, 100 ff., 104, 109, 111, 121

»Baby-face« 111
Baker, J. G. 214
– Norman 72
Balboa, Pater Miguel Cabello de 159, 160, 161
Balfour, H. 290
Balkenflöße 162
Balsa-Flöße 8, 10, 17, 40, 119, 156, 158, 172, 176, 181, 183, 188, 200, 229, 230, 235
Banane 44, 61 f., 204
Bandelier 96
Bandschleuder 151
Banks, Sir Joseph 249
Barbados 22, 55, 77
Barcelona 153
Bartholomäus 103
Baumwolle 44, 46, 58, 60 f., 151, 205, 223
Baumwollkleidung 99
Bau von Pyramiden 25, 46
Beauchesne-Gouin 236
Bella-Coola-Selisch-Indianer 149 f.
Bennet, W. C. 109, 110, 180, 277
Benzoni, Girdamo 175
Berber 114
Bering-Straße 9, 41, 43, 120
Berlanger, Thomás de 62, 233, 234
Bertoni, M. S. 211
Best, E. 81
Bestattungsfahrzeug 70
Betanzos 97, 160
Betelkauen 141, 151
Binsenboote 9, 13, 17, 24 f., 28, 46, 50, 53, 55, 67 ff., 113 f.
Binsenhäuser 273, 286
Bird, J., 203

Bisschop, Eric de 39, 40, 42, 145
Black Beach 231 232
Blasinstrumente 46
Blaxland, George 179
Blockfloß-Navigation 162
Bochica 100
Bolivien 181, 296
Bootsabbildungen, älteste 16, 17
Borneo 141
Brasilien 36, 61
Bremen, Adam von 125
Brinton 102, 104, 105, 107
Broussonetia papyrifera, Papiermaulbeerbaum 146, 218
Brown, F. B. H. 211, 213, 217
Bryan, E. H. 211
Buccaneer Bay 231, 232
Buch Mormon 112
Buck, Sir Peter 143, 167, 185, 202, 270, 283, 299
Buduma 22, 76
Byam, G. 182

Cabeza de Vaca 108
Cabo Blanco 182
– Colorado 231
Cacha 99
Callao 41 f., 155, 161, 164, 165, 166
Camanique 163
Campbell, J. 148
Canavalia sp. Schwertbohne 221
Cancilleria 166
Candolle, Alphonse de 198, 244, 245, 246
Capac 162
Capiscum, Chili-Pfeffer 208
Çarica papaya 213
Carter, G. F. 199, 207, 212, 216, 219
Casma-Tal 233, 237
Catoira 165
Ceterni 161
Chacota-Bay 88
Charapoco 159
Charlot, J. 112
Charnock, J. 178
Chatham-Bucht 241, 250, 252, 253, 254
Chenopodium ambiquum 209
Cheops-Boot 13, 21 f., 72 f.
– -Pyramide 69
Chepo 162
Chiapas 106, 110
Chibcha 99, 100
Chicama-Tal 157, 176, 179
Chichen Itzá 105, 112 f.
Chile 17, 40, 52
Chili-Pfeffer, Capiscum 208, 210
Chimu 90, 98, 110, 161, 178, 189, 221, 233, 237, 296
China 32, 79
Chinarose, Hibiscus rosasinensis 218
Chincha-Inseln 181
Christian, F. W. 167
Chubb, L. J. 241, 250
Churchill, W. 294
Clausen, R. T. 214
Coastal-Tiahuanaco-Periode 237
Coatu 162
Cobo, Bernabé 176
Cocoinae 200
Cocolcan 105
Cocom 106
Cocos nucifera 201
Colnett, James 235
Comogres 174
Con 98
Condoy 107
Con-Tici Viracocha 94, 97, 109
Cook, Kapitän 15, 139, 147, 152, 199, 212, 214, 217, 219, 235, 245, 265, 289, 292 f.
Cook Bay 265 f.
– -Inseln 41
Copiapo 264
Cortés, Hernán 54, 100 f., 104, 109, 111
Costarica 239, 241, 246, 251
Couffer, J. C. 231
Cowley, W. A. 235
Cùna-Indianer 100
Cuzco 99, 160, 181, 284, 299
Cyperus vegetus 209, 210

Dakar 73
Dampier, William 235, 242
Davis, Edward 235
– -Straße 35, 119, 126
Dawson, W. R. 92
Degener, O. 211
Deniker, J. 140
Diffusion 61
Diffusionisten 45, 53, 61, 79, 83, 197, 205
Djibrîne, Abdullah 72
Dioscorea cayenensis Lamarck 216
Dixon, R. B. 147, 184, 200
Dolichos 56
Doppelausleger 144
Doppelpaddel 297
Driftreise 73
Duggins, O. H. 91
Du Petit-Thonars 265

Eames, A. J. 203
Eaton 242
Edmondson 248
Einbäume 17, 19, 190
Eiriksson, Leiv 121, 127
Ekholm, G. F. 39
Ekuador 32, 42, 99, 110, 151, 158, 160, 161, 162, 174, 188, 190, 202, 208, 230 f., 234
Ellice-Gruppe 166
El Niño-Strom 233
El Salvador 110
Emory, K. P. 184
Englert, Pater S. 280, 281, 291, 292
Erdofen 151
Estrada, Emilio 192, 230
Ethnobotanik 44, 56, 197, 207
Evans, C. 232, 236
Eyvand, Eugène 263, 266, 293

Fakarava 42
Faltbücher, vorkolumbische 110
Fatu Hiva 7, 166, 211, 216
Fedde, F. 212
Felsbilder 13, 18 f., 275
Ferdinand, König 132
Ferdon, E. N. 255, 260, 273, 275, 296, 300
Feuerinsel 168
Feuerland 124
Fidschi-Inseln 143, 151, 166, 205, 207, 215
Figueroa, G. 289
Fischhaken 301
Flaschenkürbis 44, 57, 202, 210, 223
Floreana 231
Florida 132
Flöße 26, 37, 67
Flußpferd 19
Fornander, A. 81
Forster 292, 293
Fraser, D. 47
Fresken, ägyptische 24
Fruchtbarkeitsgottheit 279
Frühlingsfest 280
Fry, E. J. 140

Gagua 100
Galapagos-Inseln 8, 168, 180, 182, 206f., 227f., 229ff.,

234, 237, 241, 255, 257
Galeonen-Route 223
Galipoloes-Inseln 235
Gallego 165, 166
Gartenbohne, Phaseolus vulgaris 44, 56, 220
Genua 131
Genovés, Santiago 72
Gesellschaftsinseln 184, 205
Gibraltar 18, 55, 66, 125
Glottochronologie 294
Gnupsson, Eirik Bischof 127
Golfstrom 36
Golf von Guayaquil 173
– Mexiko 36, 41, 54, 65, 76, 78, 103, 112
Gómara 98
Gomboa, Sarmiento de 155
Gonzales 168
Gossypium 206
Graeffe 215
Gray 216
Graydon, J. J. 140, 149
Greenmann, E. F. 35
Gregor, Papst 129
Gretzer, W. 190
Grijalva, Juan de 104
Grisebach, A. 244, 245
Grönland 35, 124, 127
Großblauland 125
Groß-Kittelland 124, 125
Guanchen 114
Guara-Bretter 89, 169, 178, 180 f., 188
Guatemala 110, 233, 255
Guayas 237
Guayau 162
Guayaquil 42, 157, 176, 181, 192, 217, 255
Gucumatz 107
Guerrero 110
Guinea 125
Guppy, H. B. 201, 215

Haddon, A. C. 290
Haedo, Felipe Gonzalez de 264
Hagen, V. von 229
Haida 145, 148
Hall, C. 231
Hamy 290
Hana 294
Hanno, König 66
Harms, H. 62, 202, 204
Hawaii 37 f., 86, 139 f., 145, 147, 152, 166, 184, 201, 205, 211, 223, 268
Heine-Geldern, R. von 39, 152
Heliconia bihai 214
Herakles 66
Herrera, F. L. 212, 215
Hibiscus rosasinensis Chinarose 218
Hibiscus tiliacens 217, 219
Hieroglyphen 65, 81
Hill, A. W. 246
Hill-Tout, C. 148
Hillebrand, W. 211
Hindustan 243
Hirtenkultur 19
Hispañola 63
Hivaoa-Statuen 283
Hochkultur, mexikanische 61, 65
– von Peru 65
Honolulu 87
Hornell, J. 172, 183
Hotu Matua 266
Huamo 159
Huaca Prieta 203, 221
Huanapi 159
Huanchaco 178, 181
Huayna Capao 182
Humboldt, Alexander von 178
Humboldt-Strom 139, 233, 234
Hund, maori-polynesischer 150
Husky 63
Hutchinson, J. B. 57, 59, 172, 199, 206, 207

Ica 180, 188
Ilo 162, 163
Imbabura-Provinz 255
Indien 132
Indonesien 39, 41, 84, 132
Indopazifische Route 82
Indus-Kultur 79
Ingris, E. 40, 42, 230
Inka 37, 51, 66, 93 f., 98, 101, 109, 155 ff., 160 f.
– Garcilaso 61, 63, 94, 96, 181
Isabella, Königin 132
Island 35
Isolationisten 43, 45, 47, 51 f., 56, 61 f., 64, 83, 112
Israel 18
Isthmus v. Panama 54, 63, 83, 108, 110, 172
Italien 18
Itzamná 104

Jakeman, M. W. 217
Jalisco 61
James Bay 231, 232, 235
Jangada 182
Japan 32, 41, 142
– -Strom 32, 83, 145
Jaussen 298
Johannes XXI., Papst 120
John, H. St. 203
Jordan-Fluß 128
Jordsalfarer, Sigurd 128
Joyce 290
Juan 230
Jungpaläolithicum 35

Kairo 72
Kajaks 67
Kalendersysteme 46, 54, 81, 111
Kalifornischer Golf 67
Kalmen 40
Kanada 76
Kanaren 115
– -Strom 75, 115
Kanarische Inseln 126
Kansas 108
Kanus 17, 67
Kapverdische Inseln 62, 73
Karavellen 15
Karibische See 22
Karl V. 172
Karlseve, Torfinu 130
Karthago 66
Kawa 141, 151
Keith 290
Keramiksiegel 46
Kinander, A. 251
Kipona 151
Kleinasien 114
Knöbl, K. 152
Knoche 280
Kokosnuß 200
Kokos-Insel 239
Kolumbien 99, 100, 110, 208
Kolumbus 35, 45, 54, 57, 61, 64 f., 65, 81, 114, 119, 198, 202, 244
– -Route 36, 73, 83
Kon-Tiki 8, 36, 37, 97 f., 137, 169, 185, 186, 192, 200, 203, 248, 255
Königin-Charlotte-Inseln 145, 148
Körnicke 56, 220
Korfu 18, 68
Kotzebue, O. E. 265
Kreta 18, 121
Kroeber, A. L. 90
Kuba 104
Kukulcan 104, 105
Kumara-Gebiet 208
Kuroschio-Strom 39

Kurzohren 281
Kwakiutl 145, 148

Labrador 35
– -Strom 36
Lambayeque 161. 179, 181
Landström, Björn 22, 27
Langohren 281
La Pérouse 265, 278
Las Casas 103, 105, 132, 174
Lavachery, Henry 267, 272, 280, 281, 291
Leichenverbrennung 279
Leittaue, parallele 23
Leiv-Eiriksson-Route 35
León, Cieza de 95, 97, 175
Lescallier, M. 178
Lhote, Henri 19
Libanon 18, 70
– -Zeder 27, 69
Libyen 18
Ligurien 121
Lima 166
– -Bohne, Phaseolus lunatus 221
Lindeneibisch, Hibiscus tiliacens 217
Lisjanskij, J. F. 265
Lixus 66, 68, 112
Lizarraga, P. Reginaldo de 175
Lobos de Afuera 179
Lothrop, S. K. 35, 89, 172, 180, 182, 183, 191, 229
Lycium carolinianum 209, 210

Macheten 252
Madagaskar 36
Magellan, Ferdinand 15, 37, 139, 200, 203
Makemake 294
Malaien 32, 84, 139, 142
Malaiisch-polynesische Beziehungen 142
Malta 18
Mamacocha 160
Mangareva 167, 176, 203, 293
Manihiki 41
Maniok 211, 216
Manta 99, 158, 159, 161, 176
Maori 143, 146, 147, 150
Marcellus 130
Marco Polo 133
Markham, Sir Clement 229, 290
Martinez, E. 266
Martius, C. F. P. de 244, 245
Marokko 18, 55, 57, 68, 76, 113
Marquesas-Inseln 7, 41, 151, 166, 184, 203, 205, 211, 213, 216, 223, 241, 248, 268, 282, 286
Mast 18
Mata Hiva 42
Matthäus 130
Mauerwerk, megalithisches 46, 50, 81
Mauri, Carlo 72
Maya 52, 64, 66, 104 f., 109, 111 f., 115, 121
Mayapán 105
Mayta 159
Means, P. A. 172, 182, 229
Meeresrouten, natürliche 41
Megalith 46, 66ff., 82, 94, 99, 111
Meggers 236
Melanesien 81, 137, 166, 208, 222, 290, 299
Melbourne 140
Mendaña, Alvaro de 38, 155
– -Expedition 155, 164, 165, 168
– -Route 37, 41, 83
Mendieta, Frater 102
Mercator-Karte 32
Merrill, E. D. 36, 62, 198, 202, 207, 222, 247
Mesa, Alonso de 175
Mesopotamien 18, 50, 54 f., 57, 59, 64, 68, 77, 79, 81, 82, 111, 114, 115
Métraux, Alfred 259f., 267
Mexiko 38, 39, 41, 50f., 55, 57, 61, 65ff., 82, 100ff., 106, 110, 115, 168, 198, 223
223
Migration 9, 80, 153
Mikronesien 81, 137, 299
Mitima 99
Mochica 52, 110, 161, 232
Mondsichelgestalt 70
Monolithische Statuen 81, 99
Monroe-Doktrin 9
Montesinos, Pater 62, 204
Montezuma 101, 109
Morgan, A. E. 184
Moriori 144
Morris, A. A. 112
–, E. H. 112
Mourant, A. E. 149
Mumiengräber Perus 58
Mumifizierung 46, 50, 65, 67, 81, 86, 151
Mulloy, W. 260, 289
Musa paradisiaca 204

Naymlap 161
Nazca 110, 215, 221
Necho, Pharao 54
Negritos 84
Nekropolen 46
Neufundland 35, 119, 128
Neuguinea 38
Neukaledonien 214, 215
Neuseeland 86, 140
Nikolaus III., Papst 129
Nikolaus V., Papst 126, 130
Neue Hebriden 215
Nil 18f., 20, 68f.
Ninachumbi 159
Ninive 68
Nonoal 105
Nordäquatorial-Strom 38
Nordenskiöld, E. 202
Nordwestamerika 39, 41, 83, 152
Norwegen 35
Nubien 13, 18
Nuku Hiva 213, 282
Nutka 148

Olav, König 127
Oliva, Anello 161
Olmeken 52, 64f., 111f., 121
Orellana 63, 108, 204
Ortelius 234
Orongo-Dorf 275
Osterinsel 8, 68, 81f., 85f., 93, 117, 140, 163ff., 167, 184, 208, 211, 241, 263f., 267f., 271, 273, 286, 289, 294, 303
Oviedo 174, 216

Pacasmayo 181
Pachyrrhizus, Yams-Bohne 214
Paita 177
Pakistan 60
Palästina 121
Palenque 106
Palmer, J. L. 293
Panama 40, 100, 157, 202, 241, 246, 251
Pandanus, Schraubenbaum 218

Papaya 213
Papierfabrikation 46, 67
Papiermaulbeerbaum, Broussonetia papyrifera 146, 218
Papyrus 20, 22, 28, 72
– -Boote 13f., 18f., 20, 22, 24ff., 28, 69, 71f., 74, 76f., 121
Paracas 89, 90, 92, 180, 188
Parallele Leittaue 23
Paris, F. E. 179, 192
Passat 38f., 126, 244
Pavahina-Gras, aristida subspicata 213
Payta 176, 181
Pazifik 35ff., 48, 79, 82, 193, 263
Pederson Beyer, Absalon 130
Pejibaye 246
Peru 17, 32, 41f., 50f., 53, 55, 57, 65, 68, 82, 102f., 106, 110, 115, 155, 186, 208, 231, 234, 295
Peru-Strom 163
Perry, W. J. 81
Pfeilwurz 211
Phaselos 56
Phaseolus lunatus, Lima-Bohne 221
Phaseolus vulgaris, Gartenbohne 220
Philipp II., König 155
Philippinen 38, 141, 223
– -See 39, 83, 145
Phönizien 54f., 67, 70, 112
Physalis peruviana, Ananas-Kirsche 211
Pizarro 54f., 93, 157, 160, 172, 174f., 181, 193
Pinne 26
Piquara 159
Pisco-Gebiet 188
Pittier Sr. 253
Plankenboote 10, 13, 18, 20, 67, 14.
Poi-Stampfer 286
Polo, Marco 124
Polygonum acuminatum 209, 210
Polynesien 7, 8, 28 37, 39, 41, 60, 72, 81, 82, 137, 139, 150, 152, 176, 187 200, 208, 270, 290 299
Poma, Guaman 61
Popol Vuh 107
Porialto, Capitaino 235
Porter 248f.
Portugal 131
Prain, D. 212
Prescott, W. H. 62
Priesterkönige 81
Protopolynesier 140
Ptolemäus 123
Puerto Viejo 160
Punta Pariña 234
Pycraft 290
Pyramiden 25, 46, 49, 67, 81, 99, 111

Quebec 76
Quechua-Indianer 25, 85, 215
Quetzalcóatl 101ff., 105, 120
Quetzal-Vogel 105
Quiché 107
Quipu 151
Quisin 159
Qüen 162
Qüentique 162

Ra 9, 13, 22, 26f., 44, 55, 73, 78, 82
Radiokarbondatierungen 19, 89, 128
Rakahanga 42
Rano-Raraku 277
Raroia-Atoll 42, 185
Rauschpfeffer, Piper methysticum 141
Reed, E. K. 192
Regenbogensymbole 276
Reiss, W. 220
Resch, Walther 18
Rindenklopfer 151
Ringrose, Basil 235
Rivadeneira, Diego de 233, 234
Rivet, P. 167
Roaring Forties 40
Rochebrune, A. T. 62, 204
Roggeveen, Admiral 85, 156, 163, 168, 264, 286, 293
Rongo-rongo-Täfelchen 303
Ross 292
Rotes Meer 18
Rousseau 7
Roussel, H. 293
Routledge, Katherine Scoresby 267, 269, 272, 275, 276, 280, 282, 286
Rowe, J. H. Dr. 53, 55, 59
Ruiz, Bartolomeo 172, 173, 174
Rumi-Kolke 299

Sáamanos, Juan de 172, 173
Saavedra, Alvaro de 38
–, Route 38, 39
Safi 22, 73, 76
Sahara 13, 18f.
Sakralfeuer 295
Sala-y-Gomez 163
Salmon, Alexander P. 266
Salomon-Inseln 156, 163
Samoa 42, 140, 166, 214f.
Sandalen 53
Sankt Bartholomäus 94
Santa Clara 173
Santa Cruz 231
Santiago-Insel 231, 235
Santo Domingo 62, 205
Sardinien 18, 68
Sarmiento 157f., 160, 164
Sauer, C. O. 62, 199, 206, 214ff., 221, 246
Savoy, Gene 55
Schiffbau 13, 18, 54, 70
Schiffszeichnungen, älteste 16, 27, 69
Schleuder 46, 151
Schraubenbaum, Pandanus 218
Schumann 214
Schwertbohne, Canavalia sp. 221
Scirpus riparius 210
Sechura 181
Seeschaummenschen 93
Segeln 15, 17, 18, 178
Selisch 148
Selling, O. H. 210, 268
Semple, N. M. 140
Senegal 115
Senkevitch, Yuri 72
Sevilla 234
Shapiro, H. L. 291
Sharp 234
Sibirien 51
Sigurd, König 125
Silon, R. A. 57, 59, 199, 206, 207
Simmons, R. T. 140
Skjölsvold, A. 192, 232, 260, 270, 274, 277, 283
Skogman, C. 180, 230, 235
Skottsberg, C. 209, 212, 274, 297
Skrälinge 119, 132
Smith, C. S. 260, 282
Smith, S. P. 81
Solanum insulae paschalis 209
Sonnenverehrung 20, 25, 46, 50, 70, 99, 275ff., 279, 284
Sourial, Georges 72

Spanien 131
Spantengerippe 67
Spilbergen, J. van 230
Spinnen 46
Stabilität 25
Steckschwerter 191
Steinmetztechnik 68, 271
Steinzeitwerkzeuge 51
Stephens, S. G. 57, 59, 199, 206, 207
Stevenson, W. B. 178
Steward, J. H. 215
Stewart, T. D. 89
Stokes, J. F. 212
Stonor, C. R. 199, 221
Store Serkland 124
Stout, D. B. 100
Stübel, A. 220
Sua 100
Südafrika 36
Südamerika 7, 24, 63, 76, 81, 214, 217
Sullivan, L. R. 140, 142
Süßkartoffel 200, 210, 212, 223
Syrien 18, 121

Tabak 211
Tabasco 106
Tahiti 293
Takelung 17, 18, 22 f., 73
Tana-See 72
Tapa-Klopfer 286
Taschenschleuder 151
Tassili 19
Taxonomie 200
Te Kava 168
Te Rangi Hiroa 202
Tello 89
Terrassenlandwirtschaft 46, 67
Terra incognita 133
Tetraploiden 206
Thomas, Apostel 103
Thomson, W. J. 85, 163, 164, 211, 290, 297
Tiahuanaco 52, 88, 90, 98, 109, 160, 162, 232
Tierra del Fuego 164
Tiripone-Manuskript 167
Titicaca-See 22, 59, 67, 76, 82, 95, 97, 110, 113, 162, 181, 297
Tlingit 148
Tollan (Tula) 102
Tolteken 52, 111, 121
Tonga-Inseln 215
Topa Inka, König 160
Töpferei 46, 111
Toromiro-Baum 210
Torres, Alonso de 236
Torriani 114
Totennahrung 57
totora-Binsen 55, 82, 175, 190, 209
Transpazifische Kontakte 15, 47
Transplantation 210
Trapezform 26
Treibeis 40
Trepanieren 46, 50, 65, 81, 114, 150
Trift, transozeanische 223
Trotter, Dr. 91
Tschad-See 23, 69, 72, 74, 76
Tsimschian 148
Tsuma 100
Tuamotu-Archipel 166, 167, 185, 187
Tula 105
Tumbez 157, 159, 173, 177, 181
Tundra 45
Tupac 37, 158 f., 167, 176, 182, 229
Turuca 159
Tutuai 184
Tzeltal 106

Uhle, Max 181
Ulloa 230
Urdaneta, Andres de 38
– Route 38
Uri-Indianer 25
Uru-Indianer 85
Uru-keu 84, 87, 93
Uquenique 163

Valcárcel, Dr. L. 95
Valkendorf, Erik 130
Valli, M. 42
Vancouver 147, 152
– Insel 145
Vega, Garcilaso de la 157, 175, 204
Venezuela 100
Vera Cruz 110
Veytia 103
Vinapu 265
Vinaque 95
Vinland 124
Viracocha 93, 95, 102, 109, 158, 160, 161,
Vogelköpfige Gottheiten 20
Vogelmenschgottheiten 46, 50, 279, 285
Volz 290
Vorinka 52, 57 f., 64, 84 f., 87, 92, 94, 110, 189, 193, 227, 229, 232

Wafer, Lionel 235, 242, 245
Wafer-Bucht 241, 250, 253, 254
Wallace, A. R. 140
Wandmalerei 46, 67
Weckler, J. B. 185
Westindien 36, 75, 214
Whale Bay 231, 232
Wiener, C. 201
Wikinger 9, 21, 35, 67, 71, 119, 197 f.
Williamson, R. W. 142
Willis, W. 42
Wilson 87
Wittmack, L. 57, 204, 220
Wotan 106
Wüstengräber 17, 19, 181

Xeres, Francisco de 173
Xue 100

Yacovleff, E. 212, 215
Yam 216
Yams-Bohne, Pachyrrhizus 214
– Wurzel, Dioscorea sp. 216
Yukatan 101, 104 f., 107, 110, 112
Yupanqui, Cachimapaca Macus 159
Yupanqui, Cunti 159

Zacatula 38
Zárate 97, 174
Zentralafrika 72
Zeremonialgerät 189
Zoque 107
Zume 100
Zurrleinen 24
Zypern 18, 121
Zypressen 41